Il Poeta del Kintsugi

Anna Verduci

Pseudonimo di Mirella Di Benedetto

Un Memoir – Memoria del Sangue, Segreti di Famiglia e Identità

Prima pubblicazione nel 2025
Copyright © 2025 Mirella Di Benedetto
mirelladb25@outlook.com
Pubblicato da Verduci Fili d'Oro Press

Edizione italiana – traduzione dall'edizione inglese del 2025, che include una modifica al sottotitolo e fotografie aggiunte.

Il diritto morale dell'autrice è stato riconosciuto.

Tutti i diritti riservati. Nessuna parte di questa pubblicazione può essere riprodotta, memorizzata in un sistema di archiviazione o trasmessa in qualsiasi forma o con qualsiasi mezzo – elettronico, meccanico, fotocopie, registrazioni o altro – senza il previo consenso scritto dell'autrice, Dott.ssa Mirella Di Benedetto (con lo pseudonimo di Anna Verduci).

Questa è un'opera di saggistica creativa. È stato fatto ogni sforzo per onorare la verità emotiva della mia esperienza. Il vero nome di mio Padre (biologico) è utilizzato con il suo consenso. La maggior parte degli altri individui viventi – tranne me stessa – ha avuto nomi e dettagli identificativi modificati per proteggere la propria privacy. In alcuni casi, i personaggi sono composti o gli eventi sono stati riorganizzati per una maggiore chiarezza narrativa.

Le voci in questo memoir parlano da memoria, silenzio e sangue. Sebbene io abbia scritto ciò che ricordo, ciò che mi è stato raccontato o ciò che ho letto, riconosco che altri possono ricordare diversamente. Questo libro è destinato a scopi letterari generali. Non è un sostituto di consulenze professionali. I lettori dovrebbero valutarne la pertinenza rispetto alla propria situazione prima di agire su eventuali riflessioni che esso potrebbe evocare in ambiti come la salute mentale o l'identità.

Copertina: Dott.ssa Mirella Di Benedetto and Eli Affram
Impaginazione e progetto grafico: Mirella Di Benedetto
Composto in Georgia 12/14/22pt
Editing: Mirella Di Benedetto
ISBN: 978-1-7641323-4-3

Parti di quest'opera sono state sviluppate con l'ausilio di strumenti basati su intelligenza artificiale, sotto la direzione creativa e la paternità finale della scrittrice.

Indice

Dedicazione i
Poesia d'epigrafe ii
Nota dell'autrice sulla narrazione 1
Prologo: Sette frammenti enigmatici 5
PARTE I Il bastardo maledetto – Frammentazione 9
1. L' Autobus della confessione – Identità frantumata 13
2. Il manicomio di segreti e bugie 23
3. Sangue, vergogna, e vetro infranto 41
4. La breve calma 62
5. L'intruso 74
6. Cadere nella fenditura 84
7. Alchimia dell'identità 96
8. La grande fuga 110
Interludio I 123
Parte II: Le madre – Dispersione 125
9. 26 - 'Giuseppe' (1990) 127
10. Rifiuto finale: l'addio di Ursula 148
11. La seconda orfananza 163
12. La vita dopo la perdita 186
13. Incontro con I fratelli 199
14. Speranza che svanisce 227
Interludio II 237
Parte III: I Padri peccatori 238
15. Detective del DNA 239
16. Dott.ssa Rosemary: La storica 262
17. Giuseppe: L'incontro 280
18. Mio padre peccatore: L'archivio delle ombre 289
19. Zio Andrea peccatore 299
20. La compassione degli estranei 318
21. Lanciare la prima pietra 333
22. Il poeta del kintsugi: Giovanni 'John' Verduci 347
23. Papà: Il filosofo e il padre 356
24. Diego – Il redde rationem 373
25. Un posto a tavola per Natale 379
26. Carpe Diem! 391
27. Redenzione 402
Interludio III 412
Interludio dell'autrice 413
Epilogo: Memoria di sangue 416
Nota dell'autrice sulla struttura 425
Ringraziamenti 427
L'autrice 428

Dedicazione

Dedicato a mia Madre, Michelina Di Benedetto, e a mio Padre, Sebastiano Di Benedetto – i genitori che mi hanno dato una casa, un'istruzione e un futuro.
Queste pagine sono dedicate a tutte le anime tormentate in cerca di rifugio e conforto. Il Poeta del Kintsugi – Giovanni 'John' Verduci. A coloro che stanno percorrendo il proprio cammino unico nella vita. Ai tanti clienti che hanno condiviso con me le loro storie e il loro percorso di guarigione. Alle migliaia di studenti a cui ho avuto l'opportunità di insegnare e che mi hanno insegnato molto di più in cambio.

Was mich nicht umbringt, macht mich stärker (Nietzsche)
(Ciò che non mi uccide, mi rende più forte).

Poesia d'epigrafe

Questa poesia è intessuta dagli epigrafi di ogni capitolo –
frammenti di voce e memoria, rifratti in versi.

La memoria si disperde, ma i frammenti non dimenticano mai.

La rivelazione – improvvisa, irreversibile.
La casa sussurrava più forte delle persone dentro,
Il corpo ricorda ciò che la mente scelse di dimenticare.
Anche la calma vibrava di ciò che era venuto prima,
Un vaso di porcellana andato in frantumi senza emettere suono.
Persa, frammentata, vorticando in una caverna.
La trasformazione cominciò all'ombra dell'incertezza,
Trattenendo la quiete tra bordi frastagliati.
Ciò che è nascosto, lascia sempre una traccia,
Silenzi che echeggiano attraverso le generazioni.
Una seconda rinascita di dolore,
Risorgendo dalle ceneri disperse.
La memoria del sangue si agita, rifiutando di restare immobile.
Speranza, che svanisce, riaffiora, si calcifica.
Scavare fili d'oro in un labirinto,
Enigmi d'archivio che custodiscono fantasmi,
Risposte che arrivano in un'ambiguità inquieta.
Eredità peccaminose che macchiano il midollo ancestrale,
Poi, accogliendo una vergogna familiare.
Estranei che curano ferite che i parenti non osano toccare,
Sangue familiare che gocciola da pietre senza perdono.
Un cuore spezzato, che rifiuta di tradire.
Pensieri che si specchiano in occhi enigmatici.
Turbata da specchi troppo pesanti da sopportare.
Costruendo un ponte tra furto e resa dei conti,
Ferite incise nelle camere dove dimora la saggezza,
Fratture saldate con cuciture dorate.
Ogni fine diventa un nuovo inizio.

Nota dell'autrice sulla narrazione

Questa non è una storia raccontata una volta per tutte.
È un contenitore di frammenti: sparsi, raccolti, custoditi.
Puoi leggerla dall'inizio alla fine – dalla frattura alla grazia.
Oppure partire dall'oro e camminare all'indietro nel tempo.
Oppure raccogliere ogni parte nel tuo ordine, come un mosaico composto dall'istinto.
Questo lavoro non inizia con una trama, ma con una discesa – sotto la superficie, sotto il linguaggio.
Resiste agli archi narrativi ordinati e alle risoluzioni che troppo spesso appiattiscono le vite complesse.
Pensalo come un sito archeologico: stratificato, ricorsivo, irregolare.
Ogni frammento conta quanto l'intero.
Ogni giuntura è dorata, resa luminosa dalla sua rottura.
L'adozione non offre una sola storia.
Offre rottura e ritorno, oblio e ricordo.
Questo libro ti invita a leggere lentamente.
A sentire le pause.
Ad ascoltare dove il linguaggio vacilla.
Puoi leggerlo in sequenza. Oppure no.
Ogni parte ridefinisce il tutto.
Non è una provocazione – o non solo.
È una cartografia del ritorno.
L'identità non è una destinazione.
È il rituale del divenire – ancora e ancora – attraverso ciò che è spezzato, sepolto e portato alla luce.
Questi frammenti non erano solo storie.
Erano il terreno. E io li ho attraversati tutti.
Comunque tu scelga di viaggiare, arriverai alla stessa verità:
Che l'identità non si trova.
Si costruisce – giuntura dopo giuntura, memoria dopo memoria, mano dopo mano.

Io a 26 anni (1990).

Prologo
Sette frammenti enigmatici

La memoria si disperde, ma i frammenti non dimenticano mai.

Dopo il 1990
Ogni mattina, occhi scuri color miele mi scrutano dallo specchio del bagno – interrogativi, costanti. Quegli occhi, immutati dall'infanzia, custodiscono una storia che attende di essere raccontata – memoria che scorre attraverso vasi sanguigni che non ho mai del tutto compreso. *Quali segreti sono sepolti nei profondi pozzi di quegli occhi – scintillanti di storie mai dette?* Questo fu il primo frammento del mio puzzle identitario – uno dei sette enigmi sparsi su un terreno che avrei impiegato decenni a mappare. Sparsi da sconvolgimenti che hanno attraversato la mia vita come tempeste su una terra fragile.
Vicino allo specchio c'è una fotografia: io a 26 anni, la stessa età che aveva mio Padre quando fui concepita. *Ho ereditato i suoi tratti – l'arco delle sopracciglia, l'angolo della mascella, la curva della bocca, il bagliore inquieto dello sguardo?*
Il suo nome, Giuseppe, fu il secondo frammento, offerto con riluttanza dalla mia madre biologica, decenni dopo che scoprii il segreto del mio abbandono. Un uomo che viveva a Carlton, lavorava in un'attività senza nome – un'ombra con occhi nocciola e capelli castani, conosciuto dal mondo, ma per me inconoscibile.
Il terzo frammento: l'eredità biologica – il filo invisibile del DNA che mi lega ad antenati sparsi su continenti che non avevo mai visto.
Il quarto: la storia medica – le cui pagine rimanevano tragicamente vuote ogni volta che i medici chiedevano informazioni sulle condizioni familiari. Confessavo: «Non lo so, sono adottata.»

Il quinto: le origini culturali che risuonavano dentro di me in modi che non riuscivo a spiegare – un'inspiegabile attrazione verso certi cibi, musiche, interessi intellettuali, frasi, e istinti che sembravano sorgere da qualche pozzo sotterraneo della memoria, oltre la coscienza.

Il sesto frammento mi tormentava in modo più viscerale: la storia familiare – compleanni, Natali, matrimoni, nascite e morti che avevo mancato. Momenti che avrebbero dovuto essere intessuti nel tessuto della mia vita, ma che invece galleggiavano come costellazioni fantasma – visibili, immutabili, già estinte ma ancora splendenti.

E infine, il settimo: il mio io psicologico – la persona che ero diventata in questa costellazione di assenze, forgiata nel crogiolo in cui natura e cultura si scontravano, temprata dall'amore e dall'abbandono.

Chi sono?

La domanda ha echeggiato nei decenni, una preghiera laica sussurrata nel vuoto.

Melbourne, 1980

Spezzata a 16 anni su un autobus di Melbourne, la mia identità sembrava frantumata – ogni scheggia un pezzo di memoria, biologia e cultura. Pezzi sparsi per decenni, in attesa di un'alchimia che li fondesse. Nell'arte giapponese del *kintsugi*, la ceramica rotta viene riparata con l'oro, trasformando il danno in bellezza. Ogni frattura è tracciata con smalto dorato. Le rotture non sono nascoste ma illuminate – i punti stessi in cui il vaso diventa più prezioso.

La mia vita, come quel vaso riparato con il kintsugi, col tempo si sarebbe incrinata e al tempo stesso illuminata d'oro, forse sotto un albero di fico.

Ogni giuntura dorata raccontava una storia di rottura e ricostruzione, di vulnerabilità trasfigurata in forza.

Anch'io potevo essere trasformata dalla rottura – riforgiata da giunture d'oro invece che distrutta dallo schianto?

Ereditiamo più dei cromosomi. Ereditiamo silenzi, traumi inespressi e ferite psichiche a lungo ignorate. Questa è la memoria del sangue – che scorre attraverso le generazioni, una corrente di dolore irrisolto.
Nel mio caso, ho ereditato non solo materia genetica, ma lo spazio negativo dei segreti: una cartografia non di luoghi, ma di assenze mappate nelle mie vene.
Per anni ho vissuto con appena delle schegge di verità.
Una madre del Sud Italia. Il nome di un padre italiano. Un sobborgo. Un'attività senza nome, i suoi occhi nocciola e i capelli castani.
Frammenti, come reliquie sepolte in uno scavo archeologico – troppo frastagliati, troppo scarsi per essere ricostruiti con certezza.

Calabria, 2024
Quando finalmente ho messo piede sulla terra calabrese – viaggiando verso il piccolo villaggio dove i miei antenati paterni avevano vissuto per generazioni – portavo con me i resti frammentati della mia identità.
Lì, ho scoperto più dell'eredità.
L'identità, ho capito, non è un premio sepolto, ma qualcosa che si estrae lentamente dalla pietra della propria perseveranza. È qualcosa che creiamo e assembliamo attivamente lungo l'arco della nostra vita.
Questa è la storia di quella faticosa ricostruzione – un viaggio sulle montagne russe verso la comprensione di chi siamo, quando le storie scritte da altri si rivelano finzioni. È una storia di famiglie: quelle che mi hanno generata, quelle che mi hanno cresciuta e quella che alla fine ho costruito da me stessa, con i frammenti sparsi.
La figlia dell'amore è il prodotto di una gentil donna innamorata di un principe di grazia e virtù per destino di una sorte ingrata. Così scrisse mio zio Andrea in uno dei nostri rari scambi prima della sua morte. Una patina poetica su una verità più cruda: ero

la progenie dell'ardore di una giovane donna e della leggerezza di un libertino, in un'epoca in cui simili unioni generavano vergogna e rottura. Una figlia dell'amore. Una bastarda. Un fragile patto tra desiderio e disperazione. E ora, quattro decenni dopo, comincio a comprendere sia la devozione che la devastazione che mi concepirono.

Per capire come questi frammenti siano stati dispersi – come sia arrivata a quella fermata dell'autobus in un pomeriggio qualunque, una ragazza ignara la cui intera esistenza stava per disfarsi – dovrai camminare con me attraverso i frammenti, nell'ordine in cui ti raggiungeranno.

PARTE

I

Il

bastardo

maledetto

-

Frammentazione

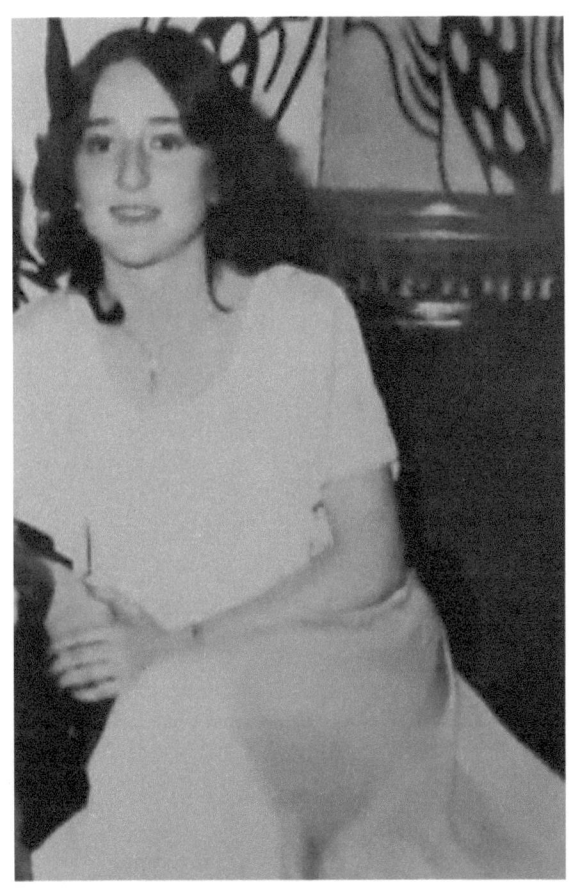

La sedicenne – prima (1980).

1

L'autobus della confessione – Identità frantumata (1980)

La rivelazione – improvvisa, irreversibile.

In un'ordinaria giornata scolastica di primavera del 1980, stavo in piedi da sola, instabile, nel corridoio dell'autobus della linea 534, con una mano aggrappata a un palo di sostegno color cromo e l'altra che stringeva la mia cartella, mentre il veicolo sobbalzava e sbandava attraverso i tranquilli sobborghi settentrionali di Melbourne. Il pungente odore di gasolio mi pungeva le narici. La mia uniforme estiva azzurro chiaro pendeva sulla mia figura adolescenziale esile. Le mie scarpe marroni Scampers, rovinate, erano quasi perse nella foresta di gambe irrequiete degli altri studenti. Schiamazzi e risate risuonavano intorno a me. Sebbene il caos in casa fosse ormai lontano, sobbalzavo ancora al suono di voci forti.
Poi arrivarono le parole che avrebbero diviso la mia vita in un prima e un dopo.

«E tu sai ca to' patri, non era to' patri?»
(E sai che tuo padre non era tuo padre?)

Il mio viaggio era iniziato quella stessa mattina nella nostra modesta casa di mattoni clinker a Glenroy, un sobborgo operaio a nord di Melbourne. Le strade intorno a noi — Middle, West, North e South — formavano una griglia perfetta che mi aveva aiutato a imparare presto le direzioni della bussola. Questo quartiere era stato il mio intero mondo per la maggior parte dei miei sedici anni: un mondo di vicini italiani e sottili promemoria che eravamo diversi dai «veri» australiani. Un mondo in cui mi ero sempre sentita leggermente fuori posto, senza capirne il motivo.

Un uomo basso e tozzo — vagamente familiare come conoscente di mio padre — interruppe questo tragitto temuto. Il suo volto emerse come una fotografia dimenticata — un lampo di mio padre a pezzi. Ero una ragazza timida e riservata di sedici anni, impacciata nel parlare con adulti e sconosciuti.

L'uomo sorrise riconoscendomi e chiese nel suo dialetto siciliano:

«Ciau, comu stai?» (Come stai?)

«Bene», risposi piano, riluttante a conversare, evitando il suo sguardo.

«Comu sta to' matri?» (Come sta tua madre?)

«Bene» (Bene).

«E su maritu?» (E suo marito?)

La presa sulla barra si fece più stretta a ogni domanda invadente. Sentendomi intrappolata e desiderosa di chiudere quella conversazione, risposi con una scrollata di spalle indifferente. Fortunatamente, la mia fermata si avvicinava.

Con un sospiro di sollievo, tirai la cordicella sospesa. L'autobus cominciò a rallentare. Mi spostai timidamente verso la porta posteriore. L'uomo calvo, con i suoi capelli biondo-grigi sottili e un'aria di arrogante indifferenza, mi trattenne con le sue parole:

«E tu sai ca to' patri, non era to' patri?»

Le sue parole — casuali, indifferenti, gettate verso di me come avanzi a un randagio — mi colpirono con una forza fisica immediata. Una detonazione nel silenzio della mia esistenza ordinaria.

L'adrenalina inondò il mio corpo mentre il calore saliva al mio volto. Il sobborgo di Glenroy, una volta familiare, divenne all'improvviso straniero oltre il vetro.

I miei sensi si dissolsero nel silenzio. Pur vedendo muovere le sue labbra, formavano parole senza suono.
Rimaneva udibile solo il battito frenetico del mio cuore — *ba-boom, ba-boom.*
La gola si strinse e lo stomaco si serrò come se fosse stato afferrato da un pugno invisibile. Disorientata. Instabile. Mi aggrappai a un palo, freddo al tatto.
Ignara dell'autobus che rallentava, del conducente che cambiava marcia, dei passeggeri che ondeggiavano mentre l'autobus si fermava.
Il mio mondo si fermò completamente, diviso in due — il mio mondo prima della rivelazione e quello dopo.
La ragazza si spezzò all'istante.
Improvvisamente, sedici anni di fragile identità cominciarono a sgretolarsi — frammentata e incerta. Un vaso che si incrina dall'interno.
In preda al panico, annuii vagamente e mi voltai rapidamente, senza voler mostrare lo shock ardente delle parole che mi aveva scagliato senza pietà.
Non riuscivo a respirare. Ferma l'autobus! Urlai nel vuoto dentro di me.
Disperata, scesi frettolosamente i gradini di metallo — il sibilo delle cerniere idrauliche era più forte del solito. Le porte posteriori si aprirono come tende, rivelando un mondo improvvisamente alieno. Misi piede sul bordo secco della strada. L'odore di gasolio era opprimente.
Con un lieve fruscio, le porte si richiusero dietro di me e l'autobus — un portatore di segreti — riprese a muoversi.
Mi fermai un attimo, ansimando nell'aria calda del pomeriggio. Mi sentivo sopraffatta dal messaggio criptico di quell'estraneo.
Aveva forse rivelato un enorme segreto familiare fino ad allora nascosto?
Sconvolta. Confusa. Le sue parole vorteggiavano nella mia mente. La mente adolescente frantumata. Profonde crepe. La sua

rivelazione casuale — un ciclone. Devastazione. Caos. Nulla di solido sotto i miei piedi.
Cosa voleva dire — To' patri, non era to' patri?
Scendendo dall'autobus, la terra, solitamente stabile e familiare, si era improvvisamente sradicata. Straniera.
Girando lentamente per attraversare West Street, in direzione est, l'asfalto ondeggiava come acqua nera sotto il sole cocente. Questa strada battuta ora sembrava avere crepe tremolanti e sinuose, pronte a inghiottirmi in un sol boccone se fossi rimasta troppo a lungo ferma.
Le mie fondamenta fragili continuarono a sgretolarsi — come un uovo caduto da grande altezza su un cemento duro.
Mentre camminavo per un isolato verso casa, una strana calma apparente cominciò a nascondere la mia agitazione crescente. La testa mi si stringeva, ma sentivo una leggerezza.
La terra stessa sotto i miei piedi si era spaccata, crepe sottili si diffondevano ad ogni passo.
La ragazza che ero stata per sedici anni cominciò a dissolversi — come una fotografia nell'acido — sostituita da una collezione fluttuante di pezzi di puzzle che non riuscivo ancora a nominare o comprendere, con spigoli taglienti e impossibili da ricomporre con mani improvvisamente irriconoscibili.
Le parole dell'estraneo echeggiavano, ampliando le crepe sotto la mia pelle adolescente.
Frammento dopo frammento, il mio senso di me stessa veniva smantellato — come un grattacielo di New York che crolla sulle sue fondamenta.
Cercavo di tenerlo eretto e unificato, ma il collasso era inevitabile. Ogni passo verso una casa che ormai non sentivo più mia scalfiva qualcosa che non avevo realizzato fosse fragile.
Il cielo terso e blu brillante sopra di me nascondeva l'ombra gettata sul mio mondo.
La nausea si trasformò in intorpidimento. Il mondo divenne stranamente immobile. Di tanto in tanto passava un Holden o un Ford senza fare rumore. Tutto diventava sfocato.

Le sue parole risuonavano dentro il mio cranio con un volume crescente —
«To' patri, non era to' patri.»
L'incertezza e l'incredulità si attaccavano come un velo appiccicoso.
La confusione invadeva la mia già turbolenta giovane vita.
Avvicinandomi a casa, pensieri e domande mi interrogavano senza sosta.
Se sono adottata, allora i miei genitori non sono i miei veri genitori. Mia madre non è la mia vera madre e mio padre non era il mio vero padre.
Tutto è una bugia.
Una farsa.
Una facciata.
Raggiungendo l'angolo, riflettevo ansiosamente, la confusione si insinuava in ogni crepa del mio essere.
Le mie zie, zii, nonni e cugini non erano la mia vera famiglia nemmeno.
Nel profondo, sapevo semplicemente che non erano del mio sangue. Né io del loro.
Come facevo a sapere, quasi intuitivamente, che voleva dire che ero adottata?
Flash del passato, commenti sottili, si cristallizzarono in una nuova, scioccante chiarezza.
Crescendo, mi ero spesso sentita un'estranea nella mia stessa famiglia — più silenziosa e introspettiva tra parenti chiassosi, rumorosi e gesticolanti.
Ero più timida, riflessiva, studiosa e creativa.
Volevo sempre sapere come e perché.
Un «perché sì» era una risposta insufficiente e debole per la mia mente troppo curiosa.
Queste persone, questi estranei biologici, non erano la mia tribù.
Non ero del loro sangue.
Non condividevamo nemmeno una goccia di DNA.

Non dubitai mai dello sconosciuto sull'autobus — che aveva svelato una verità che non era sua da svelare — il mio istinto sapeva che non mentiva.

Con riluttanza, entrai nella nostra piccola e modesta casa di famiglia e finsi che fosse stata solo un'altra giornata scolastica ordinaria.

Mi ritirai silenziosamente nella mia camera da letto, come facevo spesso, per restare sola con questa rivelazione sconvolgente.

L'interrogatorio interiore non si placava.

Chi altri sapeva che ero adottata? A parte la persona che avevo sempre creduto fosse mia madre?

Un'angoscia contraddittoria cominciò a salire.

Non potevo semplicemente affrontare mia madre sull'essere adottata.

Da quando si era risposata, il nostro rapporto era teso e sempre più distante, carico di rabbia adolescenziale.

Il suo secondo matrimonio aveva infranto il nostro legame un tempo stretto.

Le ferite erano ancora aperte, non guarite.

C'era una distanza incolmabile tra noi ora.

Dopo il suo matrimonio, il dolore e la solitudine si erano insediati dove una volta c'erano pace e gioia.

Ora parlavo raramente con mia madre, se non per necessità.

Parlavo ancora meno con il mio patrigno.

Lo odiavo e disprezzavo per aver preso l'amore e l'attenzione di mia madre.

Aveva cercato di prendere il posto di mio padre — e io non lo accettavo.

Era uno straniero indesiderato nella nostra casa e nella nostra vita una volta serena e felice.

Ci vollero alcuni giorni prima che mia madre ammettesse con riluttanza che ero davvero adottata.

Questo, dopo che avevo parlato con due cugine materne usando il nostro telefono verde degli anni '70.

Dello stesso verde che aveva la Holden Special di mio padre degli anni '60.
Il telefono a disco era collegato al muro con un filo verde sottile, posato solitario su un piccolo tavolino all'ingresso.
Con le mani tremanti, ruotai il pesante disco di plastica, lasciandolo tornare indietro a ogni numero.
Composi il numero interurbano di una cugina più grande, nata in Australia, che ora viveva a Staten Island.
La sua famiglia era emigrata a New York dall'Australia alla fine degli anni '60.
Tenevo stretta la pesante cornetta verde all'orecchio.
Sussurrai con voce rotta, «Sono adottata?»
Lei mentì prontamente con il suo accento italo-newyorkese: «Onestamente non lo so.»
Una bugia, pensata per proteggermi dal colpo più duro.
Un'altra cugina, molto più anziana, che viveva ancora nella periferia nord di Melbourne, mi raccontò una bugia ancora più grande nel suo accento aussie-siciliano:
«A volte la gente se li inventa 'sti fings. Nun li devi ascultà.»
Mi chiesi se tutti fossero stati vincolati al segreto.
Forse un vecchio patto, tessuto anni prima che io ne avessi coscienza.
Alcuni giorni dopo, la sorella minore di mia madre, anch'essa emigrata a New York, chiamò mia madre e le disse con fermezza: «Tu ci l'haiu a diri.» (Glielo devi dire.)
Quella stessa sera, finalmente mia madre mi disse ciò che avrebbe dovuto confessare anni prima —
Considerando che sembrava che tutti sapessero, tranne me, l'adottata.
Questo profondo, oscuro e vergognoso segreto di famiglia fu confermato mentre eravamo sedute nel nostro salotto, circondate dal grosso divano in pelle stile italiano, arancione-bruno.
Con mio grande disappunto — e rabbia ancora maggiore — il mio patrigno era presente.

Sedevo, apparentemente calma, mentre dentro la mia testa
ribolliva odio.
Non doveva esserci!
Il mio disprezzo per lui si fece ancora più profondo quel giorno,
soprattutto quando intervenne con dettagli che non gli
spettavano.
Mia madre confermò ciò che già sapevo:
ero stata adottata nel 1964, quando ero una bambina molto
piccola.
Ora aveva più senso che non ci fossero foto neonatali di me.
I vicini lo sapevano.
I parenti lo sapevano.
Anche il patrigno lo sapeva.
La rabbia dentro di me cresceva come un'onda anomala,
pronta a lacerare il mio fragile contenitore.
Volevo urlare — Perché non me l'hai detto!
Perché l'ho dovuto scoprire da uno sconosciuto!
Invece rimasi muta — bruciante.
Le prime parole di mia madre non furono né scuse né
spiegazioni.
Disse, con voce piatta e riluttante:
«Ora tu lu sai.» (Ora lo sai.)
Con quelle parole, il frutto che si credeva ben saldo al suo albero,
cadde e rotolò via — giù per un pendio roccioso in un burrone
profondo e oscuro.
Poi venne un'altra bugia:
che i miei genitori biologici erano «morti in un incidente
stradale.»
Un'altra finzione, pensata per placare le domande,
per fermare il mio cuore in cerca, prima ancora che iniziasse il
suo cammino.
Più tardi avrei scoperto che questa era una pratica comune,
durante l'epoca delle adozioni chiuse e delle «generazioni rubate
bianche»,

quando governi e chiese collaboravano per recidere i bambini dalle loro origini.
«È per il meglio,» dicevano.
Meglio per chi?
Non per i bambini, strappati dalle madri come frutti proibiti, marchiati come vergogna, nascosti.
E così, in quello che divenne il giorno peggiore della mia vita, scoprii di essere una bastarda illegittima —
la mia essenza più profonda rivelata non da chi avrebbe dovuto amarmi e proteggermi,
ma da uno sconosciuto.
Strappata dall'oscurità e innestata di nascosto su un ramo estraneo.
Su un autobus affollato, traballante e saturo di fumi di scarico.
L'autobus bianco con una striscia verde —
l'autobus che ancora oggi infesta i miei sogni.
L'autobus che ha capovolto il mio mondo.
L'autobus che mi ha trasportata in una vita fatta di domande, ricerche e desideri di verità —
e di una casa che potesse contenere tutti i miei pezzi rotti.
Una vita improvvisamente frantumata.
Un'identità che sanguinava invisibilmente sul marciapiede suburbano.
Le parole dello sconosciuto lasciarono una ferita.
Una che ci sarebbero voluti decenni per comprendere.
Quella singola, distratta domanda frantumò qualcosa di sacro e sigillato.
Il mio corpo ricordava, prima che la mente potesse raggiungerlo.
Per capire come arrivai a quel fatidico viaggio in autobus,
lascia che ti riporti alla vita che vivevo prima della rivelazione — una vita costruita su fondamenta fragili e segreti di famiglia.
Una casa di carte.
Una casa già tremante prima che le parole dello sconosciuto la facessero crollare.

Preparazione – Scuola primaria di Hadfield (1970).

Squadra di netball (1976).

2

Il manicomio di segreti e bugie

La casa sussurrava più forte delle persone al suo interno.

Quella mattina di primavera del 1980, mentre camminavo verso la fermata dell'autobus, un presentimento strano mi si posò nel petto – come fumo che si avvolge verso l'interno. Espirai nell'aria di primavera, osservando la nebbia dissolversi – come se anche le certezze che avevo un tempo stessero evaporando. Sotto i miei piedi, il cemento pulsava di verità latenti – ogni crepa una rivelazione sussurrata. Il mio zaino sembrava più pesante del solito – non per i libri o le penne, ma per un peso invisibile che ancora non sapevo nominare. Stavo già diventando fluente nella contraddizione – una bambina cresciuta dai sussurri, istruita tramite omissioni.

Passando davanti alla penultima casa, notavo sempre che un tempo era appartenuta a mia Zia e alla sua famiglia, prima che emigrassero negli Stati Uniti alla fine degli anni Sessanta. Quella casa modesta ancora risvegliava echi di storia e cultura familiare – frammenti di una storia che si estendeva oltre gli oceani.

In America, si erano uniti alla mia Nonna materna, Gaetana, e al suo unico figlio, Sebastiano – noto in famiglia come Sammy. I nomi nella nostra famiglia si ripiegavano su se stessi come specchi in un corridoio stretto – distorcendo, moltiplicando, cancellando identità. Un arazzo cucito nella mancata identificazione, dove ogni filo sussurrava un nome diverso per me. Ero già un recipiente di sostituzioni – il mio vero nome fluttuava forse sulla bocca di un'altra donna. Anche mio padre si chiamava Sebastiano, ma era conosciuto come Vastiano o Sammy dai suoi amici australiani. Ogni siciliano portava un li 'ngiuria – un soprannome che letteralmente significava «insulto», ma che funzionava più come una firma orale, cucita da geografia, abitudini o tratti fisici. Questi nomi erano scorciatoie per l'appartenenza – un sistema orale di identificazione. Alcuni esempi: *Test'i lignu* (testa di legno), *Facc'i trippa* (faccia di trippa), *Nasuni* (naso grande e arcuato). La famiglia di mio padre portava il *li 'ngiuria u Petre Loru* – «il Mastro Muratore.» Nonna, nata a cavallo del secolo, fu rifiutata all'ingresso in Australia per motivi di salute – un rifiuto burocratico che avrebbe segnato il destino della dispersione della nostra famiglia. Suo marito, Nonno Giuseppe Carfi, era salpato verso Buenos Aires poco dopo la nascita di mia madre, Michelangela – conosciuta come Michelina – in cerca di lavoro per sfamare la famiglia in crescita.

Lì si era unito a due dei suoi fratelli, che alla fine si stabilirono definitivamente in Argentina. Cinque anni dopo, Nonno tornò al paese e i suoi tre figli successivi nacquero sotto lo stesso sole siciliano. La diaspora italiana, come una grande marea, sparse il nostro sangue attraverso i continenti – il suo DNA si dissolse in acqua salata e terra, memoria e mito.

Il nome di nascita della Zia Diana era Sebastiana, ma per aumentare la confusione sui nomi, era anche conosciuta come Yanni dai parenti e paesani. Lei incarnava la migrazione stessa – una giovane donna trasformata dalla geografia, il suo stesso nome un palinsesto di traduzioni culturali. Da Vizzini a Melbourne a New York.

Il suo attraversamento ha sempre abitato la mia immaginazione infantile – una ragazza di 14 anni sola sulla *Sorrento* nel 1949, la nave che tagliava settimane di oscurità, strappandola all'unico mondo che avesse mai conosciuto.

Zia Diana è sempre stata coraggiosa, avventurosa e indipendente, a differenza di mia madre, che era per lo più spaventata, dipendente e appiccicosa. Due sorelle, piantate nello stesso terreno della cultura dell'Italia meridionale, ma sbocciate in fiori radicalmente diversi – una che tendeva all'orizzonte, l'altra che si ripiegava su se stessa.

La paura di mia madre per la separazione ha plasmato la mia stessa eredità della paura. Non voleva lasciare sua madre. Sposò mio padre, di cinque anni più grande, nel 1950 alla Chiesa di San Giovanni Battista, nel loro piccolo paese collinare di Vizzini – modellato come un cavalluccio marino aggrappato al fianco della montagna. Una perfetta metafora per la tenacia della migrazione.

Vizzini si trova nella sezione sudorientale della Sicilia, in Provincia di Catania – un paesaggio inciso dalle conquiste, dove ogni pietra racconta una storia.

A 24 anni, mia madre cedette e seguì le sue sorelle in Australia. La migrazione non era una scelta – era una coreografia. La danza della sopravvivenza.

Le lacrime inzupparono la sua partenza. Lasciò sua madre, vedova da tempo, e il fratello più giovane al numero 21 di Via Levante.

Mio nonno era morto quando mia madre aveva dieci anni, lasciando la Nonna con cinque figli e senza pensione. La povertà seguì.

La fame scolpì l'infanzia di mia madre – sei corpi stretti in un solo letto, ogni respiro una preghiera per la sazietà, ogni sogno una mappa fragile per la fuga. Fu tolta da scuola e cominciò a fare calze con una piccola macchina per aiutare finanziariamente la famiglia. Il lavoro minorile si trasformò nel filo della sopravvivenza – ogni punto una piccola ribellione contro il peso schiacciante della miseria.

La Nonna aveva una *bottega* (un piccolo negozio), dove vendeva generi come riso, caffè, zucchero e olio. Questa modesta vetrina divenne il suo santuario economico, un minuscolo regno dove la sopravvivenza si misurava in grammi di caffè e cucchiaiate di riso.

Di notte, quando la fame si aggirava per il villaggio come un lupo, mia madre e i suoi fratelli diventavano ladri dai piedi agili, scavalcando muri per raggiungere i frutteti vicini. Mamma mi raccontava delle loro incursioni notturne, i piedi nudi che correvano nell'ombra, a rubare frutta per placare la fame insistente.

In Australia, la Mamma non buttava mai via il cibo. Cucchiaiate secche di salsa di pomodoro fatta in casa, su piattini, si potevano trovare nei recessi del nostro frigorifero. Ogni boccone conservato – un ricordo fossilizzato della scarsità.

I miei genitori fecero il lungo e nauseante viaggio via mare sulla TSS *Cyrenia* verso la Terra Promessa. Partì da Pireo, in Grecia, a febbraio e arrivò a Melbourne a marzo del 1952, nel pieno del decennio dell'immigrazione italiana in Australia. Erano tra i 194.000 italiani del sud – un tempo ritenuti «non abbastanza bianchi» – ora autorizzati a chiamare casa il continente australe, dopo i cambiamenti alla politica della White Australia.

Zia Diana ricordava che l'Australia cercava immigrati «bianchi.» Calwell, il primo Ministro australiano per l'Immigrazione, dichiarò che l'Australia doveva «popolarsi o perire.»

I miei genitori misero piede sul suolo australiano come stranieri in una terra straniera, con lingue pesanti di parole che nessuno comprendeva. All'arrivo, vissero al 120 di Peel Street, North Melbourne, a due passi dal Queen Victoria Market, con la Zia materna di mia madre, Maria, e suo marito, che li sponsorizzarono – come fecero con molti altri parenti durante quel periodo di migrazione frenetica.

Qualche anno dopo, dopo tanto duro lavoro e risparmi, i miei genitori comprarono la loro prima casa, una vecchia villetta vittoriana a Richmond, in Coppin Street. Qualche anno più tardi acquistarono la casa di nuova costruzione a Glenroy – il luogo che ora chiamavo casa.

Avendo sperimentato sia un razzismo sottile che evidente fin dalla giovane età, conoscevo bene gli insulti razziali lanciati contro di noi dagli «Aussies» bianchi più puri – detti «Skips»:

Dagos, Wogs, Wops, Greaseballs, Eyeties, Eye-talians. Questi nuovi australiani erano migranti laboriosi, determinati, tenaci che si dirigevano verso terre più prospere – affinché i loro figli potessero avere una vita migliore di quella lasciata alle spalle, nella povera Italia meridionale devastata dalla guerra, dove c'erano pochi lavori, meno cibo e pochissime opportunità di istruzione o proprietà.
La loro partenza strappava le famiglie come vecchie fotografie color seppia – linee di sangue srotolate attraverso oceani, ricordi che si sfilacciavano ai margini, identità sospese tra ciò che era perduto e ciò che forse si poteva ritrovare. Spesso, per sempre separate.
Alcuni membri della famiglia rimasero nei loro villaggi, mentre altri salparono verso luoghi sconosciuti e lontani, dall'altra parte del mondo. Navigavano verso paesaggi alieni, i cuori pesanti di malinconia, nostalgici per la terra che erano stati costretti a lasciare.
«*Terra straniera, quanta malinconia,*» cantava con struggente dolore Luciano Tajoli – una frase incisa nel midollo di mia madre. Si diffondeva dal nostro vecchio giradischi tutte le mattine del sabato, tra fruscii e suoni distorti, mentre lei cantava – stonata.
Queste ondate di migranti portavano la patria in valigia – semi avvolti nei fazzoletti, ricette memorizzate, terra ancora incrostata sotto le suole. Ogni viaggio era sia una fine che un inizio – una mappa di perdita e potenziale.
I *Dagos* portarono con sé cibi e usanze un tempo disprezzati: salsa fatta in casa, vino, aglio, olive, carciofi, melanzane, zucchine, pasta, gelato, cannoli e caffè amaro – tutti un tempo derisi, oggi pilastri della tavola australiana.
Com'è ironico che oggi cappuccino, prosciutto di Parma, pizza e pasta siano rivendicati con orgoglio come veri cibi «*Aussie*». Ancora più ironico – che «*fair dinkum*» abbia origini cinesi.
Nel mio pranzo da bambina, la vergogna era la fetta di carne tra due fette spesse di appartenenza. Da scolara, nel vano tentativo

di integrarmi, volevo portare a scuola panini con il Vegemite, invece della puzzolente mortadella infilata tra due grosse fette di pane bianco italiano che mia madre preparava per me.

Dalla stazione di Merlynston, ci voleva una camminata di 15 minuti per arrivare alla mia scuola cattolica femminile, la Mercy Diocesan College, a Coburg. In quelle camminate, ero di solito persa nei miei pensieri, spesso immersa nei sogni a occhi aperti, facilmente distratta.

Dopo la scuola primaria, dovevo frequentare una scuola superiore solo per ragazze, poiché la mia pubertà da brava cattolica italiana non poteva assolutamente essere esposta ai ragazzi. Così, insistetti per frequentare la Mercy College.

All'epoca credevo che una scuola privata fosse meglio di una pubblica e non volevo indossare la divisa marrone e beige della scuola cattolica femminile locale, dove le ragazze erano chiamate le «mucche marroni» di Santa Sofia. Non volendo essere una mucca marrone, scelsi di essere una *Mercy mole* (una talpa di Mercy) invece.

Nel 1980 ero in seconda superiore. Anche se mi piaceva andare a scuola ed ero una studentessa brillante e coscienziosa, ero molto turbata mentalmente. All'epoca non avevo parole per descrivere ciò che stavo vivendo – solo più tardi avrei cominciato a capirlo. Ero già afflitta da attacchi di malinconia, periodi di tristezza e un senso crescente di disagio nelle situazioni sociali – emozioni che sarebbero state poi aggravate dalla rivelazione fratturante della mia adozione.

La mia mente era una casa infestata – stanze piene di ombre senza nome, solo voci. In molte situazioni sociali ero terribilmente timida, tesa e impacciata, soprattutto con gli adulti – in particolare quelli con autorità. Erano loro a causarmi più angoscia. Gli adulti erano spesso imprevedibili e troppo critici per la mia natura sensibile. Socializzare diventava difficile.

Durante quel periodo, la mia amica più stretta al liceo era Jaz. Viveva a Fawkner, un altro sobborgo a nord di Melbourne. La sua famiglia era originaria di Napoli, Italia. Una regione in cui non sapevo ancora di avere radici profonde. Divenne il mio primo amore. La mia sessualità confusa da adolescente aggiunse un altro strato di complessità alla mia onnipresente sensazione di disagio, stranezza e diversità – proprio come la nostra casa e il nostro giardino così tipicamente italiani.

Il cemento incapsulava la nostra casa come un esoscheletro – proteggeva i segreti, intrappolava il respiro. Il lato e il retro della nostra piccola casa formavano un vasto paesaggio desolato di cemento – tipico delle case dei migranti costruite dopo la Seconda Guerra Mondiale in quella zona. Gli italiani sembravano devoti al cemento – una promessa solida sotto cieli stranieri, liscia in superficie ma fratturata sotto, come segreti pronti ad emergere. D'estate, quelle lastre irradiavano calore ben dopo il tramonto; d'inverno, restavano ostinatamente fredde – un promemoria permanente della durezza richiesta per sopravvivere al trapianto da un mondo a un altro.

Su quelle grandi lastre di cemento passavo ore infinite a fare acrobazie con lo skateboard, tirare a canestro o colpire una palla con la racchetta da tennis contro il nostro grande muro di mattoni – scaricando la mia rabbia adolescenziale.

La casa sorgeva su un terreno d'angolo, con grandi fasce erbose davanti e di lato – prati infiniti. Dall'età di nove anni, dovevo tagliare tutte e quattro le zone erbose che circondavano la casa. Il giardino anteriore era un grande rettangolo di erba verde, privo di fiori, arbusti o alberi. Solo alcune piante di rose spinose spuntavano dal terreno grigio-argilloso e duro che bordava il prato su tre lati.

Ogni albero del nostro cortile posteriore era catalogato nella mia mente in base al suo potenziale di arrampicata, al suo frutto e alla capacità di nascondermi dagli occhi vigili degli adulti. Il cortile aveva anche un'ampia zona erbosa su un lato – punteggiata di alberi da frutto dolci e profumati: nettarine, mandorli, albicocchi, peschi, peri e, il mio preferito – un enorme vecchio fico.

Amo ancora il profumo appiccicoso e fruttato dei fichi maturi. Il fico era il mio «Albero Lontano» – e credevo di essere uno dei suoi frutti, ben radicato nei suoi rami e nelle sue foglie. Il mio rifugio. Il mio nascondiglio.

Da bambina, mi arrampicavo sul mio Albero Lontano e ci stavo ore – la linfa bianca e appiccicosa sulle mani, il suo profumo terroso e dolce che diventava parte di me. La corteccia ruvida lasciava impronte leggere sulle mie cosce mentre cavalcavo un ramo preferito, nascosta dalle ampie foglie a forma di mano che frusciavano con segreti al minimo soffio di vento.

Mi perdevo in luoghi incantati – immaginando una vita diversa, più sicura e avventurosa, come la ragazza più cattiva della scuola. Lungo la recinzione – che ci divideva dai nostri vicini calabresi – c'era una siepe alta di fichi d'India verde oliva, contorti, succulenti e minacciosi. Stavano lì come vecchi uomini deformi. Una volta trasportati in valigia, ora si trovavano sparsi per le periferie o i pascoli di Melbourne.

In primavera, esplodevano in un sole di frutti grassi, maturi, gialli, arancioni e rossi – coperti di piccoli ciuffi di spine sottili e corte – che spuntavano come dita tozze dalle estremità delle pale spinose.

Ogni volta che i miei genitori raccoglievano quel frutto dal gusto strano, rosso sangue scuro – punteggiato di duri semini neri e raramente mangiato – quelle spine fastidiose finivano invariabilmente nelle mie piccole dita di bambina.

Il nostro giardino assomigliava alla campagna del sud Italia – disseminato di piante commestibili, non di quelle ornamentali presenti nei giardini vuoti dei vicini australiani.

Il giardino era il sud Italia trapiantato nel suolo australiano – memorie di casa coltivate accanto al cibo per la tavola, la bellezza secondaria alla sopravvivenza.

Il nostro era un tipico cortile italiano da migranti. Davanti al garage rivestito in cemento c'era un grande orto, a volte incolto. Più cemento.

A volte mi arrampicavo sul pesco per salire sul tetto del garage, e poi saltavo giù per atterrare nell'orto spoglio – solo per il brivido di essere in volo per qualche secondo – con grande disappunto di mia madre e le sue inefficaci sgridate accompagnate da gesti con le mani.

Il nostro garage era metà tempio e metà tomba – ospitava un torchio in cemento per fare il vino, simile a un sarcofago aperto. Io, i miei cugini e gli amici ci arrampicavamo dentro quell'aggeggio fingendo fosse una nave – immaginando viaggi verso terre lontane.

Quando avevo circa tre anni, un giorno di primavera soleggiata, mio padre mise delle bucce di patate nella terra grigia e friabile del nostro orto.

Alcune settimane dopo, vidi spuntare dei grandi germogli verde scuro. La mia mente da bambina fu sorpresa ed entusiasta. Sorrisi e battei le mani per l'emozione.

Com'erano cresciute le piante da delle semplici bucce di patata?

Il mio amore per la frutta e la coltivazione degli ortaggi risale a quel giorno – se non ancor più indietro, radicato nel mio DNA.

Mio padre era un uomo di paradossi – capace di accudire piantine con infinita pazienza e al tempo stesso distruggere la pace con una sola birra.

Non era un gran giardiniere – a differenza di molti altri uomini italiani che conoscevo, i cui cortili traboccavano di verdure in abbondanza.

Mio padre preferiva fumare in catena, chiacchierare coi vicini o andare al pub con gli amici australiani.

Preferiva la birra al vino – il suo stomaco non reggeva grandi quantità di rosso. L'odore del *homebrew* mi era più familiare del vino fatto in casa.

Il giardino del signor Garisto, oltre la recinzione, era tutto ciò che il nostro non era – un'oasi viva e mediterranea. Il suo cortile posteriore era una macchina verde, rigogliosa e produttiva: pomodori, zucchine, melanzane, mais, fagioli, piselli, basilico,

prezzemolo, origano, finocchio, peperoncini, aglio, cipolle, peperoni e lattuga.
Il signor Garisto faceva anche il vino, la salsa di pomodoro, le salsicce di maiale, il salame e la *giardiniera* (verdure sott'aceto). Il suo era un giardino molto più tipico per un italiano di quell'epoca.
Era sposato con Caterina – una donna molto più alta di lui, dura, forte, laboriosa ma senza istruzione. Passava la maggior parte del tempo a urlare ai suoi numerosi figli o a lavare i panni a mano in una grande vasca in cemento per poi metterli comunque nella lavatrice.
I loro quattro figli più piccoli erano tra i miei amici più stretti durante l'adolescenza. Ogni tanto Caterina ci portava il suo piatto forte – melanzane al forno ripiene di pomodoro, carne macinata e riso.
La porta marrone d'ingresso era come un portale tra due realtà – fuori eravamo australiani «nuovi,» dentro eravamo italiani.
La nostra modesta casa da classe operaia metteva in scena sia gioia che terrore – stanze tappezzate da contraddizioni che hanno modellato il mio concetto di famiglia.
La porta d'ingresso, centrata sulla facciata, con zanzariera incorporata, si apriva su un piccolo ingresso. Di fronte, l'unico armadio a muro della casa – sempre stracolmo di coperte, cappotti e cianfrusaglie. Rimaneva in disordine, a meno che non lo sistemassi io.
Sulla sinistra, due porte bianche con vetri ruvidi e quadrati conducevano al salotto formale. Le pareti, un tempo, erano di un verde chiaro.
Un riscaldatore alimentato a petrolio era posizionato sulla parete est, incorniciato da un focolare di mattoni lucidi neri e marroni. Sopra il caminetto bianco pendeva uno specchio ovale dorato. Sulla mensola, una foto incorniciata in bianco e nero di mio padre, accanto a un Gesù per lo più nudo, argentato, inchiodato a una croce di legno marrone lucido – alta circa 40 centimetri.

Il vecchio tappeto grigio, consumato, con strisce curve rosse, arancioni, gialle e bianche, conduceva a una piccola sala da pranzo.
Entrambe le stanze erano ora rivestite di carta da parati floreale – oro, rosso, marrone e beige – più adatta a una chiesa Rococò che a una casa di periferia.
Il salotto ospitava una vetrinetta di vetro in stile barocco italiano, un giradischi anni '70 con casse integrate e il nostro grande, marrone, tozzo televisore a colori degli anni '80 – senza telecomando.
La sala da pranzo, altrettanto barocca, presentava un tavolo ovale con piano in vetro, circondato da sedie coperte di plastica. Una credenza a vetri esponeva bicchieri scintillanti – alti, bassi, colorati e decorati – che mi ricordavano sempre la canzone *Rose-Coloured Glasses* di Johnny Farnham.
Grandi ritratti in bianco e nero dei parenti severi di papà un tempo ornavano i mobili. Curiosamente, nessuna foto della famiglia di mamma. Solo la foto del matrimonio della mia cugina maggiore era ammessa.
Da bambina, ero affascinata dall'organizzare quei bicchieri con estrema cura. Mi calmava, placando le mie tendenze compulsive, quasi autistiche.
La cucina, adiacente – rinnovata all'inizio degli anni '70 – rimaneva caotica, uno specchio del disordine accumulato di mia madre.
Diversamente dalla tipica casalinga italiana, lei prosperava nel caos. Cassetti traboccanti e piani di lavoro affollati testimoniavano la sua convinzione che nulla dovesse mai essere sprecato.
Al tavolo della cucina, con il piano giallo, papà mi insegnava la matematica – blocchetti colorati *Cuisenaire* allineati come offerte di pace tra una tempesta e l'altra.
I ricordi si duplicavano negli spazi – ogni stanza un palco per scene che si ripetevano: papà che mi insegnava i numeri sullo stesso tavolo dove, poche ore dopo, urlava contro mamma.

La cucina conduceva verso sud, a una veranda chiusa e piena di sole – un'aggiunta posticcia – dove si trovava il frigorifero, accanto a un baule della dote verde scuro con cornici dorate.
Le pareti in cemento grezzo, alte circa un metro, erano rivestite di vernice lucida rosa chiaro. Sopra, grandi pannelli di vetro e qualche finestra a lamelle costituivano il resto della parete. Quando ero piccola e perdevo le chiavi, rimuovevo con attenzione le lamelle per entrare in casa.
La mia stanza era lì vicino. Era sia un santuario che una prigione – la porta una sottile membrana tra appartenenza ed esclusione. Passavo lì più tempo che in qualunque altro posto, circondata dall'ombra sempre più densa di me stessa.
Le pareti giallo pallido erano tappezzate con poster di KISS, Queen e Suzi Quatro – tutti strappati da *TV Week*. Il mio amore per la musica era appeso come bandiere di preghiera. Una scrivania bianca stava sotto la finestra. Cambiare disposizione ai mobili mi calmava – un'abitudine che mi è rimasta fino all'età adulta.
La maggior parte dei mobili della mia stanza era appartenuta a Nonna, la madre di mio padre, che aveva vissuto con noi finché, con grande dispiacere di mio padre, il suo fratello minore – Zio Giovanni, furbo e calcolatore – non la portò via, ufficialmente per aiutare con i nipoti, ma in realtà per incassare la sua pensione. Zio era molto più interessato al denaro di quanto lo fosse papà.
Il linoleum grigio freddo – mal posato – copriva i pavimenti originali in legno. Il suo motivo sembrava una serie di scalette storte, con blocchi sparsi di bianco, rosso, blu, verde e giallo – forme che sembravano uscite direttamente dalla *Komposition 8* di Kandinsky.
Quando gli incubi mi aggrappavano come lenzuola bagnate, suonavo la chitarra nella veranda, lasciando che la musica scorresse nel giardino come un ruscello purificatore. Un Natale, quando avevo sette anni, papà mi regalò una piccola chitarra. Le mie dita erano troppo piccole per premere le corde di metallo.

Non imparai veramente fino a molti anni dopo, ma iniziai con quella chitarra. Ero grata che papà avesse piantato in me l'amore per la musica.

Prima del frigorifero moderno, ne avevamo uno vecchio, massiccio, degli anni '50, con un'unica porta giallo pallido. I bordi erano arrotondati, non squadrati, e all'interno c'era un piccolo scomparto congelatore in acciaio inossidabile, senza sportello.

Mamma un tempo lavorava alla fabbrica Nestlé di Campbellfield. All'epoca, il frigo era sempre pieno di scatole di cioccolatini che distribuiva ai bambini in visita. Questo succedeva prima che io nascessi. Dopo la mia nascita, lavorò alla fabbrica Yakka a Broadmeadows. Invece dei dolci, io ricevevo jeans fuori moda e un po' tristi.

Dalla veranda si accedeva a una piccola lavanderia interna, dove ancora si trovavano i resti del vecchio boiler in rame. Era stato sostituito da una lavatrice a carica dall'alto della Westinghouse. Qui iniziai i miei primi lavoretti manuali da bambina – sotto la supervisione attenta di mio padre.

Le mie mani di quattro anni tremavano di orgoglio mentre dipingevo la cornice della porta – ogni pennellata un atto di creazione, non di distruzione – una silenziosa prova che le sue mani potevano anche guidare senza fare del male. Papà mi incoraggiava sempre a fare e provare – ad essere audace, coraggiosa, avventurosa.

Mamma, al contrario, era eccessivamente ansiosa e sempre sul chi vive. Mi insegnava ad avere paura del mondo, a rimpicciolirmi davanti a esso, a stare sempre attenta, dicendomi: «Sta' attenta, figlia mia.»

Fu papà a darmi coraggio. Ma fu la voce di mamma a riecheggiare per decenni dopo la sua scomparsa – preoccupata, allarmata, ripetitiva come un disco graffiato. Le sue parole mi tennero vigile, in preda all'ansia, sempre in allerta contro i pericoli che lei vedeva ovunque.

Tra loro, piantarono semi opposti – la sua cautela, il suo ardire –
entrambi radicati nel mio spirito, in guerra sotto la superficie.
La nostra era una tipica casa anni '50 nella cintura operaia di
Melbourne – al numero 133 di Middle Street, Glenroy – dodici
chilometri a nord del centro città, circondata dall'asfalto e
dall'assenza. Una casa nel mezzo di un sobborgo che molti
chiamavano terra di nessuno.
Quando attraversai West Street quel giorno, la rivelazione –
come tutte le precedenti – non cambiò solo ciò che sapevo.
Rimodellò chi ero, frammento dopo frammento.
La casa in cui tornai continuava a sussurrare i suoi segreti – ora
più forte, come se anche lei non potesse più contenere le bugie.
La prima verità:
un padre alcolizzato e violento, con disturbi mentali mai
diagnosticati – una realtà che avevo imparato a navigare molto
prima di conoscere la verità sulle mie origini.

Papà (1930s).

Papà, mamma e io (1964).

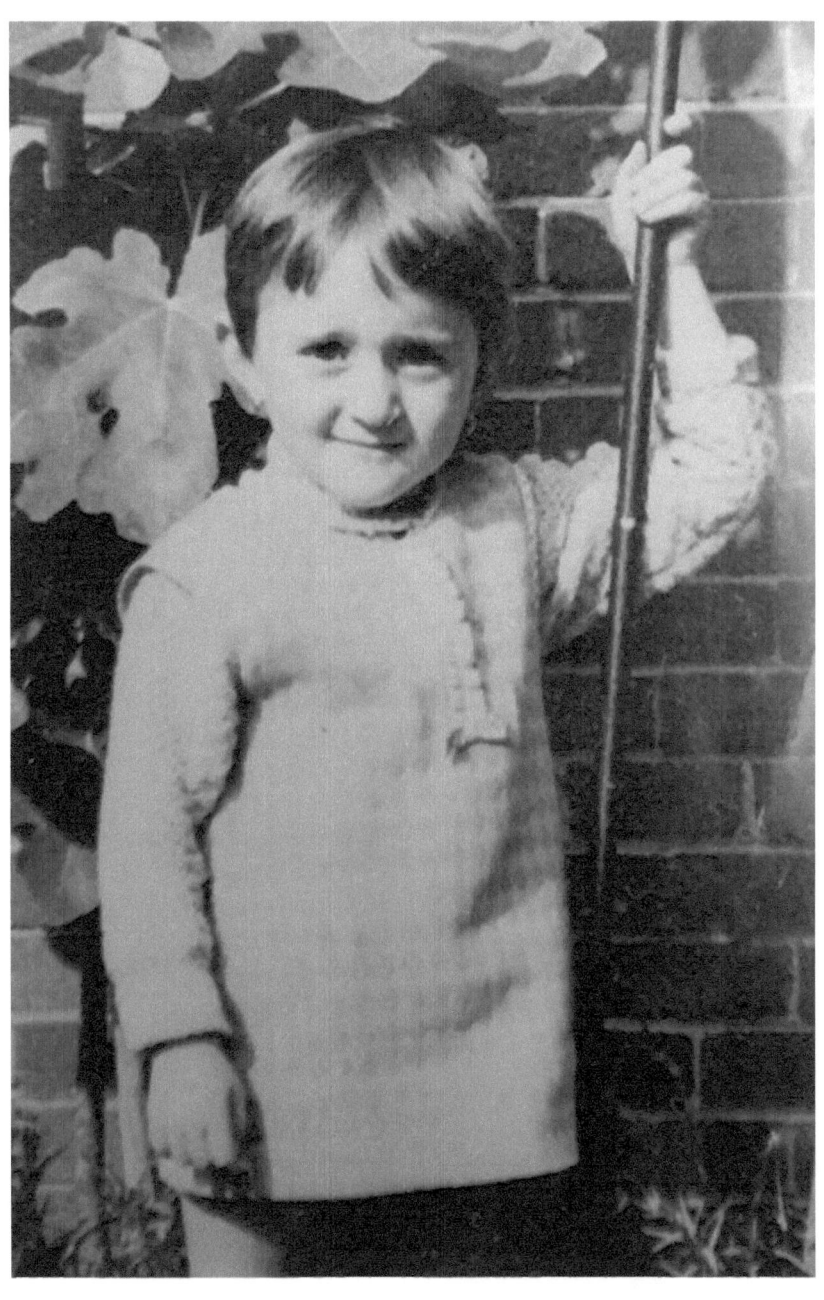

Io, a 2 o 3 anni (1966).

Io, mamma, e papà. (1973).

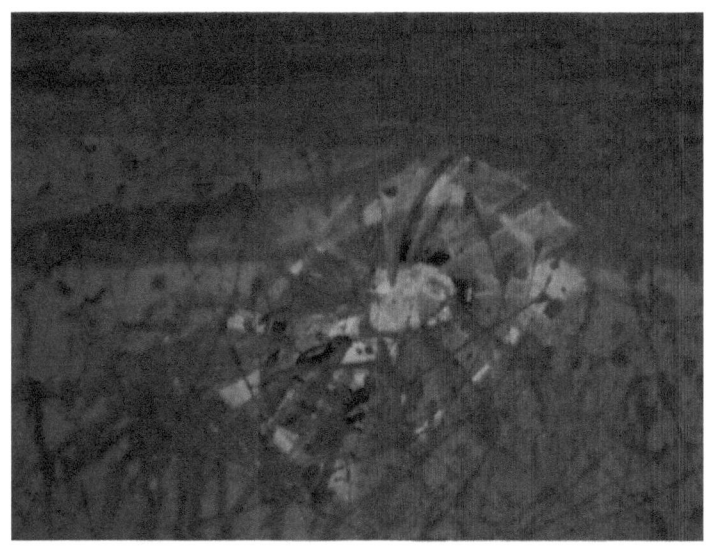

Il mio dipinto – Infranto (2017).

3

Sangue, vergogna e vetro infranto
(1964–1973)

Il corpo ricorda ciò che la mente ha scelto di dimenticare.

Crescere con un padre alcolizzato è stato come vivere su un ottovolante di emozioni contrastanti. Gli alti dei suoi momenti affettuosi da sobrio si scontravano bruscamente con i bassi delle sue furie alimentate dall'alcol, lasciandomi perennemente in disequilibrio – senza mai sapere quale versione di lui avrei incontrato di momento in momento.

Un ricordo spicca come perfetta incarnazione della vertiginosa caduta allo stomaco e della fugace esaltazione della vita con mio padre. Era un pomeriggio luminoso, ma carico di nuvole temporalesche invisibili. Aveva costruito per me un carretto a spinta, e mi spingeva avanti e indietro lungo il nostro lungo vialetto. In quei momenti, era un padre avventuroso e attento che amavo. In quegli attimi splendenti, mi crogiolavo nella pura e fugace gioia della sua attenzione indivisa.

Inevitabilmente, il mostro sarebbe tornato...

Voglio correre e nascondermi. Voglio andare in un posto sicuro. Voglio che tu mi porti via, mamma, pensava la me di sette anni. Rileggere un vecchio diario mi riporta a quando mio padre era ancora in vita. Nella topografia tormentata della mia relazione con il mio amato padre, il mio ricordo di lui è un paesaggio saturo della chimica acre di sigarette e birra stantia, dove furie volatili e gelose scavavano linee di faglia geologiche nella mia infanzia.

Il vetro non si frantumava soltanto. Si conficcava nella memoria come schegge – brillando ogni volta che tentavo di dimenticare. Fin da piccola, avevo sviluppato il modello di osservare attentamente gli adulti, percependo il pericolo prima che arrivasse. Questa ipervigilanza – nata nel caos delle furie alcoliche di mio padre – mi sarebbe poi servita mentre ricomponevo i frammenti della mia identità. Ho imparato presto ad ascoltare ciò che non veniva detto, a notare le contraddizioni, a mettere in discussione le versioni ufficiali. All'epoca erano abilità di sopravvivenza, ma sarebbero diventate gli strumenti con cui avrei scoperto la verità, decenni dopo.
Questi compagni silenziosi mi avevano accompagnata molto prima che sapessi di essere stata adottata. La casa in Middle Street conteneva più delle normali sfide della crescita – era un campo di battaglia dove i demoni di mio padre prendevano regolarmente il centro della scena.
A causa dei suoi vizi, papà sembrava molto più vecchio dei suoi anni. Aveva la testa per lo più calva con capelli grigi ai lati e dietro. Profonde rughe segnavano il suo volto. Un piccolo ventre da birra sporgeva dalla sua corporatura media. Aveva 41 anni quando sono arrivata. Papà era stato un soldato nell'esercito italiano durante la Seconda guerra mondiale. Uno di cinque figli. Il figlio di mezzo ribelle. Nato dalla seconda moglie di suo padre, Nonno Giovanni. Nonno morì in Italia prima che i miei genitori emigrassero in Australia. So poco di lui. Aveva un'aria seria e severa nelle vecchie foto di famiglia.
Raramente Vastiano non aveva una sigaretta in mano. Ne accendeva una dopo l'altra con le dita robuste dalle punte color cachi e le unghie curve in avanti. Accendeva la sigaretta successiva col mozzicone appena spento, fumando giorno e notte. In casa. In macchina. L'altra mano spesso reggeva un bicchiere da birra conico, elegantemente curvato, pieno di Fosters Lager o Melbourne Bitter dorata, con uno spesso strato di schiuma bianca in cima.
All'epoca, la birra si vendeva comunemente in grandi bottiglie

marroni da 750 ml. Il marchio della Melbourne Bitter era un'etichetta cremisi, blu reale e bianca, con una grande M cremisi al centro. Dodici bottiglie in una scatola di cartone cremisi. Lo stesso cremisi della maglia della squadra di footy di Fitzroy. Una scatola piena di birra stava sempre nel nostro garage, vicino alla porta laterale – una costante in casa, come il timore e il terrore imminente dell'arrivo del mostro.

L'odore della birra scatena ricordi d'infanzia indesiderati... Invece di dormire, sentirmi al sicuro, accudita, amata, un tumulto emotivo intenso cresce dentro. Mio padre, il mostro, si aggira nel corridoio fuori dalla mia camera. Sto singhiozzando nel letto, terrorizzata, ansimando a ogni respiro.

F-fermati. T-t-ti prego... qualcuno... f-f-fermatelo...

Volume. Assordante. Non riesco a respirare. La sua voce – incessante – spietata – rabbia senza fine. Le parole perdono significato. Rimane solo l'odio. Gelosia. Morbosa. Infondata. Io. Piccola. Mi restringo. Sparisco.

Vattene via! Lasciaci in pace! Grido nella mente della bambina. Le lacrime scorrono sulle guance della bambina. Il frastuono continua. L'impotenza mi soffoca. Dopo alcuni anni, la realtà aspra e dolorosa si fece strada.

Nessuno può aiutarmi. Nessuno verrà a salvarmi. Nessuno mi terrà tra le braccia per farmi sentire al sicuro.

Sono lasciata da sola, ancora e ancora, a sopportare questo incubo rituale.

Durante queste furie imprevedibili, mia madre regrediva a uno stato infantile: ferita, piangeva e urlava, mentre una gelida solitudine mi penetrava nelle vene, congelandomi il cuore lungo il cammino. Repressi e seppellii i miei sentimenti nel profondo del vuoto. Il vasto vuoto che cresceva dentro. Nella cassaforte. Peggio di questa rabbia costante erano le continue bugie che ero costretta a raccontare. Nessuno doveva mai sapere cosa accadeva in questo manicomio. Più tardi mi sarei chiesta se il mio disperato bisogno di scoprire la verità – per quanto dolorosa – fosse iniziato in quegli anni di silenzio forzato. Sotto il silenzio,

sentivo pressione – crepe che si formavano nella narrativa accuratamente piastrellata della nostra famiglia.
«Non devi dirlo a nessuno!»
La vergogna era stata seminata. E con ogni anno che passava, cresceva.
A chi avrei potuto dirlo? Chi mi avrebbe creduta?
Chi avrebbe creduto a una bambina alla fine degli anni '60 – inizio anni '70?
Fu in una di quelle notti che mia madre entrò nella mia camera, mentre giacevo sconvolta, piangendo nel mio letto. Questa povera, misera donna maltrattata. Il tormento e il terrore incisi sul suo volto.
Nella sua rottura era tornata bambina. Singhiozzava. Spaventata. Confusa, la guardo.
Dovresti proteggermi e confortarmi, sussurrava la voce nella mia mente disperata.
Sommersa dalla sua angoscia, attraverso occhi tumefatti, non aveva spazio per vedere la disperazione impotente nei miei. Non aveva capacità di confortarmi o calmarmi. In quei momenti, sua figlia non esisteva.
Si arrampicò nel mio letto e, impotente, disperata, gridò invano: *«Mamma, Mamma.»*
Il triste vapore delle sue lacrime penetrò nella mia pelle, avvolgendo il mio vuoto. Innumerevoli gocce avvolgevano il dolore, la tristezza, la disperazione, cacciando via la mia innocenza infantile e sostituendola con un oscuro vuoto.
Cosa dovrei fare?
Si asciugò tra le gambe e pianse fino ad addormentarsi. Una moglie maltrattata e sua figlia dimenticata.
Infine, il silenzio si insinuò nel manicomio, lenendo le mie ferite invisibili. Il silenzio è prezioso. Mi sentivo esausta. Svuotata. Il silenzio mi precipitò nel sonno, le immagini impresse nel mio cervello.
La mattina dopo, il mostro era sparito. Il mio amorevole e premuroso padre era riapparso. Mi ero seduta molte volte al

tavolo da cucina giallo con lui, e mi aiutava con i miei libri di lettura. Libri come *Dick and Jane*.

Con il passare della giornata, osservavo il suo comportamento cambiare, i suoi passi diventavano incerti, il suo parlare cambiava, diventava più forte e più irregolare. Il *clack-clack-clack* delle catene dell'ottovolante era iniziato, tirandoci lentamente fino alla vetta prima dell'inevitabile caduta. Quando calava la notte, il mostro emergeva, scagliando insulti con ferocia.

Più tardi quella notte, camminai nel corridoio e lo trovai a faccia in giù, immobile sul pavimento. Il respiro mi si mozzò. «Cosa c'ha, mamma?» chiesi. «È solo stanco. Mettiamolo a letto.»

Amavo mio padre di giorno, ma di solito la notte si trasformava in quella persona orribile piena di rabbia, un mostro irraggiungibile e fuori controllo. Un Jekyll e Hyde. Vaneggiava e urlava. Ogni notte. Ero sempre più terrorizzata. Ogni episodio erodeva la mia fiducia negli adulti, finché le persone con autorità divennero spaventose e imprevedibili.

Piangevo e singhiozzavo, le lacrime salate scavavano canali sulle mie guance, la federa di cotone si inzuppava sotto il mio viso. Nessuno confortava mai la bambina. Alla fine, le mie lacrime si asciugarono – non perché il dolore fosse diminuito, ma perché la bambina che ero-ma-non-ero si era ritirata ancora più dentro, come una creatura marina che si rifugia nel guscio al primo tremore di pericolo. Il mio petto ancora sobbalzava per i singhiozzi fantasma, ma il serbatoio si era svuotato, lasciando solo l'eco vuoto del dolore in una stanza improvvisamente troppo silenziosa. Cominciai a osservarmi attraverso un vetro spesso: piccole mani che stringevano il lenzuolo, spalle che si piegavano a ogni respiro, voce che si spegneva. Il mio corpo divenne insensibile mentre la mia mente fluttuava al di sopra di tutto, trovando sicurezza in questa strana separazione.

Di notte, e a volte anche durante il giorno nei fine settimana, la nostra solida casa in mattoni rossi, apparentemente accogliente, si trasformava in un manicomio infestato dall'alcol. All'epoca, non capivo che la birra e l'alcol trasformavano mio padre in un pazzo arrabbiato, delirante e incontrollabile. Pensavo solo che fosse imprevedibilmente folle e furioso.

La mia prima infanzia era un su e giù di emozioni contrastanti e imprevedibili. Questo era il ritmo estenuante della vita con qualcuno che abusava dell'alcol – brevi scorci del padre affettuoso e attento che desideravo, seguiti inevitabilmente dalla terrificante tirannia della sua dipendenza.

L'amore non era un rifugio – era un doppio agente, che offriva sicurezza in un momento e tradimento in quello successivo, la sua tenerezza intrisa di schegge.

Negli anni, con la consapevolezza limitata che un bambino può avere, imparai a prepararmi alle discese, a non fidarmi dei momenti alti, poiché sapevo che era solo questione di tempo prima che la corsa precipitasse di nuovo.

Tra la follia, ho anche alcuni ricordi felici e spensierati dell'infanzia – veloci corse a cavallo, giri in un'auto giocattolo di metallo ereditata che papà aveva ridipinto dello stesso verde chiaro della sua Holden, gite di un giorno con la famiglia allargata alla vecchia fabbrica di ricotta a Sunbury, o al safari dei leoni a Bacchus Marsh, ma più di tutto, ricordo vividamente episodi di vetri infranti e sangue. Tanto sangue. Seguito da tante bugie.

Questo episodio rimane un segno vivido delle cadute improvvise dell'ottovolante, i momenti in cui ogni illusione di sicurezza o stabilità si frantumava insieme ai vetri volanti. Un giorno di sole, inciso con forza nella mia memoria come una cicatrice che non guarisce. Avevo circa cinque anni.

Il ricordo sfarfalla come un vecchio rullo di pellicola, le immagini tremolanti, il suono distorto. Un pacchetto morbido di Peter Stuyvesant giaceva sul tavolo da cucina giallo.

Da bambina minuta, camminavo fino al nostro milk bar locale sulla striscia commerciale di West Street. Mandata a comprare le sigarette per mio padre. Un pacchetto bianco con scritte dorate. Foderato di carta argentata e sigillato con un'etichetta blu chiaro

e blu scuro in cima. La mia voce timida chiedeva educatamente le sigarette e le caramelle, la mia piccola mano si allungava in punta di piedi per mettere le monete da 20 centesimi sul bancone...
Papà era seduto al tavolo indossando una canottiera bianca sporca e consunta della Bonds e pantaloncini marrone chiaro, gli avambracci ricoperti di peli grigi, muscolosi come corde e nervosi. Mamma indossava un vestito estivo chiaro, modesto e floreale, già appassito dal caldo. Rimasi immobile nella nostra cucina sentendomi piccola, come se stessi guardando il telegiornale delle 18:30 di Skyhooks, da una grande distanza, tutto ciò che accadeva sullo schermo senza un interruttore per spegnerlo.
Incollata al pazzo che era apparso al tavolo della cucina, il bicchiere di birra catturava la luce del pomeriggio, la sigaretta tra le dita ingiallite, il fumo si arricciava verso l'alto come uno spirito maligno.
Il volume della sua voce aumentava mentre sputava le sue parole e batteva sul tavolo, facendo rimbalzare il posacenere di vetro trasparente a ogni colpo, le cicche all'interno ballavano una macabra danza. A ogni tonfo fragoroso, l'anticipazione temuta mi correva nelle vene come acqua ghiacciata. Il battito nel mio petto aumentava furiosamente come un animale selvatico in gabbia che cercava di fuggire. C'era solo un punto d'uscita. Lentamente, salivo verso il soffitto. Un punto d'osservazione più sicuro. Intrappolata ancora una volta, mamma stava con la schiena contro il lavello. Le braccia incrociate come un'armatura sul petto. La testa leggermente abbassata in quella postura sottomessa così familiare. Le labbra rivolte all'ingiù. Una profonda ruga tra le sopracciglia, costretta ad ascoltare un altro dei suoi sfoghi, aspettando che la tempesta peggiorasse.
Mentre l'orrore si svolgeva fotogramma dopo fotogramma prevedibile, mi rimpiccioliva nell'angolo. Due piccoli occhi preoccupati scrutavano questa scena torbida da un volto che cercava di rendersi invisibile. Congelata nel tempo. Immagini

che si imprimevano nel mio cervello in sviluppo.
Pazzo. Posacenere. Movimento affilato come una lama.
Rotazione. Cenere che si disperde. Cicche che fluttuano. Aria che trema.
Traiettoria: la fronte di mamma.
Sangue. Rosso. Che scorre. Fiumi rossi su volto bianco.
Non potevo muovermi. Non potevo aiutare. Non potevo respirare.
Non potevo essere lì, ma non c'era altro posto dove andare.
Piccola. Più piccola. Scomparsa ma ancora capace di assistere.
Il sangue continuava a uscire. Continuava. Continuava.
«*Mamma mia!*» Trafiggeva l'aria.
I fotogrammi diventano movimento. Distolsi rapidamente lo sguardo da mamma e lo riportai al posacenere. Ora un'arma da lancio, il posacenere ruotava al rallentatore, la cenere e le cicche di sigaretta turbinavano e ricadevano nell'aria. La fronte di mia madre, appena sopra l'occhio, fermò improvvisamente la traiettoria del posacenere in volo. Trapassò la sua pelle e il mio cuore simultaneamente. Sangue rosso e denso le colava sopra l'occhio sinistro, lungo il lato del naso, e invisibilmente lungo le mie guance. Le solite, familiari grida pietose e impotenti seguirono: «*Mamma mia, mamma mia*», mi riportarono scioccata nel mio piccolo corpo.
...Prima di andare dal medico nelle vicinanze, mi fu detta la bugia.
Mamma era inciampata contro una porta...
Come un animale ferito e spaventato, mia madre giaceva su un letto medico sterile alla clinica locale. Il vecchio dottore dai capelli grigi, dallo sguardo severo, indossava un camice bianco. Mia madre emise un urlo acuto a ogni punto di sutura. L'occhio di mamma era gonfio e rosso. Dentro di me, ero morta. Il melodramma sanguinante e implacabile continuava.
Ogni scoppio imprevedibile era un'altra curva brusca sull'ottovolante della mia infanzia, lasciandomi disorientata e aggrappata a qualsiasi parvenza di stabilità. Molto tempo dopo

che le ferite si erano cicatrizzate, le schegge di quel ricordo rimanevano – non spazzate via, ma riassemblate in una forma che ancora non riconoscevo.

E poi, nonostante il tumulto, tornavano momenti di autentica gioia – l'esaltazione di imparare ad andare in bicicletta nel vialetto di casa, seguendo attentamente le sue istruzioni e indicazioni. Da quei momenti preziosi nacque in me un senso di avventura e fiducia in me stessa. Quei picchi fugaci erano quasi più dolorosi degli abissi, poiché contenevano la promessa di una vita diversa, un padre diverso, che sembrava sempre appena fuori portata.

1971

Nel mio settimo anno di vita, in un'altra calda giornata estiva. Una rara visita diurna del pazzo. Il mostro verde sedeva sul nostro vecchio divano verde scuro, con le pareti verde chiaro del salotto come sfondo mentre si sedeva davanti a un tavolino da caffè con piano in vetro spesso. Il calice sempre presente nella sua mano, riempito con il sangue del suo Dio. Bevve di nuovo il suo fluido dorato. Vaneggiava e urlava. Il bambino imparò a ritirarsi in fretta. Si sentiva insensibile e piccolo. Levitava e osservava l'ennesima scena dell'orrore. Accusò mamma di avere una relazione perché un uomo si era seduto accanto a lei sull'autobus. Raccontò questa storia molte volte più tardi, quando ero adulta.

Mamma era sull'autobus tornando dal lavoro. L'uomo, calvo e grigio, si era seduto accanto a lei. Scambiarono chiacchiere oziose. Mio padre salì sull'autobus. Si sedette vicino a mamma e a quell'uomo. Più tardi, a casa, la interrogò in una rabbia gelosa per l'ennesima volta.

«Perché gli hai parlato?»
«Perché lo hai guardato?»
«Cosa voleva?»
«Perché si è seduto accanto a te?»

Voleva che ammettesse di avere una relazione con lui, anche se

non era vero.
Il suo sfogo prese slancio e volume. Le vene pulsanti gli sporgevano sulla fronte mentre vomitava parole rabbiose e senza fondamento. La follia irrazionale aveva preso il sopravvento.
Il bambino osservava in silenzio, con un senso di rovina imminente, il petto faceva male a ogni battito. Nessun posto dove andare.
Mia madre stava seduta in silenzio. Imbronciata. Come una bambina rimproverata. Qualsiasi cosa avesse detto avrebbe peggiorato la situazione.
La follia non può essere fermata. Non c'è modo di ragionare con l'irragionevole.
Il bicchiere nella sua mano destra fu abbassato con forza sul tavolino di vetro, la birra arrivò fino al bordo. Il movimento rallentò. Poi, come il crescendo di voci, cembali e tamburi in *O Fortuna, Carmina Burana*, il bicchiere si infranse sul tavolo, mentre sottolineava le sue ultime parole. *Boom! Boom! Boom! Clash! Clash! Clash!* Ancora e ancora vidi il bicchiere che cadeva giù, giù, giù e si frantumava. Si frantumava. Si frantumava. Minuscole schegge di vetro sottilissimo schizzarono via dal tavolo. La pozza spumosa e densa sul tavolo cominciò a diventare di un rosso arancio turbinante. Rosso sangue. Sangue denso schizzava fuori come una piccola fontana romana dalla mano di papà attraverso tagli multipli.
Mia madre, sempre inutile in presenza del sangue, correva per la casa, nel suo ormai familiare ritornello: «*Mamma mia, Mamma mia!* (Mio Dio!). *Dio aiutami!* (Dio aiutami!)»
Mio padre trovò un asciugamano da bagno e lo avvolse attorno alla mano gocciolante di sangue.
In qualche modo, si recò da solo in ospedale, ma non prima che mi venisse raccontata un'altra elaborata bugia...
«Mio padre stava pulendo un lampadario di vetro nella loro camera da letto e gli cadde addosso, tagliandosi la mano...»
La bugia si trasformò in realtà quando mio padre, successivamente, tolse il lampadario dalla loro camera e lo

nascose.

Alcuni giorni dopo, ero seduta nella mia aula. Mio padre, ora allegro e dall'aspetto normale, mi lasciò a scuola. Il suo braccio era avvolto in spesse bende bianche, dal gomito destro fino alla punta delle dita. L'insegnante, non quella abituale, davanti a tutta la classe chiese:

«Cosa è successo alla mano di tuo padre?»

Inizialmente non capii che stesse parlando con me, perché era strabica.

Ripeté: «Cosa è successo alla mano di tuo padre?»

Quando realizzai che si stava rivolgendo a me, desiderai sprofondare nel pavimento su cui eravamo seduti. Volevo che mi inghiottisse. Timidamente, risposi con la bugia che mi era stata detta di raccontare.

Un caldo rossore avvolse il mio giovane volto innocente. La vergogna nuda riempì il mio piccolo corpo. Le bugie. Il segreto. *«Non dirlo a nessuno.»* La vergogna si radicò in ogni fibra del mio essere e si tatuò sulla mia fronte. Con ogni episodio, nuovi strati di vergogna e terrore.

Era ora di pranzo e noi tre eravamo seduti in cucina a mangiare. Aveva bevuto, di nuovo.

Aveva ricominciato con le sue folli delusioni, di nuovo. Le sue morbose gelosie. No, non di nuovo. La sensazione familiare di restringimento. Mamma indossava l'espressione familiare di impotenza. Le linee di battaglia, incise sul suo volto, raccontavano degli orrori che aveva vissuto nei venti anni di matrimonio. Era silenziosamente intrappolata. Se parlava, lui diceva che mentiva. Se taceva, lui diceva che era colpevole.

Scelse di tacere.

L'assalto verbale aumentò.

Il mio petto batteva. *Ba-boom. Ba-boom.* Mi immobilizzai. Aveva una bottiglia di birra in mano. La lanciò dal tavolo della cucina attraverso la porta sul retro nel nostro veranda. Volteggiò nell'aria e poi si schiantò, come il suono di un tuono lontano, contro il muro rosa della veranda e si frantumò in pezzi. La birra schiumosa colava lungo il muro e si raccoglieva in una pozzanghera schiumosa sul pavimento. Solo un altro giorno da manicomio.

La scuola come rifugio
Tra il caos imprevedibile a casa, la scuola era uno dei miei salvatori. Il mio spazio sicuro. Era il mio conforto e mi offriva la salvezza. Potevo momentaneamente dimenticare ciò che accadeva nel nostro manicomio segreto. La mia vita divenne presto un ciclo di intensa paura notturna e poi sollievo quotidiano.
Frequentavo la Hadfield Primary School (PS476/87), ora un complesso residenziale. Ogni mattina camminavo o andavo in bicicletta, percorrendo il chilometro fino a scuola. Allora riuscivo ancora a immergermi nei miei dintorni. Lungo il percorso, mi deliziavo nel vedere il mio albero di quercia inglese preferito, con le sue foglie marroni ricci e le graziose ghiande che cadevano a fine inverno. Memorizzavo i nomi di tutte le strade tra casa e scuola: da Tassell a Davies Street.
Amavo semplicemente andare a scuola. Mi immergevo nella lettura, nell'apprendimento, nella scrittura, nel disegno e nella matematica. La mia mente era una spugna, assorbendo tutto. Il mio intelletto era il mio salvatore, così come il mio intenso bisogno di bruciare quel terrore represso.
Prima della scuola, durante la pausa pranzo e gli intervalli, correvo eccitata sul bitume grigio che circondava le aule grigie a forma di scatola con finestre quadrate bianche a battente, e giocavo a vari sport e giochi con i miei numerosi amici di scuola. Avevo un'energia nervosa inesauribile da spendere.
Raramente stavo ferma durante l'intervallo, a differenza di molte altre ragazze.
I ragazzi e le ragazze erano segregati e dovevamo restare nelle nostre sezioni separate del grande cortile scolastico. Era estremamente ingiusto che i ragazzi avessero tutto il campo da calcio erboso, almeno un terzo dell'area scolastica, per correre,

mentre le ragazze erano confinate in una piccola sezione sull'asfalto grigio duro che includeva una tettoia di legno color crema. Inventavamo giochi. Sulle panche di legno, correvamo avanti e indietro tra i pali marrone scuro che sostenevano il tetto della tettoia. La più veloce vinceva.
Una delle poche volte in cui osai avventurarmi nella sezione dei ragazzi, giocai a calci con un amico maschio. L'insegnante di sorveglianza mi colse in flagrante per la mia grave trasgressione di genere e mi mandò prontamente in aula.
Con risentimento, scrissi cento volte in un piccolo quaderno: «*Non devo giocare nel cortile dei ragazzi.*»
Fin da giovane imparai che c'erano distinte differenze e privilegi tra maschi e femmine, rafforzati anche a casa nella mia educazione italiana. Non cambiò molto nei decenni successivi. Mi piaceva essere attiva e adoravo correre; presto scoprii di essere una brava mezzofondista. Nell'ultimo anno di scuola primaria, avemmo una giornata sportiva. Corsi i 400 metri più veloci sia tra i ragazzi che tra le ragazze. Poi, corsi da adolescente, e continuai a correre da adulta. Correvo persino nei miei sogni. Costantemente in fuga dal pazzo e dai demoni che lasciava dietro di sé. Fin da giovane, giurai di non essere mai la donna di nessun uomo. Soprattutto di un uomo violento e alcolizzato come mio padre.
Con il passare degli anni, i picchi e le valli delle montagne russe si intensificarono. I momenti belli sembravano più alti, mentre mi aggrappavo a qualsiasi brandello di normalità o affetto. Ma i momenti brutti mi precipitavano in abissi sempre più oscuri, poiché le furie di mio padre diventavano più volatili e il mio senso di impotenza più acuto.
Nonostante la sua follia alimentata dall'alcol, amavo profondamente mio padre, a differenza di mia madre che sembrava più una domestica quando lui era presente.
Non ricordo molte interazioni con Mamma, eccetto quella singola coda di cavallo in stile «Pebbles» che mi legava goffamente in cima alla testa e con cui insisteva a farmi

vergognare da bambina.

Mamma non era una persona fisicamente affettuosa fino a quando non sono diventata un'adolescente, momento in cui ormai non desideravo più i suoi abbracci. All'epoca non potevo immaginare quanto sarebbe cambiato il nostro rapporto dopo la morte di Papà, né quanto quei cambiamenti avrebbero modellato la mia comprensione della famiglia.

Da bambina, sentivo di dover scegliere tra Mamma e Papà. Le insicurezze e le gelosie di Papà non permettevano che il mio amore si dividesse tra loro. Inoltre, era molto più divertente stare con lui. Trascorrevamo del tempo di qualità insieme, e facevamo cose entusiasmanti.

Nel fine settimana salivamo sulla sua Holden Special verde chiaro, squadrata. Mi sedevo sul sedile del passeggero o in mezzo se Mamma era con noi, e andavamo in giro per Melbourne a trovare i suoi numerosi parenti: fratelli, cugini, nipoti. Sua madre, Nonna Ninfa, viveva con suo fratello, mio Zio Giovanni, sua moglie e i miei due cugini. Abitavano più vicino a noi — solo 1,2 km a piedi, in Princess Street, Pascoe Vale.

Ma anche nei momenti più bui, c'erano bagliori dell'uomo che poteva essere da sobrio — il Papà che amava la musica e mi comprò la mia prima chitarra a sette anni. Papà ascoltava una grande varietà di musica, dalla musica folk italiana a quella contemporanea, dal pop al rock, fino alla classica e all'opera. *La Bohème. Il Barbiere di Siviglia.*

Una volta acquistò un vecchio registratore a bobine. Registrava musica dai dischi, così da poter ascoltare ore di musica senza dover girare il disco ogni 15 minuti. La versione di Papà dello streaming.

La nostra casa era piena di suoni musicali, quando non era piena dei suoni della follia o della disperazione. Il primo 45 giri che comprai fu *Raindrops Keep Fallin' on My Head* (1970) di Johnny Farnham. Il lato B era *One*. Conservo ancora quel disco. Papà era un buon padre, gentile, affettuoso, un bravo fratello, figlio, cugino, amico, vicino di casa e compagno di lavoro — ma era anche un marito insicuro, geloso, pessimo e abusivo. Non ho mai visto alcuna manifestazione d'affetto tra i miei genitori. Invece di chiamarla per nome o con un vezzeggiativo, la chiamava «Signora». Maltrattava verbalmente e fisicamente Mamma.

Era iniziato molto prima che io nascessi — in Sicilia. Non ho mai assistito alla violenza che Papà infliggeva a Mamma, ma ne ho sentito parlare anni dopo. Quello che ho saputo era peggio di qualsiasi cosa avessi visto. Spesso lei era piena di lividi. Scappava a casa di sua sorella, ma dopo un giorno o due la rimandavano sempre dal marito violento. Il divorzio non era un'opzione.

Da adulta, mi sono spesso chiesta se Papà fosse stato abusato fisicamente o sessualmente da bambino, o se avesse subito traumi durante la Seconda Guerra Mondiale, quando era un giovane soldato. L'automedicazione suggeriva che probabilmente aveva subito traumi ripetuti, abusi, o entrambi.

Spesso, alla mia presenza, parlava da solo, come se fosse immerso in una conversazione con qualcun altro. *Aveva allucinazioni? Era sotto effetto dell'alcol? O entrambi?* Nulla di tutto ciò giustificava la sua violenza, ma forse spiegava l'eccesso di alcool e fumo. Era un uomo tormentato. L'ho conosciuto solo attraverso la mente di una bambina — il perché era sempre fuori portata.

Crescendo, le sue sfuriate alcoliche mi causarono un trauma profondo e duraturo. I suoi sproloqui mi tenevano sveglia la notte, quando, da bambina, avrei dovuto dormire serenamente. Durante i suoi accessi d'ira alimentati dall'alcol, i bisogni della bambina che ero rimanevano insoddisfatti. Niente amore, nessun nutrimento, nessuna cura, e di certo nessun conforto. La mia mente di bambina era lasciata sola a sopravvivere: a interpretare, a dare un senso al folle e al caos che provocava.

Un giorno, poco dopo il mio nono compleanno, mentre camminavo nella veranda sul retro, ricordo vividamente di aver desiderato che Papà fosse morto. Poco dopo, morì.

Dicembre 1973

Era dicembre 1973. Papà aveva comprato l'attrezzatura da campeggio. Una grande tenda color crema in tela. Brande pieghevoli in legno dello stesso colore. Un tavolo e sedie da campeggio. Un piccolo fornello a gas portatile. Papà montò la tenda nel cortile sul retro. Una nuova eccitazione riempiva l'aria. Stavamo per partire per la nostra prima grande avventura di famiglia, insieme alla famiglia di Zio che aveva recentemente comprato una roulotte.

Prima di quell'estate fatidica, andavamo spesso a Phillip Island. Ricordo di essere seduta sulla sabbia sotto il cielo notturno, guardando i piccoli pinguini fatati che zampettavano sulla spiaggia morbida, fredda e arancione. Ho visto i miei primi koala sugli alti eucalipti sopra di noi. Restavamo per alcuni giorni, dormendo in macchina. Il sedile anteriore unico della Holden di Papà si abbassava diventando un letto di fortuna, appena abbastanza grande per noi tre.

Una notte buia, mentre dormivamo tra gli alberi, un poliziotto bussò al finestrino puntando la torcia dentro l'auto. 'Ehi, andate via! Non potete dormire qui!'

Il mio amore per la natura e l'avventura risale a quei giorni più felici.

L'ultima volta che vidi Papà vivo fu la notte di Natale del 1973. Avevo quasi nove anni e mezzo. Lui ne aveva quasi 51. Eravamo tornati da un grande raduno familiare natalizio. Sotto il nostro piccolo albero di Natale verde chiaro con decorazioni di ciniglia, trovai un grande gommone.

A quel punto sapevo che non esisteva nessun Padre Chrisimissa, dato che la vigilia di Natale uscivamo di casa senza regali sotto l'albero per me. Papà spariva durante la notte e, al ritorno, c'era un grande regalo sotto l'albero. Forse il gommone era destinato a essere portato con noi nel nostro imminente viaggio in campeggio.

Alzai lo sguardo verso l'orologio sul muro: la lancetta corta segnava le 12 e quella lunga le 11. La casa era insolitamente silenziosa. Mamma, Papà e io eravamo riuniti attorno al nostro tavolo da cucina con telaio cromato lucido. Pezzi spessi di pane bianco italiano dalla crosta croccante e setosa e formaggio pecorino duro e pepato giacevano su un tagliere di legno, accanto a una ciotola di olive nere secche e salate. Nessun urlo, nessuna sfuriata — solo quella che sarebbe stata la nostra ultima cena insieme. Salutai felicemente i miei genitori con un bacio e andai a dormire.

Fu una notte insolitamente tranquilla.

La mattina dopo, mi svegliai con l'assenza di Papà. Cosa insolita per un weekend o una festività. Mentre stavamo nel bagno, accanto al lavabo blu, chiesi a Mamma: «Dov'è Papà?»

«È in ospedale. La notte scorsa non riusciva a respirare. Mi ha chiesto di aprire le finestre per far entrare aria. Ha detto: «Michelina, aiutami! Sole tu mi poi aiutari!» Ho chiamato Zio Giovanni e lui è venuto a portarlo in ospedale, mentre Papà ansimava per l'aria.»

Più tardi quella mattina, io e Mamma camminammo per un breve tratto fino a casa di Zio. Mentre gli adulti — Mamma, Zio, sua moglie e Nonna Ninfa, ancora vestita a lutto secondo la tradizione per il marito morto da tempo — sedevano silenziosi e cupi in cucina, io giocavo tranquilla con il mio cuginetto fuori casa, ignara della gravità della situazione.

Paura, anticipazione, tristezza aleggiavano nell'aria. Quella mattina Zio Giovanni e mio cugino maggiore andarono a trovare Papà al Royal Melbourne Hospital. Chiese di me con tono solenne. Più tardi quel giorno, il cugino maggiore entrò nel corridoio per telefonare all'ospedale e sapere come stava Papà. Era quello tra noi con la migliore padronanza dell'inglese. Tutti aspettavamo in cucina in silenzio.

Il cugino camminò lentamente lungo il lungo corridoio buio verso la cucina illuminata. Mentre il suo corpo si avvicinava, vidi le lacrime scorrere sul suo volto giovane e contratto dal dolore. Entrò nella stanza e fece il gesto del pollice verso. Il suo zio preferito era morto. Papà era morto da solo, verso le 14:30 del giorno di Santo Stefano, in un letto d'ospedale. Il certificato di morte riportava la bronchite cronica come causa. In verità, morì per il fumo cronico.

Papà era stato scalpellino nel suo paese natale e aveva iniziato a fumare da ragazzino. I medici gli avevano detto molte volte di smettere, ma non ci riusciva. I suoi demoni, qualunque fossero, erano troppo forti. La dipendenza dalla nicotina troppo radicata. I suoi polmoni, devastati dall'enfisema, dovevano somigliare agli edifici distrutti di Gaza, visti di recente in TV.

Quel giorno, imparai che la morte è silenziosa, improvvisa e per sempre.

Subito dopo la telefonata, tornammo tutti nella nostra casa a Glenroy. Gli adulti indossavano gli abiti neri da lutto. Poi iniziò l'infinito flusso di parenti, amici e vicini sciocccati e affranti. La mia inconsolabile Mamma sedeva fuori, tremante e in lacrime. Più tardi, un medico le somministrò un'iniezione per sedare il dolore. Da quel momento in poi, prese quotidianamente Valium o Serapax.

Gli adulti si muovevano e parlavano intorno a me, apparentemente ignari del mio shock, dolore e confusione. Non piansi e da allora raramente piansi davanti agli altri. Repressi le mie emozioni, insieme a quelle che avevo già accuratamente sepolto negli anni. Non creai mai scenate in pubblico. Non attiravo l'attenzione.

Mia cugina maggiore, Francesca, arrivò. Mi venne vicino e mi diede un caldo — consapevole abbraccio — l'unico adulto che mi confortò e riconobbe il mio dolore. Piangevo dentro. Da quel momento in poi, piansi me stessa nel sonno — in notti che presto sarebbero diventate stranamente silenziose.

Il funerale

L'ultima volta che vidi il corpo di Papà fu presso la casa funeraria dei fratelli Tobin a North Melbourne. La grande e stranamente silenziosa sala per le visite era piena di parenti vestiti di nero. La bara modesta, color marrone chiaro, giaceva aperta al centro della stanza. Mi avvicinai alla bara. Era rigido. Silenzioso. Indossava un nuovo abito color lilla pallido, una tonalità molto più chiara delle sue labbra rosso porpora scuro. Uscii fuori. Il sole cocente batteva. Vomitai nei cespugli. Nessuno se ne accorse né si preoccupò.

L'ultima volta che vidi la bara di Papà fu in una calda giornata estiva, mentre veniva calata nella sua tomba al cimitero di Fawkner. Era il terzo figlio maggiore, ma il primo dei suoi fratelli adulti a morire. Molti degli adulti piangevano e le donne si lamentavano. Gli italiani sanno elaborare il lutto. Non lo reprimono, ma lo portano con sé per anni. Nonna Ninfa indossava ancora il nero per il marito morto da tempo, e ora anche per il figlio maggiore.

Poco dopo il funerale, la Holden Special di Papà fu venduta. La tenda nuova di zecca e l'attrezzatura da campeggio furono restituite al negozio, con mia grande delusione.

Anche se non andai mai in campeggio con Papà, più tardi imparai ad amare la natura. Porto con me l'eredità di mio padre in molti modi.

Mamma tornò infine a lavorare. Io andavo a casa di mio Zio per essere accudita dalla mia severa Nonna Ninfa, dall'aspetto antico, per il resto delle vacanze estive scolastiche. Un giorno, mio cugino e sua sorella più piccola ed io stavamo nuotando nella loro piscina rotonda fuori terra con un vicino, Jonah. Mio cugino decise che sarebbe stato divertente nuotare con i pantaloni abbassati. Mi sentivo a disagio nel vedere i loro organi galleggiare nell'acqua blu di plastica. Era un gioco strano.

Poi, il mio cugino più grande, più alto, più forte, mi portò di lato, fuori dalla vista degli altri. Mi sollevò e strofinò per un momento la sua erezione tra le mie gambe.

Un giorno mi portò nel garage. Chiuse la porta a chiave per non far entrare sua sorella più piccola. Mi fece sedere sulle sue ginocchia. Avevo i pantaloni abbassati. Mi toccava tra le gambe. Mise la mia piccola mano sulla sua erezione e la guidò su e giù.

Ero confusa. Non sapevo cosa pensare di quello che stava succedendo.

Mi sentivo impotente in quelle situazioni. Mi congelavo. Non riuscivo a gridare né a chiamare. Ero già condizionata a credere che nessuno mi avrebbe aiutata, e allora non sapevo che ciò che faceva era sbagliato e inappropriato.

Un giorno, dopo che questi eventi erano accaduti, Mamma mi disse: «Non lasciare che lui o qualsiasi altro ragazzo ti tocchi nelle parti intime.»

Un bruciore mi invase il corpo minuto. Le sue parole arrivarono troppo tardi. Rimasi gelata e non dissi nulla.

Ora sapevo che ciò che aveva fatto era sbagliato e vergognoso. Poco dopo l'avvertimento di Mamma, il cugino ed io eravamo vicino alla porta del garage. Stava cercando di convincermi a subire ancora abusi sessuali.

Per quanto fossi spaventata, dissi con coraggio: «No, non voglio più farlo.»

Gli abusi sessuali che avevo erroneamente creduto fossero un gioco da bambini, e che durarono solo alcuni mesi, per fortuna finirono, ma la vergogna rimase con me per almeno i successivi quarant'anni.

Nonostante il trauma per la morte di Papà, ciò che seguì fu un periodo inaspettato di calma. Il caos che aveva definito la casa svanì con l'ultimo respiro di Papà. Niente più attese del mostro che emergeva dopo la sua quinta birra, niente più ascolto dei cambiamenti sottili nella sua voce che segnalavano pericolo in arrivo. Il silenzio che calò non era solo l'assenza della sua voce — era l'assenza stessa della paura. Era un silenzio che lasciò la prima crepa nel vetro che aveva tenuto insieme la mia infanzia.

Io e papà (circa 1965).

4

La breve calma (1974–1978)

Anche la calma vibrava di ciò che era venuto prima

Dicembre 1973 segnò sia una fine che un inizio. La morte improvvisa di Papà a 51 anni infranse il racconto della nostra famiglia — eppure, paradossalmente, introdusse l'unica vera stabilità che avrei conosciuto da bambina. Il caos che aveva definito la nostra casa scomparve con il suo ultimo respiro. Niente più attese del mostro che emergeva dopo la sua quinta birra, niente più ascolto del minimo cambio nella sua voce che segnalava il pericolo. Il silenzio che seguì non era soltanto assenza di suono — era un vuoto così profondo da diventare una presenza.

Nel vuoto lasciato dalla volatilità di Papà, iniziò a prendere forma un'esistenza diversa. La nostra piccola casa in mattoni clinker, un tempo un contenitore di tensione e imprevedibilità, si trasformò gradualmente in qualcosa di sconosciuto: un rifugio tranquillo. Le stesse mura che avevano contenuto anni di terrore ora offrivano una pace fragile.

Le notti, un tempo scandite da urla e rabbia, diventarono abbastanza silenziose da far sentire il ticchettio dell'orologio in cucina, le voci lontane dei bambini del vicinato, il fruscio delle foglie sugli alberi del nostro giardino. Mi meravigliavo dei suoni domestici ordinari che prima non avevo mai notato — la TV in sottofondo o il rassicurante scricchiolio delle assi del pavimento sotto passi familiari.

Giochi e creatività

La necessità mi rese ingegnosa e creativa — una bambina che imparava a incanalare la sua ipervigilanza e iperattività nella creatività. Trasformai lo spazio trascurato tra il nostro garage e il recinto posteriore in un mini negozio — il mio primo atto di costruzione di un mondo. Questo mondo inventato mi dava ciò di cui avevo più bisogno: controllo, ordine, regole che non cambiavano. Appesi alle pareti i poster che avevo staccato dal TV Week, assegnando a ciascuno un prezzo, di solito 10 o 20 centesimi. I bambini del quartiere si univano a questo gioco elaborato e, con mia sorpresa, li compravano.

I miei sforzi creativi andavano oltre il gioco. Smontai la mia bicicletta, la dipinsi di viola chiaro e la rimontai — un piccolo trionfo silenzioso. La catena scattava, la vernice brillava, e per un attimo, il mondo aveva senso. Quando provai lo stesso con una radio a transistor, non riuscii a rimontarla, ma il tentativo mi insegnò più del successo. Imparai che alcuni sistemi, una volta smontati, resistono alla ricostruzione — che l'integrità, una volta infranta, richiede più di un'operazione meccanica per essere ripristinata.

L'istinto creativo che mi spingeva in questi progetti non era solo una distrazione ma una salvezza — ogni costruzione era un'isola di ordine in un mare di incertezza. Sistemavo la mia camera con una precisione quasi rituale, posizionando ogni oggetto secondo una logica interna che mi dava conforto.

Decoravo le pareti con poster strappati con cura dalle riviste, creando un paesaggio visivo che rifletteva i miei gusti adolescenziali. Un bisogno che rifletteva il desiderio di circondarmi di immagini di mondi al di fuori del nostro sobborgo, di vite diverse dalla mia.

Fine settimana e vacanze

I fine settimana e le vacanze ruotavano attorno alle visite ai parenti sparsi per i vasti sobborghi della Melbourne degli anni '70. Spesso prendevamo i mezzi pubblici per andare a North

Melbourne a trovare Zia Maria, che ora viveva da sola nella stessa casa che aveva occupato per decenni. Il viaggio stesso diventava un'avventura — tram che sobbalzavano su binari posati prima della mia nascita, autobus che attraversavano strade i cui nomi memorizzavo come incantesimi, treni che offrivano scorci su cortili, graffiti colorati e vite normalmente nascoste alla vista. Ogni viaggio era sia uno spostamento geografico che psicologico.
Il Mercato di Victoria era una fonte di meraviglia — il suo caleidoscopio di colori, gli aromi mescolati, i richiami melodici dei venditori e il movimento costante degli acquirenti creavano un arazzo sensoriale che sembrava contenere l'intero mondo entro i suoi confini.
Camminavo accanto a Mamma tra la folla in fermento, meravigliandomi davanti all'abbondanza oceanica del reparto pesce, all'aroma del mare, alle esposizioni gioiello di frutta e verdura profumate, ai semi nei sacchi di juta, all'odore della carne e del sangue, alle carcasse appese nel padiglione della carne che insieme mi respingevano e affascinavano.
Soprattutto, mi piaceva e aspettavo con impazienza di dormire a casa della mia cugina più grande, Francesca, l'unica cugina materna che viveva in Australia, in un altro sobborgo piatto e desolato a nord: Lalor. Sua madre, Zia Concettina, era la sorella maggiore di Mamma. Zia era arrivata in Australia alla fine degli anni '40 con il marito siciliano e la loro figlia di tre anni, Francesca, detta Franca. Bisognava avere prontezza mentale, fin da piccoli, per stare dietro alle nostre complesse tradizioni onomastiche. Non ho mai conosciuto questa Zia, poiché morì tragicamente a 29 anni per un tumore al seno, aggiungendosi al montaggio familiare di lutti di Mamma. Mi era stato detto che Zia era una brava scolara, più simile a me e diversa da Mamma. Le piaceva leggere e recitare poesie. In quanto primogenita, si prendeva cura delle quattro sorelle minori. In ogni singolo ritratto di famiglia, appare solenne e triste, e molto più vecchia dei suoi giovani anni.

Forse, il suo sguardo nelle fotografie già conteneva il cancro che l'avrebbe portata via, l'ombra della morte visibile nei suoi occhi anni prima della diagnosi. *Che dolore portava dentro di sé?*
La figlia di Zia era fuggita in giovane età con un siciliano, Francesco, detto Cicciu o Frank. Ora erano sposati con tre bambini piccoli. Tra le altre cose, mia cugina Francesca mi fece conoscere il riso fritto cinese, i germogli di soia e i pancakes. Fu un gradito diversivo rispetto alla cucina italiana quasi costante, interrotta solo occasionalmente da piatti australiani come fish and chips, torte salate o pasticci, che fino ai dieci anni avevano costituito la mia esperienza culinaria.
A casa sua scoprii cosa poteva essere la famiglia quando non era distorta dalla rabbia e dalla birra — un cerchio di calore che mi includeva al centro, anziché lasciarmi ai suoi margini sfrangiati. A casa sua mi sentivo finalmente parte della famiglia felice che avevo sempre desiderato.
Giocavo con gioia con i miei due cugini più piccoli all'aperto, mai sorvegliati dagli adulti. Giocavamo a rincorrerci sotto cieli azzurri sconfinati attraverso campi arsi dal sole, dove i cardi violetti stavano come sentinelle. Era libertà. Saltavamo sui letti con entusiasmo e disobbedienza, invece che sul trampolino in giardino, fermandoci di colpo quando un adulto entrava nella stanza per vedere da dove venisse tutto quel trambusto.
Andavamo sui pattini a rotelle sui marciapiedi di cemento sconnessi. Quando cadevamo e ci sbucciavamo le ginocchia, sanguinanti e lividi, ci rialzavamo e continuavamo allegramente. Sotto un sole estivo accecante, nuotavamo nella piscina di un vicino, spesso scottandoci.
La sera ci sedevamo tutti attorno al tavolo da pranzo e gustavamo una cena italiana. La pasta era quasi sempre nel menu. La vita era serena. Semplice. Spensierata.
Ero felice, e Mamma sorrideva più spesso.

1974–1977
Io e Mamma diventammo sempre più unite in quegli anni, trasformando la nostra relazione da una co-dipendenza impaurita dell'era di Papà a qualcosa di più caldo e autentico. La nostra casa divenne il punto di ritrovo del quartiere per i bambini italiani della zona — il calore naturale di Mamma, la sua risata contagiosa e l'offerta perpetua di cibo li attiravano come falene verso la luce.

Dava da mangiare a chiunque si presentasse alla nostra porta, aggiungendo posti a tavola senza fare commenti, estendendo l'abbondanza dei nostri mezzi modesti come fanno le donne che hanno conosciuto la scarsità. Questa politica della porta aperta creava una sorta di famiglia estesa, una comunità di bambini e adolescenti che entravano e uscivano da casa nostra seguendo il flusso e riflusso della fame, della noia e del bisogno di compagnia.

La vita sembrava più spensierata senza la presenza instabile di Papà, anche se la sua assenza portava con sé un peso tutto suo. Mi sentivo sempre più diversa dai miei coetanei. Tutti i miei amici avevano un padre e una macchina di famiglia; facevano vacanze e gite familiari che per noi, in quanto famiglia monoparentale, erano fuori portata. A volte mi mancava, nonostante non mi mancassero le sue furie alcoliche — un groviglio emotivo confuso che mi insegnò presto come l'amore e il trauma potessero intrecciarsi inseparabilmente. Questo paradosso — piangere qualcuno la cui presenza aveva causato tanto dolore — fu una lezione precoce sulla complessità dell'emozione umana, sulla capacità di contenere sentimenti contraddittori senza risoluzione.

Primo viaggio a New York (dicembre 1975)
Alla fine del 1975 scoprii che avevamo altra famiglia a New York — un fatto che avevo completamente dimenticato, o forse mai davvero assimilato nell'egocentrismo della prima infanzia. Mamma, analfabeta e forse dislessica, si affidava alla nostra

vicina per leggere le lettere di sua madre e delle sorelle. Dopo una di queste letture, Mamma annunciò che saremmo andate a New York perché sua madre settantasettenne, Nonna Gaetana, era malata. La notizia fece esplodere in me l'eccitazione — un viaggio dall'altra parte del mondo in aereo, verso una famiglia che ricordavo a malapena, tra aeroporti e cieli che avevo visto solo nei film.

Questa rivelazione di una famiglia estesa fu come scoprire un pezzo mancante del puzzle di cui non conoscevo nemmeno l'esistenza — un altro regno di appartenenza che era esistito parallelamente alla mia vita a Melbourne, invisibile ma significativo. Sapere di essere collegata a persone in luoghi lontani ampliava il mio senso di possibilità, suggerendo che l'identità non fosse limitata alla geografia immediata, ma potesse estendersi oltre oceani e continenti.

A fine dicembre 1975 salimmo su un aereo Pan Am diretto a New York — il nostro primo volo. Il viaggio durò da 32 a 36 ore, i nostri corpi sospesi tra i fusi orari mentre attraversavamo la Linea Internazionale del Cambio di Data, un'esperienza liminale che sembrava mettere in atto fisicamente la sospensione psicologica che avrei poi sperimentato tra identità diverse. L'aereo stesso mi sembrava una meraviglia — un enorme contenitore di metallo che sfidava la gravità, trasportando centinaia di sconosciuti uniti solo dal loro temporaneo spostamento.

Rimasi affascinata dal mare di luci mentre ci avvicinavamo all'Aeroporto Internazionale John F. Kennedy. Allo sbarco, tre zie, tre zii, Nonna e sette cugini ci accolsero calorosamente. Braccia intrecciate, abbracci, baci su entrambe le guance, lacrime, risate e gioia. Ero sopraffatta da tutti quei parenti rumorosi, allegri, con accenti strani, che erano al contempo estranei e famiglia.

La scena in aeroporto è ancora vivida nella mia memoria — l'ondata di volti che condividevano tratti con Mamma, l'uragano di dialetto italiano e inglese con accento americano che ci avvolgeva, gli abbracci che sembravano riconnetterci fisicamente a una linea familiare allungata dalla migrazione.

In quel momento di riunione, intravidi cosa significa il legame biologico quando è riconosciuto e celebrato — il riconoscimento implicito in gesti simili, la cadenza familiare delle risate condivise — il riconoscimento spontaneo di tratti comuni, l'appartenenza indiscussa che sarebbe poi diventata l'oggetto della mia più dolorosa nostalgia.

New York mi abbagliava con la sua abbondanza e varietà. Tutto sembrava ingrandito: grattacieli che proiettavano lunghe ombre su strade pullulanti di diversità mai vista prima, automobili sovradimensionate che brillavano di cromo e sicurezza, case spaziose piene di elettrodomestici che sembravano appartenere a un secolo diverso rispetto alla nostra modesta casa di Melbourne.

Questi italo-americani erano molto diversi dagli italo-australiani con cui ero cresciuta — i loro accenti, le mode e gli stili di vita trasformati da diversi modelli di assimilazione. Non c'erano orti o alberi da frutto, né pollai o conigliere. Le loro case a più piani avevano grandi seminterrati, scale e TV a colori invece della produzione domestica da cortile. Nessuno faceva vino, salsa di pomodoro, salsicce o salami in casa; tutto veniva acquistato in negozi enormi con confezioni che mi sembravano inutilmente elaborate.

Neve e rivelazioni

Essere lì durante l'inverno mi permise di vedere la neve per la prima volta — un fenomeno che avevo conosciuto solo attraverso cartoline natalizie e film hollywoodiani. Un manto bianco e spesso trasformava tutto, rendendo il familiare strano e lo strano magico. Dalla finestra della camera di Nonna osservavo incantata i fiocchi di neve che cadevano alla luce del lampione e gli scoiattoli che correvano. Parte di una bellezza collettiva che trasformava il paesaggio urbano. La neve sembrava attutire il solito frastuono cittadino, creando un'intimità acustica strana che rendeva anche le strade affollate momentaneamente tranquille e private.

Condividemmo innumerevoli pasti e celebrazioni familiari, pieni di gioia e confusione, ma senza l'ubriachezza e la volatilità che conoscevo a casa. Il cibo era abbondante e vario — piatti di antipasto, paste con sughi mai assaggiati prima, carni preparate in modi leggermente diversi dalle nostre versioni di Melbourne, dessert occasionali che univano la tradizione italiana all'eccesso americano. Questi pasti condivisi erano più che nutrimento; erano rinforzi rituali dei legami familiari, espressioni tangibili di amore, cura e appartenenza.

Fui sorpresa nel vedere come Mamma si trasformava in quel contesto, come rifioriva — senza i modi coercitivi e controllanti di Papà — tra la sua amata famiglia, alla presenza di sua madre, come la sua postura si rilassava, la sua risata rauca usciva più facilmente, i suoi gesti si ampliavano. Era una donna tornata ai giorni precedenti al matrimonio con Papà. Una donna che non avevo mai visto né conosciuto.

Una notte buia e invernale, Nonna scivolò sul ghiaccio e si ruppe il polso. Poco dopo, cadde nella sua stanza uscendo dal letto e si ruppe l'anca. Ogni sera, durante la cena, la aiutavo a camminare dalla camera alla cucina, offrendo il mio piccolo corpo come sostegno al suo ormai fragile. Una volta la sentii dire a Mamma qualcosa di strano: «Meno male che hai questa bambina.» Il commento passò senza spiegazione, ma la sua stranezza si registrò da qualche parte nella mia coscienza — come un sasso gettato in acqua ferma, creando cerchi che sarebbero emersi anni dopo, quando ne compresi finalmente il contesto.

Durante i tanti ritrovi familiari a Staten Island, stavo assistendo al risultato di ciò che gli storici chiamano «migrazione a catena» — il processo in cui un membro della famiglia stabilisce una base in un nuovo paese e poi porta gli altri, uno per uno, creando un villaggio trapiantato. Il viaggio di mia zia a 14 anni, quello riluttante di mia madre a 24 — non erano scelte isolate ma anelli di una catena umana che si estendeva attraverso continenti e

decenni. Mentre passavo i piatti a tavola, stavo partecipando agli atti finali di una storia di migrazione iniziata molto prima della mia nascita.
Rimanemmo a New York fino a Pasqua del 1976. La partenza fu piena di lacrime — la famiglia riunita in aeroporto, abbracci che non volevano finire, promesse di scrivere e visitarsi che tutti sapevano difficili da mantenere vista la distanza e il costo dei viaggi. Sarebbe stata la prima e l'ultima volta che avrei visto la mia amata Nonna — la presenza più gentile e affettuosa della mia infanzia. Mamma ereditò quei tratti, insieme a un temperamento selvaggio. Tornammo in Australia, dove conclusi l'ultimo anno di scuola elementare con un accento americano, una calligrafia corsiva e un cuore pesante che bramava il calore e il caos della mia famiglia allargata.
L'esperienza di New York mi mostrò qualcosa di profondo: cosa può essere la famiglia nel suo stato più sano. Non perfetta — c'erano comunque litigi, tensioni, qualche voce alzata — ma fondamentalmente sicura, saldamente radicata nel riconoscimento reciproco e nell'appartenenza incondizionata. Il contrasto con Melbourne era netto — un punto di riferimento silenzioso per futuri confronti.

Madre e figlia
Con il passare degli anni, io e Mamma diventammo ancora più unite. Non ricordo discussioni accese in quel periodo.
Durante quegli anni, un venditore porta a porta riuscì a convincere Mamma che avevo bisogno dell'Enciclopedia Britannica. Nonostante la spesa fosse significativa per il nostro bilancio limitato, firmò il contratto — un investimento nella mia istruzione che rifletteva i suoi valori, nonostante la sua scarsa formazione scolastica.
Divoravo i volumi insieme a dizionari, thesaurus, manuali — qualsiasi cosa avesse una copertina rigida e uno scopo. Collezionavo libri di narrativa e saggistica come altri collezionavano francobolli o figurine.

Mi perdevo nei mondi creati da Enid Blyton, vivendo feste di mezzanotte e avventure in collegi lontani dalla mia realtà suburbana di Melbourne. Passai presto ad Agatha Christie, attratta da storie in cui il caos si risolveva in ordine, dove l'incomprensibile diventava — attraverso logica e osservazione — improvvisamente chiaro.

Nella narrativa trovavo mappe. Modi per dare forma ai frammenti, per imporre una storia al disordine.

Passavo felicemente ore nella mia stanza, immersa nei libri che mi trasportavano oltre i limiti delle mie circostanze. I personaggi diventavano amici e maestri — modelli per possibili identità. Ero affascinata dalle eroine che superavano ostacoli grazie all'intelletto e non alla bellezza: l'indipendenza di Elisabeth Bennet, la determinazione silenziosa di Jane Eyre, l'intuito acuto di Nancy Drew. Queste ragazze e donne immaginarie offrivano modelli di femminilità diversi da quelli che mi circondavano — espandendo i confini di ciò che una ragazza di Glenroy poteva osare diventare.

A scuola fiorivo sul piano accademico, la mia intelligenza naturale trovava finalmente canali adeguati ora che l'ansia costante dell'epoca di Papà era svanita. Gli insegnanti notarono e incoraggiarono le mie capacità. Per la prima volta, iniziai a costruire un senso di sé basato sui risultati, piuttosto che sulla sopravvivenza — un'identità ancorata a ciò che potevo fare, invece che a ciò che potevo sopportare.

Questo cambiamento fu profondo e pose le basi per il sé professionale che avrei poi costruito come psicologa e accademica, un sé definito dall'esplorazione intellettuale e dal contributo, piuttosto che dalla mera reazione alle circostanze.

La musica offriva un altro canale di espressione e connessione. La colonna sonora di quegli anni spaziava dalla musica classica, ai canti popolari italiani che Mamma canticchiava mentre cucinava, fino agli ultimi successi pop. Li ascoltavo sul mio piccolo giradischi in camera, restando sveglia oltre l'orario per sentire la classifica dei Top 40. Risparmiavo per mesi per comprare il mio primo giradischi, un apparecchio modesto che per me rappresentava un lusso immenso. Mi affascinava la fisicità dei dischi — le scanalature che contenevano la musica, il rituale di posare con cura la puntina, il crepitio caldo prima che emergessero le prime note. La musica offriva sia evasione sia appartenenza, connettendomi a un mondo creativo più ampio e offrendo conforto nei momenti di introspezione.

Tarde notti, a volte mi svegliavo di soprassalto, disorientata dal silenzio. Le orecchie tese nel buio, in attesa di passi che non arrivavano, di porte che non si chiudevano con forza. Il silenzio stesso divenne inquietante — troppo completo, troppo indisturbato. Le mie spalle restavano tese anche durante il sonno, la mascella spesso dolente al risveglio per averla serrata durante sogni che non ricordavo. I giorni tranquilli si prolungavano in mesi, ma il mio corpo ricordava ciò che la mente cercava di dimenticare. Ci sarebbero voluti decenni prima che questa memoria fisica svanisse, prima che il mio sistema limbico accettasse che il pericolo era passato.

Questi anni tra la morte di Papà e il secondo matrimonio di Mamma rappresentano un raro altopiano di stabilità in un paesaggio altrimenti tumultuoso — una tregua temporanea che permise sviluppo ed esplorazione invece della mera sopravvivenza. Anche se quell'altopiano avrebbe lasciato il posto a nuove turbolenze, la crescita avvenuta in quel periodo fu reale e duratura, creando fondamenta che mi avrebbero aiutata ad affrontare le tempeste future.

Anche la quiete raccoglie polvere — sulla libreria, sui dorsi delle enciclopedie, sulla cornice dello specchio. Ogni particella una memoria in attesa di essere disturbata.

Questi furono gli anni silenziosi, sostenuti da qualcosa di meno dell'oro, ma sufficiente a mantenermi intatta.

Quando questo interludio finì con l'interesse inaspettato di Mamma per l'uomo che sarebbe diventato il mio patrigno, non riuscivo ancora a riconoscere il modello che si stava formando: cicli di stabilità e discontinuità, appartenenza e spaesamento, integrazione e frammentazione che avrebbero caratterizzato il viaggio della mia vita.

Ogni ciclo avrebbe portato sia perdita che scoperta, ogni frattura avrebbe creato spazio per nuove comprensioni. Gli anni pacifici avevano fornito il nutrimento essenziale per gli anni perduti che sarebbero seguiti — un serbatoio di sicurezza a cui attingere quando tutto il resto sarebbe sembrato incerto.

5

L'intruso (1978–1982)

Un vaso di porcellana andato in frantumi senza emettere suono.

I cinque anni successivi alla morte di Papà avevano dato a me e a Mamma l'opportunità di sviluppare un tipo diverso di relazione — basata su attività condivise anziché sulla paura condivisa. Scoprii la gioia di essere semplicemente una bambina — libera dal costante presagio di caos, con le spalle più leggere per un peso che non sapevo nemmeno di portare. Diventai una curatrice di piccoli ordini — riorganizzando la mia bicicletta come fosse un puzzle, costruendo un negozio dal nulla, sistemando gli attrezzi di Papà in un silenzioso atto di sfida.

Questa parentesi di beatitudine silenziosa finì bruscamente quando il mio patrigno — un estraneo indesiderato — si impose nelle nostre vite all'inizio della mia adolescenza.

Questo periodo di relativa pace fu infranto quando Mamma pronunciò le parole che avrebbero dato inizio a un altro capitolo di turbolenza: «È un brav'uomo», mi disse con un entusiasmo che non le conoscevo. «Ha un lavoro stabile. Non beve.» Queste qualità — avere un impiego e non essere alcolizzato — sembravano costituire l'intero criterio per un partner degno. Mamma lo conobbe verso metà del 1978. Due mesi dopo si fidanzarono e si sposarono poco dopo. Lo sconosciuto venne in visita un giorno. Poi, improvvisamente, era lì ogni sera — una presenza spinosa dove prima regnava la serenità.

Ricordo la prima volta che lo vidi. Sembrava un relitto degli anni Sessanta. Indossava un vecchio completo blu scuro, la sua uniforme da capostazione. Sapeva di naftalina e Brylcreem — l'odore stantio di un'altra epoca gli si attaccava addosso. Il suo odore era ripugnante. La stretta di mano era debole, calda e sudata. Non aveva nulla del carisma di Papà, del suo sorriso furbo o del suo calore — quando Papà non era dominato dal mostro.

Era noioso e insulso. Il suo arrivo fu tettonico — spostamenti impercettibili che destabilizzavano gradualmente le fondamenta psicologiche che avevo meticolosamente ricostruito dopo la morte di Papà.

Come avrei potuto dirle che la sua sete di stabilità minacciava la fragile pace che avevamo appena iniziato a costruire? Avevo finalmente trovato il mio posto nella nostra piccola famiglia di due — non ero pronta a essere nuovamente emarginata.

La prima volta che entrò in casa nostra, lo osservai con l'intensità silenziosa di una bambina che ha imparato che la sicurezza può svanire con il più piccolo cambio di tono. Era quieto, dimesso — nulla a che vedere con la personalità esplosiva di Papà. Questo avrebbe dovuto rassicurarmi. Invece, lo rendeva più difficile da decifrare, più inquietante nella sua ordinarietà.

«Che pensi?» chiese Mamma dopo che lui se ne fu andato, con voce speranzosa.

«Sembra gentile», mentii, mentre le crepe si insinuavano sotto la superficie di tutto ciò che avevamo appena ricostruito. Tornavo a casa e trovavo la sua macchina fuori, il suo cappotto su una sedia, la sua voce che rimbombava per la casa che prima era nostra. Ogni oggetto che portava con sé, era un pezzo di me che veniva spinto fuori. Diventai più silenziosa, più chiusa in me stessa. Prendevo strade più lunghe per tornare da scuola. Mi attardavo all'edicola o vagavo per la biblioteca, rimandando il ritorno a casa.

I suoi tentativi di entrare in sintonia con me erano goffi e indesiderati. Mi parlava come se fossi una bambina, anche se ero già un'adolescente. Il giardino della mia infanzia appassiva sotto la sua ombra, nonostante le sue intenzioni. Non volevo un nuovo padre. Volevo indietro mia madre e il legame stretto che avevamo costruito negli anni felici.

La loro relazione progredì in fretta. Nel giro di pochi mesi, annunciò il fidanzamento. Si sarebbero sposati a settembre. Ero sconvolta. Tradita. Il matrimonio fu piccolo. Indossai un sorriso forzato. Mamma era raggiante, sollevata. Aveva trovato qualcuno che poteva offrire stabilità, un futuro. Mi sentivo un fantasma alla cerimonia, ad aggirarmi ai margini di una nuova vita che non mi comprendeva.

La sua presenza era come una montagna russa che prende una discesa improvvisa e vertiginosa, sconvolgendo la fragile pace su cui contavo. Poco prima del fidanzamento di Mamma, disse a Nonna, mia nonna paterna, che si sarebbe risposata.

Fummo emarginate. Da allora, non vidi più la numerosa famiglia di Papà fino a tredici anni dopo, al funerale di Nonna. In un istante, persi metà della mia famiglia allargata, inclusa mia nonna e i cugini a cui ero affezionata. Una nuova oscurità mi avvolse. La gioia svanì, sostituita da una petulanza adolescenziale irritabile. Un minuscolo vaso solitario, sbattuto in un oceano turbolento. Isolata e condizionata a ignorare i miei sentimenti, mi rifugiai dal desiderio di sparire gettandomi nella mia prima relazione con Jaz.

Dopo il matrimonio, la sua presenza riempì la nostra casa come una nebbia invasiva, insinuandosi in ogni angolo, alterando l'atmosfera in modi che non sapevo spiegare ma che sentivo visceralmente. La matematica familiare era cambiata — da un perfetto due a un triangolo maldestro di tre, con tutti i suoi squilibri e alleanze mutevoli. Lo straniero non era attivamente malevolo; sarebbe stato più facile opporvisi, in quel caso. Invece, era proprio la sua ordinarietà a costituire la minaccia — il modo in cui occupava con disinvoltura gli spazi che erano stati solo nostri, la presunzione di permanenza con cui sistemava i suoi attrezzi e la macchina nel garage di Papà, i suoi vecchi

mobili in casa nostra, i suoi vestiti che odoravano di naftalina e muffa che sostituivano la puzza di birra e fumo di sigaretta, il suo controllo su ciò che guardavamo in TV. Il canale era sempre fisso su SBS e film stranieri sottotitolati.
Invece che musica, ora in casa si sentiva solo la radio italiana. Anche il cibo cambiò. Papà aveva gusti più esotici: lumache, trippa, fegato, involtini di carne, arancini, pasta al forno, pasta e muddica, salame. Ora mangiavamo polenta, broccoli e fave.
Il mio patrigno coltivava solitamente un solo tipo di ortaggio per volta. Ricordo soprattutto la temuta stagione delle fave. Filari e filari di questi legumi noiosi e insipidi. Alcuni baccelli venivano lasciati seccare sulla pianta così da avere una sovrabbondanza di fave secche. Questo umile legume dominava il nostro menu scarno, di continuo. Pasta con le fave, zuppa di fave, solo fave. Divennero il simbolo della monotonia — insipidezza che si spacciava per nutrimento. Anche se Mamma cucinava bene, la sua cucina casalinga era solitamente semplice. Da qui il mio disgusto per il cibo banale. *Era forse anche nel mio DNA?*
Lui pretendeva obbedienza. Rispetto. Gratitudine. Io non gliene davo. Non era violento o crudele — solo onnipresente, disapprovante, critico in piccoli modi che mi logoravano. Si lamentava con Mamma del mio modo di parlare, di vestire, della musica che ascoltavo.
Mamma non mi difendeva mai. Aveva sempre ragione lui. Iniziammo a litigare più spesso. Lei urlava. Lui interveniva, e questo mi infastidiva ancora di più. Dentro di me ero triste, risentita, amareggiata e arrabbiata. Razionalmente, mi dicevo che era un bene che lei avesse trovato un nuovo compagno, per allontanare la sua tristezza e solitudine. La sua attenzione, da un giorno all'altro, si era rivolta da me a questo estraneo.
Ero stata comodamente messa da parte.
Scartata.
Non più utile, non più desiderata.
Credevo che la casa si stesse stabilizzando dopo la tempesta del lutto, ma ora tremava in modi più piccoli e insidiosi. Crepe che

avevano iniziato a rimarginarsi si riformavano, non per un grande colpo, ma per la lenta pressione dell'essere ignorata — lo stress che fa spaccare la porcellana senza emettere suono.

La solitudine divenne la mia coinquilina, respirando silenziosa accanto a me nel buio. Spesso marinavo la scuola solo per restare ancora più sola con la mia solitudine. Vagavo per le strade del quartiere e talvolta finivo al cimitero di Fawkner dove era sepolto Papà, oppure facevo lunghe gite in bicicletta da sola. Una volta arrivai fino a Hoddle Street, Collingwood, sul ponte dell'autostrada Eastern Freeway. Non ho idea di come sia tornata a casa sana e salva. I miei insegnanti non sembravano preoccuparsene molto. Spesso falsificavo la firma di Mamma sui biglietti di giustificazione. Nessuno se ne accorgeva. Nessuno si curava di me.

Dopo che Mamma si risposò, venivo costantemente rimproverata per aver giocato a cricket fuori con i ragazzi, soprattutto quando una pallina da tennis colpiva con un tonfo rumoroso la finestra della sala da pranzo. «Dizgraziata! Si ta ciapu, ta matzu!» risuonava per il tranquillo quartiere, con enfasi drammatica sulla prima e sull'ultima parola — traducibile liberamente con «Piccola disgraziata! Se ti prendo, ti ammazzo!»

Fortunatamente, riuscivo sempre a seminare mia madre bassa e paffutella, che non aveva alcuna abilità atletica.

Alla fine, mi arresi a malincuore a queste richieste e smisi di giocare con i ragazzi all'aperto. Mi rifugiai in casa, davanti alla televisione per ore o isolandomi nella mia camera.

A casa, diventai sempre più annoiata, cupa e scontrosa. L'ombra oscura della malinconia adolescenziale stringeva la sua presa, soffocando la gioia che aveva brevemente fiorito negli anni passati insieme.

Questa seconda perdita, dopo il legame pacifico che avevo costruito con Mamma, creò un modello per come avrei vissuto in seguito la perdita della mia identità presunta: come un distacco improvviso e inspiegabile da qualcosa che sembrava sicuro e fondamentale.

Fuori casa, le attività mi tenevano emotivamente in equilibrio. A scuola entrai nella squadra di netball e giocavo a softball nei fine settimana. Gli sport di squadra mi offrivano la compagnia che desideravo. Inseguivo ancora palloni, correvo ancora — forse da qualcosa che non sapevo ancora nominare. In queste attività fisiche trovai metafore per le sfide centrali della mia vita: mantenere l'equilibrio in movimento, trovare il mio posto all'interno di schemi più ampi, riconoscere quando avanzare e quando ritirarmi.

Il campo da netball offriva una struttura momentanea — regole, posizioni, schemi affidabili. Come wing attack, mi muovevo con ritmo e scopo, in netto contrasto con la confusione che regnava a casa.

In queste partite da sessanta minuti, sperimentavo ciò che altrove diventava sempre più sfuggente: la certezza di appartenere a un luogo specifico, di essere necessaria per uno scopo definito, di contribuire a qualcosa più grande di me. Il mio corpo, che si muoveva sicuro in questi spazi strutturati, ricordava cosa significava essere indiscutibilmente presente, mentre a casa stavo diventando sempre più simile a un fantasma, sfumando nello sfondo della nuova vita di Mamma.

Dopo il matrimonio di Mamma, iniziai a prendere lezioni di chitarra acustica presso la Oak Park Guitar School con Bob Petts e le sue figlie. Forse la musica era il mio modo per restare collegata ai ricordi felici di Papà e alla sua eredità positiva. Era stato lui a comprarmi la mia prima chitarra e la sua musica aveva riempito la nostra casa nei momenti sereni. Mamma mi comprò una nuova chitarra acustica più grande e, anni dopo, un basso elettrico e un amplificatore. Questi strumenti furono tra i pochi regali significativi che ricordo di aver ricevuto da lei. La musica mi offriva un altro linguaggio, un altro modo per esprimere ciò che non riuscivo ad articolare a parole.

Le notti trascorse a casa della mia cugina «cool», che avevo tanto amato, terminarono bruscamente. All'improvviso, cominciammo a visitare degli sconosciuti — parenti e amici del mio patrigno.

Durante i primi anni dopo il matrimonio, venivo trascinata controvoglia a questi incontri nei sobborghi di Melbourne nella preziosa Chrysler Valiant blu scuro del 1966 di mio patrigno — l'auto con cui avrei imparato a guidare a diciott'anni e che sarebbe diventata la mia prima macchina.

Queste escursioni del fine settimana sembravano marce forzate — un tradimento alla memoria di Papà e a tutto ciò che avevamo condiviso. Circondata da volti sconosciuti, con espressioni sconosciute e battute che non capivo, sedevo imbronciata e vigile, come un'antropologa riluttante che osserva una cultura aliena. Questi estranei non condividevano alcun legame di sangue con me, nessuna storia, nessun ricordo — eppure ci si aspettava che mostrassi calore familiare, che ridessi delle loro battute, che mi interessassi alle malattie di parenti anziani i cui nomi si confondevano nella mia mente. In quei salotti soffocanti che odoravano di cucine sconosciute e cera per mobili, diventai esperta nell'ingaggio minimo per evitare rimproveri: un sorriso di circostanza, un cenno evasivo, una visita strategica al bagno quando la conversazione diventava insopportabile.

Dopo aver sopportato diversi anni di queste visite obbligatorie a estranei, alla fine mi ribellai. Un giorno, mentre Mamma e mio patrigno si preparavano a uscire, annunciai con sfida: «Non vengo. Non voglio vedere più questa gente.»

Con la sua ormai familiare rabbia improvvisa, Mamma rispose: «Sì che vieni», il suo volto severo che poco influiva sulla mia determinata indipendenza. Mi rincorse per casa e fuori dalla porta sul retro, mordendosi il labbro inferiore e urlando i suoi insulti siciliani.

Scavalcai rapidamente la staccionata laterale di legno e saltai sul vialetto in cemento del nostro vicino, il signor Garisto, fuori dalla sua portata. Con il volto contorto dalla frustrazione, si morse la pelle tra il pollice e l'indice prima di puntarmi contro la mano — un tipico gesto minaccioso siciliano, che significava: «Ti ammazzo! Dizgraziata!»

Nonostante la sua scenata melodrammatica, fui soddisfatta della mia ribellione. Non li accompagnai mai più in quelle visite, se non per incontrare i parenti di Mamma — e solo se ne avevo voglia. La vittoria fu piccola ma significativa — la mia prima vera affermazione di indipendenza, il mio primo rifiuto consapevole di un'identità imposta, il mio primo rifiuto di fingere un'appartenenza che non sentivo.

1980–1982
Negli anni successivi alla rivelazione dell'adozione, le liti con Mamma aumentarono. La distanza tra noi si ampliò fino a quando smettemmo quasi di parlarci. Per frustrazione e tristezza latente, sbattevo le porte, facendo tremare la casa. Le urlavo contro: «Lasciami in pace!» Una nuova rabbia, che a stento riuscivo a contenere.

Da introversa, avevo bisogno di solitudine e silenzio, mentre Mamma, estroversa, trovava l'isolamento insopportabile. Le nostre necessità e caratteristiche contrastanti creavano sempre più tensione — una divergenza temperamentale che in seguito mi avrebbe portato a chiedermi se la mia struttura psicologica non fosse forse spiegabile più con la genetica che con l'educazione.

Completai il decimo anno e poi l'undicesimo e dodicesimo presso il Geoghegan College, allora situato a Broadmeadows. Il campus scolastico includeva un'antica villa storica che un tempo era l'orfanotrofio di St Joseph.

Non riuscivo a capire perché quell'edificio mi chiamasse così insistentemente, perché le mie dita ne accarezzassero i contorni consumati con qualcosa che si avvicinava alla riverenza. Anni dopo, la rivelazione della sua identità avrebbe completato un cerchio perfetto — il mio corpo aveva riconosciuto ciò che la mia mente non poteva, era stato attratto dalla sua prima casa attraverso una memoria cellulare che trascendeva la conoscenza cosciente.

Questo legame fisico con un luogo a cui non sapevo ancora di appartenere rivelò qualcosa di profondo sull'identità: che esistiamo al di là della nostra stessa consapevolezza, che il riconoscimento precede la comprensione, che le nostre cellule custodiscono storie che le nostre menti devono ancora scoprire. La mia attrazione per quell'edificio non era una coincidenza, ma magnetismo biologico — materia che riconosce materia, attraverso le divisioni del tempo e della coscienza. In questi momenti di connessione inspiegabile, intravedevo come un'identità fratturata potesse infine guarire — non solo attraverso la scoperta intellettuale, ma lasciando che la saggezza del corpo guidasse il sé frammentato verso l'integrità.

L'ultimo anno scolastico fu difficile. Lo stress per il diploma mi causava notti insonni. La mia identità si stava sgretolando. Derivavo in un mare di angosce adolescenziali che non riuscivo ancora a decifrare. Divenni sempre più chiusa in me stessa e la mia ansia sociale peggiorò.

Riuscii a malapena a concludere l'anno e decisi di prendermi un anno sabbatico nel 1983. Volevo tornare a New York per riconnettermi con i tempi felici e con la mia famiglia adottiva allargata. La storia che mi ero raccontata sulla sicurezza stava già cominciando a incrinarsi — non con un'esplosione, ma con il silenzio, la sostituzione e la lenta cancellazione della certezza.

Nonna Gaetana Costantino Carfi.

6

Cadere nella fenditura (1983)

Persa, frammentata, che vortica in una caverna.

Durante l'estate 1982–1983, frequentai un rifugiato ungherese. Facevamo gite di un giorno nel suo furgone verde. Per quanto mi piacesse, non ci fu mai sesso nel suo furgone — dello stesso colore della Holden Special di Papà. Erano i primi anni '80 e per una giovane donna italo-australiana era ancora profondamente vergognoso rimanere incinta fuori dal matrimonio. Portavo con me questa verità come un talismano — ero sempre consapevole di essere il frutto della vergogna. A volte, quando Mamma era arrabbiata con me, urlava: «Fidya di puttana!» Il suo veleno era permanente.
Non volevo portare altra vergogna alla mia famiglia. Il peso di essere «illegittima» mi gravava sul collo trascinandomi giù in ogni conversazione, in ogni silenzio, un promemoria costante delle circostanze da cui non potevo sfuggire. Ogni volta che Mamma scagliava quelle parole — «Fidya di puttana!» — un'altra crepa si apriva nella mia fragile identità, il frammento della «figlia indesiderata» diventava sempre più grande, dai bordi sempre più taglienti. Non volevo aggiungere altro. Non ancora. La relazione fu una distrazione gradita dalla confusione che provavo per la mia identità. Il nostro legame era semplice, privo delle complesse domande che evitavo sul mio passato.
Giugno 1983

Il mio secondo viaggio a New York fu molto diverso dal primo vissuto con mia madre. Ero ormai una giovane adulta che portava con sé un fardello di problemi di salute mentale non diagnosticati, che gettavano un'ombra su ogni esperienza come una nebbia persistente. I frammenti della mia identità, frantumati completamente su quell'autobus, sembravano allontanarsi sempre più con il passare dei mesi, lasciandomi sempre più vuota dentro.

Sospettavo di soffrire di ansia e depressione — prendevo in prestito libri dalla biblioteca di Glenroy su questi temi — ma non avevo un quadro per comprendere le mie difficoltà. A New York, una volta menzionai a uno zio che ero depressa.

Mi rispose: «Ma che cosa hai da essere depressa?»

Le sue parole atterrarono come una pietra lanciata nell'acqua, con cerchi di vergogna che si allargavano. Quella semplice smentita affondò i miei sentimenti ancora più in profondità, rafforzando la convinzione che fossi difettosa per natura piuttosto che una persona le cui esperienze infantili avevano contribuito ai suoi problemi. Ogni negazione della mia realtà emotiva era un'altra crepa nel mio sé già frammentato — un altro pezzo che, un giorno, avrei dovuto raccogliere e ricucire.

A onor del vero, quando avevo circa 15 anni ed ero sprofondata in uno stato cupo in cui guardavo solo la TV, Mamma mi portò dal nostro medico di famiglia, il dottor Irish — un uomo pallido, stantio, appartenente alla sua epoca. Con il suo inglese spezzato, disse che era preoccupata perché passavo tutto il giorno davanti alla televisione.

Lui mi chiese: «La televisione ti parla? Senti delle voci?»

«No,» risposi timidamente.

«Sua figlia sta bene. È solo un'adolescente come tante.»

Quel breve scambio chiuse bruscamente l'unica porta che avrebbe potuto portarmi aiuto. Il momento è rimasto cristallizzato nella mia memoria — seduta in quell'ambulatorio sterile, il tono sprezzante del medico che rimbalzava sulle pareti, il volto preoccupato di Mamma, e la mia schiacciante realizzazione che il mio dolore interiore sarebbe rimasto senza nome né soluzione. Guardavo impassibile il finto rivestimento in legno. L'odore di disinfettante pungeva più di qualsiasi ferita nominabile.

Se solo mi avesse sottoposta a un esame psicologico approfondito, forse mi sarei risparmiata decenni di angoscia. Ero ansiosa e depressa, ma non sentivo voci — la soglia per ricevere aiuto era fissata alla psicosi.

Questo schema di rifiuto mi era familiare — un'eco di quella stessa invalidazione provata quando avevo iniziato a fare domande sulle mie origini. I miei sentimenti, come la mia identità, erano trattati come intralci scomodi anziché verità essenziali meritevoli di attenzione. Ogni silenziamento rafforzava l'idea che la mia realtà interiore fosse meno legittima di quella altrui. Il disagio che provavo era un mio fallimento personale, non una risposta ragionevole a una rottura profonda.

A New York, trovai rifugio in ciò che poteva temporaneamente mettere a tacere la domanda insistente su chi fossi davvero: l'alcol. Ogni bicchiere creava un'illusione di completezza, attenuando i bordi taglienti della mia identità frammentata. Questo fu l'inizio di un modello che avrebbe definito gran parte dei miei vent'anni — cercare mezzi chimici per fabbricare un'integrazione che non riuscivo a ottenere in modo naturale.

All'arrivo a New York, l'abbraccio familiare dei miei parenti mi diede inizialmente conforto. Erano persone legate a me attraverso Mamma — una famiglia di cui potevo fidarmi, a differenza del terreno incerto della famiglia di Papà.

Era l'estate dell'emisfero nord del 1983. Stare con i parenti offriva una tregua temporanea al mio tormento interiore. I miei cugini vivevano con una sicurezza che invidiavo — la loro certezza su chi erano e dove appartenevano metteva in risalto ciò che mi mancava. Non avevano mai messo in dubbio il proprio posto nella narrazione familiare, mai interrogato il sangue che scorreva nelle loro vene.

Andai a vedere Simon and Garfunkel in uno stadio di football enorme nel New Jersey, dove anche il silenzio divenne mio intimo compagno. Trascorsi una settimana con la famiglia di mio zio in un posto nello stato di New York chiamato Pine Ranch. Mangiammo abbondantemente, ci sdraiammo accanto alla piscina e cavalcammo cavalli veloci. Durante una corsa mattutina tra i boschi con un piccolo gruppo, i cavalli fecero una svolta improvvisa tra gli alberi. Se non mi fossi aggrappata con tutta la forza, sarei stata catapultata di testa dal cavallo. Frequentavo spesso il mio ristorante cinese preferito, il Jade Palace, per involtini primavera e salsa di prugne — un'invenzione cino-americana. Erano enormi involtini ripieni di cavolo, carote, uova, maiale e gamberi — qualcosa che in Australia non esisteva. Al Jade Palace, mia cugina e io prendevamo cocktail fruttati chiamati Zombies. Ho ancora l'alto bicchiere di ceramica verde giada, scolpito con la testa di un mostro, che rubai una notte da quel locale, insieme ad alcune tazzine da tè ornate.

L'alcol divenne rapidamente la mia forma preferita di automedicazione, l'unico balsamo capace di lenire quel dolore persistente. Ogni Zombie cocktail che bevevo al Jade Palace riempiva temporaneamente il vuoto dove avrebbe dovuto esserci un senso di sé. Il liquido dolce mi scendeva in gola come coraggio liquido, un'armatura momentanea. Ricordo ancora con chiarezza viscerale il sapore dolce e fruttato che mascherava l'alcol forte sottostante — una perfetta metafora per come mi muovevo nel mondo in quei giorni: un esterno gradevole che nascondeva un vuoto pericoloso.

Il bicchiere verde giada che avevo rubato divenne il mio talismano non intenzionale — grottesco e stranamente familiare. Come lui, anch'io ero stata plasmata da forze invisibili. Il volto mostruoso rispecchiava la stranezza che sentivo crescere dentro — un sé al tempo stesso pieno e svuotato da forze che a malapena comprendevo. L'espressione congelata del mostro — a metà tra un ghigno e un sorriso — rifletteva le mie stesse contraddizioni. Grata per l'adozione, eppure risentita. Appartenente ovunque e in nessun luogo. Conservai quel bicchiere molto più a lungo di altri oggetti, e la sua opacità verde acquisì gradualmente un significato simbolico. Anni dopo, avrei compreso di essere stata attratta proprio perché incarnava il paradosso centrale della mia identità fratturata: a volte ci riconosciamo più chiaramente in ciò che ci appare più estraneo, e che il mostruoso e il familiare non sono opposti, ma riflessi complessi dello stesso sé diviso.

I nightclub di Staten Island diventarono il mio santuario, luoghi dove l'identità non aveva importanza, dove le luci pulsanti e la musica assordante coprivano le domande insistenti che mi tormentavano nei momenti più tranquilli. Sotto le luci stroboscopiche diventavo nessuno e qualcuno allo stesso tempo — una libertà paradossale. Ogni notte seguiva lo stesso rituale: imbarazzo attenuato dall'alcol, intorpidimento crescente, nausea come orologio biologico. Il mio corpo espelleva ciò che la mia anima non riusciva a sopportare.

Andavamo a ballare almeno due volte a settimana. Erano i primi anni '80 e la musica dance elettronica pop di quell'epoca era la mia preferita. Amavo la musica e amavo ballare. Mia cugina, la sua migliore amica e io andavamo nei club e ballavamo per ore. Il mio posto preferito era un locale chiamato The Caves, a Staten Island, dove vivevano. Sembrava una caverna sotterranea, con odore di muffa e acqua che colava dai muri. Un lungo bancone occupava il centro, con piccole stanze buie a forma di grotta tutt'intorno. Ballavamo tutta la notte a ritmo di synth-pop anni '80.

Una delle mie canzoni preferite era *Safety Dance* dei Men Without Hats. Il ritornello della canzone sembrava un lasciapassare temporaneo per esistere liberamente, una sensazione che raramente provavo nella mia vita quotidiana. Per quei brevi minuti sulla pista da ballo, i frammenti della mia identità sembravano muoversi in armonia, sincronizzati con la musica, creando un'illusione di interezza che svaniva appena la canzone finiva. Mi sentivo al sicuro nel ballo, e solo quando avevo bevuto mi sentivo davvero libera. L'alcol era sia chiave che serratura — sbloccava la mia capacità di gioire mentre mi rinchiudeva nella dipendenza. L'alcol lavava via i miei demoni. Cercavo qualcosa che mi facesse sentire normale, qualunque cosa significasse «normale» — uno stato che immaginavo naturale per gli altri ma che per me restava inafferrabile. Il vuoto del mattino dopo era forse il riflesso più autentico della mia realtà emotiva — svuotata, fragile, la mia mente alla disperata ricerca dei pezzi sparsi di me stessa, che sembravano allontanarsi ancora di più durante quelle fughe chimiche notturne. Il silenzio persisteva nel mio corpo come un'ombra — denso, basso, impossibile da scrollarsi di dosso. Volevo essere abbracciata, protetta. Volevo sentirmi al sicuro e al caldo. Non ero in alcun modo pronta per il mondo adulto.

La mia vita fino a quel momento era stata una continua modalità di sopravvivenza, ogni giorno un esercizio di mera esistenza portando con me l'insopportabile peso di non sapere chi fossi davvero. La rivelazione dell'adozione aveva creato un abisso dentro di me che minacciava quotidianamente di allargarsi e inghiottirmi del tutto. Ogni interazione sociale, ogni momento di solitudine diventava un territorio pericoloso, dove la domanda *Chi sono davvero?* poteva riemergere all'improvviso, lasciandomi di nuovo naufraga sulle sponde della mia stessa incertezza.

L'unica eccezione erano stati i cinque anni beati trascorsi con Mamma dopo la morte di Papà. La mia vita avrebbe potuto prendere una piega diversa se gli eventi successivi non fossero accaduti. Forse avrei avuto la possibilità di guarire dal tumulto degli anni dell'infanzia con il mostro ubriaco. Ma non è andata così.

La rivelazione dell'adozione aveva solo approfondito il mio isolamento, trasformandolo da un vago disagio infantile in un abisso esistenziale spalancato. Mi muovevo nel mondo come un fantasma – presente ma non del tutto reale, visibile ma non visto. Camminavo con una nuvola scura sopra la testa, le spalle curve sotto il peso del *non sapere*. Nei contesti sociali, spesso diventavo muta, non perché non avessi nulla da dire, ma perché parlare richiedeva una certezza su chi stesse parlando – un «io» che mi sembrava sempre più fittizio.

Non sapevo come essere un'adulta adeguatamente funzionante, emotivamente stabile. Gli adulti nel mio mondo immediato avevano offerto solo modelli dannosi: alcolismo, dipendenza da droghe, instabilità emotiva, imprevedibilità. Ognuno di loro aveva mostrato diversi modi per *sfuggire* a se stessi, piuttosto che *diventare* se stessi. Non capivo, a quel tempo, che il mio stato mentale non fosse affatto normale – che la maggior parte delle persone non sentisse di dover *recitare* un'identità invece che viverne una.

Pensavo semplicemente che ci fosse qualcosa di profondamente e fondamentalmente sbagliato in me, un difetto centrale che spiegava sia la decisione di mia madre biologica di abbandonarmi, sia il mio persistente senso di disconnessione da chiunque intorno a me. Nessuno dei membri della famiglia sembrava capire l'impatto che aveva avuto su di me crescere con un Padre alcolizzato e violento, il secondo matrimonio di mia Madre, e il fatto stesso di essere adottata.

Ero un vaso infranto e ricomposto con negligenza – tutti i pezzi presenti ma nessuno che si incastrasse davvero, con crepe visibili da ogni angolazione. Ero sul bordo della vita, aggrappata con le unghie. Volevo lasciarmi andare, ma pensavo di non poterlo fare a mia Madre. Quelle prime esperienze d'infanzia erano le prime discese vertiginose sulle montagne russe della mia vita, l'equivalente psicologico di essere sbalzata in aria prima ancora di capire che tipo di corsa stavo facendo.

Anche nei momenti più oscuri, qualche istinto profondo di autoconservazione mi teneva in vita – una scintilla testarda che si rifiutava di spegnersi nonostante i venti urlanti della confusione e del dolore. Forse era la stessa resilienza che mi aveva permesso di sopravvivere alle sfuriate alcoliche di mio Padre e all'abbandono emotivo di mia Madre. O forse era qualcosa di più – una spinta inconscia a scoprire la verità sulle mie origini, a trovare i pezzi mancanti che potessero dare un senso ai frammenti che portavo dentro. Qualunque fosse la fonte, questa tenacia si sarebbe rivelata la mia salvezza, anche se allora il cammino mi restava invisibile.

Poi scoprii la marijuana.

Il mio primo incontro con l'erba segnò un momento di grande importanza che avrebbe ridefinito per anni il mio rapporto con il mio sé frammentato – un altro punto di svolta nel mio tentativo continuo di ricomporre i pezzi della mia identità o, in alternativa, di intorpidirne la separazione.

Il mio cugino americano, il più grande tra quelli nati in Australia, mi aveva dato una busta di erba poco dopo il mio arrivo a New York. Decisi di fumare il mio primo vero spinello il 4 luglio, quando le tre famiglie si riunirono per festeggiare insieme. La mia cugina bevitrice e io avevamo iniziato la giornata con succo d'arancia e vodka. Intorno a mezzogiorno, dopo l'arrivo degli altri parenti, mi ritrovai sul balcone della casa a due piani di mio zio a Sunnyside.

La casa a più livelli era situata su una strada in pendenza che portava alla Staten Island Expressway. Era una giornata luminosa e soleggiata. Il cielo era di un azzurro brillante dell'emisfero nord – diverso dall'azzurro che abbiamo nell'emisfero sud. Quell'azzurro era più deciso, meno timido – tutto ciò che l'America sembrava essere. Conifere verdi fiancheggiavano la strada davanti a case per lo più identiche, a forma di scatola. Nessun profumo confortante di eucalipto.

Sul balcone accesi il mio primo spinello grosso. Lo condivisi con il mio cugino più giovane, che mi mostrò come fare tiri profondi. Alcuni degli altri cugini rimasero scioccati nel vedermi fumare e dissero di poter sentire l'odore della marijuana dalla parte posteriore della casa, dove si trovavano gli adulti, e mi avvertirono di smettere.

Gli effetti non tardarono ad arrivare, accentuando l'alcol che già avevo in corpo. Sentii un'improvvisa vertigine, una nausea crescente. Corsi in bagno al piano di sopra, chiusi la porta a

chiave appena in tempo, e vomitai prontamente un liquido arancione nella tazza del water.
Non avevo mangiato nulla tutto il giorno, cosa che, in quel momento, probabilmente fu un bene.
Il bagno dalle piastrelle color crema si trasformò in una camera rotante di nausea e rivelazione. Mentre la stanza girava intorno a me, vissi una terrificante dissoluzione del sé – un completo distacco dagli ancoraggi dell'identità che ero riuscita a mantenere anche nei miei peggiori momenti di confusione. Non era semplice vertigine, ma un'angoscia esistenziale: la mia coscienza ruotava nel vuoto, senza alcun appiglio, priva di un senso di chi fossi.
Il bagno girava come una trottola impazzita, vorticosa per ore. Anche le piastrelle fredde sotto di me sembravano muoversi, come se fossi contemporaneamente dentro una lavatrice a carica dall'alto. Passai la maggior parte del tempo abbracciata alla tazza del water – diventammo intimi. Come una vera turista australiana, vomitai in modo spettacolare.
Il mio disperato tentativo di integrare i pezzi o di fuggire dalla loro separazione mi aveva lasciata aggrappata alla porcellana fredda, mentre il mio mondo ruotava fuori controllo, senza nulla di solido a cui attaccarmi. Ogni rivoluzione della stanza era un'altra orbita attorno a una verità centrale che non riuscivo ancora ad affrontare. Le superfici dure del bagno si rifiutavano di restare ferme, proprio come le fondamenta del mio senso di sé, instabili fin da quel momento sull'autobus tre anni prima. Ogni conato nel water era l'espulsione di qualcosa di tossico che, tuttavia, mi lasciava vuota invece che purificata.
Il giorno dopo diedi la bustina d'erba a mio cugino più giovane, che rise soltanto.
Le conseguenze di quell'esperienza non mi allontanarono dalla marijuana a lungo termine. Al contrario, rappresentarono un'anteprima di ciò che sarebbe diventato un altro metodo di automedicazione – un altro tentativo chimico di integrare o cancellare la persistente domanda su chi fossi davvero. Quella

perdita di controllo terrificante, vissuta in quel bagno, col tempo e con la tolleranza, si sarebbe trasformata in una fuga più gestibile. Il vortice si sarebbe rallentato in un'orbita piacevole, la nausea sostituita da una calma intorpidita che, a modo suo, somigliava alla pace.

Nonostante questi incidenti, trovai in quella famiglia allargata qualcosa che desideravo ardentemente: un senso di appartenenza, per quanto tenue e temporaneo. I rituali quotidiani dei pasti condivisi, le battute tra familiari, le somiglianze fisiche – tutto offriva un simulacro di ciò che avevo perso con l'adozione: la connessione all'interno di una discendenza, un posto in una storia che continuava.

Questi momenti erano pezzi di puzzle che raccoglievo – incompleti ma preziosi, suggerivano un'immagine che ancora non riuscivo a vedere. Quei momenti a tavola con la famiglia erano frammenti preziosi che custodivo con cura, conservandoli come prova che appartenere fosse possibile, che forse un giorno sarei riuscita a ricomporre abbastanza pezzi da sentirmi intera. Stavo a casa di zio Sam, che aveva tre figli – la mia compagna di bevute e i suoi due fratelli adolescenti. Mi piacevano i grandi pranzi familiari. Anche se mio zio in quel periodo beveva molto e si ubriacava quasi ogni sera, non fu mai violento o rumoroso come mio Padre. Non andava d'accordo con sua moglie né con i figli, in quel periodo. Non era la casa felice che ricordavo dalla mia infanzia.

La combattiva zia Diana aveva tre figlie che non andavano d'accordo con lei, creando frequenti tensioni in casa. La sua primogenita era ormai sposata e aspettava il primo figlio. Nonna non era più con noi. C'erano tensioni tra le famiglie.

Molte cose erano cambiate. Anche in quell'ambiente familiare imperfetto, riconoscevo ciò che mi mancava a casa: una rete tangibile di connessioni, un posto dove facevo parte di un disegno più grande. Quelle persone potevano litigare e faticare, ma lo facevano nella sicurezza di sapere esattamente chi erano gli uni per gli altri. Le loro discussioni avevano radici solide; le mie avvenivano sempre nelle sabbie mobili.

Anche i loro conflitti nascevano da una certezza che io non potevo rivendicare – la certezza del sangue, della storia condivisa, dell'appartenenza indiscussa. La vita non era più spensierata. Eppure, volevo restare a New York con la mia famiglia italoamericana allargata. Non volevo tornare alla mia esistenza solitaria in Australia con mia Madre e il patrigno.

La prospettiva di lasciare quella famiglia – per quanto imperfetta – mi riempiva di un dolore sproporzionato rispetto alla durata della mia permanenza.

Quando mio zio mi disse che non potevo restare e che dovevo tornare indietro per il bene di mia Madre, piansi senza controllo per la perdita della famiglia, dell'appartenenza, della tranquillità. Così, a novembre, dopo cinque mesi, tornai a malincuore nella casa che ormai non sentivo più mia. Il dolore si conficcò nello sterno come una costola spezzata – qualcosa che era stato intero ora mi pungeva dall'interno.

Rivedere la mia famiglia allargata mise in luce ciò che avevo perso con l'adozione – la rete naturale di legami che altri davano per scontata. I cugini che si lamentavano degli obblighi familiari non potevano capire il privilegio della certezza – la conoscenza incontestata delle proprie origini e quindi della propria identità. Conoscere le proprie radici è possedere una bussola che a me era stata negata. La mia identità restava divisa tra la persona che ero stata cresciuta per essere e quella sconosciuta il cui DNA portavo con me. Riportai questa ferita con me attraverso il Pacifico. Un altro frammento da aggiungere alla mia identità scheggiata, un altro pezzo di ciò che sarebbe potuto essere.

Quando l'aereo decollò da Newark, poggiai la fronte contro il finestrino e guardai la Statua della Libertà allontanarsi. La distanza crescente tra me e la mia famiglia allargata era un altro pezzo di me che veniva strappato via, un altro frammento che avrei dovuto recuperare un giorno, quando avrei finalmente capito come rendermi intera. Le nuvole sotto di me somigliavano

alla nebbia nella mia mente – tratti di chiarezza circondati da vaste zone d'ignoto. Le domande che mi avevano portata oltre oceano restavano senza risposta, ma ora avevano una nuova urgenza. *Se non potevo trovare un senso di appartenenza nemmeno tra i parenti, dove l'avrei mai trovato?*
La rivelazione che nemmeno la famiglia poteva offrire salvezza automatica dalla mia identità fratturata mi lasciò ancora più alla deriva, diretta verso l'Australia con meno certezze di quante ne avessi alla partenza.
Una volta tornata a Melbourne, il paesaggio familiare della mia infanzia mi sembrava al tempo stesso più reale e più estraneo – come se il tempo trascorso a New York avesse cambiato la lente attraverso cui vedevo tutto. Le strade che avevo percorso mille volte apparivano lievemente diverse. La qualità della luce era cambiata, l'orizzonte spostato. Non era solo il fuso orario, o lo shock culturale, ma un cambiamento percettivo più profondo – vedevo il mondo con occhi che avevano intravisto alternative, altre vite possibili, altri modi di appartenere.
L'anno successivo iniziai l'università. Lì trovai un'altra connessione, un senso diverso di appartenenza tra nuovi amici e persone affini.

7

Alchimia dell'identità (1984)

La trasformazione cominciò all'ombra dell'incertezza,

Da quando scoprii di essere stata adottata, la domanda fondamentale «*Chi sono?*» era diventata un mantra, seguendomi da Glenroy all'RMIT, dalla casa di mia Madre al Royal Children's Hospital – dove trovai un lavoro temporaneo come impiegata alla fine del 1983.
Alchimia dell'identità: il laboratorio del sé
Il mio primo viaggio a New York a undici anni, con mia Madre, mi aveva mostrato cosa poteva essere la famiglia nel suo lato migliore – riunioni rumorose in cui nessuno temeva esplosioni di violenza, dove i legami sembravano solidi anziché fragili. Ora, mentre abbracciavo la fuga offerta da alcol e marijuana, cercavo qualcosa di simile – un sollievo temporaneo dall'iper-vigilanza che era diventata il mio stato predefinito.
Poco dopo il ritorno da New York, mi riavvicinai a un'amica del liceo che mi presentò il suo ragazzo – il mio primo spacciatore. Nonostante l'esperienza tremenda vissuta quel 4 luglio, decisi di dare un'altra possibilità all'erba. L'alcol da solo non riusciva più a sostenere il peso delle mie origini spezzate e del fantasma di mio Padre.
La prima volta che l'effetto della marijuana mi avvolse completamente, ero rintanata nel nostro garage, all'erta come un animale ferito, la schiena premuta contro il freddo metallo della vecchia Valiant, gli occhi fissi sulla porta sul retro come una

sentinella in attesa del tradimento. Inalando profondamente, un'ondata silenziosa di calma inusuale permeò il mio corpo normalmente attraversato dall'ansia. Era come se finalmente qualcuno avesse messo a tacere quel coro greco cacofonico di dubbi che urlava nella mia testa fin da quel viaggio in autobus. Il mio sistema nervoso simpatico, sempre teso come una molla pronta a spezzarsi, si rilassò. La voce interiore carica di dubbi cessò la sua inquisizione: *Chi sei davvero? Dove appartieni?* Mi sembrava di fluttuare, sospesa tra memoria e possibilità, momentaneamente spensierata.

Ciò che allora non riuscivo a riconoscere era il profondo meccanismo psicologico all'opera: non stavo guarendo, ma solo mascherando. Le crepe non si stavano chiudendo; semplicemente voltavo lo sguardo, ricoprendo le fessure con una vernice chimica temporanea.

Inizio dell'università all'RMIT

L'RMIT si trovava sul margine nord del centro – all'epoca era principalmente un'istituzione tecnica, non ancora una vera università. La scienza mi chiamava non solo come materia di studio, ma come rifugio metaforico. Ne ero attratta anche perché prometteva certezza, risposte chiare – tutto ciò che la mia storia personale mi aveva negato. In laboratorio, gli elementi obbedivano. Le reazioni avevano senso. Niente esplodeva senza motivo. Quanto era diverso dalla mia vita, dove il terreno poteva tremare sotto i piedi a causa di una frase pronunciata da uno sconosciuto, dove la stessa identità era un'ipotesi in attesa di essere smentita.

Ero iscritta alla laurea in Scienze Applicate, indirizzo Medicina di Laboratorio, con specializzazione in Microbiologia Medica. Nonostante la mia nuova sedazione mentale a base di sostanze, l'insonnia e l'ansia sociale erano ancora problemi, e persi molte lezioni mattutine. Ma quando riuscivo ad andarci, mi appassionavano le materie: patologia, anatomia e fisiologia, biologia e biochimica. La scienza mi offriva la logica che la vita mi aveva negato – un luogo in cui ogni pezzo trovava posto, ogni nome aveva un significato.

Le lezioni di laboratorio erano interessanti e a volte pericolose. Ogni esperimento era una versione controllata del mio caos interiore. Un giorno la mia amica Bee rovesciò dell'acido sul banco di chimica. Lanciò una spugna sopra la pozza e la spugna sparì rapidamente, mentre una nebbia opaca si sollevava nell'aria. Un'altra volta, stavo cercando di accendere un becco Bunsen, ma avevo aperto il rubinetto sbagliato. All'improvviso, una fiamma enorme eruppe dal rubinetto. Feci un balzo di almeno un metro. Queste erano esplosioni controllate, al contrario delle detonazioni emotive che avevano segnato la mia infanzia e della rivelazione dell'adozione che aveva fatto a pezzi la mia vita – qui, almeno, il caos obbediva a leggi scientifiche prevedibili.

Hockey – 1984

All'inizio del 1984, alla ricerca di qualcosa di solido a cui aggrapparmi, mi unii al club di hockey dell'RMIT.
Altamente competitiva e con un'energia che sembrava bruciare da un reattore nucleare interno fatto di emozioni irrisolte, trovai nell'hockey sia uno sfogo fisico sia una forma peculiare di appartenenza. Lo sport mi permetteva di incanalare la mia aggressività ben nascosta, oltre a offrirmi un luogo dove correre – proprio come facevo sempre più spesso nei sogni, inseguita da oscuri e sconosciuti assalitori da cui non riuscivo a fuggire.
Lo sport mi veniva naturale. Ma quella naturalezza era abitata da domande: *Chi me l'ha trasmessa? Ogni volta che colpivo la palla stavo forse seguendo l'ombra di un'eredità sconosciuta?* L'hockey mi offriva risposte e domande – e, per un po', questo mi bastava.
A differenza del mio senso di sé instabile, il mio corpo sul campo da hockey si muoveva con certezza innata. I miei muscoli portavano verità a cui la mia coscienza non aveva accesso – un'eredità genetica codificata nei tendini e nei riflessi, una

connessione fisica con origini ignote che al tempo stesso mi confortava e inquietava. Stavo imparando a giocare con parti rotte – riorganizzandole in qualcosa di funzionale, anche se non ancora bello.

Una volta che mi ero ambientata alla vita universitaria e a quella dell'hockey, sentii di aver finalmente trovato la mia tribù, lontana dalla mentalità ristretta della vita vissuta a Glenroy. Lì, le ragazze con cui ero cresciuta sembravano interessate solo a sposarsi e a fare figli – ambizioni lontanissime dalle mie. Ma anche mentre trovavo questa nuova comunità intellettuale, riconoscevo l'ironia: mi stavo allontanando dalla mia famiglia adottiva senza avere alcun legame con quella biologica. Stavo forgiando un'identità in opposizione alle uniche radici che conoscevo, senza conoscere affatto quelle ignote.

Ero l'unica nel mio quartiere di amiche ad aver completato la maturità (Year 12, HSC) e l'unica tra i parenti australiani italiani materni ad essere andata all'università. Anche questo mi distingueva. Mamma non mi aveva mai spinta a frequentare l'università. Non volevo diventare segretaria, parrucchiera o commessa – le solite opzioni ristrette per le ragazze della mia zona, in quel tempo. Avevo deciso di iscrivermi all'università principalmente perché amavo imparare, e gli insegnanti del liceo Mercy College me lo avevano suggerito e incoraggiato. L'università sembrava interessante e stimolante.

Mi muovevo su una linea di faglia – tra la cultura operaia italiana e le aspirazioni accademiche, tra la famiglia che conoscevo e il sangue che ignoravo. Non appartenevo completamente a nessun luogo, ma trovavo appigli momentanei in questo terreno instabile.

Il sabato pomeriggio, dopo le partite, alcuni membri del nostro club si ritrovavano in un piccolo pub squallido, il vecchio Royal Hotel, che si trovava su Flemington Road, vicino al Royal Melbourne Hospital. Circondata dai compagni di squadra, mentre bevevamo birra, potevo dimenticare temporaneamente il vuoto che portavo dentro. Per quelle ore non ero la ragazza adottata senza una storia; ero solo un'altra studentessa che festeggiava una vittoria o digeriva una sconfitta.

Uomini e donne animati, con l'odore di sudore e Dencorub, affollavano il pub, e noi bevevamo molte pinte di birra, servite in caraffe. Il locale vibrava del chiacchiericcio post-partita – trionfale o cupo, a seconda di chi avesse vinto. Molti dei miei compagni di hockey bevevano e alcuni fumavano anche erba, quindi mi sentivo perfettamente a mio agio. Potevo bere, fumare e dimenticare per un po' la mia ansia sociale. Il Royal diventò un santuario dove l'identità non richiedeva prove – un bozzolo caldo di appartenenza creato da esperienze condivise, non da sangue condiviso.

Stavo anche sviluppando un senso di appartenenza. Ero attratta da quell'ambiente – parte sportivo, parte intellettuale. Alcuni giorni mi sentivo quasi intera lì. Connessa. Presente. Poi i ricordi si affacciavano. I promemoria. Domande senza risposta. Bevevo un'altra birra. Fumavo un altro spinello. Le domande si ritiravano. Per ore, a volte giorni, potevo fingere di sapere chi ero. Poi mi sorprendevo a guardare il mio riflesso in una vetrina, o sentivo qualcuno parlare della propria famiglia, e le crepe riemergevano. Ma lì, con quelle persone, le crepe sembravano meno importanti. O forse solo meno visibili. Imparai a indossare l'alcol, e poi la marijuana, come un'armatura – sostanze che mettevano a tacere momentaneamente quel chiacchiericcio mentale costantemente negativo. In quei momenti sociali, avvolta da risate e accettazione, potevo quasi dimenticare lo spazio vuoto dentro di me.

Andai al mio primo torneo interuniversitario di hockey nella vicina città di Ballarat, ex centro della corsa all'oro, dove segnai il mio primo gol, in una delle tipiche gelide e grigie giornate invernali. Il campo era bagnato e pieno di sabbia. La palla arrivò da un cross dalla fascia destra, rimbalzando sulla sabbia irregolare, passando davanti alla porta. Le mie compagne cercarono di colpirla man mano che passava; io, ultima nella fila, come ala sinistra, la toccai dolcemente e la mandai in rete.

La gioia di quel primo gol conteneva una malinconia tutta sua – una celebrazione senza testimoni che condividessero il mio sangue. Mentre le compagne mi circondavano, mi sentii accolta e allo stesso tempo isolata. Da qualche parte, ignoti, c'erano forse un padre biologico che avrebbe riconosciuto il suo stesso stile nel mio tiro. Una madre che avrebbe rivisto se stessa nella mia competitività. Fratelli o sorelle che avrebbero provato un orgoglio strano per una sorella mai conosciuta. Fu il primo di centinaia di gol che avrei segnato durante una carriera amatoriale di hockey durata tre decenni.

Ben presto formammo un gruppo affiatato. Giocavamo il sabato, poi andavamo a cena fuori dopo aver passato qualche ora al pub. Conobbi per la prima volta diverse cucine: vietnamita, malese, indiana. Era un mondo completamente diverso da quello italiano chiuso e limitato in cui ero cresciuta a Glenroy. Ora avevo amici dell'università che studiavano ingegneria, architettura o graphic design. La maggior parte veniva da contesti anglo-australiani. Mi sentivo più a mio agio con loro. Non erano così critici, giudicanti, impiccioni o mentalmente chiusi come gli amici italo-australiani del quartiere e i loro genitori. I loro confini erano più permeabili dei rigidi vincoli della mia educazione italiana – permettendo l'esplorazione invece che imporre la conformità. Nonostante le mie lotte interiori, trovai una forma di liberazione in questo nuovo paesaggio sociale.

Con il mio gruppo di amici

Con il mio gruppo di amici, spesso finivamo a casa di qualcuno dopo cena, continuando a bere fino a notte fonda. A volte esplodeva una festa spontanea. Mettevamo su dischi o CD e ballavamo tutta la notte con la musica più in voga degli anni '80. *Johnny* dei Fine Young Cannibals catturava perfettamente l'atmosfera di quel periodo della mia vita – irrequieta, ripetitiva, con un sottofondo di malinconia.

I motivi per cui bevevo non erano un mistero. L'alcol attenuava il dolore persistente del *non sapere*, il costante promemoria che metà della mia identità restava un vuoto. Bere non era solo un atto sociale – era una medicina, un tentativo di riempire quel vuoto con qualcosa, qualsiasi cosa.

Non c'erano mai droghe pesanti. Nessuna rissa. Nessuna tensione. E fortunatamente, niente social media o fotocamere nei telefoni a registrare le nostre marachelle. Andavamo tutti d'accordo; volevamo solo divertirci.

I frammenti del mio sé che avevo raccolto fin dalla rivelazione sull'autobus – figlia adottiva, studentessa universitaria, consumatrice occasionale di droghe – sembravano trovare la loro espressione più coerente quando entravo in campo da hockey o mi sedevo al pub circondata dai miei compagni di squadra. Mentre correvo sul campo, non c'era tempo per rimuginare. Lì, almeno, i pezzi si incastravano senza contraddizione.

Ma fuori dal campo, le domande restavano, in attesa nei momenti di silenzio – nei riflessi sui vetri, nelle fotografie di famiglia, nella ricerca di tratti familiari in un volto che ancora mi era estraneo.

Il contrasto tra la mia vita esteriore vibrante e l'esistenza interiore vuota generava una propria dissonanza – un'altra spaccatura in un io già diviso. All'esterno: la studentessa universitaria, la giocatrice di hockey, la farfalla sociale. All'interno: l'adottata senza radici, l'esperimento farmaceutico, il mistero genetico. Vivevo tra queste realtà parallele, passando da una all'altra con crescente abilità, ma senza mai risolverne davvero le contraddizioni.

Il club, lo spirito di squadra, i miei compagni di hockey, gli altri amici dell'università, insieme ad alcol e marijuana, erano i miei salvatori, mentre mi muovevo dentro e fuori relazioni. A parte l'hockey e il fitness, che mi tenevano ancorata alla realtà, arrancavo nei miei vent'anni – la mia vita accademica arrancava dietro. Sopravvivevo, ma mi sentivo ancora persa, senza direzione, e completamente impreparata alla disciplina e alla serietà dell'età adulta.

Più follia

Verso la fine del mio primo anno universitario, poco prima del mio primo esame – con un tempismo perfetto – il mio patrigno decise di avere un episodio psicotico. Mentre la mia crisi d'identità continuava a bruciare lentamente, la mia vita domestica stava per esplodere nella sua forma di caos.

Mamma e suo marito si erano uniti a un gruppo cattolico italiano fondamentalista, che frequentavano regolarmente. Mio patrigno divenne rapidamente fanatico e decise di smettere di prendere i suoi farmaci. A nostra insaputa, prendeva il Litio, di solito usato per trattare il disturbo bipolare. Il suo comportamento divenne bizzarro. Di notte, non voleva accendere le luci. Così, guardavamo la TV al buio. Non voleva che l'audio della TV fosse alto, quindi iniziammo a guardarla con il volume abbassato, seduti al buio. Divenne aggressivamente instabile. Mamma, riluttante, mi disse che aveva strappato alcune delle nostre foto di famiglia – quei preziosi artefatti della mia narrazione familiare costruita, cancellando ulteriormente quel poco senso di storia che avevo. Durante un'uscita con il loro gruppo religioso, aveva strappato gli occhiali a un uomo dicendo: «Non ti servono. Prega Dio e Lui ti guarirà!»

Il mio primo padre non era mai stato così folle.

Man mano che la psicosi del patrigno peggiorava, la nostra realtà familiare si distorceva – uno specchio grottesco della mia stessa disintegrazione interiore.

Un giorno insistette perché guidassi la sua vecchia Valiant – ora mia – fino al retro della casa. Obbediente, guidai l'auto lungo il vialetto laterale. Lui uscì lentamente e furtivamente dalla porta sul retro, come se l'ASIO lo stesse sorvegliando e al tempo stesso fosse osservato dagli alieni. Si muoveva silenzioso e sulle punte, strisciando lungo il retro della casa fino a infilarsi nel sedile posteriore dell'auto. Con uno sguardo delirante sul volto, si sdraiò sul sedile posteriore, lontano da occhi indiscreti, e mi disse in tono affannoso e sottovoce: «Guida veloce,» facendo un gesto agitato verso la parte anteriore della macchina.

Iniziai a uscire dal vialetto e girai in Middle Street, ma non avevo idea di dove potesse sentirsi al sicuro da quegli alieni ficcanaso. Fortunatamente, dopo circa cinque minuti di guida verso il nulla, si addormentò sul sedile posteriore, rannicchiato in posizione fetale. Feci inversione a U e tornai a casa. Parcheggiai l'auto in garage e lo lasciai dormire lì.

Mamma e io non avevamo idea di cosa stesse succedendo. I giorni si confondevano l'uno con l'altro, e lui diventava sempre più trasandato e non si radeva più. Stava iniziando a trasformarsi in Jack Nicholson in *The Shining* – non un pazzo con il coltello in mano, ma semplicemente imprevedibile e con un'aria da squilibrato.

Alla fine, Mamma chiamò il suo unico figlio, che viveva dall'altra parte della città – un figlio che raramente telefonava e non andava mai a trovare il padre. Gli disse che suo padre si comportava in modo strano, rifiutava di vedere un medico e ora pensava che anche noi facessimo parte di un complotto del Diavolo. Suo figlio lo chiamò e cercò di convincerlo ad andare da un dottore.

In un linguaggio del tutto insolito per lui, mio patrigno si infuriò, con vene blu spesse che gli salivano alle tempie, gesticolando selvaggiamente al telefono: «You-a fukin-ah bust-art-ah!» e con forza sbatté la cornetta nel ricevitore. In quel modo profondamente soddisfacente in cui si poteva ancora *sbattere giù il telefono* per chiudere bruscamente una conversazione.

La goccia che fece traboccare il vaso fu quando lo trovai nella mia stanza, sdraiato sul mio letto, sopra tutti i suoi vestiti che aveva tirato fuori dall'armadio e gettato in una catasta da barbone. Questo mi lasciò addosso una sensazione inquietante, viscida, disgustosa. Non avevo idea di cosa pensare di questo comportamento da folle.

Ora giovane adulta, non ero turbata da queste scene come quando ero una testimone solitaria e terrorizzata delle furie di mio Padre. Ero più consapevole e più informata sulla malattia mentale. Mio patrigno stava avendo una sorta di crollo mentale. Tuttavia, mia Madre ed io eravamo spaventate e guardinghe di fronte a questo caos sempre più irrazionale che si stava dispiegando davanti a noi.

Stavamo fuori, al buio, le stelle sparse nel cielo notturno, vicino alla nostra strada laterale, guardando incredule il sequel di *Madhouse 1*.

Assistevo a questa disintegrazione con il dito gelido del déjà vu che mi accarezzava la spina dorsale – un'altra figura paterna che perdeva il contatto con la realtà, un'altra casa che scivolava nel caos. A differenza delle furie alcoliche di mio Padre, la psicosi di mio patrigno creava un tipo diverso di alienazione. La sua follia non era diretta verso di noi, ma sembrava risucchiarlo in una realtà privata in cui noi esistevamo solo come comparse – né viste né invisibili, semplicemente irrilevanti. Questa particolare invisibilità risuonava con il mio stesso senso di non essere mai veramente vista nella mia identità.

Ancora una volta, la stabilità che cercavo disperatamente si stava sgretolando. I paralleli con la mia infanzia – osservare gli scoppi d'ira del padre alcolizzato – erano evidenti, ma questa volta non ero una bambina impotente. Ero una giovane adulta con il vocabolario per comprendere cosa stava accadendo, anche se non potevo fermarlo.

Parlammo con un vicino e decidemmo di chiamare un medico. Il medico arrivò e cercò di visitarlo, ma mio patrigno divenne verbalmente aggressivo. Alzò i pugni e gli sibilò furiosamente: «Piss-ah off-ah!»

Il medico disse che l'unica cosa che potevamo fare era farlo dichiarare mentalmente instabile. Avremmo dovuto chiamare la polizia, così lo facemmo.

Il mio *brave new world* si era rapidamente trasformato in un nido di follia.

L'oscurità attorno a noi lampeggiò presto come una discoteca di luci blu, mentre arrivava la polizia, allertando tutto il quartiere. Due agenti uomini, cordiali ma severi, entrarono in casa. Niente taser né spray urticanti. A quanto pare, mio patrigno morse una mano di uno degli agenti mentre cercavano di portarlo fuori. Fu trascinato via, ammanettato con le mani dietro la schiena. A quel punto, mio patrigno era completamente fuori di sé. Aveva perso il contatto con la realtà. Non avevo idea di cosa stesse dicendo. Io ero in uno stato calmo di smarrimento. Ora ero adulta. Avevo amici con cui avrei potuto parlare di questo episodio, e droghe da prendere per fuggire e lavare via queste situazioni surreali.

La polizia mise mio patrigno su una volante e lo portò al Larundel Psychiatric Hospital in Plenty Road, Bundoora. Lo seguimmo.

Larundel era un grande ospedale psichiatrico a due piani in mattoni rossi. Sarebbe diventato uno degli ultimi manicomi a chiudere a Melbourne nel 1999. Ignara all'epoca, lì erano stati ricoverati alcuni dei criminali con malattie mentali più gravi della città.

Mentre gli uccelli iniziavano a cinguettare e la notte lasciava spazio al mattino, guidai lungo il vialone d'ingresso e parcheggiai la Valiant davanti a quell'imponente edificio antico. Era la prima volta che mettevo piede in un ospedale psichiatrico. La prossima volta ci sarei entrata come paziente. Inizialmente, il personale all'ammissione non voleva ricoverarlo. Il medico certificante aveva scritto la data sbagliata sui documenti e, quando lo psichiatra – con un camice bianco – esaminò mio patrigno, lui era perfettamente calmo e parlava a bassa voce. Con nostro sgomento, gli esaminatori pensarono che non ci fosse nulla che non andasse e volevano rimandarlo a casa. Mia Madre ed io fummo poi intervistate, e raccontammo tutti gli strani eventi accaduti nelle settimane precedenti. Riuscimmo a convincerli che doveva restare.

Il processo di ammissione ospedaliera creò un ulteriore strato surreale al dramma familiare in corso. La capacità di mio patrigno di apparire perfettamente normale agli estranei mentre coltivava deliri privati rispecchiava la mia stessa quotidiana recita – presentare un esterno coerente mentre internamente

navigavo nel caos, muovendomi tra mondi di apparenza e realtà, senza mai abitare pienamente nessuno dei due.
Mio patrigno restò lì per circa due settimane. Visitavamo quel luogo strano e minaccioso ogni giorno. Un giorno arrivammo e mio patrigno era in una cella imbottita. Una pesante porta in metallo assicurava che non ci sarebbe stata fuga. Un materasso nudo giaceva al centro del pavimento. Non mangiava il cibo dell'ospedale, così gli portammo pesce e patatine, su sua richiesta – non lo avevo mai visto mangiare fish and chips. Gli consegnai il pacchetto avvolto in carta da macellaio, il grasso salato che trasudava fuori, e lui ne divorò avidamente il contenuto.
Mentre camminavo nel reparto aperto, incontrai qualcuno che mi disse di essere Gesù e un altro squilibrato che sosteneva di avere una linea diretta con Dio. Sembrava di essere finita su un set cinematografico bizzarro e strampalato, una macchina del tempo impazzita. La scena era spoglia e sterile. Nell'aria aleggiava un odore secco, simile al rum, dolciastro, mescolato alla puzza di urina. La vernice si staccava dalle pareti fredde e dure in gesso, screpolate qua e là. Persone indaffarate in camici bianchi con clipboards si affrettavano da una parte all'altra, pazienti seduti sulle sedie si dondolavano avanti e indietro. Altri fissavano con sguardi sgranati e sospettosi nella mia direzione. Distolsi rapidamente lo sguardo. Alcuni stavano immobili, fissando nel vuoto. Altri sbavavano e facevano movimenti ripetitivi, nervosi, con mani, bocca e viso. Le infermiere si aggiravano con cappellini buffi. Le sbarre alle finestre tenevano gli internati al sicuro dai pericoli del mondo esterno. Strangamente, non avevo paura. Era solo un'altra esperienza da aggiungere alla mia vita tutt'altro che normale.
Lo psichiatra curante ci disse che mio patrigno aveva avuto un episodio psicotico e soffriva di schizofrenia paranoide. Non avevo molta idea di cosa intendesse, se non per quello che avevo visto nei film. Quando lo dimisero, era sotto pesanti farmaci. Inizialmente sembrava fatto come un aquilone, per via degli

antipsicotici. Camminava per casa con un sorrisetto sciocco, ridacchiando tra sé. Il farmaco venne poi modificato, e divenne simile a uno zombie, pesantemente sedato, quasi muto. Non sarebbe mai più stato lo stesso, né lo sarebbero state le loro vite. Amici e parenti li evitarono immediatamente. La malattia mentale era un tabù. All'epoca, la gente era largamente ignorante in materia.

Prima di tutto ciò, mia madre e il suo compagno avevano una vita sociale attiva. Frequentavano tre circoli sociali italiani a settimana. Lì giocavano a carte e a bingo, pranzavano, e facevano gite giornaliere oltre il confine fino ad Albury, nel NSW, per giocare alle slot machine – che mia madre adorava. Andavano a trovare amici e parenti, e tanti venivano a trovarli. Dopo questo episodio, tutto finì. Pochi parenti vennero ancora a trovarci. Mio patrigno perse la patente, e mia Madre divenne la sua badante e rimase chiusa in casa. Il suo mondo si ridusse alle quattro mura della nostra casa. La vita, ancora una volta, cambiò drasticamente per la mia Mamma sofferente, e io assorbii lo stigma che circondava la malattia mentale.

Guardando la sua identità disgregarsi, e poi essere parzialmente ricostruita dai farmaci, mi chiedevo perché non esistesse un processo simile per la frattura che portavo dentro di me.

In qualche modo, attraverso questa nuova follia, riuscii a superare i miei esami del primo anno universitario. La scienza, almeno, continuava ad avere senso quando nient'altro lo aveva.

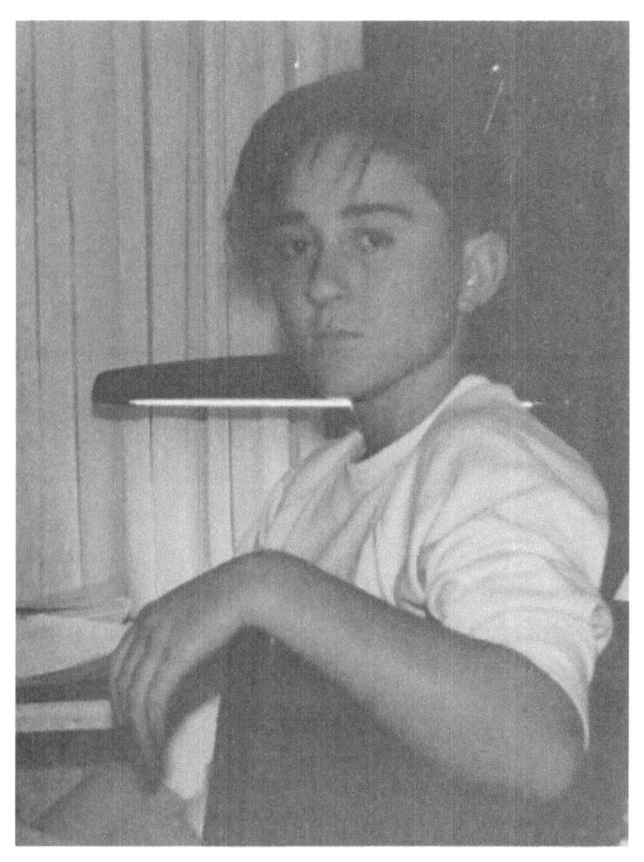

Io a vent'anni (1984).

8

La grande fuga (1985–1989)

Trattenendo la quiete tra bordi frastagliati.

Gli anni dal 1980 al 1985, dopo la rivelazione dell'adozione, furono segnati da una ricerca disperata – non ancora esplicitamente delle mie radici biologiche, ma di un qualsiasi senso di appartenenza, un legame profondo che potesse colmare il vuoto creato dalla loro assenza. In questa fase iniziale del mio lungo viaggio, non comprendevo che gli eventi dei miei anni formativi avessero causato la frattura. Credevo di essere nata difettosa – intrinsecamente rotta. Faticavo a comprendere le mie emozioni mutevoli e il comportamento instabile. La consapevolezza non era ancora tangibile. Ero semplicemente in modalità di sopravvivenza reattiva, usando droghe, fuga e distrazione per placare il tumulto interiore. La vita era stata una serie di sconvolgimenti. Ero una molla tesa, in attesa della prossima rottura. L'unione avrebbe potuto guarire la frattura, ma stavo ancora andando in pezzi.
La vita universitaria al RMIT e il campo da hockey erano diventati rifugi gemelli dove potevo temporaneamente sfuggire alla domanda centrale ed eterna che mi perseguitava – e forse perseguita tutti gli adottati e coloro che hanno vissuto traumi intensi che spezzano il senso del sé: *Chi sono io?*
L'anno 1985 iniziò soddisfacendo la mia ricerca di emozioni forti – forse un tratto ereditato da genitori biologici che non potevo nominare – ottenni il mio patentino da motociclista e comprai il mio primo motorino, una Yamaha blu e bianca da 80cc – un

brivido e una ribellione, con orrore di mia Madre. Studiavo e lavoravo part-time al Dorevitch Pathology su Burke Road, Camberwell, nel dipartimento di microbiologia a elaborare campioni. Un'altra diapositiva etichettata nel mosaico di me. Scienziata di laboratorio in erba, piccola ma definibile, concreta in un modo che le mie origini non erano.

Correvo per i campi, mi seppellivo nei libri di testo, contavo ogni dollaro – ogni movimento un diversivo, ogni traguardo un'auto di fuga che mi portava lontano dalle macerie del passato. La fuga non era una destinazione; era una velocità. La decisione di andarmene arrivò lentamente – poi tutta in una volta. Non potevo continuare a rimettere insieme i pezzi sotto un tetto che ancora sussurrava il nome di qualcun altro. Non stavo solo lasciando una casa – stavo fuggendo dal mito di ciò che ci si aspettava diventassi. Avevo bisogno di spazio per immaginare chi potessi essere. Rimasi tremante nella mia stanza, la mia singola borsa frettolosamente preparata e in attesa vicino alla porta.

Il suo volto si contorse. «Se te ne vai, non ti parlerò mai più.» La sua voce era carica di un'emozione che stava a metà tra dolore genuino e manipolazione calcolata. Disperata, urlò: «Ti tolgo dal testamento!» Le mani serrate a pugno, le vene sporgenti sulle tempie.

Le sue parole – pensate per trattenermi con il senso di colpa – rafforzarono solo la mia determinazione. Eppure, sotto la mia sfida si celava una paura più profonda: che forse il vero problema non fossero le circostanze, ma qualcosa di fondamentalmente rotto dentro di me – qualcosa che mi rendeva il tipo di persona che gli altri abbandonano o respingono.

Le lacrime mi rigavano il viso, il corpo tremava. «Me ne vado lo stesso.» Le mie azioni più ferme di quanto mi sentissi – come se qualcun altro, più forte e più sicuro, avesse preso momentaneamente il controllo. La borsa pesava nella mia mano – piena di più del solo abbigliamento. Portava il peso di quella scelta, un altro frammento da aggiungere al mucchio.

Non sapevo se andarmene mi avrebbe aiutato a ricompormi – o avrebbe infranto quel poco che restava. Ma la necessità di muovermi, cambiare, cercare era più forte di qualsiasi paura – più forte dello strappo lento del restare ferma.

In quegli anni, una figlia italiana non sposata che lasciava casa era scandalosa – seconda solo al rimanere incinta fuori dal matrimonio. I miei cugini e zie si comportarono come se avessi commesso un peccato mortale, portando vergogna alla famiglia. «Hai fatto una grande mala figura,» dissero. L'accusa pungeva ma non poteva prevalere sul mio bisogno di indipendenza. In un certo senso, quell'atto di ribellione contro le aspettative della mia famiglia adottiva fu la mia prima vera affermazione di identità – una dichiarazione silenziosa che avrei definito io stessa chi ero, anziché accettare l'identità assegnatami.

Nelle loro menti collettive, significava che non amavo mia Madre – il che era profondamente falso, nonostante le nostre differenze. Anni dopo, lei mi raccontò che tentarono di convincerla di questo.

Nonostante il contraccolpo, avevo desiderato trasferirmi prima del matrimonio e della maternità, che immaginavo sarebbero arrivate cinque anni più tardi. Più di ogni altra cosa, avevo bisogno di spazio – spazio lontano dai promemoria costanti di ciò che dovevo essere, per esplorare chi potessi essere.

La visione del mondo ristretta e da piccolo paese di mia Madre era soffocante. La sua volatilità emotiva e la nostra relazione turbolenta rendevano la casa invivibile.

Andarmene contro la sua volontà non sembrava una ribellione, ma una necessità – il primo passo per reclamare la mia storia a modo mio.

La prima notte nella mia nuova casa è incisa nella memoria: sola in una stanza fredda e scarsamente arredata, pavimenti coperti di linoleum, circondata da scatole che contenevano i frammenti tangibili della mia vita fino a quel momento. Il silenzio era al tempo stesso terrificante ed esaltante. Nessuna voce materna, nessun passo del patrigno, nessuna aria densa di tensioni non dette. Solo vuoto – in attesa di essere riempito con qualunque sé io potessi creare.

Passai le dita sui muri ruvidi color crema, rivendicando quello spazio come il primo che mi appartenesse davvero. Le assi del pavimento scricchiolavano sotto il mio peso con schemi a me sconosciuti, un nuovo linguaggio di movimento che avrei dovuto imparare. L'aria odorava di legno vecchio e possibilità – nessun odore persistente della cucina di mia Madre o della muffa del mio patrigno. Anche la luce era diversa, filtrava dalle finestre senza tende con angolazioni che trasformavano oggetti ordinari in qualcosa di leggermente misterioso. Il suono dei tram in lontananza.

Quella sera, sparsi i miei averi nella stanza – artefatti della mia vita disposti come pezzi di un puzzle sul pavimento. Alcune foto dell'infanzia sembravano appartenere a qualcun altro – la loro narrazione di continuità familiare diventava ogni giorno più fittizia. La chitarra che mio Padre mi aveva regalato prima di morire era l'unico legame che sembrava indiscutibilmente reale. Medaglie scolastiche, trofei sportivi, libri di testo di scienze – frammenti di successo che suggerivano capacità, ma non identità. Guardandomi intorno, sembrava che stessi ricomponendo qualcuno – qualcuno che stavo ancora cercando di trovare.

Col calare del buio, mi sedetti a gambe incrociate sul pavimento, davanti al caminetto spento nel soggiorno, dove la libertà che avevo tanto desiderato improvvisamente sembrava vuota nella sua realizzazione. Il silenzio che avevo bramato ora si gonfiava con tutte le mie domande senza risposta:

Se non ero più la figlia di mia Madre nella sua casa, chi ero in questa stanza vuota?

Quale sé potevo assemblare da questi pezzi sparsi?

L'indipendenza che avevo reclamato ora mi inquietava con le sue implicazioni – ero davvero da sola, sia praticamente che esistenzialmente.

Prima Relazione Seria

A metà del 1985, conobbi a una festa un giovane uomo dai capelli biondi, dallo sguardo silenzioso e un volto attraente – sensibile, con una quiete tormentata che mi sembrava familiare. Era un elettricista originario dell'altra parte dell'Australia – atletico, suonava il basso e cantava. Sarebbe diventato il mio primo partner serio.

Dopo aver lasciato casa, uscimmo per un appuntamento intorno a settembre, e a dicembre già convivevamo nel suo minuscolo bilocale in Clarke Street, Northcote.

Qualche anno dopo comprammo una casa insieme in Queen Street, Coburg. Avevo 23 anni. Mia madre e il patrigno mi avevano insegnato che pagare l'affitto era denaro sprecato. Queen Street era vicino a Moreland Road e a pochi passi da Sydney Road, Brunswick. Spesso facevo la spesa nella zona commerciale di Coburg, vicino all'angolo tra Bell e Sydney Road, o al Barkly Square a Brunswick.

In quella relazione cercavo di assemblare un altro frammento della mia identità: partner, futura moglie, madre in potenza. Le nostre routine domestiche e la casa condivisa sembravano promettere stabilità – un contrappeso all'incertezza delle mie origini. Mi aggrappavo a quella relazione vedendo in essa la possibilità di radicarmi nel presente e nel futuro, che potevo controllare, a differenza del mio passato, che rimaneva un mistero.

Il giorno in cui firmammo le carte del mutuo per la casa di Queen Street fu forse il più convenzionale della mia vita – seduti davanti a un direttore di banca, impegnandoci ufficialmente a 30 anni di rate, un futuro che si estendeva più in là del mio passato conosciuto. La solidità dei documenti, il peso della penna nella mia mano mentre firmavo, i progetti concreti di ristrutturazione – tutto creava l'illusione rassicurante di normalità, permanenza, prevedibilità.

«Casa,» disse il mio partner, mentre giravamo la chiave nella serratura per la prima volta, la sua voce calda di una certezza che io non riuscivo del tutto a condividere. Casa per me era sempre stato un concetto provvisorio, dalle fondamenta sospette. Ma sorrisi e annuii, desiderando disperatamente credere che l'appartenenza potesse essere così semplice – che potesse essere acquistata, costruita, reclamata con la sola forza di volontà. Quella notte, nella stanza vuota della nostra nuova casa, provai un momento di vera pace. I soffitti macchiati d'acqua, la carta da parati scrostata, le assi che scricchiolavano – tutto aspettava la nostra trasformazione, proprio come io attendevo la mia. Forse l'identità funzionava così – non scoperta integra, ma costruita pazientemente, stanza dopo stanza, decisione dopo decisione, relazione dopo relazione. Per la prima volta da quel giorno sull'autobus, sentii i frammenti di me stessa assestarsi in un disegno che forse un giorno sarebbe diventato completo.

Riuscii a malapena a laurearmi. Mi ritrovai sul podio ad accettare il mio diploma, mentre mia madre, il patrigno e il mio ragazzo mi guardavano con orgoglio seduti in auditorium. Un momento fugace di appartenenza, serenità e realizzazione. Ogni nuova impresa – l'amore, la casa, la carriera – era una tessera che poggiavo sopra le crepe, sperando che reggesse.

La speranza fu di breve durata. Sei mesi dopo esserci trasferiti nella nostra fatiscente California Bungalow da ristrutturare, a metà del 1988, lui disse che voleva lasciarmi. Quella notte, seduta da sola sul pavimento in legno semiristrutturato, il mio corpo incapace di muoversi, respiravo a singhiozzi troppo deboli per riempire i polmoni. Lui se ne andò il giorno dopo. Smettei di mangiare, di rispondere al telefono, di aprire le tende.

La casa che avevamo pianificato di ristrutturare divenne la mia caverna – stanze buie coperte da teli impolverati, travi esposte, progetti abbandonati che rispecchiavano la mia incompletezza. Ogni notte, a letto, premevo il palmo contro il petto, cercando di tenere insieme ciò che sentivo potesse rompersi.

Per affrontare la situazione, l'unico modo che conoscevo era l'automedicazione – non trattare i sintomi, ma cercare di intorpidire l'esistenza. I frammenti della mia identità, così accuratamente assemblati, si disperdevano di nuovo, lasciandomi alla ricerca di connessioni capaci di tenermi insieme.

La casa che avevamo comprato insieme – pensata come fondamento – divenne invece un mausoleo dell'appartenenza fallita. Ogni stanza custodiva i fantasmi dei nostri progetti, il giardino che avevamo iniziato era ora infestato da erbacce, i lavori a metà abbandonati nel mezzo della trasformazione. Vagavo per le stanze vuote di notte, toccando i muri che avevamo dipinto insieme, le dita che indugiavano sulle crepe nell'intonaco. A volte ci premevo la fronte contro, sentendo i bordi frastagliati sulla pelle, come se salutassi un volto familiare.

Mesi dopo, «Forse potremmo riprovarci,» suggerì lui, in piedi goffamente nell'ingresso. La speranza che si accese in me fu quasi dolorosa nella sua intensità – per la riconciliazione e la continuità, per la possibilità che almeno una cosa rotta nella mia vita potesse essere riparata.

Ci rimettemmo insieme verso la fine dell'anno. Ma qualcosa era cambiato. Il senso di sicurezza era stato infranto, e la fiducia non tornava facilmente. Ero diffidente – la rottura aveva rafforzato la mia paura più antica: di essere fondamentalmente indegna e non amabile.

Cosa aveva visto – o non visto – mia madre biologica per decidere di abbandonarmi? Cosa aveva visto il mio ragazzo per decidere di lasciarmi? Le domande erano diverse, ma la ferita profonda era la stessa.

A parte le mie esplosioni di rabbia con mia madre e le porte sbattute, ero sempre stata placida, tranquilla, non violenta. Evitavo i conflitti. Se le persone litigavano o alzavano la voce, dovevo uscire dalla stanza. Qualsiasi accenno di violenza alcolica mi metteva in allerta. Risvegliava i vecchi demoni.

Era un pomeriggio rovente nell'estate del 1988–1989. Arrivai nel parcheggio della piscina di Oak Park, la piccola Ford Escort arancione e marrone si fermò con un ronzio sotto il sole accecante di Melbourne.

L'aria umida era satura di cloro e delle urla acute dei bambini nell'acqua. Mi feci strada tra famiglie sdraiate su asciugamani scoloriti, salendo verso il prato superiore dove sapevo che il mio partner mi stava aspettando.
Appena lo vidi, li vidi.
Il mio ragazzo era seduto troppo vicino alla nostra vicina, le ginocchia quasi si toccavano, le teste chine in un'intimità che non apparteneva a loro.
E poi – con la stessa disinvoltura di chi l'avesse fatto mille volte – si voltò e la baciò sulle labbra.
Per un attimo, il mondo rallentò. Il calore del sole sembrò svanire. I colori vivaci degli asciugamani e dei costumi sbiadirono. Tutti gli schizzi e le risate intorno a me si dissolsero in un silenzio spesso e ovattato.
Rimasi immobile, a fissare il sole, incerta se avevo davvero visto ciò che pensavo. Un vuoto si aprì nel petto, come se tutta l'aria mi fosse stata risucchiata.
Poi il calore tornò – vulcanico, inarrestabile.
«Ma che cazzo?» urlai.
Salii infuriata il prato, l'asciugamano stretto in pugno, e glielo lanciai addosso.
«Ma che cazzo sta succedendo?» gridai, le parole mi esplosero dalla gola più forti di qualsiasi cosa avessi mai detto in vita mia. La persona controllata e contenuta che avevo costruito con tanta cura si dissolse, rivelando una rabbia che non sapevo di avere.
Tornai a casa. Presi un martello e distrussi la sua moto pezzo per pezzo, diventando irriconoscibile a me stessa – una sconosciuta nel mio corpo, recitando una distruzione che rifletteva quella subita.
Il suono del vetro infranto sotto il martello rispecchiava la frantumazione che avevo sentito su quell'autobus anni prima – e quella causata dalla violenza di mio padre, frammenti scagliati lontano, irrecuperabili. Distruggendo le sue cose, esprimevo quanto fosse devastante essere rifiutata, scartata, ritenuta sostituibile. All'epoca credevo che rompere i suoi oggetti potesse

riparare ciò che era rotto in me. Ma non fece che disperdere ulteriormente i detriti.

In quel momento di distruzione, diventai qualcuno che a stento riconoscevo – violenta, vendicativa, fuori controllo. La frantumazione non era più solo metaforica; stavo letteralmente mandando in pezzi ogni cosa, come se il mio caos interiore avesse trovato un'espressione perfetta. La bambina adottata, cresciuta con l'obbligo di essere grata, di non lamentarsi, di accettare ciò che le era stato dato, improvvisamente rifiutava tutto. La furia non era solo per il tradimento; era un'eruzione di decenni di domande represse, paure e insicurezze – la rabbia primordiale di una bambina a cui era stato detto che le sue origini non contavano, le sue domande non erano benvenute, la sua identità non le apparteneva.

Giorni di hockey

In seguito alla seconda rottura, continuai a trascinarmi nel mio corso universitario, molto più coinvolta nella comunità che avevo trovato che nei contenuti accademici. L'hockey non era solo uno sport; era la mia unica salvezza. In campo, l'identità era semplice: ero un attaccante, una realizzatrice di goal, una compagna di squadra. Le regole erano chiare, i confini segnati. Il soddisfacente colpo secco del bastone sulla pallina creava una certezza fisica che nella mia vita mancava.

Ogni corsa sul campo, i polmoni in fiamme, i muscoli tesi, mi ancorava al presente immediato – nessun passato da interrogare, nessun futuro da temere, solo la palla, il goal e la prossima mossa. I lividi sugli stinchi, i calli sui palmi, il sudore che impregnava la divisa – erano prove concrete della mia esistenza, segni innegabili di presenza in un mondo dove altrimenti mi sentivo come un fantasma.

La spirale discendente iniziata il giorno in cui scesi dall'autobus stava prendendo slancio.

Il mio caveau del trauma era pieno fino a scoppiare.

Lo annegavo nell'alcol e nella marijuana, mentre stremavo il corpo con allenamenti eccessivi – lo sforzo fisico come valvola di sfogo per ferite psicologiche che non riuscivo a gestire.
Correvo più veloce e più spesso. Ero sempre più ossessionata dall'hockey. Giocavo nei campionati estivi e invernali e nell'hockey misto. Spingere il mio corpo ai limiti fisici era un modo per fuggire dai miei demoni, per scappare temporaneamente dalle domande che mi perseguitavano. Se fossi riuscita a muovermi abbastanza in fretta, forse i frammenti non avrebbero avuto il tempo di separarsi ulteriormente. Potevo tenermi insieme. Le corse nei miei sogni mi perseguitavano ancora – quel senso di essere inseguita da qualcosa che non riuscivo a nominare, da cui non riuscivo a scappare.
Era il 1989, avevo ormai 25 anni. Non sentivo ancora il bisogno profondo di cercare mia madre biologica. Era successo troppo. Troppe distrazioni dal mistero centrale della mia esistenza – o forse proprio quelle distrazioni erano il punto: modi per evitare di affrontare ciò che avrei potuto scoprire guardando troppo da vicino le mie origini.
In piedi sul nostro portico, dopo l'ennesima conversazione difficile con il mio ex – che stava andando via per la seconda e definitiva volta – ebbi una realizzazione schiacciante: avevo cercato di ricreare una famiglia attraverso il rapporto romantico, cercando in lui un centro stabile che non ero riuscita a trovare in me stessa. La casa che avevamo comprato insieme, il giardino che avevo piantato, il futuro che avevo pianificato – tutti tentativi di costruire qualcosa di permanente per controbilanciare l'impermanenza che sentivo dentro. Non ero ancora pronta per un tale compito.
Mentre lui si allontanava in macchina lungo Queen Street, rimasi sul portico stringendomi tra le braccia. L'aria della sera portava l'odore del barbecue del vicino, la vita di qualcun altro che proseguiva con ordinaria certezza mentre la mia si sbriciolava.
Un cane abbaiava in lontananza, il traffico ronzava su Moreland Road, le foglie frusciavano nel cortile anteriore – il mondo

continuava il suo ritmo nonostante la mia frattura. Il gradino di cemento sotto di me sembrava solido ma temporaneo, né appartenente alla casa né alla strada, ma a quello spazio intermedio – proprio dove esistevo io ora.

La casa era ora solo mia, una tela bianca su cui potevo continuare i miei tentativi incerti di costruire un'identità. Ma il silenzio che mi accolse quando finalmente entrai suggeriva che la vera integrazione non sarebbe venuta da disposizioni esterne, per quanto ben pianificate.

Ebbi alcune relazioni con altri uomini. Nessuno era materiale da padre o da «vissero felici e contenti». Continuavo a collezionare frammenti di connessione – ogni relazione prometteva interezza, ma offriva solo un'illusione temporanea di appartenenza.

Nonostante mi sentissi persa, i miei vent'anni furono tra i più felici della mia vita adulta. Trovai un gruppo che sembrava una famiglia – condividevamo pasti, risate, e quel tipo di lealtà spontanea che avevo sempre desiderato. Tutti i miei amici completarono i loro studi universitari e trovarono lavori stabili e professionali, mentre io continuavo a fluttuare senza meta da un impiego all'altro. Tra un lavoro di laboratorio e l'altro, fui manager allo State Hockey Centre, tecnico per il controllo non distruttivo dell'acciaio con isotopi radioattivi, e corriere, sempre alla deriva, alla ricerca di un'identità professionale che risuonasse con me.

Vari coinquilini andavano e venivano dalla mia casa. Tante feste di hockey alcoliche si svolgevano a Queen Street.

Ma sotto l'apparente spensieratezza, le domande sulle mie origini continuavano a ribollire. Senza una base solida di identità biologica, stavo costruendo la mia vita su sabbie mobili. Più invecchiavo, più mi chiedevo delle mie origini biologiche – quei pezzi mancanti che mi avrebbero riportata all'inizio.

I miei vari lavori, relazioni e cerchie sociali erano tentativi di creare significato e connessione in assenza di origini – costruire un'identità dai frammenti che potevo trovare o creare, piuttosto che dall'eredità biologica e culturale che era stata recisa alla nascita. Come un artista del mosaico senza uno schema da seguire, mettevo pezzi uno accanto all'altro, sperando che un giorno rivelassero un'immagine coerente. Quell'immagine rimaneva sfuggente, ma la ricerca – anche se temporaneamente sospesa – era tutt'altro che finita.

Alla fine degli anni '80, mi trovavo a un bivio – alle mie spalle, una scia di traumi infantili, relazioni infrante e successi fugaci. Davanti a me, nuove sfide, nuovi frammenti da raccogliere, e l'inevitabile ricerca delle mie radici biologiche.

La base che avevo costruito – istruzione, amicizie, identità sportiva – si sarebbe rivelata vitale quando finalmente sarei tornata alla domanda che aveva dato inizio a tutto: *Chi sono, davvero?*

La risposta viveva non solo in ciò che avevo raccolto, ma negli spazi vuoti – dove niente, e tutto, rimaneva.

Interludio I
Lacuna

C'è una quiete, antica,
sangue cucito dal DNA.
L'ho attraversata –
il tradimento dei documenti timbrati,
i sussurri intorno a un tavolo da cucina,
il silenzio assordante di un diritto di nascita, un nome.
In questo spazio,
ho prestato attenzione alle parole mancanti –
tra la madre e la non-madre –
decifrando il linguaggio del dolore
trasmesso nei sogni e nei silenzi.
La lacuna non mi ha uccisa –
mi ha resa più forte.
Si rivela nel mio parlare,
cammina nella mia ombra,
il suo silenzio nella mia discendenza.

PARTE

II

Le

madri

–

Dispersione

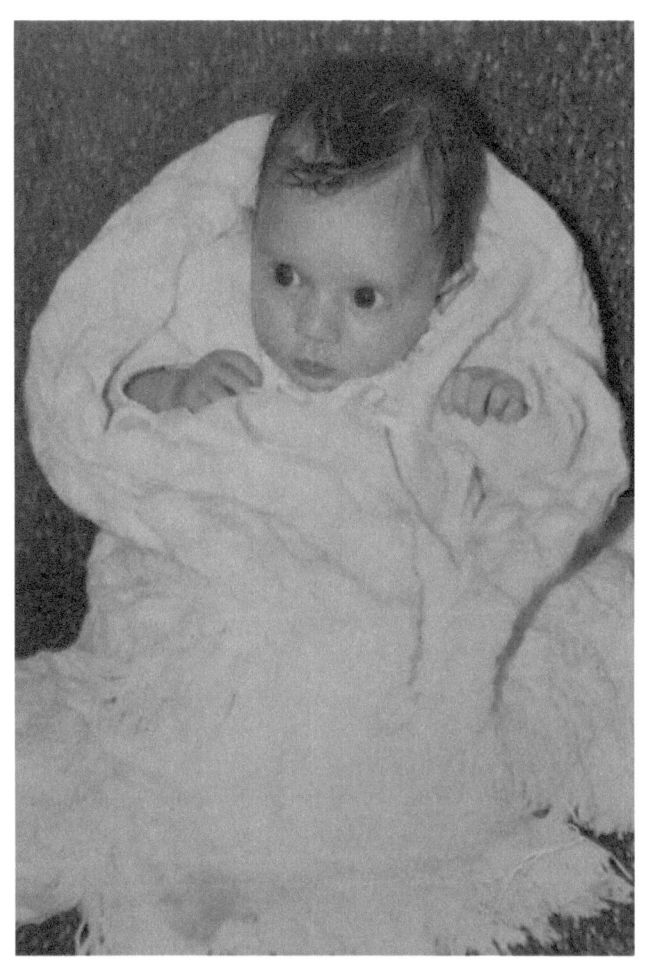

*La mia prima foto da neonata
(5 settembre 1964).*

9

26 - 'Giuseppe' (1990)

Ciò che è nascosto, lascia sempre una traccia.

Nel 1984, mentre Reagan rimodellava l'America, la crisi dell'AIDS devastava le comunità e l'Australia si avviava verso la deregolamentazione economica, una rivoluzione più silenziosa si stava svolgendo nella politica adottiva. Emergevano prove dei danni causati dalle adozioni chiuse – ferite psicologiche alimentate da segretezza e separazione. Gli studi documentavano tassi più alti di ansia, abuso di sostanze, depressione, disturbi dell'attaccamento e dell'identità tra gli adottati a cui era stata negata la conoscenza delle proprie origini. Questa ricerca, insieme a movimenti sociali più ampi che enfatizzavano la trasparenza e i diritti individuali, cominciò lentamente a orientare le priorità legislative. Mentre l'album *Thriller* di Michael Jackson dominava le classifiche australiane, le leggi adottive in Victoria cambiarono con l'introduzione dell'Adoption Act – una legislazione che mi avrebbe finalmente dato accesso alla mia vera identità e alle mie origini.

Una sera, dopo cena, A Current Affair era in TV. Mike Willesee, sullo schermo illuminato dolcemente, parlava di una rivoluzione sociale. Gli adottati potevano accedere legalmente ai loro veri certificati di nascita. Mi sentii sollevata che mia Madre, seduta con me nel nostro salotto barocco, non capisse l'inglese. La cugina di mia Madre era in visita. Sua figlia stava guardando la TV con me. Dopo l'annuncio di Willesee, disse: «Se fossi io, non vorrei vedere il mio vero certificato di nascita». Sapeva, come tutti, che ero adottata. Guardai la TV e non dissi nulla. La familiare bruciante calura della vergogna mi salì al viso. Quella notte, mentre riflettevo sul significato del cambiamento legislativo, una tempesta di emozioni contrastanti mi salì al petto. Speranza. Paura. Poi di nuovo il silenzio.

Le sbarre d'acciaio che mi avevano tenuta lontana dalle mie origini si stavano dissolvendo legalmente, ma io restavo paralizzata, incapace di attraversare la porta finalmente aperta. Per anni passai davanti agli edifici governativi che custodivano i miei documenti di nascita, rallentando inconsciamente prima di accelerare, pensando: *Non oggi. Non sono pronta.*

Il mio percorso personale si incrociava con questo punto di svolta storico, la mia ricerca resa possibile da battaglie collettive e una crescente consapevolezza sociale. I documenti sigillati che avevano nascosto le mie origini si stavano aprendo, per me e per decine di migliaia di altri le cui identità erano state spezzate da pratiche istituzionali ora messe in discussione. Cambiamenti fondamentali mi riguardavano da vicino. Potevo ora accedere al mio vero certificato di nascita, non modificato, e ai documenti adottivi associati.

Quando tenni tra le mani il mio certificato di nascita per la prima volta. Il singolo, brutale timbro – «**ADOTTATA**» – cercava di spezzare il sangue con l'inchiostro. Incarna la crudele certezza dell'epoca – che un taglio netto fosse possibile, la teoria su cui si basavano le adozioni chiuse, secondo la quale, senza grandi prove, l'ambiente potesse cancellare completamente la genetica, e che il legame con la mia madre biologica potesse essere reciso tanto nettamente quanto suggeriva questo documento. Gli stessi burocrati che avevano dichiarato donne come lei «inadatte» a essere madri, avevano costruito questa realtà cartacea per sostituire quella biologica, la loro certezza dattiloscritta ignorando le emozioni umane sottostanti. Sostenevano, insieme alla Chiesa cattolica, che «le coppie bianche sposate erano considerate l'unità familiare ideale.» Qualsiasi coppia bianca sposata era ritenuta più idonea ad essere genitore rispetto a una giovane donna non sposata. Con evidenza contraria, il periodo post-1984 portò a quella che oggi è conosciuta come «l'era aperta dell'adozione». Cioè, in Australia, i documenti di nascita non sono più sigillati.

Un certificato di nascita è il nostro primo documento legale, utilizzato per ottenere molti altri documenti: patente, passaporto, tessera sanitaria, certificato di matrimonio, conti bancari, carte di credito. Un certificato di nascita elenca i nomi dei nostri genitori e ci collega al nostro DNA, patrimonio culturale, etnia, storia familiare e medica. Il mio era una falsità. Mi era stata negata questa conoscenza fondamentale.

Non riesco ancora a comprendere come interi sistemi – tribunali, ospedali, chiese, società – abbiano potuto cospirare per separare i bambini dai loro genitori naturali, recidendo i legami con il patrimonio culturale ed etnico, negando informazioni biologiche o mediche rilevanti, e affidando neonati innocenti a perfetti sconosciuti. Sconosciuti che non erano stati adeguatamente valutati per la loro stabilità mentale o capacità genitoriale. E per negare a quei bambini le verità fondamentali su come erano venuti al mondo, e chi fossero i loro veri genitori biologici.

Chi aveva inventato queste regole distorte?

Sono stata fortunata a vivere in un'epoca in cui la legge che regolava queste questioni è cambiata. Non così fortunati i decine di migliaia di adottati che sono morti prima del 1984, senza sapere di essere stati adottati o senza riuscire a rintracciare i propri genitori biologici, se lo desideravano. In alcune parti del mondo, nel 2025, queste leggi non sono ancora cambiate, e i certificati di nascita reali e i documenti di adozione rimangono ancora sigillati.

Per i sei anni precedenti, dal 1984, ero stata troppo impegnata a iniziare l'università, avere relazioni, uscire con amici, lavorare o giocare a hockey. O almeno così pensavo e dicevo a me stessa. Forse ciò che avevo davvero trovato era un rifugio temporaneo –

un'identità e un senso di appartenenza tra i miei coetanei universitari e compagni di squadra, che mi permetteva di rimandare l'affrontare le domande più fondamentali.
Avevo terminato l'università, comprato una casa, avuto una relazione, e ora mi ero lasciata con l'amore della mia vita.
Ero a un punto morto.
Dove stavo andando nella vita? Cosa stavo facendo?
Avevo 26 anni e molti dei miei amici australiani avevano trovato un partner. Alcuni avevano figli e stavano mettendo su famiglia. Stavo ancora lottando con la mia sessualità, aggravata da tutte le altre mie lotte. Era un periodo ancora più difficile per essere gay negli anni '80 rispetto al passato. Gli insulti omofobi erano all'ordine del giorno nella società australiana: finocchi, gay, culi molli, lesbiche, streghe, mangiatrici di tappeti. L'Australia, come il resto del mondo, era largamente bigotta e anti-gay. L'epidemia di HIV/AIDS incombeva. Colpiva soprattutto gli uomini gay, dando agli omofobi ulteriori motivi per esserlo. In Australia avevamo la sinistra pubblicità dei «Grim Reapers» in TV per promuovere pratiche sessuali sicure e mettere in guardia contro i pericoli dell'HIV. Le aggressioni ai gay erano ancora più accettate.
Non avevo bisogno di attirare ulteriore attenzione su di me. Portavo già abbastanza vergogna.
La mia educazione cattolica mi ricordava inoltre che l'omosessualità era un''abominazione'.
La Bibbia diceva qualcosa sulle donne che stavano con altre donne?
Quanto altro avrei potuto gravare su mia Madre e sulla mia famiglia allargata?
Volevo giocare a hockey a un livello più alto, così mi trasferii all'Essendon Hockey Club all'inizio del 1990. Giocavo nel District 1, all'epoca la seconda divisione sotto la League 1.
Era l'inizio degli anni '90, ma l'attrazione per persone dello stesso sesso era ancora un tabù sociale. Si sussurrava delle lesbiche nel mio nuovo club di hockey. Pochi personaggi famosi

erano dichiaratamente gay. Gay e lesbiche nei film, in TV e nella letteratura precedente venivano rappresentati come solitari, mentalmente disturbati, malvagi o peccatori. Non c'erano persone apertamente gay nella mia scuola, nel mio quartiere, nei miei ambienti di lavoro o nel mio gruppo di amici. Mi consideravo bisessuale, e lo faccio ancora, ma ora uso il termine «gay» per riferirmi a me stessa, per evitare conversazioni ignoranti sulla fluidità o la natura binaria della sessualità. Ero gay, adottata, e figlia di un alcolista violento. Avevo fatto il pieno: vergogna, vergogna e ancora vergogna.

All'EHC incontrai le prime coppie lesbiche. Mi sentivo a disagio e provavo un'inspiegabile vergogna in loro presenza. Volevo fuggire da loro. La vergogna era uno stato associato a troppi ricordi spiacevoli. Volevo solo essere «normale». Invece, la mia vita era una serie infinita di eventi traumatici e mi sentivo tutt'altro che normale.

Poi, mi trovai coinvolta con una giocatrice di hockey giovane, precoce, bionda, formosa e attraente. Lei, insieme alle lesbiche nella mia squadra, risvegliò ciò che era rimasto dormiente per nove anni. Fu una relazione ben nascosta ma breve. Fu durante questo periodo turbolento che decisi di cercare la mia vera madre.

Poco dopo essere scesa da quell'autobus nel 1980, avevo cercato la mia vera identità. Chiamai Jigsaw, un'organizzazione che aiutava gli adottati a rintracciare i loro genitori naturali. Era ancora il periodo pre-internet. Li trovai sull'elenco telefonico. Con mia frustrazione, dovevo avere 18 anni per iniziare la mia ricerca. Con rassegnazione, misi da parte la ricerca delle mie radici biologiche. Quando compii 18 anni, sapevo che sarebbe stato difficile rintracciare mia madre naturale, dato che non avevo accesso al mio vero certificato di nascita. Forse, per evitare delusioni, non mi impegnai mai a iniziare quella difficile e dolorosa ricerca.

Dopo i cambiamenti legali del 1984, se affronto la verità nuda e cruda, non furono le distrazioni della vita a trattenermi dal cercare la mia vera madre – fu il peso soffocante del possibile rifiuto. La mia autostima e il mio valore erano troppo fragili. Avevo accumulato anni di dubbi, ansie, paure, procrastinazioni, e di finzioni.

A volte i «E se…» prendono il sopravvento e ci impediscono di raggiungere il nostro pieno potenziale. A volte crediamo che questi scenari immaginari siano reali. Più reali della realtà stessa. Ne avevo immaginati molti nella mia mente.

E se fosse morta? O in un altro stato? O all'estero? E se non riuscissi a rintracciarla? E se non volesse vedermi? E se fosse un'alcolizzata, una prostituta? O una criminale? E se fossi il frutto di un incesto o di uno stupro?

Gli «E se…» mi paralizzavano.

Gli «E se…» esistono solo nelle nostre menti. Occasionalmente si realizzano, ma non lo sapremo finché non usciremo dalla nostra zona di comfort.

E se superassi le paure, i dubbi? E se corressi il rischio e scoprissi la verità? Da qualche parte dentro di me trovai il coraggio. Forse ora ero mentalmente più forte per affrontare un eventuale rifiuto.

Qual era la natura della mia identità? Qual era la mia nazionalità? I miei genitori naturali erano vivi? Erano sposati? Avevano avuto altri figli?

Avevo fratelli o sorelle? Perché ero stata adottata?

Queste domande riaffioravano nella mia mente nel corso degli anni. In risposta, immaginavo che la mia 'vera' madre fosse giovane e non sposata quando rimase incinta di me, nel settembre o ottobre del 1963. Anche se gli atteggiamenti sono cambiati, negli anni '90 essere incinta e single era ancora a malapena accettato nella società australiana. Immaginavo che negli anni '60, la morte potesse sembrare un'opzione più favorevole, specialmente per una giovane ragazza cattolica italiana, piuttosto che essere single e incinta.

Una simile situazione avrebbe portato grande vergogna sulla sua famiglia. Gli italiani di quell'epoca, e forse ancora oggi, tenevano

molto alla reputazione e all'esibizione della bella figura. Quasi un mantra. Secondo La Gazzetta Italiana, luglio 2019, la bella figura significa fare una buona impressione. Apparire bene a ogni costo. Una parte essenziale della cultura italiana, che va oltre l'aspetto estetico: rappresenta dignità, ospitalità, cortesia, cordialità e generosità. Buone maniere e buon comportamento. Non si vorrebbe essere mal' educato (maleducato, incivile o scortese). Bisogna dimostrare rispetto per sé stessi e decoro. Infrangere le regole significava fare una mala figura (una brutta figura).
Nel cercare la mia vera identità, le mie radici biologiche, queste erano regole e concetti superficiali con cui ho dovuto confrontarmi e contro cui ho lottato per tutta la vita. Non volevo importarmene di ciò che pensavano gli altri di me, figlia illegittima, bastarda. Non volevo che questo modo di pensare interferisse o ostacolasse la mia ricerca per essere me stessa in modo autentico. A prescindere da quanto fosse difficile e solitario, a volte. Il concetto di bella figura sembra ancora più forte nelle mentalità da piccolo paese, dove tutti sanno i fatti degli altri. Anche se i paesi italiani si sono ormai diffusi in tutto il mondo, fare una buona impressione resta fondamentale.
Gli italiani possono essere incredibilmente diretti, anche scortesi, riguardo all'aspetto di una persona. Inevitabilmente, ho interiorizzato alcuni aspetti della bella figura, ma non si sono mai estesi a una preoccupazione eccessiva per il mio aspetto esteriore, né mi sono comportata con insensibilità verso gli altri. L'altro motivo che forse mi aveva trattenuta dal cercare la mia vera madre era un profondo senso di slealtà nei confronti dei miei genitori adottivi. La mia curiosità mi faceva sentire in colpa e divisa. Quando gli amici mi chiedevano se avevo provato a rintracciarla, rispondevo di no. Senza sapere davvero perché. Qualsiasi accenno a sentimenti negativi veniva subito represso e spinto nel solito scatolone stracolmo, sepolto nel profondo.
La paura del rifiuto era troppo grande. Sapevo che non potevo semplicemente entrare nella vita della mia vera madre, così

come lei non poteva entrare nella mia.
Cosa avrebbe portato davvero una riunione?
All'inizio del 1990 trovai finalmente il coraggio di compilare i moduli per richiedere l'accesso al mio vero certificato di nascita. Per quasi un decennio, da quando avevo scoperto di essere stata adottata, avevo portato con me il peso silenzioso del non sapere. Ora, finalmente, ero pronta ad affrontare qualsiasi verità mi aspettasse.
Sigillando la busta bianca e infilandola nella cassetta rossa delle lettere, la mia mano tremava leggermente. *Cosa avrei scoperto? La conoscenza avrebbe curato, o aperto ferite nuove?*
L'incertezza mi stringeva lo stomaco, ma il bisogno disperato di sapere superava la paura. Era il primo passo concreto compiuto da quel giorno sull'autobus, dieci anni prima – la prima scelta consapevole di cercare la verità invece che nascondermici.
Ricevetti presto una lettera dai Community Services Victoria datata 20 marzo 1990, che confermava la ricezione della mia domanda e mi assegnava un numero di registrazione. La lettera spiegava che avrei dovuto partecipare a un colloquio, come previsto dall'Adoption Act 1984, con la possibilità di scegliere tra sessioni individuali o di gruppo. Sottolineava che gli adottati potevano ricevere informazioni utili per cercare le parti coinvolte nella loro adozione, mentre i genitori naturali e i parenti sarebbero stati assistiti dal Servizio Informazioni sulle Adozioni.
Le settimane di attesa sembravano interminabili. Alternavo immaginazioni ossessive su cosa avrei potuto scoprire a tentativi deliberati di distrarmi con il lavoro e l'hockey. I miei sogni diventavano vividi, popolati da volti senza nome e voci lontane. Quando la data del colloquio di gruppo si avvicinò, cercai di prepararmi mentalmente – o almeno ci provai. *Ma come può davvero prepararsi qualcuno all'incontro con la verità sulle proprie origini?*
La prospettiva di stringere finalmente tra le mani il mio vero certificato di nascita mi riempiva in egual misura di terrore e desiderio. *Quale nome mi era stato dato alla nascita? Chi era la*

donna che mi aveva portata in grembo per nove mesi? Mi somigliava? Pensava a me? E, forse più importante di tutto, chi era mio padre?

Il giorno stabilito di giugno, mi vestii con cura – come se il mio aspetto potesse in qualche modo influenzare ciò che stavo per scoprire. Il colloquio di gruppo si svolse in un edificio governativo anonimo nel centro di Melbourne. Ero seduta con un facilitatore e altri dieci sconosciuti – altri adottati e alcune madri naturali – ognuno con storie che riflettevano aspetti della mia. Ascoltammo racconti di adottati che avevano rintracciato le loro madri solo per essere respinti. Altri che avevano scoperto che le loro madri erano alcolizzate o vivevano in povertà. Storie di ricongiungimenti riusciti e connessioni curative. Ascoltavo con attenzione, cercando indizi sul mio possibile futuro attraverso le esperienze altrui.

Alla fine della sessione, stringendo la busta gialla formato A4 che conteneva il mio certificato di nascita e i documenti di adozione, mi sentivo stranamente calma. Il momento che avevo tanto temuto quanto desiderato era arrivato. Mi sedetti in silenzio e, con un leggero tremito, aprii lentamente la busta, senza riuscire a credere che presto avrei conosciuto il nome della mia vera madre.

I miei occhi scorrevano i documenti, inizialmente sorvolando la maggior parte dei dettagli per trovare quel nome e quei frammenti mancanti che avrebbero cambiato tutto. Eccolo – il mio vero certificato di nascita – con la dicitura «ADOTTATA» impressa in lettere maiuscole e in grassetto: N. 38179/64. Nata il 25 luglio 1964, a Carlton. Anna Zunica; County Court Melbourne 30.8.65. era scritto a mano nello spazio accanto ai dati del padre; Nome della madre: ▓▓▓▓▓▓ ZUNICA; 18 anni; Nata in Italia; Indirizzo: ▓▓▓▓▓▓ Hawthorn; Registrata il 31 luglio 1964, a Melbourne.

Quando vidi «Anna Zunica» stampato in modo netto, l'inchiostro sulla carta mi annebbiò la vista. Fu un momento di rivendicazione – una silenziosa resurrezione di un'identità sepolta. Mi divisi di nuovo: nella persona che ero e in quella che avrei potuto essere.

Il mio corpo tremava di fronte alla grandezza di quella minuscola scritta. Qualcosa di così piccolo, così sottile, inclinò l'asse del mio mondo.

Continuai a leggere: mia madre era nata a Eboli, in Italia. Sono almeno per metà italiana.

Lessi che ero nata alle 11:40 del mattino, pesavo 2,89 kg e che il travaglio di mia madre era durato 32 ore. Aveva ricevuto cure prenatali a partire dalla 33ª settimana di gestazione – forse un codice per dire che era stata messa in una casa per madri nubili. Fui ricoverata al St Joseph's Foundling Hospital nove giorni dopo la nascita, battezzata due volte, e sei settimane dopo – il 5 settembre 1964 – consegnata ai miei genitori adottivi, che diventarono i miei genitori legali nel marzo successivo.

Per oltre 30 giorni, fui orfana – sdraiata in una culla tra altri bambini che piangevano, in attesa del profumo, della voce, del battito cardiaco che conoscevo. Un riconoscimento formatosi nel grembo. Un attaccamento primordiale – innato, incarnato e preverbale.

Gli studi dimostrano che quando i neonati vengono separati violentemente dalle madri, il trauma si registra nel corpo – gli ormoni dello stress inondano il flusso sanguigno. Mia madre aveva vissuto stress durante la gravidanza: io ho subito la separazione nel momento più vulnerabile – subito dopo la nascita.

Anche in assenza di memoria, il corpo può trattenere il desiderio di quella connessione originaria – un dolore preverbale, un'agonia cellulare.

Appresi altri dettagli su mia madre – ▓▓▓▓▓ Zunica. Era una sarta proveniente da una famiglia numerosa – la quarta più giovane di sette fratelli e cinque sorelle. I suoi genitori erano Luigi Zunica, un macellaio cattolico di 55 anni, e Marianna Castiglia, di 54. I documenti indicavano che mia madre naturale era alta circa un metro e mezzo, con capelli scuri, occhi marroni e

«intelligenza nella media». «Sembra certa dell'adozione».
E poi, la prima menzione di mio padre:
«P. F. 5' 7" capelli scuri. Occhi nocciola. 26 anni italiano, celibe. Ha una quota nell'attività del padre. Sapeva del bambino. Ha deciso di non sposarsi. In buona salute.»
Mio padre era italiano. Aveva un'attività. Aveva capelli scuri e occhi nocciola. Aveva 26 anni quando fui concepita. Ma non c'era nessun nome – solo cinque fili fragili a collegarmi a lui.
Fui affidata alle cure del St Joseph's Foundling Hospital, lo stesso edificio del Geoghegan College, dove avevo frequentato il liceo. Alzai lo sguardo e notai le travi e l'intonaco che mi circondavano. Il soffitto alto e la grande rosetta decorata. Le stesse pareti colorate della vecchia mansionette, che avevo sempre sentito come custode di segreti. La mia mente tornò indietro nel tempo...

Il misterioso vecchio istituto (1981–1982)

Il vecchio edificio in stile mansionette – con i suoi muri di mattoni rossi – custodiva segreti più intimi di quanto potessi immaginare. Il Geoghegan College di Broadmeadows non era stato solo un altro liceo superiore; era un archivio vivente della mia stessa storia dimenticata. La sua stessa architettura era un palinsesto di infanzie abbandonate e memorie istituzionali.
Un punto d'incontro inquietante tra il mio passato e il mio presente. L'imponente edificio in mattoni rossi incombeva su di me, con muri che sembravano pulsare di storie non dette, più profonde della malta e della pietra. Ogni passo che avevo fatto nel suo cortile era come camminare attraverso strati della mia stessa esistenza dimenticata – un sito archeologico vivente di ricordi ancora da scavare.
Il mio corpo portava una conoscenza che la mente cosciente non riusciva ancora a comprendere – una memoria cellulare incisa nel mio essere. Ogni volta che mi avvicinavo all'edificio, venivo sopraffatta da una risposta fisica inspiegabile – un nodo al petto, un leggero capogiro che avevo sempre attribuito all'ansia

adolescenziale. Ma ora capivo. Era una memoria cellulare, un'eredità corporea di un luogo che mi aveva cullata nei miei momenti più vulnerabili.

Sul lato destro, grandi finestre a golfo color crema scintillavano con storie non dette, i loro vetri riflettevano e rifrangevano la luce come la memoria stessa – frammentata, effimera, eppure inquietantemente presente. Un elaborato balcone di metallo traforato circondava la veranda, ricordando le delicate vie neurali della memoria, ogni ricciolo e svolta una connessione in attesa di essere compresa.

Sotto la facciata architettonica, pulsava una ferita storica profonda – l'eredità della violenza istituzionale contro i più vulnerabili.

La Chiesa Cattolica aveva fondato lo St Joseph's Foundling Hospital nel 1901, noto in seguito come il Broadmeadows Babies Home. Erano edifici, cattedrali del nascondimento – architetture progettate per assorbire la vergogna, per trasformare la vulnerabilità umana in silenzio istituzionale. Ogni mattone, ogni corridoio racchiudeva storie di madri separate dai figli, di neonati resi invisibili dal giudizio sociale.

In una lettera al *The Age*, l'allora arcivescovo descriveva l'orfanotrofio come creato «per assistere giovani donne traviate ma spesso innocenti e i loro ‹figli illegittimi›» una violenza linguistica che trasformava la complessità umana in cancellazione legale, riducendo esseri viventi a note a piè di pagina burocratiche.

Mi fermavo sulla grande scalinata tra una lezione e l'altra, le dita che accarezzavano la ringhiera decorata, provando un senso inspiegabile di déjà vu che trascendeva la comprensione razionale. Il legno freddo sotto le dita adolescenziali forse aveva già sentito le stesse piccole mani che un tempo erano le mie – un anello di contatto inquietante attraverso il tempo.

Era un luogo dove le madri nubili potevano nascondere il loro «stigma e vergogna». Dopo il parto e l'abbandono dei figli, queste donne potevano tornare a vivere una vita «rispettabile».

La rispettabilità – la più insidiosa delle valute sociali – si acquistava al prezzo di un trauma da separazione, di un lutto materno e dell'identità infantile.

Prima degli anni '70, avere un figlio illegittimo era un peccato capitale contro la morale sociale. Le madri venivano trattate con una crudeltà indicibile: nascoste alla società, drogate durante il parto, private dell'anestesia, costrette a firmare i documenti di adozione, e i loro figli venivano strappati loro immediatamente.

Il trauma iniziale della separazione spezzava il legame primordiale madre-bambino – una ferita così profonda da riverberare per generazioni, un urlo silenzioso codificato nella memoria cellulare.

Alcune madri furono violentate, rimandate a casa senza i loro bambini, per sempre ridotte al silenzio, il loro dolore e la vergogna sepolti nel profondo. Veniva detto loro di dimenticare i figli – madri indegne, dichiarava un sistema che privilegiava l'apparenza sociale alla compassione.

Queste non erano semplici pratiche istituzionali – erano violenze sistemiche barbare, una patologia sociale collettiva del tempo che trasformava la vulnerabilità umana in procedura burocratica.

Camminando in quei corridoi decenni dopo, ero al tempo stesso studentessa e archeologa – ogni passo uno scavo delicato della mia storia frammentata, ogni respiro una possibile rivelazione. L'edificio che un tempo mi aveva accolta nello stato più vulnerabile ora si ergeva come testimone silenzioso di infanzie rubate e spezzate, della profonda violenza della «cura» istituzionale.

In quella mansionette, non ero una semplice studentessa di passaggio – ero un artefatto vivente – una sopravvissuta di un sistema che pensava di poter cancellare l'identità semplicemente cambiando un certificato di nascita.

Le mura del Geoghegan College avevano assistito ai miei primi giorni, accolto i miei primi respiri, elaborato la mia prima separazione. E ora, mi restituivano sussurri – non con parole,

ma con il peso di storie mai riconosciute, con la testimonianza silenziosa di legami spezzati e segreti istituzionali...
I documenti continuavano, descrivendo i miei genitori adottivi. Michelina, che non parlava bene inglese, e Sebastiano, un manovale alla Federal Springs. Entrambi avevano solo quattro anni di scolarizzazione. Una valutazione scritta del Reverendo Padre Mulligan di Hadfield affermava che 'non sono molto conosciuti ma li ha visti diverse volte alla Messa. Contribuivano regolarmente al fondo delle offerte sacrificali a Glenroy quando erano in parrocchia. Sembrano essere buoni cattolici italiani.'
Le note della visita domiciliare erano altrettanto scarne: 'Due camere da letto, ma spoglie e arredate in tipico stile italiano. Il cognato ha fatto da interprete... La difficoltà linguistica ha reso difficile dare una valutazione veritiera. Tuttavia, sembrano uniti nel loro amore per i bambini. Potrebbero aver bisogno di supervisione futura.'
Una nota di follow-up del 14 febbraio 1965 mi descriveva come una 'brava bambina felice' che pesava 17 libbre, che 'mangia di tutto, anche gli spaghetti' e che aveva 'gli immancabili orecchini.' Lo stereotipo culturale casuale rivelato in quest'ultimo commento mi fece trasalire – un promemoria di quanto fossero visti diversamente le famiglie italiane.
Con il mio certificato di nascita e i documenti di adozione in mano, mi trovavo a un bivio. *Avrei continuato la ricerca, o avrei lasciato che il passato rimanesse passato?*
Il nome ████████ Zunica mi chiamava.
Potevo trovarla? Dovevo?
Avevo letto storie di ricongiungimenti finiti male – madri che rifiutavano il contatto, che non avevano mai detto alle loro famiglie dei figli abbandonati, che reagivano con rabbia o paura invece che con gioia. Il potenziale per un rifiuto rinnovato incombeva.
Ma il bisogno di sapere – di vedere un volto che potesse somigliare al mio, di sentire una voce che potesse spiegare i misteri della mia stessa natura – era troppo potente da ignorare.

Nonostante tremassi per l'incertezza, decisi di proseguire nella mia ricerca.

Mi recai all'edificio di Births, Deaths and Marriages, che allora si trovava vicino al Vic Market, per cercare il certificato di matrimonio di mia madre biologica. All'interno della bellissima struttura in pietra blu, mi indirizzarono in una sala piena di enormi volumi rilegati in pelle, coperti di polvere. Salendo i gradini di legno, i miei passi risuonavano nella camera vuota a ogni piano. Trovai quello etichettato con la lettera «Z» e lo sfogliai fino alla fine, le particelle di polvere danzavano nella luce del pomeriggio. Cercai Zunica, poi il nome di mia madre biologica.

Trovare il certificato di matrimonio non fu difficile. Si era sposata nel 1965, presso la chiesa dell'Immacolata Concezione a Hawthorn, quasi dieci mesi dopo la mia nascita. L'ironia del nome della chiesa non mi sfuggì – non c'era stato nulla di immacolato nella mia concezione. Suo padre risultava nato a Eboli, Napoli. Altri dettagli coincidevano con quelli presenti sul mio certificato di nascita.

Ottenni una copia del certificato di matrimonio e poi cercai l'indirizzo nei registri elettorali. Infine, controllai sulle Pagine Bianche. Solo alcune voci con il suo cognome da sposata, Schifforo, apparivano – una sola in un sobborgo periferico di Melbourne. All'epoca, era un processo di indagine semplice e diretto – qualcosa che oggi sarebbe quasi impossibile con leggi sulla privacy più rigide.

Mentre fissavo il numero di telefono, il cuore mi batteva forte. Dopo anni di incertezza, ero a una sola telefonata dal possibile contatto. Il pensiero mi paralizzava. *Cosa avrei detto? 'Ciao, sono la figlia che hai dato via?' Come avrebbe reagito? Avrebbe riattaccato? Negato tutto? Sarebbe crollata?*

Troppo impaurita per fare la chiamata da sola, coinvolsi la mia amica Bee. Una sera tranquilla, a casa sua mentre i suoi genitori erano al lavoro, escogitammo una semplice copertura: si sarebbe finta una studentessa universitaria che conduceva un sondaggio

e avrebbe chiesto di Ursula per nome. Se avesse risposto la persona giusta, avremmo avuto conferma.
La mia amica compose il numero. Rispose una voce femminile. La mia amica iniziò con le domande preparate del sondaggio. La donna rispose normalmente, ignara del vero scopo della chiamata. Dopo la chiamata, ci fissammo in silenzio, incredule.
Il giorno seguente, con rinnovata determinazione, chiamai Community Services Victoria e chiesi loro di contattare Ursula per mio conto. Dopo alcuni giorni di snervante attesa, ricevetti la loro chiamata: aveva accettato di incontrarmi.
Lavoravo ancora al Cabrini Hospital di Malvern come microbiologa medica. Durante la pausa pranzo, aspettavo ansiosamente sul lato della strada principale fuori dall'ospedale, scrutando le auto in transito in cerca di una berlina bianca guidata da una donna. Un'auto fece un'inversione a U, si fermò accanto a me e si arrestò. Una donna aprì la portiera. Scansionai rapidamente i suoi lineamenti: capelli lisci, chiari e sabbiosi; grandi occhi castani – i miei occhi – e un viso ovale con carnagione chiara. A 44 anni, sembrava incredibilmente giovane – una caratteristica che mi aveva trasmesso.
'Hallo, Mirella?'
Con il cuore in gola, salii in macchina, sentendo come se stessi entrando in un'altra dimensione. 'Ciao,' dissi.
'Sono Ursula,' disse, con una voce dolce, proprio come la mia.
Ci portò in un bar locale a Camberwell, non lontano da dove viveva. Era magra come me, alta circa un metro e cinquanta, leggermente più bassa di me.
Mentre ci sedevamo al caffè, l'aroma di zucchero, caffè e dolci riempiva le mie narici.
Scrutò i miei lineamenti, poi disse: 'Assomigli a tuo padre.'
Quelle parole rimasero sospese tra noi – un riconoscimento della mia paternità che sollevava allo stesso tempo nuove domande.
Chi era quest'uomo di cui, a quanto pare, portavo i tratti?
'Come si chiamava?' chiesi con cautela.
'Giuseppe. Viveva a Carlton,' rispose semplicemente.

A quel punto, volevo sapere di lei e della sua famiglia. 'Hai altri figli?' chiesi, desiderosa di sapere se avevo fratelli.
'Ho una figlia di 24 anni, sposata, e ha un bambino di un anno e mezzo. Ho anche un figlio di 23 anni. È musicista e frequenta il college di musica. Il mio figlio più piccolo ha 8 anni.'
Notai la differenza di 18 anni tra me e il suo figlio più giovane, una coincidenza curiosa. Mi disse che suo padre, mio nonno materno, era ancora vivo, ma sua madre, mia nonna, casalinga, era morta alcuni anni prima. Ursula confermò ciò che avevo letto sui suoi numerosi fratelli e sorelle.
Anche se lei era di Eboli, vicino Napoli, e io ero cresciuta siciliana, condividevamo un'eredità dell'Italia meridionale. Mi rivelò che suo marito sapeva di me – 'la bambina bastarda' che aveva avuto prima del matrimonio. Dopo il loro matrimonio, lui le aveva proibito di parlarmi di nuovo. Non sapeva che mi stava incontrando quel giorno. Il nostro incontro era avvolto nel segreto, qualcosa da cui non riuscivo a liberarmi.
Seduta di fronte a questa donna – mia madre biologica, la donna che mi aveva portata in grembo e nutrita per nove mesi – cercavo un senso di connessione profonda, una sensazione di riconoscimento. Ma non c'era nulla oltre alla somiglianza fisica. Era una sconosciuta che per caso mi aveva dato alla luce.
«Eri sposata? Hai figli? Come mi hai trovata?» Fece le domande previste.
Io feci alcune delle mie. Disse che nel corso degli anni aveva pensato a me. «Ma cosa potevo fare? La decisione era stata presa,» si lamentò. «Non avevo scelta. I miei genitori mi hanno costretto a darti via. Avere un figlio senza essere sposata era troppo vergognoso.»
«Ho sempre pensato a te. Sei, dopotutto, la mia primogenita,» disse, con uno sguardo malinconico.
Riuscii a cogliere poco della sua personalità durante il nostro breve incontro. *Era abbastanza premurosa da incontrarmi o solo curiosa?* Forse provava senso di colpa per aver abbandonato la sua primogenita.

Il nostro incontro durò circa un'ora prima che dovessi tornare al lavoro. Al momento di salutarci, disse che non le sarebbe dispiaciuto rivedermi. Lasciai a lei il compito di contattarmi, pensando che sarebbe stato più comodo per lei. Non provai un legame immediato. Nessuna vera connessione. Nessuna lacrima di felicità. Nessun abbraccio caloroso.
Attesi, ma la chiamata non arrivò mai.
Nei giorni, mesi e anni successivi, mi sentii maledetta – intrappolata in un limbo, in attesa di ciò che non potevo avere, gravata da ciò che non desideravo. Un'esistenza solitaria, senza famiglia, fatta eccezione per mia madre e pochi cugini che vedevo solo occasionalmente.
Alla fine, le lacrime che avevo represso per oltre un decennio ruppero la diga che avevo accuratamente costruito – lacrime calde e dolorose di lutto primordiale. Lacrime di rifiuto, dolore, perdita e profonda nostalgia. Ero stata abbandonata di nuovo.
Per anni avevo evitato di affrontare il dolore – la ferita profonda di essere stata separata da mia madre alla nascita. Invece, l'avevo intellettualizzata. Erano gli anni '60. Era giovane, non sposata e italiana – tre fatti che, all'epoca, equivalevano a una catastrofe. Rimanere incinta fuori dal matrimonio era un tabù. Non avrebbe potuto tenermi. Mi era stato insegnato a reprimere le mie emozioni – a dare priorità ai sentimenti degli altri sopra i miei. Riconoscere la ferita primordiale avrebbe scatenato tutto ciò che avevo tenuto sepolto. Ero diventata esperta nel nascondere e sopprimere le emozioni. Il trauma, il dolore e la perdita che portavo dentro erano troppo vasti da affrontare. Non avevo gli strumenti psicologici – né il supporto – per contenerli.
Gli effetti più profondi dell'adozione raramente venivano discussi. Ci si aspettava che fossi eternamente grata – salvata da una vita di rovina da una coppia cattolica rispettabile, sposata, che mi aveva dato una casa, un nome, una loro versione dell'amore.

Il mio io frammentato era diventato una sorta di mappa – frastagliata, incerta – e io ne seguivo le linee spezzate, sperando che prima o poi mi avrebbero condotta a casa.

Alcuni giorni mi sospendeva in un interrogativo silenzioso; altri giorni si assottigliava in una chiarezza tagliente – comprimendo decenni in un solo momento.

La rivelazione sull'autobus era ancora vivida come il caffè e il pane tostato del mattino.

Cominciai a comprendere che per gli adottati il tempo scorre in modo diverso – le nostre vite si dividono in linee temporali parallele: quella che viviamo, e quella che avremmo potuto vivere – creando una complessità che chi ha storie ininterrotte non deve nemmeno immaginare.

La mia ricerca d'identità non era un movimento nello spazio, ma un lento scavo nel tempo stratificato – un tentativo di riconciliare linee temporali separate prima ancora che la memoria avesse inizio. Forse è per questo che i compleanni, le lauree e gli anniversari portavano sempre con sé un'ombra secondaria – ogni celebrazione illuminava il presente mentre silenziosamente piangeva ciò che era stato perso.

E da qualche parte, Giuseppe restava – parte mito, parte uomo, cucito nelle cuciture della mia esistenza, un pezzo mancante che non ero ancora pronta a toccare.

Mamma e io – battesimo (1964).

10

Rifiuto finale: l'addio di Ursula (1991–1993)

Silenzi che echeggiano attraverso le generazioni.

All'inizio del 1991. La mattina dopo una festa con gli amici dell'hockey. Con la testa che pulsava e gli occhi annebbiati, raccolsi le bottiglie vuote di liquore e ne contai più di quante persone ci fossero state.

Rimasi paralizzata, fissando le prove del nostro eccesso. Una verità che non potevo più ignorare.

Non posso continuare così.

Decisi di ridurre il consumo di alcol, il che significava lasciare i miei compagni di hockey. Invece, canalizzai la mia energia nella ristrutturazione della mia *Californian Bungalow*.

Continuavo a passare da un lavoro part-time all'altro. Lavoravo ora al vecchio ospedale comunitario di Preston e Northcote, conosciuto come PANCH, facendo turni nei reparti di biochimica e banca del sangue, processando campioni ematici.

Avevo lasciato il Cabrini dopo un infortunio alla schiena durante una partita di hockey, quando avevo 26 anni. Continuai a giocare, anche se avrei dovuto permettere alla mia schiena di guarire. Avevo ancora bisogno di correre. Ero giovane e pensavo di essere indistruttibile.

Poco dopo ebbi un'altra breve relazione – meno segreta della precedente. Alcuni amici lo sapevano, ma non le nostre famiglie. L'omofobia interiorizzata era costante, invisibile, opprimente – un peso che non lasciava mai il mio petto. Non riuscivo a trovare il coraggio di dirlo a mia madre, così conservatrice e italiana. Lo dissi a qualche cugino; furono gentili, accoglienti. Ma il grande silenzio – su chi ero, su ciò che portavo dentro – restava intatto.

Il silenzio non placava le domande. Le alimentava.

I frammenti che Ursula aveva condiviso – Giuseppe, Carlton, un'attività di famiglia – non bastavano. Avevo bisogno dell'intera storia. Volevo sentire la verità da quella donna che mi aveva portata in grembo e poi lasciata andare. La immaginavo mentre attraversava le sue giornate, con il nipotino accanto, mentre io restavo congelata nel momento in cui mi aveva rinunciato.

L'ansia del nostro primo incontro non mi aveva mai lasciato del tutto. Per tre anni mi ripetei che stavo aspettando che fosse lei a sentirsi pronta. Ma il silenzio non ha bisogno di traduzione – parla. Il suo diceva rifiuto. L'assenza era il messaggio.

Eppure, alla fine, il bisogno di sapere superò la paura di sentire un «no».

La mano mi tremava mentre afferravo il telefono, il battito del cuore un promemoria assordante di ciò che era in gioco.

Prima che potessi ripensarci, composi il suo numero e lei rispose, «Hallo.»

«Ciao,» risposi.

«Hallo, Lyre.»

«No. Sono Mirella, l'altra tua figlia.»

La parola «altra» rimase sospesa tra noi – un'ammissione del mio stato secondario nella sua vita.

Avevamo la stessa voce al telefono? Suonavo come mia sorella?

Le chiesi se potevo rivederla. Accettò volentieri. Ci incontrammo di nuovo a Camberwell, in un altro caffè.

Mentre aspettavo il suo arrivo, cercai di immaginare com'era stata la sua vita dopo avermi dato via. *Era tornata a casa dall'ospedale a mani vuote, piena di dolore? Si era chiesta di me nei miei compleanni? O aveva sigillato quella parte di sé, murando il ricordo della figlia che avrebbe potuto rovinare la vita che alla fine aveva costruito?* Non lo avrei mai saputo, perché porre quelle domande richiedeva una vulnerabilità che nessuna delle due sembrava in grado di affrontare in presenza dell'altra.

Questa volta era più vistosamente adornata. Tacchi alti e un'abbondanza di gioielli – grandi anelli lucenti sulle dita tozze, con unghie affilate e smaltate. Bracciali decorati ai polsi; collane d'oro al collo. Rossetto chiaro. Ciglia nere. Ombretto blu intenso. In netto contrasto, io non indossavo cosmetici. Sembrava ancora incredibilmente giovane per i suoi 48 anni – e rimaneva comunque una sconosciuta.

Ci sedemmo al piccolo tavolo quadrato in legno del caffè affollato e ordinammo due cappuccini. Le pareti bianche ci circondavano. L'aroma di torte alla crema, toast con formaggio e prosciutto riempiva l'aria, insieme alla puzza di sigarette. Dietro di noi, la lancia del vapore sibilava. Thud, thud sul bancone.

Poco dopo esserci sedute, accese una sigaretta bianca al mentolo. Soffiò il fumo in alto nell'aria e chiese bruscamente: «Perché vuoi vedermi?»

La domanda tagliò il rumore del caffè come una lama.

Diretta. Spoglia. Esigente.

Mi colpì come una domanda tanto ragionevole quanto impossibile da spiegare pienamente. *Come potevo spiegare il vuoto nella mia identità che la sua assenza aveva creato? La confusione di essere cresciuta sentendomi diversa senza comprenderne il motivo?*

Era difficile articolare il mio desiderio. Forse perché non sentivo la profonda connessione che pensavo avrei dovuto provare con la mia madre biologica. Eppure restava un bisogno urgente di conoscerla. E, attraverso di lei, conoscere me stessa. Era carne

della mia carne, la portatrice del mio DNA. Modellata dalla sua sostanza. Alcune qualità che avevo ereditato da lei rimanevano misteri che desideravo risolvere. Sotto tutto questo giaceva un desiderio più profondo di creare un legame con lei, semplicemente perché era mia madre biologica. Il mio io fratturato bramava famiglia e connessione. Volevo riparare il vaso rotto che ero diventata, raccoglierne i frammenti e restaurarlo. Poi infondergli amore, appartenenza, storia e ricordi condivisi.
Ma invece di dare voce a questi desideri intricati, restai muta – le parole sepolte tra il cuore e la lingua.
Vidi la tensione sul suo viso – il modo in cui stringeva la sigaretta un po' troppo forte. *Aveva paura che facessi richieste? Che avrei sconvolto la vita che aveva costruito dopo avermi dato via?*
Forse, nella sua mente, riaprire questo capitolo minacciava tutto ciò che aveva costruito nei decenni successivi – il matrimonio, gli altri figli, l'identità di madre italiana rispettabile invece che donna che aveva avuto un figlio fuori dal matrimonio.
Eppure, eccola lì, con la figlia che aveva dato via 29 anni prima. Sedute in quel caffè rumoroso e affollato, le raccontai la mia infanzia difficile. Crescere con un padre alcolista e violento. Cercai di spiegarle le cicatrici che mi aveva lasciato.
Aspirò dalla sua sigaretta, espirando con disprezzo insieme al fumo.
«Dimenticalo e vai avanti con la tua vita.»
Le parole atterrarono come pietre, ognuna fredda e pesante, costruendo un muro tra noi.
Il suo volto rimase impassibile mentre parlava, ma colsi un fremito nei suoi occhi – il suo trauma irrisolto, il bisogno di «dimenticare e andare avanti».
Le avevano forse detto lo stesso quando aveva firmato i documenti per rinunciare a me? Quando era tornata a casa dall'ospedale senza il suo bambino? Quando si era poi sposata e

aveva avuto altri figli, senza mai menzionare la primogenita abbandonata? Dimentica il tuo bambino.
La sua freddezza era una mappa del trauma generazionale – ogni sillaba tracciava le complesse topografie del rifiuto materno, segnando le linee di faglia del silenzio che ci avevano separate dalla nascita.
È così che aveva affrontato il passato? Fingere che non fosse mai accaduto – che non avesse lasciato una cicatrice permanente? Un desiderio ardente impresso nella carne.
Distolse lo sguardo. «Non puoi far parte della mia famiglia,» continuava a ripetere, schiacciando la sigaretta con uno scatto secco.
«Non voglio far parte della tua famiglia,» risposi, cercando di mantenere la voce ferma.
«Cosa vuoi da me?» disse, scuotendo la cenere dalla sigaretta con colpi netti e difensivi.
La domanda rimase sospesa tra noi – ora più chiara, dal significato ineludibile. Non più un rumore caotico, ma una precisione glaciale.
La madre che avevo immaginato per decenni – calorosa, pentita, desiderosa – svanì come un miraggio, sostituita da una donna fragile, dura, insensibile, che esalava fumo mentolato, con le dita piene di anelli scintillanti.
La sua non era veramente una domanda ma una dichiarazione: ero un'inconvenienza, un passato che aveva seppellito fino a quando non mi ero materializzata senza invito.
«Voglio solo sapere delle cose su di te. I tuoi genitori – i miei nonni. I tuoi fratelli e sorelle – i miei zii e zie,» esitai, poi aggiunsi sottovoce, «e di mio padre.»
Si irrigidì al nome Giuseppe, un impercettibile irrigidimento attorno agli occhi e alla bocca.
Che ricordi stavo risvegliando? C'era ancora dolore, rabbia o qualcos'altro? Aveva significato qualcosa per lei, o era solo uno di quegli errori della vita che preferiva non rivisitare?

Rivelò poco su Giuseppe, e quel poco non era lusinghiero. Sentivo che covava un profondo risentimento nei suoi confronti.
«Non ricordo il suo cognome.»
La bugia, trasparente, sospesa nell'aria come il fumo della sua sigaretta. *Come poteva dimenticare il cognome dell'uomo che aveva cambiato in modo così drastico il corso della sua vita?*
«Mi ha promesso il mondo e poi mi ha lasciata come una patata bollente quando ha saputo che ero incinta. Non ha voluto sposarmi,» sputò fuori.
«Mi ha avvertita di non contattarlo mai più.»
L'amarezza nella sua voce suggeriva una ferita mai veramente guarita – il rifiuto di Giuseppe, l'umiliazione nella sua comunità, il giudizio dei familiari, la vergogna di essere una donna caduta in disgrazia in una famiglia italiana cattolica tradizionale. Mi chiedevo se il suo attuale marito sapesse davvero di me, o se fossi un segreto che aveva sepolto così in profondità da provocare vergogna solo a menzionarmi.
Mi chiese di nuovo se fossi sposata o se avessi un fidanzato. Risposi di no. Poi mi lanciò uno sguardo perplesso che trapassò la mia vergogna omosessuale e mi disse che due dei suoi fratelli erano gay.
Questa rivelazione casuale mi lasciò sbalordita – un filo genetico che mi collegava a persone che non avevo mai incontrato. Qualcosa ereditato oltre ai miei occhi o alla forma delle mie mani. Una discendenza di differenza.
Trovando il coraggio, chiesi: «Perché non mi hai mai chiamata?»
Rispose: «Perché non voglio che tu ti affezioni troppo a me.»
Le parole sembravano scelte con cura, elaborate nei tre anni trascorsi dal nostro primo incontro. *Aveva previsto questa domanda? Ci aveva combattuto dentro di sé, forse sentendosi in colpa per non avermi cercata, forse addirittura alzando il telefono per poi riagganciare?*
Aveva temuto il suo stesso attaccamento, piuttosto che il mio? L'incontro con me aveva risvegliato emozioni che aveva trascorso decenni a reprimere con cura?

Non era riuscita a spezzare del tutto il legame materno?
«A volte facciamo degli errori, ma non c'è nulla che possiamo fare se non andare avanti con la vita,» disse, con un tono che lasciava intendere un rimpianto.
Non ero sicura di cosa intendesse; non chiesi. Il mio umore stava peggiorando.
«Ho sempre pensato a te. Mi sono chiesta: che ne è stato di te? Eri felice? Avevi una bella vita? Dopotutto, sei la mia primogenita. Mi sono sempre detta che avevo quattro figli, non tre,» disse.
Fu un commento interessante, visto che decenni dopo scoprii un certificato di morte di una figlia deceduta, Rosalia Zunica. Aveva avuto cinque figli, non quattro. *Due figlie primogenite perdute, due spazi vuoti all'inizio della sua storia materna – era forse troppo per un solo cuore da sopportare?*
Ogni parola era un piccolo dono – incerto, ma prezioso, nonostante la sua postura difensiva. Anche se mi aveva esclusa dalla sua vita, non mi aveva cancellata. Avevo vissuto silenziosamente nella sua mente per tutti quegli anni, contata in segreto.
Non era una vera connessione, ma era qualcosa. Un filo fragile di riconoscimento di fronte all'assenza.
Mi disse che suo padre era morto di recente. Non lo avrei mai conosciuto. Accennò che avevano vissuto a Hawthorn, ma quando in seguito controllai, mi resi conto che aveva mentito sull'indirizzo esatto. Non potei fare a meno di chiedermi il perché.
Con crescente irritazione, continuava a ripetere: «Cosa vuoi da me?»
«Mi piacerebbe vederti ogni tanto,» dissi.
Era troppo da chiedere?
Volevo chiederle se mi aveva pianta. Se mi aveva tenuta in braccio, anche solo una volta, prima che mi portassero via. Se qualcuno l'aveva confortata, o se il suo dolore naturale era stato sepolto sotto la vergogna. Ma la distanza tra noi era troppo

grande. Aveva passato decenni a murare questa parte della sua vita, ed era chiaro – quei muri non sarebbero crollati tanto presto.

Eppure, disse che non le dispiaceva rivedermi. Concordammo di incontrarci di nuovo tra due settimane. Si offrì persino di guidare fino a casa mia a Coburg. Disse che doveva andare via in fretta per badare a suo nipote – mio nipote – ma che altrimenti sarebbe rimasta più a lungo.

L'accompagnai alla macchina. Prima che salisse, mi diede un bacio di saluto – all'italiana, uno su ogni guancia.

Quel bacio – formale, culturale, previsto – non conteneva nulla del calore materno che avevo silenziosamente desiderato. Era il tipo di bacio scambiato tra conoscenti, non il ricongiungimento tra una madre e il figlio perduto. Eppure, era qualcosa – un gesto, seppur contenuto, che riconosceva un legame – per quanto tenue.

In un certo senso, Ursula incarnava il tipo di madre che avevo sempre desiderato: più giovane della donna che mi aveva cresciuta, cresciuta in Australia, istruita localmente, fluente in inglese. Qualcuno con cui potevo parlare – davvero parlare – senza le barriere linguistiche o generazionali.

Dopo esserci salutate, le domande iniziarono a fluire: *Perché suo marito avrebbe dovuto preoccuparsi di me? Perché i miei fratelli e mia sorella avrebbero dovuto preoccuparsi di me? Perché i fratelli e le sorelle di Ursula avrebbero dovuto avere qualcosa a che fare con me?*

Mentre guidavo verso casa, cercai di vedere la situazione dalla sua prospettiva. Aveva quasi 19 anni quando sono nata – intrappolata nella morsa della moralità degli anni Sessanta e delle aspettative familiari. Aveva fatto ciò che ci si aspettava, ciò che le era stato detto fosse meglio per il suo bambino illegittimo – quella che poteva sembrare l'unica scelta.

E ora, decenni dopo, una donna adulta si era presentata alla sua porta – la prova vivente di un capitolo che le era stato ordinato di

dimenticare. Quanto doveva essere destabilizzante per la vita che aveva costruito con cura.
Ero sempre stata eccezionale nel reprimere le emozioni vere. Razionalizzare era facile – capire la sua posizione era matematica semplice. Ma sotto quella logica ordinata, si agitava ancora il dolore di una bambina – irrazionale, non guarito, immune alla ragione.
Ero, dopotutto, una sconosciuta. Una figlia illegittima che poteva portare vergogna alla sua rispettabile famiglia. Tra noi c'era un abisso scolpito dal silenzio e dal segreto. Una madre che aveva dato via la sua bambina, senza mai aspettarsi di rivederla. Abbandonata, ma mai dimenticata. Il suo segreto – sesso prematrimoniale, gravidanza, rinuncia – portato come merce di contrabbando attraverso gli anni. Quel bambino segreto ero io.
Non rividi mai più Ursula, se non in foto – scorci trovati decenni dopo su Facebook o Instagram. Nonostante fossi la sua primogenita, era chiaro che non avevo posto nel suo mondo. Quella realizzazione si depositò come sedimento, lasciandomi una persistente sensazione di incompletezza da cui non riuscivo a liberarmi.
Ursula mi aveva offerto frammenti – un nome, qualche dettaglio sparso – ma non abbastanza per completare il quadro. Incontrarla era stato come salire lentamente su un ottovolante, con la speranza in vetta, per poi precipitare nel silenzio e nell'ambiguità.
Mio padre biologico, Giuseppe, rimaneva un'ombra – un nome, qualche linea sfocata, e nessuna strada chiara davanti a me. Non sapevo se l'avrei mai trovato. Eppure, una speranza silenziosa persisteva.
Uscendo da quell'ultimo incontro, capii che stavo cercando qualcosa di impossibile – informazioni sulle mie origini, un'appartenenza retroattiva, un posto a tavola dove una sedia non era mai stata apparecchiata. Speravo segretamente che Ursula riconoscesse in me ciò che io stessa non riuscivo ancora a vedere: che la connessione biologica non genera solo curiosità,

ma anche obblighi – di informazione, di inclusione. Ma i posti a sedere erano stati assegnati decenni prima, subito dopo la mia nascita. La dolorosa verità era questa: a volte non c'è una sedia. A volte, l'appartenenza non può essere concessa retroattivamente.

Più difficile che scoprire di essere stata adottata, fu accettare che questa verità non cambiava nulla nella vita di Ursula. Io esistevo – forse nel suo cuore, forse nella sua mente – ma restavo ai margini della sua storia, una nota a piè di pagina piuttosto che un capitolo.

Questo riconoscimento – che la verità non garantisce la connessione, e che la conoscenza non conferisce automaticamente appartenenza – mi costrinse ad affrontare una verità ancora più dura: che l'integrazione richiede più del sangue condiviso. Richiede un invito. Richiede accettazione. Nessuno dei due era arrivato.

Gli anni si comprimevano in singoli momenti ogni volta che intravedevo una donna con il suo modo distintivo di camminare – passato e presente brevemente sovrapposti prima che la realtà tornasse al suo posto. La immaginavo, che viveva poco lontano, continuare la sua vita come se io non esistessi, mentre io restavo sospesa nel silenzioso seguito del suo rifiuto.

Che forma avevano preso le sue giornate? Guardava mai gli altri suoi figli vedendo in loro barlumi di me? Passava mai per Coburg chiedendosi se avrebbe potuto incrociarmi per strada? Queste domande non avrebbero mai avuto risposta – ma rimanevano, sussurrando ai margini della mia coscienza, quiete e implacabili.

Qualche giorno dopo, chiamai l'altra mia madre. «Mi devi chiedere scusa per non avermi detto che ero adottata,» dissi, con voce ferma. Come sempre accadeva con le verità scomode, deviò – manipolando, inventando scuse, cercando di cambiare argomento. Ma resistetti. «No! Devi chiedermi scusa. Dovevi dirmelo!» gridai. Le parole eruppero da un luogo primordiale – non solo una richiesta di scuse, ma di riconoscimento. Per la verità che aveva nascosto. Per la vita che avrei potuto vivere, se avessi saputo chi ero davvero. A malincuore, cedette – e finalmente disse: «Scusa». In quel momento, la tensione sembrò dissolversi. Non avrei potuto articolarlo allora, ma ciò che desideravo da entrambe le madri era semplice, ma profondo: riconoscimento. Dalla madre adottiva, avevo bisogno che vedesse come il silenzio – la sua scelta di tenermi nascosta la verità – mi avesse plasmata e ferita. Dalla madre biologica, avevo bisogno che mi vedesse – che affermasse che esistevo, che contavo. Ricevetti un riconoscimento, ma non l'altro. E quell'equilibrio spezzato mi lasciò in bilico, sempre leggermente fuori asse, alla ricerca di un centro.

Nel 1993, la mia compagna mi tradì – un'altra rottura, un altro abbandono. Ci lasciammo poco dopo. Stava diventando un pattern – dolore sopra dolore. La ferita centrale si riaprì – questa volta, la discesa nella depressione fu più profonda, più oscura. Ogni episodio sembrava peggiore del precedente. Non gestivo le separazioni con la stessa facilità degli altri – mi lasciavano a pezzi, svuotata, senza valore, non amabile. Ogni partenza risvegliava l'infante dentro di me – quella recisa dal suo primo legame, che aveva imparato – prima ancora di avere linguaggio – che l'amore poteva svanire, che la connessione era condizionata, che la sicurezza era un'illusione temporanea. Ogni rottura sembrava riecheggiare quel primo, primordiale abbandono quando, appena nata, fui strappata alla mia madre biologica. Anche se non avevo alcun ricordo cosciente di quella rottura, il mio corpo la ricordava. Ogni fine risvegliava la ferita antica, il tradimento originario della fiducia, il messaggio non detto: non valevo la pena di essere tenuta con sé. Nel mezzo di quest'ultima sofferenza, capii che qualcosa doveva cambiare.

Avevo bisogno di una direzione – un obiettivo oltre le relazioni che continuavano a crollare sotto il peso di un lutto non elaborato.

A parte il fatto che avevo ricominciato a fumare, alla fine andai in terapia.
Appena iniziarono le sedute, la diga si ruppe.
Passai la maggior parte delle sessioni dei sei mesi successivi a piangere.
Per la prima volta, avevo uno spazio calmo e sicuro in cui potevo esprimere, senza giudizio né interruzioni, il dolore che avevo sepolto per anni.
La perdita. Il dolore. La vergogna.
Fu catartico, ma non curativo. Le ferite erano troppe, e la mia terapeuta non aveva le competenze per affrontare la complessità di traumi ripetuti e abbandoni.
In quel periodo, iniziai anche a passare più tempo con mia madre.
Poco dopo la rottura, mi ritrovai nella cucina della mamma. Un posacenere arancione brillante della Bessemer Nylex Melmac era posato sul tavolo – ora rotondo – della cucina. Stavo battendo la cenere lì dentro, con le lacrime che mi scendevano sul viso.
Raramente piangevo davanti a qualcuno – tanto meno a mia madre – ma quel giorno non riuscivo a trattenermi.
Continuava a chiedermi cosa avessi, e io non riuscivo a dirle che avevo il cuore spezzato, di nuovo.
Ma lei insisteva.
Alla fine, sbottai: «Sono turbata perché mi sono lasciata con la mia ragazza».
Non capiva. Non avevo il vocabolario siciliano per spiegarle che ero attratta dalle donne. Così provai, a fatica, con le poche parole che conoscevo.
«Jinka era la mia ragazza.»
«Girla-frienda?» ripeté, confusa.
Il divario linguistico ci concesse un breve momento di grazia – un secondo in cui la verità aleggiava tra noi, ma non era ancora atterrata del tutto.
Aveva incontrato Jinka molte volte. L'avevo portata a pranzo, a

cena. Ma non l'avevo mai presentata come la mia compagna.
La mamma disse poco. Poi me ne andai in silenzio.
Mi aspettavo un'esplosione che non arrivò mai. In casa nostra, alle grandi emozioni seguivano reazioni ancora più grandi – le furie di mio padre, gli scoppi d'ira di mia madre.
Ma questa volta ci fu solo silenzio.
Insolito.
Sconvolgente.
Forse aveva bisogno di tempo.
Forse non aveva capito del tutto.
O forse sì – e semplicemente non sapeva cosa dire.
Qualche giorno dopo, mi chiamò – e iniziò una rabbia cieca, omofoba, feroce.
La sua voce si alzava con ogni accusa, ogni domanda retorica che mi colpiva con una brutalità familiare.
«Che cosa hai che non va?»
«Si anormali?»
Ogni parola colpiva come un martello nello stesso punto fragile, frantumando ogni speranza, per quanto fragile, che un giorno avrei potuto essere davvero vista – e accettata – dalla donna che mi aveva cresciuta.
L'interrogatorio andava avanti, la sua furia cieca e implacabile.
Ero già a pezzi per il cuore spezzato – e ora c'era anche mia madre, che mi rimproverava per essere gay.
Il peso del suo rifiuto premeva su una superficie già incrinata.
Poi, in sottofondo, sentii la voce del mio patrigno:
«Lassa stari a piccirida.»
Rimasi paralizzata. Le sue parole, così dolci e inaspettate, mi presero alla sprovvista.
Ecco la compassione, da parte dell'uomo che avevo passato anni a disprezzare – quello che accusavo di avermi sottratto l'attenzione di mia madre.
La sua difesa fu breve, quasi un sussurro, ma trapassò il rumore.
Mi ricordò che anche le persone più imperfette possono

sorprenderci – che la gentilezza può venire da luoghi insospettabili.

Nonostante la crudeltà delle parole di mia madre, provai un piccolo senso di sollievo: le avevo detto la verità. Dopo tutti quegli anni di silenzio, una parte di me non era più nascosta. Avevo iniziato un altro lavoro part-time, a turni, presso l'Ospedale di Repatriation a Heidelberg. Dopo un'altra breve relazione, conobbi un'altra persona.

Negli anni successivi alla mia partenza da casa e alla rottura con il mio ragazzo, il mio rapporto con mia madre si era addolcito. Eravamo più come amiche intime che madre e figlia. Le tensioni dell'adolescenza si erano dissolte in una compagnia più quieta.

Un giorno, le chiesi se potevo tornare a vivere a casa.

Non esitò. «No. Adesso andiamo più d'accordo.»

Non fu crudele – solo chiara. Una porta non sbattuta, ma chiusa con dolcezza.

All'inizio, la sua risposta mi colpì. Poi capii che aveva senso. Stavo cercando sicurezza, un senso di appartenenza. Ma lei vedeva ciò che io ancora non avevo capito – che il nostro rapporto fioriva con la distanza, con i confini, con quell'indipendenza che avevo lottato tanto per ottenere.

A volte, il rifugio che cerchiamo non è dietro di noi, ma davanti – creato non tornando indietro, ma comprendendo.

Entrando in questo nuovo capitolo, l'impronta di entrambe le madri – quella che mi ha cresciuta, e quella che mi ha abbandonata – ancora modellava le mie paure, le mie scelte, i miei desideri.

Ma sempre di più, stavo costruendo qualcosa di indipendente da entrambe: un'identità fatta di frammenti, composta non da una sola origine, ma da tutta l'esperienza vissuta.

Come una mosaicista, stavo imparando che la bellezza vive nei bordi rotti – che l'interezza non richiede perfezione né simmetria.

I rifiuti che un tempo mi avevano spezzata stavano iniziando a diventare qualcos'altro: non esattamente accettazione, ma una

forma di pace conquistata con fatica.
Se non sarei mai stata pienamente accolta da nessuna delle due madri, forse era arrivato il momento di imparare ad accogliere me stessa.

11

La Seconda orfananza

(1994–1995)

Una seconda rinascita nel dolore

Alla fine del 1993, mi trovavo sull'orlo di una reinvenzione, circondata da attrezzature di laboratorio e provette sterili.
Le superfici fredde e lucide riflettevano il mio stato interiore: frammentato, disperso.
Capivo che non potevo passare la vita a processare campioni e premere pulsanti, imprigionata nella monotonia di una routine scientifica.
Ogni compito ripetuto diventava una metafora del mio io frantumato – un moto senza senso, un moto senza direzione.

Lo stesso spirito irrequieto che una volta mi aveva spinta oltre oceani alla ricerca delle origini, tornava a farsi sentire. Ma questa volta, mi attirava verso l'interno – verso un'esplorazione più profonda. Una che richiedeva presenza, riflessione e il coraggio di affrontare me stessa.
Come un'archeologa ferita che scava tra le rovine del proprio essere, decisi di iscrivermi a psicologia – un ritorno al terreno intellettuale che per la prima volta aveva acceso la mia immaginazione ai tempi del Mercy College.

Non era solo un cambio di carriera. Era un atto deliberato di ricostruzione psichica.
La psicologia divenne il mio santuario della ricostruzione – un laboratorio dell'anima dove le identità fratturate potevano essere esaminate, comprese, riassemblate.
La decostruzione sistematica delle teorie psicologiche divenne il mio rituale di guarigione – ogni concetto un riflesso sulla superficie del sé, che rifrangeva parti di me che non avevo mai davvero visto.

Mi immersi nello studio,
e sottoposi il mio corpo a una disciplina fisica intensa per contenere il dolore.
Il sonno era frammentato – sogni inquieti e caotici.
Stavo ancora correndo.
Di giorno, sezionavo il trauma.
Di notte, cercavo di non sentirlo.
Mi raccontavo che stavo costruendo un nuovo io –
ma in realtà stavo solo trascinando quello vecchio con me, abbastanza veloce da sfumarne i contorni.

All'epoca non lo sapevo – lo avrei capito solo decenni dopo, quando non avrei più potuto correre.
Avrei usato la conoscenza come una lacca dorata – riempiendo le crepe del mio io frammentato con comprensione, trasformando la frattura in una mappa luminosa di resilienza.

Ogni modulo di ricerca era un atto sacro di auto-archeologia.
La mia predisposizione per la matematica rendeva i corsi di statistica qualcosa di più di semplici esercizi numerici – diventavano metafore matematiche per ricostruire l'identità.
Ogni equazione un possibile ponte tra frammenti disconnessi.
La lettura, la ricerca, la scrittura – non erano solo compiti accademici. Erano strumenti delicati di scavo, che rivelavano la possibilità di una ricrescita sotto strati di trauma sedimentato.

Conseguire un High Distinction nella mia prima unità di psicologia stabilizzò il mio fragile senso di identità.

Ogni traguardo era un'altra cucitura dorata, un altro modo per riassemblare il vaso infranto del mio io.
Portavo la pietra del mio stesso divenire su per la collina sisifea del dolore – non per vincere, ma per proseguire.
Là dove un tempo il mio sé frammentato sembrava una debolezza, la mia ricerca accademica divenne un processo alchemico – trasmutando il dolore personale in comprensione professionale.
Privatamente, l'università divenne il mio laboratorio di ricostruzione.
Ogni aula era un atelier dove esaminavo i frammenti della mia esperienza sotto la lente di nuove teorie – osservando ogni scheggia alla luce, tracciandone le venature, cercandone il potenziale di riconnessione.
Il mio percorso accademico diventò qualcosa di più di una carriera – una cartografia interiore, che mappava i territori della perdita, della scoperta, e dell'integrazione.

La vita che mi ero reinventata trovava ora una struttura, seppur incerta:
una casa che era più di quattro mura,
lavori part-time che erano più di un'entrata,
una relazione intrecciata da paesaggi emotivi condivisi.
Continuavo a giocare a hockey – un filo di continuità fisica in una vita ricostruita in silenzio, dall'interno.
Il percorso accademico offriva una cornice per dare forma al significato dei resti spezzati della vita –
assemblando un mosaico da ciò che prima sembrava privo di senso.
Per un breve momento, la vita sembrò stabile –
una calma tra le tempeste,
un altopiano silenzioso prima che il prossimo tsunami emotivo si abbattesse sulle rive del mio sé fragile e ricostruito.

L'ultima conversazione – 26 luglio 1994

Un giorno dopo il mio trentesimo compleanno.
«Come hanno potuto farmi questo?» sbraitava mia madre,
mentre io stavo in silenzio accanto a lei nella cucina di famiglia.
Quelle pareti avevano assorbito decenni di lamenti simili – una
colonna sonora familiare quanto il battito del mio cuore.
Il suo volto si contorceva in quell'espressione intensa che mi
ricordava mio padre –
ma senza sigarette, né alcol, né minacce –
la rabbia distillata nella sua essenza, non alimentata da sostanze
esterne.
Le vene sulle tempie le pulsavano visibilmente mentre
raccontava il suo ultimo torto.
La sua sfuriata riguardava un episodio al club sociale italiano –
quel luogo dove il chiassoso caleidoscopio di voci italiane le
offriva rari momenti di appartenenza –
l'ennesimo capitolo della sua lunga serie di esplosioni emotive,
il suo senso di ingiustizia sempre sproporzionato rispetto al fatto
scatenante.

Quella sarebbe stata la nostra ultima conversazione significativa,
anche se nessuna delle due poteva immaginarlo.
Quelle lamentele ordinarie, apparentemente insignificanti,
sarebbero diventate preziose proprio per la loro banalità –
note finali in una canzone complicata.

Era arrivata presto al club per assicurarsi un posto vicino al
chiamatore del Bingo.
Si era seduta a un tavolo dove c'erano già delle persone,
ma una donna le aveva detto di spostarsi, sostenendo che il posto
fosse riservato.
Mia madre, che raramente affrontava le persone direttamente,
si era alzata senza protestare,
ma aveva interiorizzato lo sgarbo.
La rabbia aveva fermentato in silenzio fino al ritorno a casa,
dove era esplosa nel solito copione.

Era un modello che avevo visto ripetersi infinite volte –
la sua ipersensibilità agli insulti percepiti,
l'incapacità di esprimere le emozioni nel momento,
e l'esplosione ritardata una volta al sicuro tra le mura di casa.

Mia madre aveva imparato ad evitare il conflitto da sua madre –
una lezione silenziosa tramandata come un'eredità invisibile,
una delle tante eredità psicologiche che mi avevano modellata
più profondamente dei geni –
un'architettura del comportamento trasmessa attraverso le generazioni,
nonostante il nostro legame biologico fosse stato reciso.

Dopo circa mezz'ora di sfogo, finalmente si calmò.
«Buon compleanno,» disse, con ritardo.
«Il mio compleanno era ieri,» risposi.
«Quanti anni hai?» chiese.
«Trenta, mamma.»
Scosse la testa,
con quell'espressione che diceva tutto senza bisogno di parole:
Ormai sei vecchia. Troppo vecchia per sposarti. Troppo vecchia per avere figli.
Resistei all'abituale impulso di rispondere con indignazione o di sbattere porte in segno di frustrazione.
Invece, accettai l'immutabilità del suo sguardo sul mondo –
una delle poche volte in cui lasciai la casa di famiglia
senza andarmene in preda alla rabbia.

Il momento di mezzo – 8 agosto 1994

Guidavo verso Bendigo, il riscaldamento dell'auto lottava invano
contro l'inverno vittoriano, che penetrava fino alle ossa.
Io, ignara di ciò che stava accadendo vicino alla casa di famiglia,
esistevo in quel limbo peculiare del *non ancora sapere* che
precede la catastrofe, convinta che fosse solo un altro giorno
d'inverno universitario, con il suo ritmo di lezioni, letture e
discussioni – destinato a dissolversi nell'indifferenziato passato.

Guidando lungo la Calder Highway, attorno alle sei di sera, i fari dell'auto catturavano brevi territori di strada prima di restituirli alla notte.
Fu allora che sentii un impulso inspiegabile: urlare.
Un suono primordiale che si sprigionò dalla mia gola e riempì l'abitacolo, senza contesto né spiegazione.
Una voce antica, animale, senza parole – solo suono.

Arrivai a casa, a Coburg, verso le otto di sera.
Andai a letto poco dopo, e il ricordo di quell'urlo inspiegabile già sfumava nel rumore di fondo della quotidianità.

La mattina seguente, presto, il telefono color crema con i pulsanti, nel corridoio, squillò.
Erano le 7:30.
Era Rugg, la mia ex vicina, che ancora viveva con la madre.
«Ciao Mirella, sono Rugg. Come stai?»
Non ricevevo chiamate da Rugg da almeno un decennio.
In quell'istante, seppi – con la certezza feroce dell'intuito – che qualcosa non andava.
Che mia madre era coinvolta.
Che quell'urlo sulla strada era stato un presagio.

«Ciao Rugg... Cos'è successo?»
«C'è stato un incidente. Puoi venire?»
«Arrivo.»

Sconvolta, mi vestii in fretta e corsi verso casa di mia madre – un tragitto di dieci minuti, che si dilatò in un purgatorio di attesa.
Aprii la porta con la mia chiave ed entrai.
La casa era immobile, come se l'aria stessa si fosse addensata nell'attesa di ciò che stavo per scoprire.

Il profumo familiare di mia madre – una miscela di salsa di pomodoro, crema Nivea e quell'essenza indefinibile che appartiene solo alle madri – stava già svanendo.
I piatti sporchi e due bicchieri d'acqua erano nel lavandino.
Il suo cardigan marrone, fatto a maglia, era appoggiato sulla sedia.

Un tagliere solitario riposava sul tavolo accanto a una ciotola di frutta.
Silky, la nostra vivace terrier australiana di 14 anni, non c'era.

Attraversai Middle Street e andai da Rugg, proprio di fronte.
Lei e sua madre, la signora Felicia, mi accolsero con volti gravi.
«Che succede?» chiesi, ancora incapace di interpretare l'espressione nei loro occhi.
«C'è stato un incidente ieri sera. Tua mamma e Rosario sono stati investiti da un'auto mentre attraversavano West Street.»
«Dove sono?» chiesi, immaginandoli feriti, forse in ospedale.

Si scambiarono uno sguardo. Le labbra tremanti. Gli occhi lucidi.
Il mondo attorno a me cominciò a cedere, come in quel giorno sul bus, quattordici anni prima –
un'altra devastazione casuale, un'altra frattura improvvisa della realtà conosciuta.

«Non ce l'hanno fatta.»

Quelle parole furono un'esplosione sismica nel cuore.
Un collasso silenzioso.

Mi voltai senza dire nulla, uscii fuori e calciai il muro di mattoni, in un gesto cieco di rabbia.

Il mondo si era dissolto ancora una volta nel non senso.
La realtà, di nuovo, in frantumi incomprensibili.

Prima, avevo perso la mia identità a causa di una rivelazione lanciata da uno sconosciuto.
Ora, avevo perso mia madre per puro caso.

Perché?
Quand'è che basta, basta davvero?

La seconda orfananza

Ritornai nella casa vuota di mia madre – un tempo casa mia, il mio rifugio – ma lei non c'era più. Per sempre.
Le mie emozioni erano arse come la boscaglia dopo un incendio

– la superficie immobile, ma le radici ancora fumanti sotto terra.
Questo shock inatteso mi travolse completamente.
La realtà devastante sarebbe rimasta sepolta sotto il ghiaccio per anni.
Il dolore non si riversò in me come un'alluvione, ma si mosse come il tempo descritto da Woolf – onde che lambivano i margini della coscienza, sempre ritornando.

Chiamai meccanicamente mia cugina, poi il mio fratellastro.
Lo sapevano già.
Poco dopo arrivarono mia cugina Francesca e suo marito Frank.
In uno shock collettivo, cominciammo a pulire in silenzio – le menti troppo intorpidite per sostenere una conversazione.

Subito dopo, parenti, amici e vicini cominciarono ad arrivare con le condoglianze.
Era iniziato il corteo del lutto.

La nostra vicina calabrese, la Signora Caterina, venne piangendo senza trattenersi.
«Tua madre era una persona buona, gentile,» singhiozzò.
Mia madre stirava i loro vestiti.
Caterina non aggiunse altro – mi abbracciò brevemente e lasciò sul tavolo della cucina un pacchetto di biscotti italiani e una moka piena di caffè.
È così che fanno gli italiani – portano cibo e dolore condiviso.

La giornata passò in un vortice di visite e preparativi.
Quella sera, trovai una bottiglia mezza vuota di brandy nascosta in un pensile della cucina.
Lo shock anestetizzante cominciava a incrinarsi, come la terra in piena siccità – e il dolore grezzo iniziava a filtrare dalle fessure.

Portai la bottiglia nel soggiorno oscurato e bevvi direttamente dal collo – pur odiando il brandy.
Avevo bisogno di soffocare le emozioni, spingerle giù, il più in profondità possibile.

Non riuscivo a credere che la vita potesse essere così spietatamente crudele.
Proprio quando stavo finalmente trovando un po' di pace, quando avevo iniziato a costruire una certa stabilità, il destino aveva capovolto tutto – di nuovo.

Le mie risorse psicologiche erano troppo esaurite per affrontare quest'ennesimo trauma.
L'impatto avrebbe segnato profondamente il resto della mia vita –

una recisione definitiva del mio già fragile legame con la famiglia e con il senso di appartenenza.

L'incidente

I dettagli dell'incidente emersero lentamente.
Mia madre e il patrigno avevano fatto visita a un'amica vedova che abitava poco lontano, in Glenroy Road.
L'amica doveva uscire per andare a trovare il figlio, così rientrarono a casa prima del previsto.

Quella fredda e piovosa notte d'inverno, tentarono di attraversare West Street
e si trovarono di fronte a un'auto guidata da un uomo di mezza età che viveva nel quartiere.
Silky, la nostra cagnolina di famiglia, sopravvisse in modo inspiegabile all'impatto.
Insieme all'autista, fu l'unico testimone della loro morte.

Non ricordo chi mi raccontò per primo questi particolari, ma si insinuarono nella mia coscienza come una macchia di sangue che si allarga su un tessuto –
impossibile da rimuovere.

Per anni, li immaginai mentre attraversavano la strada, li vidi colpiti, mia madre morire all'istante,
senza nemmeno comprendere cosa fosse accaduto.

Immaginavo Silky muoversi disperata tra i loro corpi immobili,
sulla strada bagnata dalla pioggia.

Quell'immagine mentale si radicò talmente a fondo
che, anni dopo, vedendo una pubblicità della Traffic Accident Commission
in cui due anziani pedoni venivano investiti da un'auto mentre attraversavano la strada con il loro cane,
ero certa fosse ispirata alla morte di mia madre.

Le gomme che stridono.
L'impatto sordo.
I corpi che si sollevano in aria.
Che rimbalzano sul parabrezza.
E poi a terra.

Questi suoni e immagini
scatenavano nausea viscerale ogni volta che lo spot andava in onda.

Se c'erano altre persone presenti, mantenevo la calma.
A volte uscivo dalla stanza.
Altre volte chiudevo gli occhi prima dell'impatto.

Anche trent'anni dopo,
quella sequenza vive ancora incisa nella parte del cervello dove il trauma si annida per sempre.

Poco dopo quella notte, andai sulla scena dell'incidente in West Street.
Camminando intorno all'incrocio, sentii l'anima di mia madre vagare,
sperduta, attraverso la strada –
confusa, inconsapevole di quanto era successo.

Un fantasma intrappolato nel momento del passaggio,
né di qua né di là –
proprio come mi ero sentita io per gran parte della mia esistenza fratturata.

Il brandy penetrava rapidamente nel sangue,
sciogliendo la fragile armatura dell'autocontrollo.
Disinibita, non potevo più soffocare il dolore.

Oscillando avanti e indietro sul divano in pelle,
mi abbracciavo il petto,
il corpo piegato su se stesso come un animale ferito.
I singhiozzi salivano dal profondo dello stomaco –
grezzi, incontrollabili:

Non la mia mamma.
Non la mia mamma.
Non la mia mamma.
Non la mia mamma.
No!
Non la mia mamma! –
urlai,
le parole lacerate da un luogo più profondo del linguaggio.

Il dolore era così immenso
che credetti di morire di *Takotsubo* –
un'altra parola giapponese,
che descrive quel tipo di dolore al cuore che può uccidere.

Le lacrime, torrenziali, mi scorrevano sul viso,
trasportando anni di dolore accumulato.

No, non la mia mamma.
Lei era l'unica famiglia che mi era rimasta.

In un istante – all'improvviso –
non avevo più nessuno.
Dopo trent'anni,
ero orfana di nuovo.

La parola suonava al tempo stesso familiare e straniera.
Orfana – qualcosa che era sempre stato vero,
ma che ora aveva un peso doppio.

Avevo perso mia madre due volte:
una alla nascita,
e una per sempre.

Nei giorni prima della sua morte,
avevo sognato mio padre per la prima volta da quando era morto.
Nel sogno, mi stringeva mentre piangevo senza sosta.
Quel conforto, anche se solo in sogno,
ora sembrava profetico.

I preparativi del funerale

Il giorno seguente,
i miei cugini tornarono per aiutarmi con l'organizzazione del funerale.
Avevamo parlato con le mie zie e con mio zio a New York.
La sorella più giovane di mia madre, Zia Giovanna,
e una delle mie cugine,
stavano volando in Australia per la cerimonia.

Io e mia cugina Francesca andammo a comprare gli abiti per la sepoltura –
un vestito color malva chiaro e scarpe abbinate per mia madre.

L'esperienza fu surreale e macabra –
scegliere tessuto e stile come se stessimo preparandola per una festa,
non per il suo riposo eterno.

Mi sorpresi a chiedermi se le sarebbe piaciuta la nostra scelta,
per poi ricordare, con una nuova ondata di dolore,
che non avrebbe mai più potuto esprimere un'opinione.

Dovetti identificare i corpi di mia madre e del patrigno presso l'ufficio del medico legale.
Il mio fratellastro – troppo codardo per affrontare quel compito –
non esitò però a mostrarsi impaziente di consultare il testamento

di mia madre.
Questa si sarebbe trasformata in una lunga e amara battaglia legale nel corso dell'anno successivo –
una lotta inutile, mentre ancora cercavo di dare un senso alla sua morte.

I miei cugini mi accompagnarono al tribunale del coroner. I giorni si confondevano l'uno con l'altro in una nebbia ovattata, mentre lo shock mi isolava dall'impatto emotivo pieno.
Entrai in una stanza silenziosa, dove due tende erano tirate. L'odore di disinfettante si mescolava a qualcos'altro – quell'inconfondibile assenza di vita.
Dietro vetri trasparenti giacevano due corpi separati, su tavoli d'acciaio inox, coperti da lenzuola bianche – tranne che per le teste. Riposavano immobili, occhi chiusi, espressioni inespressive.
Mia Madre aveva un tubo di respirazione in plastica trasparente che spuntava dalla bocca. La mia mente faticava a comprendere ciò che stava vedendo. Il cuore sprofondò mentre le gambe si indebolivano. Qualcuno mi sorresse le braccia per impedirmi di cadere.
Mi voltai e sussurrai: «Sì, quella è mia Madre. E quello è il mio patrigno».
Uscimmo dall'edificio in silenzio e tornammo a casa di mia Madre. Seduta in macchina, in quel freddo giorno d'inverno, fissavo il vuoto mentre una singola lacrima scivolava via, inosservata.

Il funerale

I preparativi continuarono.
Scrissi un'elogia funebre e scelsi *Funeral Blues* di W.H. Auden da leggere durante la cerimonia.
Il mio fratellastro rimase completamente assente, lasciando che fossero i miei cugini a sostenermi in tutto.

Nei giorni precedenti al funerale, amici e familiari continuarono a far visita per porgere le condoglianze.
Ricevetti molte lettere – alcune da persone che non vedevo da anni.
I colleghi di lavoro inviarono fiori.
Gesti semplici che ammorbidivano, appena, i bordi taglienti del lutto, anche se l'appetito era completamente svanito.

Zia Giovanna e una cugina arrivarono da New York pochi giorni dopo.

Il giorno del funerale, i carri funebri e le auto si radunarono davanti alla casa.
I familiari più stretti salirono sui veicoli e iniziammo il nostro percorso mesto verso la chiesa.

Il funerale doppio sembrava un matrimonio macabro –
quella strana simmetria di due vite unite nella morte come lo erano state in vita.
Grandi mazzi di rose rosse e bianche adornavano le due bare marroni, affiancate di fronte all'altare della chiesa di St Thomas More –
la stessa chiesa che aveva ospitato i funerali di mio padre e di mia nonna,
dove avevo ricevuto la Prima Comunione e la Cresima,
dove avevo passato infinite domeniche da bambina,
chiedendomi se Dio esistesse davvero e, se sì,
perché fosse così crudele e implacabile.

La chiesa era gremita: parenti, amici di entrambe le famiglie, vicini,
i miei amici, le compagne di hockey, colleghi di lavoro.

Non riuscivo a parlare.
Il dolore era troppo, lo shock ancora troppo vivo.
Il prete lesse l'elogio che avevo scritto.
Sedevo nel primo banco accanto alla zia e a mia cugina Francesca,
le lacrime che scendevano libere.

Ero lì con il corpo, ma altrove con la mente –
osservavo questo incubo svolgersi davanti a me come se
appartenesse a un'altra vita,
a un'altra tragedia.

Dopo la messa, una processione interminabile di persone passò
davanti alla nostra famiglia,
offrendo baci, abbracci, condoglianze –
un vortice di volti e parole,
espressioni diverse dello stesso dolore,
frasi che mi scivolavano addosso come onde:
significative, ma indistinte nella loro ripetizione.

Poi, il breve viaggio verso il cimitero di Fawkner,
attraversando North, East e South Streets,
mentre la mia bussola interiore giaceva in frantumi.

Mia madre e il patrigno furono sepolti insieme.
Quando le bare furono calate nella cripta, alcuni familiari
iniziarono a piangere in modo catartico.
Mi unii a loro,
ma nel mio lamento c'erano strati che gli altri non potevano
udire –
il lutto per la madre che avevo conosciuto,
per tutte le madri che non avevo mai avuto:
quella biologica che mi aveva abbandonata,
quella adottiva che forse sarebbe stata diversa se mi avesse detto
la verità,
la madre che avevo immaginato durante la mia ricerca.

Ero orfana di nuovo,
ma quell'eco portava con sé tutte le mie orfananze precedenti.

Mentre la sua bara raggiungeva la sua dimora finale,
il presente si frantumò.
Affiorarono frammenti di memoria:
le sue mani che impastavano il pane,
la sua voce che mi chiamava per cena,

il suo viso illuminato dalle luci di New York durante il nostro
primo viaggio insieme.

Alla fine della cerimonia,
ognuno passò accanto alla tomba e vi gettò un fiore.
Io attesi in fondo alla fila.

Sola, nel freddo e nel grigiore invernale,
guardai dentro la fossa.

Da qualche luogo profondo dentro di me,
estrassi la camera interiore che conteneva tutto il mio dolore –
il peso accumulato dell'abbandono, dei segreti, dell'identità
spezzata –
e la gettai sulla bara marrone, coperta di fiori, come un'offerta
finale,
un fardello e insieme un tributo.
Sarebbe rimasto sepolto con lei per anni.

Con questa seconda orfanezza,
un'altra porta sulle mie origini si era chiusa per sempre.
Mi sentivo ancora più alla deriva,
senza ancore né verso le radici adottive,
né verso quelle biologiche.

Il dopo

Dopo il funerale, tornammo nella casa di mia madre per il
rinfresco,
insieme a molti parenti, vicini e amici.
Ritrovai persone che non vedevo da anni –
alcuni ormai sposati, con figli.
Condividemmo ricordi più leggeri,
aneddoti delle nostre gioventù sregolate a Middle Street,
delle avventure nel quartiere.

Com'era potuto succedere tutto questo?
Com'è possibile che due persone siano morte?
Com'è possibile che il conducente non abbia visto due anziani e

un cane attraversare la strada?
E com'è possibile che loro non abbiano visto arrivare l'auto?

Queste domande si sarebbero ripetute nella mia mente per anni –

una litania tortuosa di ipotesi irrisolvibili,
che non offrivano soluzioni,
solo il conforto vuoto di un dolore familiare.

Cazzo!
Cazzo!
Cazzo!

Quante volte mia madre mi aveva avvertita: «Stai attenta, fidya»,
ogni volta che uscivo di casa.
Eppure era riuscita a morire proprio per una sua disattenzione.

Non credo agli incidenti – la maggior parte si può evitare.
Il coroner concluse che l'autista non era né ubriaco né stava correndo.

Ero furiosamente arrabbiata con lei –
e lo sarei rimasta per almeno un altro decennio.

Eppure mi sarebbe mancata ogni singolo giorno.

Mi sarebbe mancato tornare a casa e trovare i suoi pasti italiani fatti in casa,
il profumo dolce del ragù che bolliva sul fornello,
riempiendo l'aria di aromi caldi di pomodoro, aglio e erbe.
Mi sarebbero mancati i nostri dialoghi filosofici sulla vita,
le sue storie del paese natale che mi trasportavano in un luogo
che conoscevo solo attraverso le sue parole.

Quelle stesse domande senza risposta mi perseguitavano ogni giorno.

Non saprò mai con esattezza cosa accadde quella notte –
so solo che è successo.

La mia povera madre,
che aveva già sofferto così tanto nella vita,
ha avuto una fine tanto tragica.

Non era vecchia – aveva solo 65 anni.

Ora che scrivo queste righe,
avvicinandomi ai 61,
mi rendo conto che 65 non è vecchia affatto.

Per quanto la sua morte improvvisa e inaspettata mi abbia – e mi abbia sempre – addolorata,
sono grata che non abbia dovuto affrontare una lunga malattia, come sua sorella maggiore, Concettina.

Entrambi i miei genitori sono morti giovani,
all'improvviso e senza preavviso.

Non li ho mai conosciuti da anziani.

Queste esperienze precoci con la morte influenzarono profondamente la mia visione della vita, generando risposte contrastanti.
O vivevo ogni giorno con intensità appassionata – consapevole della natura precaria dell'esistenza –
oppure mi ritrovavo a lamentare l'apparente insensatezza della vita, vedendo quanto velocemente una vita possa essere cancellata.

Le nostre vite individuali rappresentano a malapena un battito di ciglia nel vasto concetto che chiamiamo tempo.
A trent'anni, era iniziata la mia crisi esistenziale.

Qual è il senso della vita?
Qual è il senso della mia vita?
Qual è il valore di una vita definita dalla sofferenza?

Ci sarebbero voluti decenni per cominciare a rispondere a queste domande senza tempo.

Sono grata di essere stata adottata da Michelina e Sebastiano.
Nonostante i loro demoni e le ferite che mi hanno inflitto,

ero – per qualche motivo – destinata a far parte delle loro vite complesse,
così come loro erano destinati a far parte della mia.

Subito dopo la morte di mia madre,
sentii che la sua anima vagava confusa per West Street –
ma presto si allontanò.
Al contrario, ho sempre percepito la presenza dell'anima di mio padre accanto a me,
come se mi avesse vegliato e protetta per tutta la vita.

So che entrambi mi hanno amata e desiderata.
Sono grata per la casa che mi hanno offerto,
per le opportunità di istruzione,
per le lezioni pratiche sulla vita che mi hanno insegnato.
A modo loro, mi hanno nutrita e protetta.
Pur con tutti i loro limiti, non mi hanno mai abbandonata fisicamente.

La morte di mia madre, sebbene prematura,
mi liberò di vivere la mia vita senza colpa, rimorso o obblighi –
una liberazione terribile,
che non avevo cercato né accolto,
ma che modificò per sempre il mio cammino.

Eppure, benché finalmente «libera»,
piombai subito di nuovo in uno stato di smarrimento.
Avevo perso non solo mia madre,
ma anche la mia migliore amica,
il mio conforto, la mia stabilità.
Persi anche il legame con il quartiere dove ero cresciuta,
con la mia comunità italiana,
e in gran parte con la sua famiglia a New York.

Cominciai a sentirmi completamente estranea a tutto ciò che un tempo era familiare.
Di nuovo, mi sentivo assolutamente isolata –
un minuscolo pezzo di legno alla deriva in un vasto oceano.

Questa sensazione sarebbe rimasta con me per decenni,
nonostante amici, partner e parenti lontani.

Se prima mi ero sentita persa, disconnessa, senza scopo –
ora ero completamente priva di direzione,
spogliata di ogni senso.

Ero grata di essere in una relazione –
dubito che sarei sopravvissuta a quel periodo da sola.

Per un attimo, mi chiesi se Dio esistesse davvero,
se le storie della Bibbia fossero vere,
se i figli illegittimi fossero davvero maledetti,
o se stessi semplicemente pagando, in questa vita,
colpe di un'esistenza precedente.

L'universo aveva forse un conto personale in sospeso con me?
O era semplicemente la crudeltà casuale dell'esistenza –
quel caos indifferente che crea e distrugge senza intento né
cattiveria?

Nel paesaggio in rovina che mi circondava,
restare era diventato insopportabile.
Il dolore aveva infettato ogni stanza,
ogni odore familiare.

Avevo bisogno di muovermi –
qualunque movimento – per sopravvivere.

Ero di nuovo sola,
come quella notte in cui la mia madre terrorizzata si era infilata
nel mio letto.
Da bambina, avevo temuto che mio padre potesse uccidere mia
madre.
Dopo la sua morte improvvisa, temevo che anche lei morisse.

Ora quel timore si era materializzato.

Con entrambi i miei riferimenti scomparsi – problematici, sì, ma
pur sempre fondamentali –

la questione delle mie origini assunse un'urgenza nuova.
Non era più una curiosità intellettuale,
ma un imperativo esistenziale:
Chi ero, se non la figlia di Michelina e Sebastiano?

La domanda che mi perseguitava da quel viaggio in autobus,
quattordici anni prima,
ora richiedeva una risposta con nuova intensità.

Viaggiai a New York per trascorrere il primo Natale con la famiglia allargata
dalla morte di mia madre.
Non fu il Natale innevato che ricordavo da bambina,
ma portò con sé una miscela di tristezza e conforto.

Apparentemente presente,
in realtà desideravo solo sprofondare nel dolore,
annegare nell'alcol e nell'oblio –
ma le circostanze impedirono quella fuga.

Alla ricerca di un nuovo inizio

Dopo la morte di mia madre, cercai il movimento costante,
percorrendo migliaia di chilometri attraverso il sud degli Stati Uniti.

Le autostrade infinite e i paesaggi in continua trasformazione
mi distrassero temporaneamente,
creando una sorta di animazione sospesa
in cui il lutto non poteva né avanzare né ritirarsi,
ma esisteva in un limbo strano,
in uno stato di rinvio emotivo.

Ma quel movimento non poteva colmare il vuoto che ora abitava dentro di me.
Ero orfana due volte –
senza casa a cui tornare,
senza genitori ad attendere i miei racconti di viaggio.

Questa consapevolezza mi colpì da qualche parte
tra l'immensità del Grand Canyon
e le strade umide di New Orleans:
ero davvero sola al mondo.

Anche se ci furono momenti fugaci di gioia,
portavo un dolore nascosto sotto una vernice di avventura.

Dall'America volai a Londra,
poi intrapresi un viaggio in auto di sette giorni attraverso l'Inghilterra,
visitando città storiche e paesaggi costieri.
Seguì un tour di un mese in Europa con il Contiki –
Amsterdam, Parigi, Roma,
e una scia confusa di città, castelli e litorali –
dove nuove immagini e sensazioni mi aiutarono a distrarmi dal lutto,
mentre cominciavo a sviluppare strategie per affrontare il mondo come orfana adulta.

La distrazione globale si dissolse a metà volo.
Tornai a casa,
dove la realtà mi attendeva con forza implacabile:
mia madre era morta,
il mio rifugio era sparito,
e la disperazione totale mi travolse –
intensificando quell'isolamento che avevo sentito per tutta la vita.

Incontrare Ursula mi aveva dato alcuni pezzi del puzzle della mia identità,
ma non la completezza.
I frammenti rimanevano scollegati,
come pezzi di puzzle provenienti da scatole diverse,
forzati a incastrarsi in modo innaturale.

Credevo ancora che ci fosse un «*vero me*» da scoprire,
anziché comprendere che l'identità è qualcosa che si costruisce

con i materiali che la vita ci offre –
un arazzo tessuto da fili dati e scelti.

Questa lezione sarebbe arrivata solo dopo altre perdite,
altre ricerche,
altre rinunce.

Orfana due volte,
mi trovai di fronte a una scelta netta:
restare fissata sui pezzi mancanti del passato
oppure iniziare a tessere deliberatamente un futuro con i fili disponibili.

Il mosaico delle mie origini rimaneva incompleto,
ma forse un arazzo non ha bisogno di tutti gli elementi originali
per essere intero e significativo.

Forse sono proprio i vuoti a far parte del disegno –
lo spazio negativo non indebolisce l'arazzo: lo completa.

Forse la completezza non è mai stata l'obiettivo.
Forse il senso è sempre stato
ricucire ciò che rimane – vuoti compresi.

12

Vita dopo la perdita
(1996 – 2017)

Risorgere dalle ceneri sparse.

L'impatto della seconda orfanezza (1996)
Dopo la morte di mia madre, mi ritrovai in una posizione senza precedenti:
ero ormai orfana due volte. Prima per nascita, poi per morte.
Questa doppia separazione generò una forma particolare di libertà – al tempo stesso terrificante e trasformativa.
Senza più aspettative da parte dei genitori da soddisfare o sfidare, rispondevo solo a me stessa – ma ero anche completamente sganciata da quegli ancoraggi che, per quanto imperfetti, avevano tenuto insieme la mia vita.
Ereditare la casa di famiglia mi offrì stabilità finanziaria, ma non poté sostituire la stabilità emotiva che avevo perso.
Ora mi trovavo all'intersezione di molteplici identità – figlia adottiva, orfana, donna indipendente – senza una mappa per integrarle.
La ricerca iniziata su quell'autobus nel 1980 era entrata in una nuova fase: trovare la completezza senza la presenza definitoria di nessuna delle due famiglie.

Costruire un Sé professionale (1999)
Gli studi di psicologia, un tempo solo un interesse intellettuale, divennero il mio strumento per comprendere la mia storia

fratturata.
In assenza di continuità familiare, trovai coerenza attraverso la comprensione del comportamento umano – incluso il mio.
Dopo un'assenza di due anni, tornai all'università per riprendere gli studi.
Ogni traguardo accademico era come aggiungere un altro pezzo solido alle fondamenta instabili della mia identità.
Se non potevo conoscere pienamente chi fossi per nascita, potevo almeno definirmi attraverso il conseguimento.
I miei successi accademici e professionali erano brevi ascese su una montagna russa, momenti di progresso faticosamente guadagnato che non riuscivano mai del tutto a silenziare il costante sottofondo delle mie origini spezzate.
Una mattina d'estate limpida del 1999, mi trovai davanti al palco di laurea dell'Università La Trobe, il peso cerimoniale dell'abito accademico sulle spalle come un'armatura ancestrale.
Mentre aspettavo che pronunciassero il mio nome, i miei occhi cercavano istintivamente volti che non c'erano – e che mai ci sarebbero stati.
I posti vuoti dove la famiglia avrebbe dovuto sedersi divennero spazi negativi nel pubblico, assenze tangibili quanto le presenze.
«Mirella Di Benedetto,» annunciò il preside.
Feci un passo avanti, i piedi pesanti nel breve silenzio che precede gli applausi educati.
La sedicenne sull'autobus, ancora scossa dalla rivelazione, camminava invisibilmente al mio fianco su quel palco – ancora alla ricerca, ancora a chiedersi:
Chi sono io?
Ogni passo raccoglieva pezzi sparsi, ora disposti per portare peso e scopo, a cavallo tra passato e futuro.
Nel ricevere il mio secondo titolo, il tempo sembrò avvolgersi su se stesso – ero contemporaneamente la sedicenne confusa su quell'autobus, la trentenne addolorata al funerale di mia madre, la bambina di nove anni al funerale di mio padre, e la

professionista emergente che costruiva un'identità attraverso i risultati piuttosto che attraverso l'eredità.
Il certificato tra le mani era più di una convalida accademica – era la prova che qualcosa di intero poteva emergere dai frammenti.
Eppure qualcosa di fondamentale mancava. La consapevolezza di ciò creò una tensione attorno al cuore, e un nodo nello stomaco mentre lottavo per trattenere l'emozione.
I miei genitori non erano lì per assistere a quel momento di orgoglio, né a nessun altro futuro traguardo. Erano scomparsi con una tale definitività, lasciando un silenzio che nessun applauso poteva colmare.
Avevo perso i miei veri genitori.
Non i miei 'genitori adottivi' – un qualificativo che avevo usato per anni, come se rendesse il loro ruolo meno autentico – ma i miei genitori in ogni senso significativo del termine.
All'inizio, prima di trovare Ursula, avevo ingenuamente creduto che fosse la mia 'vera' madre solo perché condividevamo il DNA. Immaginavo che la connessione biologica conferisse automaticamente un significato più profondo al rapporto.
Ma il rifiuto di Ursula, e ora l'assenza definitiva dei miei genitori – soprattutto quella di Michelina – mi avevano chiarito cosa significasse davvero essere genitore.
Non era nel sangue, ma nei migliaia di pasti preparati, nelle lacrime asciugate, nei limiti imposti e nei sacrifici fatti. Esisteva nella presenza, non nella connessione genetica. Michelina, con tutte le sue imperfezioni e complessità, era stata la mia vera madre per tutto il tempo – non perché un documento lo dichiarasse, ma perché lei lo aveva vissuto, giorno dopo giorno, anno dopo anno.
Ursula mi aveva dato la vita.
Ma Michelina mi aveva dato *una vita*.
Solo perdendola – e perdendo mio padre – avevo compreso appieno ciò che avevo avuto.

2000 – Un nuovo millennio

Il passaggio al nuovo millennio nel 2000 rispecchiava il mio stesso attraversamento di soglia.
Entrai in un programma di dottorato, afferrandone la severità con una determinazione feroce e disciplinata –
una corda di salvezza gettata attraverso l'abisso.
Ricordo ancora nitidamente il primo giorno da dottoranda –
mentre entravo nella sala di ricerca post-laurea, con le sue pareti beige istituzionali
e le scrivanie marroni tutte uguali, disposte come reperti in un museo dell'aspirazione accademica.
Passai le dita sulla superficie lignea dello spazio di lavoro assegnatomi,
chiedendomi se anche questo potesse diventare un altro frammento d'identità da aggiungere alla mia collezione.
L'invito del mio supervisore a diventare tutor mi mise di fronte alle mie ansie più profonde –
parlare in pubblico e interagire socialmente avevano sempre attivato l'iper-vigilanza
che avevo sviluppato da bambina assistendo agli scoppi di mio padre.
Io?
Con la mia intensa paura di parlare in pubblico e l'ansia sociale?
Mi interrogavo – pur riconoscendo che si trattava di un'opportunità
per ricostruire parti di me che il trauma aveva danneggiato.
Proprio come un maestro di *kintsugi* ricompone con cura i frammenti ceramici
riempiendo le crepe con oro lucente,
il mio percorso di dottorato divenne un processo deliberato di ricostruzione della mia identità fratturata.
La mattina della mia prima lezione da tutor,
rimasi immobile fuori dalla porta dell'aula,

con gli appunti preparati con cura che tremavano tra le mani
come foglie d'autunno.
All'interno mi aspettavano venticinque studenti universitari,
pronti a ricevere indicazioni da qualcuno che si sentiva ancora
un'intrusa in quello spazio accademico.
La nausea familiare dell'ansia mi salì in gola,
come se ogni momento passato di esposizione, vulnerabilità e giudizio
stesse crollando in quell'istante.
È diverso, mi sussurrai –
un mantra contro il panico.
Loro conoscono solo la tutor. L'accademica.
Feci un respiro profondo e aprii la porta.
Venticinque paia di occhi si volsero verso di me –
aspettandosi certezza, conoscenza, autorevolezza.
Il sé frammentato che portavo dentro restava invisibile ai loro occhi;
ciò che vedevano era solo la figura professionale coesa che avevo costruito.
«Buongiorno,» dissi, con una voce più ferma di quanto mi sentissi.
«Oggi parleremo delle teorie dell'attaccamento.»
L'ironia mi trafisse – insegnare la teoria dell'attaccamento
dal mio punto di vista di persona il cui primo attaccamento
era stato reciso alla nascita.
Ero contemporaneamente la professionista che analizzava il comportamento umano
e il soggetto oggetto dell'analisi.
Ogni teoria che insegnavo offriva un'altra lente attraverso cui osservare
i miei inizi interrotti.
Forse era per questo che la psicologia mi aveva chiamata –
una carriera e una mappa per orientarmi nel mio stesso
paesaggio interiore.

Una notte, tardi, nel mio ufficio, circondata da pile di articoli di ricerca, affrontai una verità che avevo a lungo evitato: vivevo ai margini, oscillando perennemente tra l'immersione totale e il ritiro assoluto – tra l'ordine ferreo della disciplina monastica e il richiamo seducente dell'autoannientamento.
Questo movimento pendolare non era semplicemente un tratto caratteriale, ma una risposta diretta alle mie fondamenta frantumate – senza un centro solido, rimbalzavo tra tentativi di creare un ordine perfetto e abbandoni totali al caos.
La mia scrivania raccontava la storia: materiali di ricerca meticolosamente ordinati da un lato, un groviglio caotico di oggetti personali dall'altro.
Anche il mio calendario rivelava lo stesso schema: settimane di orari di lavoro estenuanti seguite da periodi di vagabondaggio senza meta.
I frammenti della mia identità non erano solo separati; erano in guerra tra loro, tirandomi in direzioni opposte con un'intensità estenuante.
Tutta la mia esistenza era definita dall'asimmetria, dalla distribuzione diseguale di conoscenza e ignoranza sulle mie origini.
La mia relazione con l'alcol esemplificava questo schema – un analgesico temporaneo per l'ansia persistente di non appartenere a nessun luogo, un momentaneo silenzio alla voce che mi accompagnava da quel momento sull'autobus, chiedendomi incessantemente: *Chi sei davvero?*
Durante i periodi di insegnamento più stressanti, bevevo non per piacere ma per intorpidirmi – per una tregua temporanea dal disagio di esistere a pezzi e temere di essere smascherata.

Evoluzione dell'identità sociale (2002)
Una calda sera di novembre del 2002, mi trovai tra migliaia di atleti LGBTQIA+ alla cerimonia di apertura dei Gay Games di Sydney. L'Aussie Stadium pulsava con un'energia che non avevo mai provato – una celebrazione dello sport, dell'autenticità e del

rifiuto di rinnegare sé stessi per soddisfare le aspettative sociali. Quando k.d. lang cantò *You'll Never Walk Alone*, le lacrime mi salirono agli occhi inaspettatamente.

Guardando quel mare di volti – persone che avevano lottato con frammentazioni diverse, che avevano combattuto per integrare parti di sé che la società aveva cercato di sopprimere – provai un riconoscimento profondo.

Il testo prometteva qualcosa che avevo cercato per tutta la vita: che non avrei dovuto camminare sola, che l'appartenenza era possibile anche fuori dalle strutture familiari convenzionali.

Per quelle due settimane – gareggiando con la mia squadra di hockey, condividendo pasti e risate con atleti da tutto il mondo – sperimentai un tipo diverso di completezza.

Una completezza costruita non su legami biologici, ma su valori ed esperienze condivisi.

Questa comunità aveva creato una famiglia per scelta e non per sangue, assemblando appartenenza da frammenti che la società un tempo giudicava incompatibili.

Forse l'integrazione era possibile dopotutto – solo non nel modo in cui l'avevo cercata.

La società occidentale stava diventando più accogliente verso la diversità, creando spazio per parti della mia identità che prima erano rimaste nascoste.

Questi momenti di connessione e comunità offrivano scorci di come potesse sentirsi la completezza – un'appartenenza basata non sul DNA, ma su esperienze condivise e autentica espressione di sé.

Suggerivano un percorso alternativo verso l'integrazione: forse l'identità non era qualcosa da scoprire nelle origini, ma da creare attraverso le proprie scelte e connessioni.

Altri viaggi – (inizio 2006)

All'inizio del 2006, mi recai in Sri Lanka per un matrimonio e scalai lo Sri Pada, la montagna sacra. Al mio ritorno, la mia amica Bee annunciò la sua gravidanza. Ero sinceramente felice per lei e il suo compagno.

Qualche mese dopo, nacque il loro figlio, l'otto agosto – la stessa data in cui mia madre era stata investita in West Street dieci anni prima.

Solo di recente avevo smesso di pensare a lei ogni giorno, cavalcando le onde di un lutto costante. Il mio corpo si irrigidiva ancora al pensiero della sua distrazione mentre attraversava la strada.

Quel nodo allo stomaco quando un profumo mi ricordava le sue polpette al sugo – una ricetta che non sono mai riuscita a replicare del tutto. I momenti di risate sfrenate che non avremmo mai più condiviso alla sua tavola durante le mie visite inaspettate.

Sperare che il telefono squillasse e di sentire ancora una volta la sua voce.

Ritornai al momento presente. *Come poteva l'Universo colpirmi ancora così duramente?*

La coincidenza sembrava uno scherzo cosmico – una nuova vita che nasceva nell'anniversario della morte, la gioia della mia amica che iniziava esattamente dove la mia era finita.

La maledizione del figlio bastardo continuava.

Più tardi, quello stesso anno in Borneo, scalai il Monte Kinabalu – la vetta scalabile più alta del Sud-est asiatico.

L'aria rarefatta rendeva ogni passo più difficile, i muscoli urlavano, eppure qualcosa di primordiale mi spingeva avanti. Quando finalmente raggiunsi la vetta nella luce dell'alba, il mondo si aprì sotto di me. Il cuore mi batteva nel petto, per lo sforzo e per una connessione profonda, elementale, con l'antica roccia sotto i miei piedi e lo spazio infinito sopra.

La pioggia lavò via le lacrime dai miei occhi e portò via il peso che avevo portato per mesi.

Quelli erano momenti di gioia pura – dove dolore ed estasi si fondevano, dove le mie piccole lotte umane si dissolvevano in qualcosa di vasto e senza tempo.

Durante quei viaggi, mi ritrovai attratta ripetutamente dalle

montagne.
L'atto di scalare – di salire contro la gravità e la stanchezza – sembrava rispecchiare la mia lotta interiore per sollevarmi sopra le circostanze della mia nascita e abbandono. Da ogni vetta, i modelli della mia vita frammentata sembravano momentaneamente comprensibili.
Una notte, nel mio alloggio in Borneo, incapace di dormire, mi rifugiai in bagno, mi sedetti sul pavimento freddo, duro, color vino rosso, e piansi da sola nel buio.
Non riuscivo a identificare quale dolore fosse emerso. Non importava.
Il dolore non riconosce confini netti – scorre tra le esperienze, fondendo perdite disparate finché diventano indistinguibili.
Stavo piangendo per la madre che avevo perso, per il padre che non avevo mai conosciuto, per i fratelli che mi tenevano a distanza, per i figli che forse non avrei mai avuto?
Tutto questo, forse. Ogni goccia conteneva un frammento della mia narrazione spezzata.
Mi ero abituata a questi sfoghi solitari.
Mi sedevo a piangere, spesso al buio, poi mi rialzavo e andavo avanti, credendo sempre che il domani offrisse qualcosa di nuovo.
Nonostante la turbolenza emotiva, la vita restava emozionante, esaltante, stimolante. Avevo amici leali che mi sostenevano attraverso le vette e gli abissi.

Forgiare la continuità dai frammenti (fine 2006)
Entro la fine del 2006, consegnai la mia tesi e ottenni il dottorato. Ora ero ufficialmente la Dott.ssa M.
Questo traguardo rappresentava qualcosa di interamente mio – non ereditato, non concesso né revocato da altri, ma forgiato attraverso la perseveranza, l'intelletto e la pura forza di volontà.
Qualunque cosa pensassero di me Ursula o i miei fratelli, qualunque cosa Giuseppe non avrebbe mai saputo, questo risultato era inequivocabilmente mio.

La cerimonia di laurea finale portava con sé la stessa dolceamara sensazione degli altri traguardi.
Nessun genitore, fratello o familiare era lì ad assistere a questo momento culminante – solo la mia leale amica, Nic.
La figlia di migranti non anglofoni aveva conseguito un dottorato – un'impresa che mio padre avrebbe celebrato con orgoglio immenso, mentre mia madre forse non ne avrebbe compreso appieno la portata.
Indossavo con orgoglio la toga rossa di seta con pannelli in velluto azzurro chiaro e il tocco nero cerimoniale – orgoglio temperato dall'assenza.
Nel ricevere il diploma dalle mani del Rettore, tra centinaia di altri laureandi, i sentimenti positivi non riuscivano a soffocare del tutto la persistente corrente di perdita e disconnessione.
I posti vuoti dove sarebbero dovuti esserci i miei cari sottolineavano l'assenza al centro della mia vita.
Eppure, indossando l'abito accademico, sentivo uno strano senso di completezza – come se l'identità professionale che avevo costruito stesse riempiendo gli spazi lasciati vuoti dai legami biologici che ancora mi mancavano.
Forse l'integrazione non sarebbe avvenuta trovando ogni pezzo mancante, ma creando nuovi frammenti adatti alla forma unica della mia vita.
A fine anno, presentai domanda per un posto da docente all'Università di Ballarat. Il giorno del colloquio è ancora vivido – indossavo il ciondolo di mia madre come talismano, le mani tremanti mentre esponevo la mia filosofia didattica a una commissione di cui ormai ricordo a malapena i volti.
Quando arrivò la telefonata con l'offerta, provai quella familiare collisione di emozioni: esaltazione intrecciata a timore.
Dopo anni di nomadismo accademico – punteggiati da ricoveri e lutti – mi si offriva la possibilità di rivendicare una legittimità professionale.
La posizione rappresentava una stabilità che non avevo mai conosciuto, il che la rendeva tanto seducente quanto spaventosa.

Accettai l'incarico a tempo pieno come docente di psicologia presso questa università regionale, immersa tra colline ondulate e foreste di eucalipto.
Mentre sistemavo i miei libri e titoli nel nuovo ufficio, appendendo il diploma di dottorato alla parete, provai un senso di arrivo che mi era sempre sfuggito nei tentativi precedenti di costruire una vita.
Sul podio per la mia prima lezione da Dott.ssa Di Benedetto, notai che le mani mi tremavano leggermente – lo stesso tremore che mi aveva accompagnata sin da bambina, nascosta dai furori di mio padre, da adolescente su quell'autobus, e da figlia al funerale di mia madre.
Ma questa volta, il tremore aveva un significato diverso.
La mia voce, ferma nonostante il cuore in gola, riempì l'aula mentre parlavo di resilienza e crescita post-traumatica.
A metà frase, colsi il mio riflesso nel vetro scuro della finestra – abiti professionali e postura sicura che celavano la complessità interna.
Per un momento fugace, tutte le mie identità si allinearono: la neonata abbandonata, l'adolescente distrutta, la figlia in lutto e ora l'accademica emergente.
I frammenti non sparirono, ma in quell'istante si disposero in qualcosa che somigliava alla completezza.
La mia identità professionale non era una maschera a coprire il mio sé fratturato, ma un'architettura costruita su quelle stesse crepe, che le includeva piuttosto che nasconderle.
Ogni lezione sull'attaccamento o la risposta al trauma era sia un discorso accademico sia una testimonianza personale, ogni concetto spiegato tanto con la letteratura quanto con l'esperienza vissuta.
Il tremore nelle mani collegava questi sé apparentemente disgiunti nel tempo – la bambina impaurita e la professionista affermata coesistevano non come identità sequenziali ma come aspetti simultanei di un tutto complesso.
Forse era proprio questo il vero significato dell'integrazione: non

la sparizione dei frammenti, ma la loro incorporazione in un sé la cui coerenza nasceva non malgrado la complessità, ma proprio grazie ad essa.
«Dott.ssa Mirella Di Benedetto», annunciava la targhetta sulla porta – un piccolo ma significativo segno d'identità.
Questo nome – non quello di nascita, Zunica, né un futuro nome da sposata – ma il nome che avevo portato con me dall'infanzia lacerata fino all'età adulta professionale – era diventato mio attraverso l'esperienza vissuta, non per eredità biologica.
L'insegnamento divenne la mia dedizione quotidiana. La mia mente era costantemente occupata a preparare lezioni, correggere compiti, leggere articoli, scrivere domande di finanziamento, supervisionare studenti o partecipare a conferenze.
Il lavoro era vario, stimolante e gratificante rispetto alla ripetitività del laboratorio. Teneva la mia mente iperattiva lontana da malinconici rimuginamenti.
Avevo meno tempo per l'hockey e la corsa.
Alcuni dei miei demoni se n'erano andati.
Avevo affrontato la figura nei miei sogni che mi inseguiva – decisi di fermarmi, voltarmi e dirle di andarsene. E se ne andò.
Questo confronto con l'incubo rispecchiava il percorso reale – stavo imparando ad affrontare piuttosto che fuggire dalle verità difficili.
La corsa che aveva definito così tanto della mia vita – sia letteralmente che metaforicamente – stava gradualmente lasciando il posto alla scelta di restare, affrontare le realtà dolorose e costruire qualcosa di significativo nonostante tutto.
Nel 2017, ormai prossima ai cinquantacinque anni, avevo costruito una vita che accoglieva la mia storia frammentata senza esserne definita unicamente.
La mia identità professionale come accademica, i legami con la famiglia scelta e gli amici, le passioni e gli interessi – tutti formavano un mosaico che riconosceva le rotture senza esserne ridotto.

Le domande sulle mie origini persistevano, ma non minacciavano più di consumarmi interamente.
La ricerca delle mie radici biologiche proseguiva, ma con un'intensità meno disperata.
Avevo costruito abbastanza di un'identità da potermi sostenere nell'incertezza.
Nei momenti di quiete – seduta sola nel mio giardino al calare del crepuscolo, o sveglia nell'immobilità prima dell'alba – il desiderio di sapere riaffiorava.
Non con l'urgenza cruda degli anni precedenti, ma con una costanza paziente.
La ricostruzione della mia identità aveva fatto grandi progressi.
Le lacune brillavano come tessere mancanti in un antico mosaico – insetti per sempre intrappolati nell'ambra ispessita della memoria.
Frammenti assenti, la cui mancanza era visibile nei motivi incompleti del mio sé ricomposto.

13

Incontro con i fratelli
(2003–2018)

La memoria del sangue si agita, si rifiuta di restare immobile.

La ricerca riaccesa (2003)
Nel 2003, mi trovai a un bivio. L'orologio biologico che avevo a lungo ignorato ora ticchettava forte, in modo ineludibile. Decisi che volevo avere figli, così iniziai un percorso di fecondazione assistita.
In quanto parte di una coppia dello stesso sesso, subii discriminazioni: all'epoca, in Victoria, la fecondazione in vitro non era disponibile per donne single o lesbiche. Dovetti quindi attraversare il confine nord e recarmi ad Albury per il trattamento.
Un decennio dopo il mio ultimo incontro con Ursula, il desiderio di riconnettermi con la mia famiglia biologica tornò con una forza che mi tolse il respiro.
Il vuoto si ampliava – con la morte di mia madre, con ogni relazione fallita – diventando sempre più insopportabile a ogni stagione festiva, seduta come estranea tra persone che mi avevano scelto, ma che non condividevano il mio sangue.
Quel dolore si era evoluto – da un sordo pulsare a un ululato urgente.
Non era più semplice curiosità. Era sopravvivenza.
Dovevo trovare i miei fratellastri – le uniche persone al mondo

con cui condividevo il DNA materno. L'assenza diventava tagliente, come una ferita che rifiutava di guarire. Meglio il sangue tangibile del nulla che riecheggia. Persino il dolore sembrava preferibile a questo.
Il ricordo del rifiuto di Ursula bruciava ancora, ma ora dentro di me c'era una resilienza ostinata – una determinazione a non permettere che la sua freddezza mi negasse possibili connessioni con fratelli e sorelle forse più accoglienti.
Sapevo di avere almeno tre fratellastri e un nipote, oltre a innumerevoli zii, zie e cugini là fuori, da qualche parte. Volevo entrare in contatto.
All'epoca esistevano ancora le Pagine Bianche, così cercai A. Schifforo, nato il mio stesso mese, luglio, ma due anni dopo. La fortuna mi sorrise: solo un paio di voci nell'elenco telefonico. Chiamai e mentii. Gli dissi che ero un'amica d'infanzia di sua sorella, nata anche lei a luglio, e che stavo cercando di rintracciarla – tecnicamente, non era proprio una bugia.
Mi credette e mi disse il suo cognome da sposata e dove abitava.

La lettera
Con queste informazioni in mano, mi sedetti nel mio studio, fissando lo schermo vuoto del computer, cercando di scrivere la lettera che avrebbe potuto cambiare tutto.
Le dita sospese sopra la tastiera, mentre il timore e l'attesa si combattevano dentro di me.
Come ci si presenta a fratelli che non sanno nemmeno che esisti?
Che tono usare per trasmettere urgenza ma anche rispetto?
Troppo informale avrebbe potuto banalizzare la gravità della nostra connessione; troppo formale avrebbe potuto creare distanza prima ancora di cominciare; troppo remissivo avrebbe potuto far pensare che mi pentissi di aver sconvolto le loro vite, quando in realtà mi rammaricavo solo delle decadi di separazione.
Scrissi e cancellai dozzine di incipit, ognuno inadeguato alla

realtà monumentale.

Alla fine, optai per una semplice onestà – spiegando chi ero, come li avevo trovati, e il mio desiderio di conoscerli, senza aspettative né pretese.

La lettera non era né poesia né atto legale, ma qualcosa nel mezzo – un ponte fatto di parole misurate, teso dalla mia solitudine verso la loro riva sconosciuta.

Avevo scritto una lettera ad Alessandro sei anni prima, ma non l'avevo mai spedita. Ero troppo paralizzata dalla prospettiva di un altro rifiuto.

Non volevo coinvolgere mio fratellastro più giovane, Nathan, poiché viveva ancora a casa con i genitori, e non volevo causare tensioni.

Fu una strana coincidenza: eravamo tutti nati attorno alla mia data di nascita, a luglio.

Quando infilai le lettere nella cassetta della posta, sentii la solita stretta al petto – la stessa ansia trattenuta che avevo vissuto anni prima, incontrando Ursula.

Avrebbero risposto? Mi avrebbero accolta o, come nostra madre, mi avrebbero respinta?

I giorni seguenti furono strazianti. Ogni squillo del telefono, ogni passaggio al portone, carico di possibilità.

La Chiamata

Passò una settimana. Poi due. *Ogni giorno senza risposta aggiungeva peso alle mie spalle. Le avevano ricevute? Ne stavano parlando, o avevano semplicemente ignorato questa scomoda intrusione da parte di una sconosciuta che affermava un legame di sangue?*

Quando Alessandro finalmente chiamò, la sua voce era cauta, curiosa. «All'inizio pensavo fosse uno scherzo,» ammise. Non sapevano che esistessi. Ursula non aveva mai parlato di me. Questa sola rivelazione mi trafisse di nuovo – persino nella mia assenza, ero stata resa invisibile.

Il Primo Incontro

Organizzammo un incontro, e la mattina stessa rimasi

paralizzata davanti all'armadio aperto, alle prese con un dilemma ridicolo ma profondo.
Cosa si indossa per incontrare i propri fratelli per la prima volta a quasi quarant'anni?
Ogni capo sembrava comunicare un messaggio diverso – troppo casuale avrebbe potuto suggerire che non comprendevo la gravità del momento; troppo formale avrebbe potuto creare ulteriore distanza.
Alla fine, optai per qualcosa di sobrio ma curato – niente che apparisse forzato ma che esprimesse rispetto per ciò che quel giorno rappresentava.
Fu un incontro strano e nervoso.
Questi sconosciuti erano i miei fratelli, il mio sangue.
Condividevamo il DNA.
Arrivai a casa loro, salii i gradini, e bussai con il cuore in gola.
Non ci fu un'immediata connessione.
I volti davanti a me erano gentili, cortesi, ma sconosciuti.
Condividevamo materiale genetico ma non storia, nessun ricordo d'infanzia, nessuna battuta di famiglia o tradizione condivisa. Il peso di quei decenni mancati aleggiava tra noi come un muro invisibile – tutti i traguardi che non avevamo vissuto insieme.
Sedemmo nel loro salotto – tre sconosciuti legati dal sangue ma separati da una vita di esperienze.
La conversazione era impacciata, esitante, come una danza in cui nessuno conosceva i passi.
Ci assomigliavamo in modo sottile – la stessa curvatura del sopracciglio, gesti simili nel parlare – ma restavamo fondamentalmente estranei.

L'ombra di mia madre
«Ho mostrato la tua lettera a nostra madre,» disse Lyre, scrutando attentamente la mia reazione. «Ha detto che sei una bugiarda che cerca solo guai.»
Le parole colpirono con precisione chirurgica.
Ancora una volta, Ursula stava cercando di cancellarmi, di

negare la scomoda verità della mia esistenza.
Me lo aspettavo, mi ero preparata, eppure la conferma arrivò comunque come un colpo fisico.
Seppi, qualche anno dopo, che Ursula alla fine aveva ammesso – o almeno riconosciuto – con loro che ero davvero sua figlia.
Mi ero avvicinata a questo incontro con aspettative gestite con cautela – eppure nutrivo ancora una speranza segreta.
Che si accendesse una scintilla di riconoscimento.
Che un filo invisibile di connessione si tendesse tra noi.
Mi ero immaginata un momento da programma TV sulle riunificazioni – in cui fratelli separati si abbracciano con un'immediata e istintiva riconoscenza.

DNA ≠ Appartenenza
La realtà si rivelò molto più smorzata.
Avevamo i tratti di nostra madre distribuiti in modo diverso – il mio mento sul viso di Alessandro, gli occhi di Lyre simili ai miei – ma mancava la risonanza emotiva.
Condividevamo il sangue, ma poco altro – né interessi, né modi di fare, né visioni del mondo.
Il DNA che ci univa non era bastato a creare il legame che avevo tanto desiderato.
Questa era la crudele realtà delle riunioni tra adottati che non avevo pienamente previsto – che la biologia da sola non crea relazioni significative.
I fratelli seduti di fronte a me erano stati plasmati dalla loro educazione comune, dalle dinamiche familiari, dalla loro storia condivisa.
Io ero un'estranea a tutto ciò – forse una nota a piè di pagina biologica, ma non una vera famiglia nel senso che contava per loro.
Mantenni i contatti con i miei fratelli, ma rimasi esclusa dai raduni familiari più ampi – forse per insicurezza o bisogno di controllo da parte del loro padre.
Sarei sempre stata un'estranea indesiderata e non benvenuta.

Non partecipai – né potevo farlo – al matrimonio del mio fratello più giovane, né a compleanni, battesimi, Natale o altre celebrazioni familiari.
Continuavo a non appartenere davvero a nessun posto.
Condividevo materiale genetico con i miei fratelli, ma non una storia familiare. Nessun racconto d'infanzia vissuto insieme. Nessuna rivalità tra fratelli.
Connessa, ma scollegata.
Essere riconosciuta, ma mai veramente accolta, faceva più male che un rifiuto diretto.
Ogni incontro con la mia famiglia biologica era un'altra curva inaspettata sulle montagne russe – allo stesso tempo emozionante e disorientante, offriva risposte ma anche nuove domande.
Ero riconosciuta, ma tenuta a distanza, invitata a caffè individuali ma mai ai raduni in cui si esprimevano e si rafforzavano i veri legami familiari.
Era come stare fuori da una casa illuminata in una gelida notte d'inverno, vedere il calore e la connessione all'interno, ma non poter mai attraversare la soglia.

2004

Per tutto il 2004, lavorai metodicamente attraverso le voci dei «Zunica» sulle Pagine Bianche, chiamando zii di cui non avevo mai sentito la voce, di cui non conoscevo il volto.
Ogni chiamata seguiva lo stesso copione – la mia introduzione preparata con cura, seguita da un silenzio imbarazzato, poi da ignoranza simulata o ammissioni esitanti.
«Non so nulla di questo,» dicevano in molti, con voce tesa per il disagio o per autentica ignoranza.
«Non sapevo della tua esistenza,» ammisero altri, con sorpresa che sembrava genuina.
C'era uno zio – poi rivelatosi gay – che tentò sinceramente di essere gentile.
«L'ho incontrato,» disse riferendosi a mio padre biologico, «ma

non ricordo il suo nome,» mentì.
La speranza si accese brevemente, solo per essere spenta quando richiamò una settimana dopo, con voce sommessa.
«Ho parlato con mia sorella di te,» spiegò con riluttanza. «Mi ha fatto una ramanzina. Mi ha detto di non nominarla mai più o mi avrebbe disconosciuto.»
«Mi dispiace, non posso aiutarti. È mia sorella.»
Il messaggio era chiaro – io ero un segreto da custodire, un potenziale disturbo da contenere.
Anche chi avrebbe voluto aiutarmi era vincolato dalla lealtà a Ursula.
La mia esistenza era subordinata al suo benessere, proprio come lo era stata quando fui data in adozione. Il modello si ripeteva, decenni dopo.
Parlai con Ursula per l'ultima volta subito dopo quelle telefonate.
Era furiosa per il fatto che avessi contattato i miei fratelli e i suoi fratelli, e raccontato loro della mia esistenza.
Il suo sporco segreto – io – era venuto alla luce.
Urlò nel telefono: «Come osi parlare con la mia famiglia! Stai lontana dalla mia famiglia!» – con un'enfasi su *mia*, dimenticando – o ignorando – che si trattava anche della *mia* famiglia biologica.
Come se potesse magicamente recidere i legami biologici tra noi.
Non poteva – e non avrebbe – controllato chi potevo o non potevo contattare.
Ero ferita, ma non scoraggiata dalle sue parole meschine, egoiste, amare.
La sua rabbia esplose nel telefono con tale forza che dovetti allontanare la cornetta dall'orecchio.
La furia primordiale nella sua voce si eguagliava al fuoco che era cresciuto in me durante decenni di esclusione e negazione.
La sua insistenza su *mia famiglia* colpì più di qualsiasi lama – rafforzando l'idea che fossi per sempre fuori, mai inclusa, mai riconosciuta come parte legittima.
Eppure il dolore di questo secondo rifiuto era profondamente

diverso dal primo.
A 26 anni, il suo rifiuto mi aveva devastata, lasciandomi a pezzi, alla deriva.
Ora, a 40, sentivo formarsi dentro di me una rabbia fredda e lucida, come cristallo.

Riconobbi le sue parole per ciò che erano – i tentativi disperati di una donna ancora prigioniera di immensi segreti e vergogna, ancora intrappolata da nozioni superate di onore familiare e decoro.
Ero sopravvissuta senza di lei per quarant'anni; il suo rifiuto continuato non poteva più definirmi.
Col passare degli anni, cominciai a disperare sempre più di riuscire a trovare quell'elusivo italiano, Giuseppe, con i capelli castani e gli occhi nocciola, nato intorno al 1938, che aveva vissuto a Carlton e il cui padre aveva un'attività.
L'uomo che era mio padre biologico.
La vita a volte è complicata, ma credo fermamente che tutti i bambini abbiano il diritto fondamentale di conoscere la verità sulla propria nascita, la propria storia unica, e soprattutto, di sapere chi sono i propri genitori biologici.
Chiunque trattenga queste informazioni è incredibilmente egoista, senza cuore, e guarda solo ai propri bisogni e interessi.
Il mio sangue è la mia famiglia, la mia eredità, il mio DNA, la mia storia di vita continua, di cui sono stata privata.
Mi sentivo incredibilmente frustrata e irritata.
Avevo aspettato abbastanza per mettermi in contatto con altri membri della famiglia.
Mentre cercavo di elaborare questi sentimenti complessi riguardo alla mia famiglia materna, trovai conforto nel viaggio – un modo per riconnettermi con le mie radici e allo stesso tempo sfuggire al dolore immediato del rifiuto.

Novembre 2003
Per celebrare il nostro anniversario, io e la mia compagna

partimmo per Parigi per qualche giorno. Poi noleggiammo un'auto, e guidai verso Lione, Avignone, Carcassonne, Nizza e infine in Italia, dove la guida rilassata e serena si trasformò in una sinfonia di clacson, gesti impazienti e aspiranti piloti di Formula 1.
Mi adattai presto allo stile di guida italiano – più veloce, aggressivo e impaziente.
Mi venne naturale.
Con mio grande stupore, trovai la guida caotica italiana stranamente istintiva – come se una memoria cellulare dormiente riconoscesse e si adattasse a un ritmo che avrebbe dovuto essermi estraneo. Era nel mio sangue.
Questa inaspettata abilità nel gestire il caos rivelava qualcosa di profondo sull'eredità – qualcosa che va oltre la conoscenza consapevole o l'insegnamento diretto.
Nessuno mi aveva insegnato a guidare così – ad anticipare i movimenti apparentemente erratici degli altri veicoli, a comunicare tramite sottili aggiustamenti di velocità e posizione, a partecipare a questa danza elaborata di corpi meccanici in movimento.
Eppure i miei neuroni reagivano con schemi stabiliti ben prima della mia nascita, i miei riflessi rispondevano a stimoli che la mente cosciente non aveva ancora processato.
Questa competenza inconscia in un contesto straniero dimostrava quanto profondamente l'eredità possa penetrare – oltre i tratti fisici, oltre la memoria, fino al regno della risposta istintiva e della conoscenza incarnata.
La strada italiana divenne una metafora del mio percorso di scoperta: stavo navigando attraverso istinti che non sapevo di avere, rispondendo a segnali che non avevo mai imparato a riconoscere, orientandomi in schemi stabiliti ben prima della mia coscienza.
Forse anche l'identità funziona così – non tanto una costruzione consapevole, quanto un processo di riconoscimento e fiducia in

questi schemi ereditati, in questi modi di stare al mondo che esistevano già prima che il linguaggio potesse nominarli.

Viaggiammo a Venezia, Ravenna, Firenze, Toscana, lungo la Costiera Amalfitana, ad Assisi e a Pompei.

Non lo avevamo pianificato, ma spontaneamente prendemmo il traghetto da Napoli a Messina, in Sicilia.

Lontana dai pazzi guidatori italiani, finalmente sentii calma mentre viaggiavamo in Italia.

Il dolce dondolio del traghetto, l'aria mediterranea salmastra, la vista lontana della terra dove erano nati i miei genitori adottivi – tutto contribuiva a creare un senso di ritorno a casa che non potevo spiegare razionalmente.

Questa non era la mia terra natale, né – allora – sapevo che fosse parte della mia eredità, eppure qualcosa in me rispose con riconoscimento.

Arrivati in Sicilia, guidammo fino a Taormina, Cefalù e poi brevemente nel vecchio villaggio dei miei genitori, Vizzini.

Lì, seduta su un antico muro di pietra che si affacciava sulla chiesa secolare dove si erano sposati, sentii quel doppio senso d'identità che ormai mi accompagnava sempre – ero al tempo stesso estranea e nativa, incarnazione di connessione e disconnessione.

Mentre le campane suonavano sul villaggio collinare, mi chiesi delle generazioni della mia famiglia adottiva che avevano camminato per quelle strade, e di come la loro decisione di adottarmi avesse alterato irrevocabilmente il mio destino.

Da lì continuammo verso Agrigento, Siracusa e infine di nuovo a Messina.

Provai un'affinità profonda con il paesaggio e l'ambiente ad Agrigento, nella Valle dei Templi.

Ero sempre stata attratta dai reperti antichi lasciati da generazioni passate.

Portavo forse un po' del loro DNA?

In piedi tra rovine che avevano visto millenni di storia umana, i miei quarant'anni di ricerca sembravano allo stesso tempo

grandiosi e insignificanti.
Quelle pietre avevano visto imperi sorgere e cadere, generazioni venire e andare.
La mia ricerca era solo un filo nell'infinito arazzo del desiderio umano di connessione e appartenenza.
A Messina prendemmo il traghetto per tornare sulla terraferma e mangiammo arancini caldi, unti e pieni di formaggio lungo il tragitto verso Reggio Calabria. Da lì, guidammo attraverso la Calabria, fermandoci per la notte in una cittadina più a nord.
Non avevo alcun desiderio di fermarmi in Calabria, dato che non ne sapevo molto.
Non era famosa per nulla che conoscessi, se non per la Mafia.
Avevo evitato Palermo per la stessa ragione.
La Mafia mi faceva paura.
La violenza mi faceva paura.
Non sapevo allora che le mie radici biologiche erano profondamente radicate proprio in questa regione che stavo attraversando così in fretta.
Il suolo calabrese sotto le ruote della mia macchina a noleggio custodiva segreti sulle mie origini che non potevo ancora immaginare.
Se lo avessi saputo, mi sarei forse trattenuta in quei villaggi assolati?
Avrei forse poggiato i palmi contro muri antichi di pietra, cercando un'eco ancestrale?
Avrei riconosciuto qualcosa di me in quelle colline rocciose e nei panorami costieri color azzurro?
L'ironia cosmica di sfiorare quasi la mia terra natale biologica senza saperlo – di essere attratta dall'Italia, ma scegliere la regione sbagliata da esplorare a fondo – mi sarebbe apparsa solo decenni dopo.
Ero stata soltanto una visitatrice nella terra che aveva forgiato il DNA che scorreva nelle mie vene, attraversando la mia patria ancestrale come una turista, scattando foto di un'eredità che ancora non potevo rivendicare.

Avevo tracciato un viaggio da Napoli a Vizzini passando per la Calabria, senza sapere che quelle tre regioni avrebbero formato il triangolo intimo che mi aveva plasmata.

2006
Tornata in Australia, il percorso della fecondazione assistita proseguiva parallelamente alla mia ricerca d'identità.
Era ormai il 2006.
Il mio percorso di fecondazione in vitro, purtroppo, finì senza successo.
Un altro dolore al cuore.
Ogni tentativo fallito era come un altro rifiuto – ora era il mio stesso corpo a tradirmi tanto quanto aveva fatto Ursula.
L'identità materna che speravo potesse darmi un punto d'appoggio stava svanendo insieme alle connessioni biologiche appena accennate.
Era difficile elaborare queste continue perdite.
Per lo più, soffrivo da sola o in silenzio.
Ancora una volta, l'Universo scelse di essere crudele e ingiusto.
Almeno ci avevo provato – ed era andata male – meglio che non provarci affatto e vivere nel rimpianto.
Mi immersi nel nuovo lavoro.
Mi distraeva convenientemente dal dolore di non poter avere una famiglia tutta mia.
Gli anni tra il 2006 e il 2010 si susseguirono in un ritmo paradossale – mentre una mano si tendeva costantemente al passato alla ricerca di connessioni biologiche, l'altra costruiva una vita ricca di esperienze e relazioni scelte.
Era come se dovessi dimostrare a me stessa che l'identità non dipendeva solo dal DNA, che potevo costruire un senso di significato con materiali diversi dall'eredità biologica.
Sperimentavo identità come se fossero costumi da indossare – giocatrice di basket, lanciatrice di cricket, battitrice di pallavolo, partner di tennis, persino centrocampista di lacrosse – i miei sogni da «ragazza più discola della scuola» finalmente realizzati

in età adulta.

Scendevo in corda doppia da altezze vertiginose, piantavo tende sotto cieli stellati, coltivavo orti pieni dei colori che avevo scelto io stessa.

La mia cucina era diventata il laboratorio di un'alchimista, dove trasformavo ingredienti grezzi in cene elaborate; la mia tavola un rifugio dove gli amici diventavano la famiglia che avevo creato, non ricevuto in eredità.

Ogni nuova attività, ogni relazione curata con attenzione, ogni abilità appresa aggiungeva un'altra tessera al mosaico che stavo costruendo al posto del racconto biologico che mi era stato negato.

Se non potevo avere radici, avrei avuto rami – che si estendevano in ogni direzione, creando un mio ecosistema di appartenenza.

Seconda metà degli anni 2000

Grazie al secondo anno di università, avevo acquisito una nuova prospettiva.

Ero in questo mondo, con questa vita preziosa, e non avevo intenzione di sprecare neanche un minuto sentendomi troppo triste o abbattuta – anche se, nel profondo, spesso mi sentivo malinconica e mi dispiacevo per me stessa.

I miei viaggi all'estero continuarono.

All'inizio del 2008, viaggiai in Thailandia. Mentre ero a Chiang Mai, scorrendo Facebook, mi imbattei nel discorso del Primo Ministro Kevin Rudd, la Scusa Nazionale alle Generazioni Rubate.

Ascoltando le sue parole toccanti, mi ricordai che facevo parte anch'io delle Generazioni Rubate Bianche.

Intermezzo medico – Un piccolo ictus (2009)

Il 9 febbraio 2009, stavo partecipando a una sessione di Boot Camp all'aperto, nei giardini verdeggianti che circondano il Melbourne Museum, accanto al vecchio e maestoso Royal Exhibition Building, sede del primo parlamento australiano, a

Carlton, poco a nord del centro città.
Carlton – il territorio familiare del mio sfuggente Giuseppe.
L'ironia di trovarmi su un suolo che poteva essergli appartenuto, pur non avendo ancora idea di chi fosse, mi sarebbe apparsa solo anni dopo.
Era una calda sera d'estate e stavo facendo una valutazione fisica.
Il Boot Camp è un allenamento intenso e impegnativo.
L'istruttore ti spinge al limite per circa 50 minuti.
Durante ogni sessione, i miei muscoli urlavano per la fatica e il dolore, i polmoni sembravano sul punto di scoppiare.
Pensavo che sarei crollata per l'esaurimento, ma alla fine di ogni allenamento, con il sudore che mi scorreva giù dal corpo e il sangue caldo che pulsava nelle vene, provavo un enorme senso di soddisfazione e realizzazione.
Avevo superato un'altra estenuante sessione di fitness.
Quella sera, dopo la valutazione che prevedeva di fare quanti più sprint, step-up, piegamenti, burpee o addominali possibile in un minuto, cenai velocemente in Lygon Street.
Qualche fetta di pizza, da un posto italiano dall'aspetto casual.
Poi tornai a casa in macchina.
Dopo essermi fatta una doccia, esausta, andai a letto e mi addormentai subito.
La mia vita stava per prendere un'altra svolta inaspettata – questa volta non per la scoperta di un nuovo frammento della mia identità, ma per il confronto diretto con la mia stessa mortalità.
Un'ora dopo, fui strappata violentemente dal sonno da un dolore acuto, lancinante, nella parte destra del collo – come se qualcuno mi avesse conficcato un punteruolo di ghiaccio nella carne e lo avesse torto con crudeltà.
I miei occhi si spalancarono sulle pareti color crema della camera da letto, che iniziarono a girare attorno a me a una velocità nauseante, come quel memorabile Quattro Luglio a New York, nel 1983.

La stessa nausea improvvisa mi strinse la gola.
Provai ad alzarmi, ma il senso dell'equilibrio era completamente sparito.
Il pavimento si inclinava sotto di me come la coperta dello Spirit of Tassie nello Stretto di Bass.
Caddi a terra e mi ritrovai a strisciare sul tappeto azzurro chiaro, la guancia premuta sulle sue fibre ruvide mentre mi trascinavo verso il piccolo bagno accanto.
Ancora una volta, mi trovai nell'umiliante posizione di abbracciare una tazza del water mentre la mia cena mi lasciava con violenza.
A differenza della mia disavventura con la marijuana a New York, stavolta avevo mangiato – le fette di pizza riapparivano in una grottesca inversione del consumo.
La mia testa era annebbiata, distaccata, come se stessi vivendo la mia sofferenza da una certa distanza.
Non poteva essere solo intossicazione alimentare – la disconnessione ubriaca, il continuo girare del mondo suggerivano qualcosa di molto più sinistro.
Mi chiesi: mi hanno drogato la pizza?
Vomitai per quello che sembrò un'eternità.
Sentivo intorpidimento al braccio sinistro, ma lo attribuii alla stretta eccessiva al water ad ogni conato.
La nausea e il vomito si attenuarono e riuscì a strisciare di nuovo a letto, il secchio blu vicino.
La mattina dopo era un giorno lavorativo.
Dovevo alzarmi e prepararmi per l'ora di macchina verso Ballarat.
Seduta sul divano al piano di sotto, avevo ancora la testa stordita.
Sembrava una leggera sbornia.
La nausea tornò.
Questa volta, con conati a vuoto.
Pensai: Questo non sembra essere un normale caso di intossicazione.
Mi vestii e con buon senso andai da un medico di base locale.

Raccontai tutto alla dottoressa che mi visitò.
Disse: «Credo sia solo gastroenterite, ma per sicurezza voglio che tu faccia una TAC».
Non mi venne in mente di chiederle perché pensasse che la gastro avesse a che fare con il cervello.
Avevo solo 45 anni.
Avevo smesso di fumare 16 anni prima, non avevo pressione alta, né colesterolo alto, né diabete.
Ero perfettamente in forma, anche se leggermente in sovrappeso.
Poi arrivò la domanda temuta.
Mi chiese della storia medica familiare.
«Non lo so,» risposi con la neutralità che avevo affinato in decenni.
«Sono adottata.»
Nel pronunciare quelle parole familiari ancora una volta, l'ironia mi colpì come un pugno.
In quel momento di crisi medica, la mia ricerca d'identità di tutta una vita aveva conseguenze pratiche dirette.
Senza una storia medica familiare, per la dottoressa ero una tabula rasa – rischi genetici ignoti, predisposizioni ereditarie un mistero.
Non era più solo una questione emotiva: poteva trattarsi di vita o di morte.
Questi eventi medici sarebbero stati un costante promemoria del fatto che la mia storia medica familiare mi era sconosciuta.
Dopo la TAC, tornai a casa a letto.
Al risveglio, c'era un messaggio vocale sul mio cellulare – un Nokia bianco molto semplice, con il coperchio scorrevole.
Ascoltai la voce della dottoressa mentre riproducevo il messaggio.
«Devi andare immediatamente al pronto soccorso dell'Austin Hospital», disse con tono urgente ma calmo.
Il cuore mi balzò in gola mentre ascoltavo quelle parole.
In un istante, tutte le mie domande esistenziali sull'identità sembrarono svanire di fronte a quella più immediata:

Sopravviverò per continuare questa ricerca?
La mia storia finirà qui, con così tante domande ancora senza risposta?
Mi incamminai verso l'ospedale lungo Camp Road.
Lungo il tragitto, la nausea tornò e dovetti fermarmi più volte a vomitare.
Mi chiesi se fosse comparso un tumore al cervello nella TAC.
All'arrivo all'Austin Hospital di Heidelberg, mi avvicinai all'infermiera del Triage.
Le dissi il mio nome e le mie condizioni, e fui immediatamente portata nel reparto di emergenza e sistemata su un letto. Mi venne detto di indossare un camice ospedaliero.
Mi prelevarono il sangue, feci un ECG e un'altra TAC con ecografia al cervello.
Ricordo un momento in cui ero sdraiata su un fianco e non sapevo più dove fosse l'alto e dove il basso.
La mia propriocezione era temporaneamente andata in tilt.
Sdraiata sul lettino d'ospedale, freddo e metallico, mi tornò in mente una storia che mi aveva raccontato mia madre.
La prima volta che ero stata in ospedale avevo due o tre anni, quando mi tolsero le tonsille.
Non ne ho alcun ricordo, ma la mamma mi disse che continuavo a supplicare: «Scarpi, scarpi, Mamma», quando venivano a trovarmi, perché volevo le mie scarpe per poter andare via.
Mamma non era lì ora, mentre giacevo spaventata su quel letto d'ospedale.
Un altro viaggio che dovevo affrontare senza una famiglia accanto, un altro momento in cui la mia solitudine si faceva sentire con crudele chiarezza.
Arrivarono alcuni medici, e mi chiesero di ripetere la mia storia.
Poi la neurologa capo si mise in fondo al letto.
«Ci sono precedenti familiari di ictus o malattie cardiovascolari?» mi chiese.
«Non lo so. Sono adottata.»
La mia storia medica sconosciuta, improvvisamente cruciale in

quella sterile stanza d'ospedale.
Senza accesso a queste informazioni, i medici dovevano prendere decisioni senza quel contesto che la maggior parte dei pazienti dà per scontato.
Mi chiesi quanti adottati affrontino crisi mediche con questo stesso handicap – la propria biologia un mistero da decifrare, anziché una mappa da seguire.
«Hai avuto un TIA, un mini-ictus,» disse con voce da esperta, efficiente ma spietatamente diretta.
«Probabilmente è stato causato da una dissezione dell'arteria vertebrale. Il coagulo formatosi a causa dello strappo è salito fino al cervelletto destro.»
Ero grata di avere una buona conoscenza della terminologia medica.
Avevo studiato anatomia e fisiologia, avevo insegnato psicologia biologica – senza quel background, le sue parole sarebbero state solo un'insalata incomprensibile di termini tecnici.
Più tardi pensai che devono esistere corsi speciali in medicina per insegnare ai dottori come comunicare notizie gravi nel modo più insensibile e privo di empatia possibile.
Un contrasto netto con il linguaggio psicologico ponderato, attento e empatico che mi era stato insegnato a usare.
Il «dottorese» diretto e brusco era davvero una forma d'arte – e un modo perfetto per aggiungere trauma a un'esperienza già traumatica e spaventosa.
«Dovremo fare una risonanza magnetica per confermare la diagnosi.»
«Cosa l'ha causata?» chiesi.
«Non lo sappiamo,» rispose, aggiungendo ansia al trauma, e se ne andò.
Mi portarono nel reparto ictus. Ero in una stanza con pazienti molto più anziani e visibilmente gravi.
La maggior parte era immobile.
Un'infermiera entrava ogni ora circa per fare la valutazione dell'ictus.

Un altro momento improvviso e surreale.
Mentre ero lì sdraiata in quel letto d'ospedale, a confrontarmi con la mia mortalità a un'età relativamente giovane, non potevo fare a meno di chiedermi:
Se morissi, chi mi piangerebbe come famiglia?
I miei genitori adottivi erano morti.
La mia madre biologica non voleva avere nulla a che fare con me.
Il mio padre biologico restava sconosciuto.
Chi avrebbe portato avanti la mia memoria? Chi avrebbe raccontato la mia storia?
Il pensiero era profondamente isolante.
La notizia del mio ricovero si diffuse rapidamente tra la mia rete sociale.
Nei giorni seguenti, amici e cugini vennero a trovarmi, la loro presenza spezzava la monotonia sterile della routine ospedaliera.
Le loro visite mettevano in luce la famiglia che avevo costruito, piuttosto che ereditato – persone che avevano scelto di volermi bene nonostante l'assenza di legami biologici.
Dopo quattro giorni di esami e monitoraggio, feci la risonanza magnetica.
Ore dopo, la neurologa tornò al mio letto, con il camice bianco immacolato e lo stesso atteggiamento clinico e distaccato.
«La diagnosi è confermata,» dichiarò, indicando le immagini del mio cervello su un tablet.
«C'è una piccola cicatrice sull'arteria vertebrale destra, che conferma l'ipotesi della dissezione, e segni evidenti di un infarto cerebrale – un ictus nel cervelletto destro. Questo spiega i problemi di equilibrio che hai avuto.»
Mi comunicava le condizioni del mio cervello danneggiato con lo stesso tono con cui si descriverebbe una riparazione meccanica di poco conto.
Fissavo le immagini luminose – il mio cervello, il mio cervelletto danneggiato – cercando di conciliare quella realtà clinica con la mia esperienza soggettiva.
La scansione mostrava la manifestazione fisica di ciò che avevo

sentito quella notte: il mondo che letteralmente si spostava sotto di me mentre il flusso sanguigno al cervello veniva compromesso.
«Puoi andare a casa ora. Rivediamoci tra sei settimane.»
Tornata a casa, mi dedicai a un po' di «Dottor Google», ma smisi rapidamente.
Le statistiche che trovai erano terrificanti – ero stata fortunata che il coagulo fosse arrivato al cervelletto e non al tronco encefalico, la parte del cervello che controlla respirazione e battito cardiaco.
Quello che era sembrato un bizzarro episodio di vertigine avrebbe potuto facilmente essere fatale.
Grata ma scossa, affrontai una rivelazione sconvolgente: sarei potuta morire senza mai conoscere le mie origini biologiche, senza trovare i pezzi mancanti che avevano definito la mia ricerca per così tanto tempo.
La fragilità della mia mortalità conferiva nuova urgenza alla mia ricerca.
Davanti a me si aprivano sei settimane di riposo obbligato – tempo per riflettere su ciò che contava davvero.
Sorprendentemente, non ne fui profondamente colpita a livello psicologico.
Forse perché avevo una rete sociale più forte a cui appoggiarmi.
Parte della solitudine che avevo provato si era dissipata.
Ma quell'esperienza aveva rafforzato qualcosa che avevo già imparato durante la mia ricerca della famiglia biologica – che la connessione umana non è un lusso, ma una necessità, soprattutto nei momenti di crisi.
Passai i mesi successivi a riflettere sulla mia esperienza di pre-morte.
Ancora una volta, vedevo il mondo con occhi diversi. Ero grata di essere viva.
Dalla morte di mio padre, non avevo mai dato la vita per scontata.
Dopo la morte di mia madre, questa prospettiva si era

consolidata.
Ora, di fronte alla mia stessa mortalità, era tutto ancora più chiaro: connessione, verità, identità.
La ricerca che avevo messo da parte per anni ora sembrava più urgente che mai.
Ero diventata più consapevole della natura precaria del tempo – più determinata che mai a trovare Giuseppe prima che fosse troppo tardi per entrambi.
L'idea di morire senza conoscere le mie origini era diventata un rischio inaccettabile.
Il mio motto era ormai scolpito: Carpe Diem. Cogli l'attimo.

Incontro con il mio fratello minore (2009)

Poco dopo questo evento, in uno sviluppo che sembrava quasi una risposta dell'Universo al mio rinnovato impegno nel cercare risposte, ricevetti un messaggio su Facebook da mio fratello minore, Nathan.
A quel punto ero già amica su Facebook con Alessandro.
Nathan mi chiese come lo conoscessi – era il suo modo per presentarsi.
Ci incontrammo in Lygon Street, a Carlton, e cenammo insieme alla sua fidanzata.
L'aroma di pizza, aglio e caffè riempiva l'aria della notte. Era piuttosto timido e riservato, come me.
Suonava la batteria.
Condividevamo l'amore per la musica.
Arrivò inevitabilmente la domanda, mentre scuoteva la cenere della sigaretta – un gesto che ricordava il rapido movimento del polso di Ursula – e la stessa domanda che mi aveva posto sua sorella anni prima:
«Cosa vuoi?»
Ero stanca di spiegare. «Niente.»
E questa volta, lo dicevo sul serio.
Cosa potevo avere in comune con un maschio più giovane di me di 18 anni?

Le uniche cose che condividevamo erano una madre e un legame biologico, il DNA.
Eppure, l'incontro con Nathan mi portò un senso inaspettato di pace.
A differenza degli incontri precedenti con i miei fratellastri, carichi di tensione ed aspettative, questo sembrava più semplice – meno appesantito.
Forse avevo finalmente accettato che quei legami biologici non si sarebbero mai trasformati nei profondi vincoli familiari che un tempo avevo sperato.
O forse ero solo grata per qualsiasi tipo di connessione, dopo essere stata faccia a faccia con la morte.
Almeno avevo finalmente conosciuto il mio fratello materno più giovane.
L'anno successivo, all'inizio del 2010, lo incontrai di nuovo con la sua compagna in una regione dell'entroterra del Queensland, dove viveva anche Alessandro.
Alessandro e sua moglie avevano appena avuto il loro primo figlio – mio nipote.
Provai una connessione speciale con quel nuovo parente di sangue appena nato.
Mentre tenevo mio nipote tra le braccia, per un attimo, sentii un legame – un vincolo familiare che avevo cercato per decenni si manifestava finalmente in quella piccola nuova vita che condivideva il mio DNA.
Mentre guardavo i suoi minuscoli tratti, quegli occhi grandi e azzurri, mi chiesi quali dei nostri geni condivisi potesse aver ereditato, quali fili invisibili ci collegassero attraverso le generazioni.
I fratelli avevano parlato di me con il loro padre – un uomo semplice, laborioso, che aveva lavorato come manovale.
A quanto pare, li aveva supplicati.
Pianse e disse: «Non avere niente a che fare con questa persona. So chi è suo padre.»
Mi sembrò strano.

Perché non voleva che sapessi chi era Giuseppe?
Perché era un segreto così grande?
La natura minacciosa del suo avvertimento avrebbe avuto senso solo anni dopo, quando scoprii la verità su Giuseppe e le sue connessioni.
A quel tempo, sembrava semplicemente un altro ostacolo criptico sul mio cammino verso la comprensione.
Quest'uomo era tecnicamente il mio patrigno – un altro da aggiungere alla mia collezione di figure materne e paterne.
Suo fratello maggiore aveva sposato la sorella di Ursula.
Aveva messo in guardia il fratello minore dal non sposare Ursula, sostenendo che non era «una vergine» e che «non ci si poteva fidare di lei.»
Usava il linguaggio della vergogna – sgualdrina, puttana, donna perduta – come se il suo valore potesse essere annullato da una voce.
Ma lui la sposò lo stesso.
A quanto pare, i due fratelli – gli unici parenti che avevano in Australia – avevano un rapporto teso.
Le famiglie si tenevano a distanza.
Mentre mi condividevano questi segreti di famiglia, cominciai a vedere una rete di relazioni molto più complicata di quanto avessi immaginato.
Dietro la mia semplice ricerca delle origini si nascondevano drammi familiari intricati, vecchi rancori e, forse, segreti ancora più oscuri.
La mia esistenza era solo un filo in questo intreccio complesso – e forse un filo particolarmente scomodo per alcuni.
Cominciai a chiedermi se il fratello avesse avuto una relazione con Ursula, e magari fosse lui mio padre.
Non riuscivo a capire perché l'identità di Giuseppe fosse un segreto così grande.
Ero il frutto di un incesto? Di una violenza?
Era possibile. Succede.
Il mio desiderio e i miei interrogativi non si placarono mai.

Come persona, il mio essere incompleto era come una grande foresta di alberi.
Avevo i nomi di alcuni alberi e di alcuni dei loro frutti in una metà di quella vasta, fertile, verdeggiante e lussureggiante terra montuosa.
L'altra metà era sterile, tranne che per un minuscolo frutto maschile italiano, minuscoli frammenti genetici, appartenenti all'elusivo Giuseppe, con un paio di tratti fenotipici mendeliani distintivi – capelli castani e occhi nocciola.
Fissavo quel vuoto immenso che si estendeva indietro per secoli, forse fino ai primi Homo sapiens.
Lo fissavo con un profondo desiderio, incertezza e disperazione.
Come avrei mai potuto colmare i pezzi mancanti dei miei antenati biologici/genetici?

Dicembre 2010
Verso la fine del 2010, mi separai dalla mia compagna di lunga data, il che fu seguito da una lunga battaglia legale aspra, sconvolgimenti emotivi, e una rapida discesa nella suicidabilità.
Ciò che avrebbe dovuto essere semplicemente la fine di una relazione divenne un'altra perdita profonda e complicata, un'altra separazione da elaborare insieme a tutte le altre che avevano definito la mia vita.
La mia salute mentale fu così gravemente compromessa da questa prova che finii in un reparto psichiatrico.
Ebbi il buon senso di chiamare il 000, invece di tentare di mettere fine alla mia vita con le pillole che avevo allineato sul bancone della cucina.
Era una fredda notte di aprile.
L'incubo legale che si stava sviluppando stava diventando troppo da sopportare da sola, insieme ai sentimenti riaffioranti di essere completamente sola, senza una famiglia stretta che mi sostenesse durante quella battaglia.
In quel momento di crisi, l'assenza di un supporto familiare non era più solo una ferita emotiva, ma un bisogno pratico e urgente.

Il vuoto creato dalle mie origini fratturate sembrava ora un abisso spalancato nel quale sarei potuta scomparire del tutto. L'ambulanza arrivò rapidamente.

Mentre i paramedici mi valutavano – mani di sconosciuti che controllavano i miei parametri vitali, voci sconosciute che ponevano domande cliniche – sentii tutto il peso del mio isolamento.

Non c'era una madre da chiamare, né un padre pronto a correre al mio fianco, né fratelli o sorelle a vegliare su di me in ospedale. Solo io e la gentilezza professionale del personale medico, che svolgeva il proprio lavoro con efficienza e compassione, ma incapace di offrire il conforto che solo una famiglia può dare.

Nel reparto psichiatrico, circondata da altri in varie fasi di crisi, ebbi il tempo di contemplare quanto profondamente le mie origini fratturate avessero plasmato ogni aspetto della mia vita – dalla mia resilienza emotiva fino ai sistemi di supporto pratici a cui potevo fare affidamento nei momenti di bisogno.

Anch'io ero scesa nel seminterrato del sé – dove memoria, vergogna e desiderio litigavano nell'oscurità.

Il viaggio iniziato su quell'autobus, con la rivelazione casuale di uno sconosciuto, mi aveva portata qui, in questa stanza sterile, dove dovevo ricostruirmi ancora una volta a partire dai frammenti che restavano.

Ne uscii determinata a sopravvivere, per me stessa e per le risposte che ancora cercavo.

La ricerca di Giuseppe era diventata più di una ricerca d'identità – stava diventando la mia ragione per andare avanti, un filo di scopo quando tutte le altre motivazioni mi avevano temporaneamente abbandonata.

Dire «Scusa»

Nonostante le avventure entusiasmanti all'estero, i tornei di hockey o la partecipazione ad eventi musicali, l'essere adottata e gli effetti di quell'esperienza non erano mai troppo lontani dalla mia coscienza.

Tornarono prepotentemente in primo piano quando mi ritrovai ad ascoltare il Primo Ministro australiano Julia Gillard, il 21 marzo 2013.

Stava pronunciando le *Scuse Nazionali per le Adozioni Forzate*. Mentre ascoltavo le sue parole, sentii un riconoscimento collettivo di ciò che migliaia di noi avevano vissuto – per la prima volta il mio dolore veniva riconosciuto a livello nazionale. Il discorso fu pronunciato nella gremita Sala Grande della Parliament House, a Canberra, davanti a centinaia di adottati, madri e padri che avevano dovuto rinunciare ai propri figli, e ad altri colpiti psicologicamente dalle pratiche barbare delle adozioni forzate.

> «*Oggi, questo Parlamento... si assume la responsabilità e si scusa per le politiche e le pratiche che hanno costretto alla separazione madri e figli, creando un'eredità di dolore e sofferenza che dura tutta la vita.*»

Ascoltando il suo discorso, un nodo mi si formò immediatamente in gola, e le lacrime iniziarono a riempirmi gli occhi, mentre riaffiorava quella vecchia sensazione difficile da spiegare a chi non è stato adottato...

In quel momento, il personale diventava politico.

La mia storia individuale faceva parte di una storia nazionale – un'ingiustizia sistemica che aveva colpito migliaia di persone.

> «*... le pratiche vergognose che vi hanno negato, madri, i vostri diritti fondamentali e la responsabilità di amare e prendervi cura dei vostri figli. Non eravate riconosciute legalmente o socialmente come le loro madri.*»

Le sue parole iniziarono a liberare decenni di angoscia mentale ed emotiva.

Dopo anni in cui avevo sentito che il mio dolore era invisibile, irrilevante, ora la persona più potente del paese stava riconoscendo il torto che ci era stato inflitto.

> *«A ciascuno di voi che siete stati adottati o portati via, a cui è stato fatto credere che vostra madre vi avesse rifiutati e a cui è stata negata la possibilità di crescere con la vostra famiglia e comunità d'origine, e di connettervi con la vostra cultura, diciamo: ci dispiace.»*

Lacrime cariche di decenni di lutto scorrevano dolcemente sul mio viso mentre ascoltavo parole che finalmente riconoscevano il mio dolore e la mia sofferenza.

> *«Chiediamo scusa ai figli e alle figlie cresciuti senza sapere quanto foste desiderati e amati.*
> *Riconosciamo che molti di voi ancora vivono una costante lotta con l'identità, l'incertezza e la perdita, e provano una tensione persistente tra la lealtà verso una famiglia e il desiderio per un'altra.»*

Quelle parole risuonavano come verità assoluta.

Il desiderio continuava a crescere con ogni anno che passava senza sapere.

Mai prima d'ora avevo sentito una descrizione così perfetta dell'esperienza dell'adottato – quella *«tensione persistente tra la lealtà verso una famiglia e il desiderio per un'altra»* era stata la lotta fondamentale della mia vita.

Le lacrime continuavano a scendere sulle mie guance inzuppate.

> *«A voi, padri, che siete stati esclusi dalla vita dei vostri figli e privati della dignità del riconoscimento sui loro certificati di nascita, chiediamo scusa.*
> *Riconosciamo la vostra perdita e il vostro dolore.*
> *Molti stanno ancora soffrendo. Alcune famiglie saranno perse per sempre. A coloro che affrontano le difficoltà di riconnettersi con la famiglia e costruire relazioni durature, diciamo: ci dispiace.»*

Stava parlando direttamente della mia situazione.
Mi ero allontanata dalla mia madre biologica a causa della sua vergogna.
Avevo pochi legami con i miei fratelli.
Non potevo fare a meno di pensare al mio padre biologico sconosciuto – era uno di quelli che erano stati esclusi, o se n'era andato volontariamente? In ogni caso, c'era stata perdita da entrambe le parti.

> *«Offriamo queste scuse… per far luce su un periodo oscuro della storia della nostra nazione. A coloro che hanno lottato perché la verità fosse ascoltata, vi ascoltiamo ora. Riconosciamo che molti di voi hanno sofferto in silenzio per troppo tempo.»*
>
> *«… Il nostro impegno sarà proteggere i diritti fondamentali dei bambini e l'importanza del diritto di ogni bambino a conoscere e ad essere cresciuto dai propri genitori. Con profonda tristezza e rimorso, vi offriamo tutte le nostre scuse senza riserve.»*
>
> …*«una ferita che non guarisce»*

Le parole non possono mai annullare ciò che è stato fatto – ciò che è stato perso e non potrà mai essere recuperato – ma la validazione è il primo passo verso la guarigione, l'accettazione, e il lasciar andare ciò che non può essere cambiato.
Sentii qualcosa cambiare dentro di me durante quel discorso – non una guarigione vera e propria, ma un riconoscimento.

La mia esperienza era reale.
Il mio dolore era legittimo.
I sistemi che mi avevano separata dalle mie origini erano difettosi e dannosi.

Le lacrime continuavano a scorrere, molto tempo dopo la fine del discorso.

14

Speranza che svanisce
(2018–2022)

Speranza, che svanisce, riaffiora, si calcifica.

Man mano che entravo nei miei cinquantacinque anni, la ricerca di Giuseppe si faceva al tempo stesso più urgente e più disperata. La possibilità di trovarlo si stava sciogliendo lentamente, come la brina in un'alba di primavera – erano passati quasi quarant'anni da quel fatidico viaggio in autobus, e quasi trenta dal mio breve e deludente incontro con Ursula.
Senza che lo sapessi, la rivoluzione tecnologica stava prendendo forma, come una mappa che finalmente svela i suoi sentieri segreti.
Non avevo ancora scoperto le sue possibilità.
Gli anni dal 2018 al 2022 sarebbero diventati il capitolo finale della mia lunga ricerca delle radici biologiche – anche se allora non lo sapevo – con la rassegnazione e la determinazione che combattevano dentro di me fino al momento in cui tutto cambiò.
Il paradosso della mia esistenza in quegli anni era evidente: esteriormente una psicologa e accademica di successo, interiormente un'anima che navigava nel paesaggio di una storia incompleta.
Ogni traguardo professionale sembrava al contempo significativo e vuoto, come stanze in una casa che non potevo mai abitare del tutto.
Quando i colleghi parlavano con disinvoltura di somiglianze familiari o tratti ereditari, io sorridevo e annuivo, con quel nodo

familiare alla gola – un promemoria silenzioso dei capitoli mancanti nella mia narrazione personale.

2020–2021

Durante questo periodo, provavo una gratitudine silenziosa per il fatto che mia madre, Michelina, non fosse più viva – forse in una casa di riposo devastata dal COVID-19.

Gli anziani furono i più colpiti dalla pandemia. Seguirono le corse agli acquisti. La carta igienica divenne un'assurda moneta di scambio – simbolo di paura e sopravvivenza.

Mentre Melbourne entrava in lockdown ripetuti, un silenzio irreale calò sul mio sobborgo.

Gli aerei che un tempo popolavano il cielo erano ora una visione rara. Il coprifuoco notturno portò con sé una quiete che trovavo rassicurante.

Canguri coraggiosi si avventuravano per strada in cerca di cibo. I marciapiedi, prima deserti, ora pullulavano di vita: persone in bicicletta, cani a passeggio, coppie che correvano, gruppi che chiacchieravano agli angoli.

Nel 2021, come psicologa clinica della salute che lavorava da casa, mi ritrovai a offrire consulenze telematiche a clienti con il cuore chirurgicamente riparato ma la mente spezzata.

In una strana simmetria, ero diventata un tranquillo kintsugi per gli altri, mentre i miei frammenti restavano sparsi.

L'isolamento forzato portò con sé una chiarezza inaspettata nella mia ricerca, come se la quiete del mondo avesse creato lo spazio necessario perché emergessero verità sepolte da tempo.

Vivere da sola durante gli anni solitari della pandemia mi offrì ampio tempo per riflettere.

Il passato riaffiorava ancora, ma ora sapevo riconoscere queste intrusioni per ciò che erano – ricordi, non realtà presenti.

«Quello era allora,» mi ripetevo quando riaffioravano le immagini della rabbia di mio padre.

«Questo è adesso.»

I confini tra i piani temporali cominciarono a stabilizzarsi, permettendomi di contenere ciò che una volta minacciava di

travolgermi.
Incarno le stesse strategie che suggerisco ai miei clienti – una mente più quieta, un modo di essere più lento.
Il mio giardino anteriore divenne sia meditazione che metafora, coltivando ortaggi mentre riflettevo sulle radici e sul senso di appartenenza.
Nell'atemporalità bizzarra dei giorni pandemici, sparsi gli artefatti della mia ricerca sul tavolo da pranzo – documenti di adozione, fotografie, lettere, risultati del DNA.
Il silenzio mi permise di vedere schemi che prima mi erano sfuggiti, connessioni nascoste in piena vista.
Come una ricercatrice finalmente capace di concentrarsi su un dataset complesso, potevo vedere come ogni parte della mia identità – figlia adottiva, psicologa, cercatrice – avesse plasmato le altre.
In quei momenti di quiete e isolamento, inevitabilmente il pensiero tornava a Giuseppe, l'elusivo.
Era ancora vivo? Era sposato? Aveva figli?
Lo avrei mai trovato? Come potevo trovarlo, se Ursula non mi diceva il suo cognome?
Perché non voleva dirmelo? Perché tanto egoismo? Solo vendetta? Malvagità?
C'era qualche vergogna profonda che la spingeva a custodire quel segreto? Una verità troppo dolorosa da rivelare?
Le strade di Brunswick e Carlton mi attiravano come una bussola magnetica che puntava a nord.
Sebbene i quartieri si fossero evoluti dai tempi di Giuseppe, la loro essenza italiana restava intatta – un palinsesto di vecchio e nuovo dove passato e presente coesistevano.
L'aroma dell'espresso dai bar d'angolo, le melodie dei dialetti familiari che uscivano dalle porte, il profumo confortante di pizza e pasta, il quadro degli anziani che giocavano a carte davanti ai circoli sociali – ogni dettaglio sensoriale mi collegava a un mondo che avrebbe potuto essere il mio, che forse era stato il suo.

Scrutavo i volti degli uomini italiani anziani, chiedendomi se qualcuno di loro potesse essere lui.
Mi chiedevo se lo avessi mai incrociato inconsapevolmente, un collegamento vitale mancato per pochi centimetri su un marciapiede affollato.
A differenza della mia ossessione per Giuseppe, raramente riflettevo sulla famiglia allargata che potrei aver avuto – nonni, zie, zii, cugini che condividevano il mio sangue.
Forse questa selettività era una forma di autoprotezione; l'assenza di una sola persona faceva già abbastanza male, senza moltiplicarla su intere generazioni di parenti sconosciuti.
La matematica della mortalità divenne un'ossessione.
Ogni nuovo anno calcolavo l'età di Giuseppe, osservando le probabilità diminuire a ogni compleanno.
Era il 2022, e le statistiche erano spietate: solo il due per cento degli uomini sopra gli 85 anni era ancora vivo in Australia.
Il tempo stesso era diventato il mio nemico, più spietato delle negazioni di Ursula o dell'indifferenza sociale verso il trauma dell'adozione.

Arrendersi alla speranza

Giunse un momento in cui dovetti spegnere la fiamma della speranza di trovarlo ancora in vita – una resa più dolorosa di quanto avessi previsto.
Come una candela solitaria in una chiesa buia, la speranza tremolò e si spense, lasciandomi nell'ombra.
Tutto ciò che ormai potevo ragionevolmente desiderare era scoprire chi fosse stato.
Un nome su una pagina.
Una fotografia in cui cercare i miei stessi lineamenti.
Racconti di chi lo aveva conosciuto.
Dovevo accettare la crudele probabilità che potessi non sapere mai nemmeno queste basi delle mie origini.
Questa rassegnazione portò con sé una nuova pesantezza, un dolore fisico che si posò sotto le costole e rese ogni respiro

faticoso, come se il lutto si fosse materializzato in qualcosa di tangibile, incastrato nel mio petto.

Eppure, qualcosa dentro di me si rifiutava di cedere del tutto. Forse era quel sangue ostinato che mi scorreva nelle vene – una qualità che dovevo aver ereditato da qualcuno, forse proprio dall'uomo che cercavo.

O forse era semplicemente che, dopo quarant'anni di ricerca, arrendersi era diventato impossibile.

La ricerca di Giuseppe era ormai così fondamentale per la mia identità che abbandonarla avrebbe significato abbandonare una parte di me stessa.

Contro lo specchio del bagno è appoggiata una fotografia a me molto cara – io a 26 anni con il mio cucciolo Joey.

L'età crea un triangolo perfetto di connessione: avevo 26 anni quando incontrai per la prima volta Ursula, Giuseppe aveva 26 anni quando lei rimase incinta di me.

«Assomigli a tuo padre» – parole che si sarebbero ripetute per decenni di frustrazione e inutilità, al tempo stesso maledizione e indizio.

Giorno dopo giorno, studiavo quella fotografia, cercando nel mio volto giovane qualche indizio, i tratti paterni che Ursula aveva riconosciuto all'istante.

Il rituale divenne quasi devozionale – ogni mattina esaminavo il mio riflesso accanto a quella versione più giovane di me, creando un ponte temporale verso l'età che Giuseppe aveva quando fui concepita.

Alla luce soffusa del mattino, osservavo l'arco delle sopracciglia, la linea della mascella, il modo in cui gli occhi si piegavano agli angoli quando sorridevo.

La genealogia era diventata la mia ossessione silenziosa.

Ogni connessione digitale era un filo in un intricato arazzo che stavo tessendo – in parte mappatura scientifica, in parte archeologia emotiva.

I social media si trasformarono in siti archeologici dove gli schemi genetici emergevano come frammenti di ceramiche

antiche.
Zii, cugini, fratelli – ognuno diventava una coordinata nella cartografia complessa della mia eredità biologica.
Ma la metà paterna rimaneva un vuoto – un buco nero nel mio cosmo genetico, che mi attirava con gravità invisibile.
Non era solo informazione mancante; era un arto fantasma della mia identità.
Con il passare degli anni, questa assenza divenne sempre più profonda, evolvendosi da curiosità a desiderio, fino a sfiorare la disperazione.
Avevo i suoi occhi nocciola e i suoi capelli ondulati?
Avevo la sua personalità? I suoi modi? Era gentile e sensibile?
Sapeva della mia esistenza?
Aveva mai pensato a me?
Aveva mai provato a cercarmi?
Qualcuno dei suoi figli o altri familiari avrebbe voluto incontrarmi?
Sapevano che esistevo?
Queste domande mi perseguitavano come poltergeist, materializzandosi nei momenti più tranquilli – mentre lavavo i piatti, durante le passeggiate mattutine, in quella terra di mezzo tra veglia e sonno – chiedendo attenzione.
Non erano più solo domande, ma compagne, presenze familiari che mi avevano accompagnata per la maggior parte della vita.
Ursula continuava ostinatamente a mantenere il silenzio sull'identità completa di Giuseppe.
Il segreto che aveva custodito per quasi sessant'anni sarebbe andato con lei nella tomba – o così sembrava.
Non potevo perdonarla, anche se avrei imparato a lasciare andare la rabbia.
Alcuni anni dopo, chiesi a una cognata qualche ulteriore intuizione sulla personalità di Ursula.
Com'era?
Tra le caratteristiche elencate, mia cognata disse che Ursula era divertente, parlava sottovoce, amava il giardinaggio, l'arte, era

leale, gentile e generosa.
Soffriva anche di depressione e ansia.
In quel momento compresi di condividere molte delle sue qualità, incluso il temperamento acceso e le problematiche di salute mentale.
Quando iniziai la mia ricerca negli anni '80, portavo con me un'idea non esaminata di cosa avrebbe significato «trovare la mia famiglia».
Immaginavo un momento di riconoscimento; un legame biologico istantaneo che avrebbe colmato il vuoto che portavo con me da quando avevo scoperto di essere adottata.
La famiglia che cercavo esisteva nella mia mente come un puzzle completo – con me come il pezzo mancante che si sarebbe inserito perfettamente una volta trovato.
Quando incontrai Ursula nel 1990, questa fantasia cominciò già a dissolversi.
Il rifiuto di Ursula fu la mia prima lezione sui limiti della biologia.
Il sangue può essere sottile come l'acqua quando è stato diluito da decenni di assenza.
Dopo la morte di mia madre nel 1994, la mia comprensione della famiglia subì un'altra trasformazione.
In piedi davanti alla sua tomba, realizzai che la famiglia non è semplicemente chi ti mette al mondo, ma chi ti accompagna attraverso le difficoltà della vita.
Era stata imperfetta – spesso frustrante – ma era presente, costante.
Questa costanza, stavo iniziando a capire, poteva essere più preziosa di qualsiasi legame genetico.
Gli anni di ricerca che seguirono a ogni delusione rimodellarono gradualmente le mie aspettative.
Ogni volta che cercavo una connessione e trovavo invece il vuoto, ero costretta a ridefinire ciò che stavo davvero cercando.
Era solo informazione?

Riconoscimento? Appartenenza? O qualcosa di più fondamentale – una continuità del sé che andava oltre la mia esistenza individuale?
Probabilmente quest'ultima.
Entro il 2010, dopo aver incontrato i miei fratelli e vissuto la complessa realtà di quelle connessioni, avevo sviluppato una comprensione più sfumata della famiglia.
Questi legami biologici non erano né il completamento magico che avevo immaginato all'inizio, né del tutto privi di significato. Esistevano in un terreno intermedio – connessioni con potenziale, ma senza la storia condivisa che costituisce la base della maggior parte dei legami familiari.
Gli anni della pandemia portarono un'ultima evoluzione nel mio pensiero.
Isolata nella mia casa, mi resi conto che a sostenermi non erano i legami biologici, ma quelli scelti.
Gli amici chiamavano ogni giorno.
Condividevo cibo e conversazioni casuali con i vicini.
Incontravo i colleghi tramite Zoom.
La famiglia, capii, non era un'entità statica da scoprire, ma una rete viva, creata attivamente attraverso la cura e la presenza.
Questa consapevolezza non diminuiva il mio desiderio di conoscere Giuseppe, ma cambiava ciò che significava trovarlo. Non era più un completamento, ma un nuovo inizio – un altro pezzo del mosaico che avevo costruito per tutta la vita.
Nei miei momenti più bui, durante l'adolescenza e oltre (dal 2010 in poi), immaginavo Giuseppe svanire – morire senza sapere che lo avevo cercato, senza che io avessi mai scoperto il suo vero nome, il mio vero cognome.
In queste cupe visioni, vedevo un uomo anziano che esalava gli ultimi respiri, ignaro che da qualche parte a Melbourne una figlia che non aveva mai riconosciuto stava pensando a lui, portando avanti il suo lascito genetico.
La sua morte avveniva appena oltre la mia portata, la possibilità

di connessione spenta per sempre – l'ultima crudele beffa dell'Universo in una vita di connessioni mancate.

Questi pensieri erano più insistenti di notte, quando le distrazioni della luce del giorno svanivano e la solitudine fondamentale dell'esistenza si faceva vicina.

Restavo sveglia a calcolare probabilità sempre più scarse, mentre il traffico notturno di Melbourne creava una colonna sonora di possibilità distanti – ogni macchina di passaggio poteva trasportare qualcuno collegato al mistero delle mie origini, ogni fascio di fari illuminava per un istante una strada che Giuseppe avrebbe potuto percorrere.

Col tempo, avrei dovuto accettare ciò che non potevo cambiare – alcune domande sarebbero rimaste per sempre senza risposta, alcuni frammenti per sempre mancanti dal mio mosaico.

La speranza non era svanita – si era calcificata, indurita in qualcosa di affilato e immobile.

Come brina sul vetro, ne offuscava i contorni di ciò che un tempo credevo di poter raggiungere.

Non stavo perdendo la fede.

Stavo imparando a vivere senza di essa.

Eppure, ogni volta che arrivavo a questo punto di resa, qualcosa dentro di me si ribellava.

2022 – Speranza e rassegnazione

L'urgenza si era dissipata, sostituita da un'attenzione quieta e persistente alla possibilità.

Avevo trovato un modo per integrare il non-sapere nel mio senso del sé, per portarlo non come un peso insopportabile, ma come un elemento di un'identità complessa.

Negli ultimi giorni del 2022, mi ritrovai in una strana sospensione emotiva – non più in cerca, non ancora rassegnata – in bilico tra speranza e accettazione.

Questo delicato equilibrio – un'accettazione senza rassegnazione – favoriva una quasi mistica apertura alla possibilità, pur proteggendomi dal peso schiacciante delle aspettative.

Avevo iniziato ad accettare, con riluttanza, che forse non avrei mai saputo più di alcuni frammenti della sua storia.
Ma a volte, proprio quando la speranza sembra perduta, quando il mosaico dell'identità appare irrimediabilmente incompleto, l'Universo cospira in modi inaspettati.

Interludio II

Eredità

Più del sangue,
memoria, sogni.
Ursula. Giuseppe.
Nomi,
di cui porto i frammenti –
il colore degli occhi, un volto tramandato.
Insieme a una vergogna sussurrata,
segreti e menzogne,
una fiamma ardente nelle iridi.
Mi furono date madri che abbandonano,
padri che diventano assenti.
Plasmata da ciò che mi fu negato.
Ossessionata da ciò che resta nascosto.
Fili sacri e intrecciati,
che mi tirano verso l'origine.
La memoria del sangue grida –
E quella è solo mia.

PARTE

III

I

Padri

Peccatori

15

Detective del DNA
(2022–2023)

Scavare fili d'oro in un labirinto

Nel tranquillo crepuscolo della mia ricerca, quando la speranza si era calcificata in un'accettazione rassegnata, alla fine del 2022 – proprio mentre stavo facendo pace con l'idea di non trovare mai il mio padre biologico in vita, accettando che le statistiche e le tabelle attuariali fossero contro di me – una decisione apparentemente insignificante cambiò tutto. Regalai a un'amica un kit del test del DNA per Natale – una piccola scatola contenente provette e tamponi che promettevano di rivelare migrazioni antiche e percentuali etniche. Conoscenze banali, pensai, rispetto all'immenso ignoto che mi aveva tormentata per decenni. Quel piccolo dono divenne un catalizzatore – un sassolino che avrebbe innescato una valanga.
A gennaio 2023, guidata da una bussola interna invisibile ma fidata, mi iscrissi a un corso di aggiornamento professionale sugli effetti psicologici delle pratiche di adozione forzata. La descrizione clinica del corso non menzionava nulla riguardo a rivelazioni personali, eppure questa scelta accademica – presa apparentemente per motivi professionali – avrebbe inaspettatamente riacceso la mia ricerca, proprio mentre le sue braci si stavano spegnendo.

L'Era delle Adozioni Forzate ha avuto effetti negativi su tutti: madri costrette ad abbandonare i propri bambini, padri che spesso non avevano voce in capitolo o non sapevano nemmeno di avere figli, e adottati come me – separati dalle famiglie biologiche. Le onde d'urto si sono propagate fino a nonni, zii, zie, cugini – un'eredità straziante che ha colpito circa 250.000 australiani e milioni di persone negli Stati Uniti. Bambini strappati alle famiglie biologiche da chi credeva erroneamente che sarebbero stati meglio con degli estranei.

Completare il corso smosse emozioni che avevo sepolto a fondo. I vecchi sentimenti riaffiorarono come corpi che risalgono da un billabong – il desiderio, l'incompletezza, la sensazione di esistere in frammenti. Il desiderio di trovare il mio elusivo Giuseppe, dormiente da anni, si risvegliò con un'urgenza e una disperazione rinnovate. Decisi di riprendere la mia ricerca sempre speranzosa, ma apparentemente inutile.

Cercai «adozione» su Google, come avevo fatto un centinaio di volte prima. Di nuovo, mi unii a vari gruppi di ricerca online sull'adozione. Nessuno portò frutti.

Come l'avrei mai trovato?, continuavo a lamentarmi.

Qualche mese dopo, a metà marzo, mentre scorrevo Facebook a tarda notte, scoprii un gruppo chiamato *DNA Detectives*. Il solo nome mi fece accelerare il battito. Nella loro pagina erano postate storie come la mia – adottati in cerca di madri, padri, nonni, o fratelli, oppure persone che avevano ritrovato membri delle proprie famiglie biologiche.

Lessi molti post – ricongiungimenti felici e infelici, abbracci calorosi o storie tristi di rifiuti, blocchi e fantasmi. Foto gioiose di adottati con genitori, fratelli, nonni e altri familiari. Alcune storie orribili – madri violentate, adottati che scoprivano che i genitori avevano commesso crimini, erano finiti in prigione, tossicodipendenti, affetti da gravi disturbi mentali, o si erano tolti la vita. Alcuni erano semplicemente morti. Mentre leggevo ogni storia, piangevo – a volte lacrime di gioia, altre di tristezza, altre ancora di rabbia o frustrazione. Le loro storie erano frammenti del mio stesso mosaico adottivo, echi del mio viaggio incerto.

Le persone pubblicavano i risultati dei test del DNA e degli «angeli della ricerca» le aiutavano a trovare le famiglie biologiche. Diversamente dalle mie precedenti ricerche – condotte tramite burocrazia e scartoffie – questo approccio sembrava quasi magico. Scientifico, ma intimo. Combinava la precisione della genetica con il mistero della famiglia.

I membri del gruppo suggerivano di caricare i risultati del DNA su tutti i siti di genealogia disponibili. *Ancestry.com* per gli americani, *MyHeritage* per gli europei e gli australiani, e altri ancora – *GEDmatch*, *23andMe*, *Living DNA*, *FamilyTreeDNA*, e *Genomelink*. Con rinnovata speranza, lo feci subito.

La parte tecnica era abbastanza semplice – caricare i dati genetici, confrontare le corrispondenze, tracciare i legami – ma dietro ogni percentuale clinica si celavano possibili dolori o rivelazioni. Ogni centimorgano (cM) condiviso con un cugino sconosciuto poteva portare al padre biologico che avevo cercato per decenni.

Nei rami genealogici dei siti come *MyHeritage* o *Ancestry.com*, i membri viventi sono indicati come privati, per convenzione. Per scoprire i loro nomi, i membri del gruppo *DNA Detectives* consigliavano, se si trovava un parente defunto (come un potenziale bisnonno o nonno), di cercare poi il suo necrologio – o qualsiasi altra informazione – online. Non ci avevo mai pensato. Per fortuna, ora viviamo nell'era di Internet e dei social media – e Internet è una fonte inesauribile di informazioni. Non credo che la gente si renda conto di quante informazioni ci siano là fuori sulle persone e sulle loro famiglie.

I membri avvertivano anche – in grandi lettere rosse – se trovi qualcosa, FERMATI! Fai uno screenshot di tutto prima di contattare chiunque.

All'improvviso, ero entrata nel mondo dell'investigazione genealogica del DNA.

Sabato 18 marzo 2023, pubblicai la mia storia di adozione su Facebook. Avevo menzionato il nome di Ursula nel post. Mi fu chiesto di rimuoverlo. Mi dissero che avrebbe imbarazzato nostra madre – che l'avrebbe fatta vergognare. Come se la verità potesse essere vergognosa. Dopo 33 anni dal nostro primo incontro nel 1990, non mi importava più dei suoi sentimenti o dei suoi bisogni. Ero stata paziente e premurosa abbastanza a lungo.

Il tempo era ormai prezioso.

«Ti sto avvisando! Altrimenti prenderò provvedimenti legali. Ti denuncerò per diffamazione.»

Resistetti all'impulso di dirgli di cercare il significato di *diffamazione*.

In quel periodo ordinai un altro test del DNA – questa volta con *Ancestry.com*. Con emozione nervosa, strofinai l'interno della guancia, sigillai il campione, e lo spedii – un altro piccolo pezzo di me lanciato nel mondo in cerca di connessioni.

In attesa dei risultati, mi immersi nella meccanica della genealogia genetica – imparando cosa fossero i centimorgani, gli aplogruppi e il metodo di Leeds per classificare le corrispondenze.

Martedì, 21 marzo 2023

Era una notte qualunque – per coincidenza, esattamente dieci anni dopo che l'ex Primo Ministro australiano Julia Gillard aveva pronunciato le scuse nazionali per le adozioni forzate, vent'anni dopo quell'ultima telefonata orribile con Ursula, quarantatré anni dopo quel viaggio in autobus che aveva cambiato la mia vita – ed era l'ultimo anno dei miei cinquant'anni.

Tardi quella notte, ero distesa sul letto con il mio cellulare, mentre parlavo con un'amica dei risultati del suo test del DNA. Discutavamo di DNA, famiglie e delle scoperte fatte. I risultati del DNA possono spesso riportare alla luce scheletri nascosti negli armadi di famiglia ben chiusi. Avevo anche l'iPad accanto a me mentre parlavamo.

A mezzanotte, navigavo metodicamente tra le mie corrispondenze DNA su MyHeritage. Ora avevo una strategia: separare le connessioni materne da quelle paterne. Qualsiasi corrispondenza che non appariva nei risultati di mio fratello Nathan poteva potenzialmente condurmi a Giuseppe. La scienza era semplice – condividiamo circa il 50% del nostro DNA con ciascun genitore biologico (circa 3.400 cM). Più DNA condividiamo, più recente e stretto è il nostro antenato comune. Da qualche parte in quei fili digitali si nascondeva la mappa per il mio padre biologico.
Studiavo con attenzione la prima corrispondenza – un potenziale cugino di secondo o terzo grado dalla Francia. Condividevamo solo 129 cM di DNA. Una misura scientifica di fili invisibili che ci univano attraverso i continenti, nonostante decenni di separazione istituzionale – non una quantità enorme, ma abbastanza significativa da indicare un antenato comune nelle ultime generazioni – forse un bisnonno. Quando cliccai su «Esamina la corrispondenza DNA» e scorsi tra le connessioni condivise, notai qualcosa di cruciale: Nathan, mio fratello, non era elencato tra loro. Questo poteva significare una sola cosa – questa connessione proveniva dalla mia linea paterna.
Con il cuore che batteva forte, cliccai per vedere l'albero genealogico di questa persona. Lì, tra i rami di nomi sconosciuti, uno mi saltò all'occhio: Giuseppe Verduci. Era elencato come il nonno, ma l'anno di nascita – 1929 – lo rendeva un decennio troppo anziano per essere il mio Giuseppe.
Scartai questa corrispondenza e tornai alla mia lista di DNA matches.
La successiva corrispondenza paterna era una donna, cugina di terzo grado dalla Francia. Condividevamo solo 115 cM. Cliccai su «Visualizza profilo». Si era iscritta a MyHeritage solo dieci mesi prima. Guardai le possibili relazioni – c'era una probabilità del 41% che avessimo gli stessi bisnonni. Tornai indietro di una pagina e cliccai su « Visualizza nell'albero».

Suo padre e suo nonno erano elencati come <Privato> Verduci – lo stesso cognome dell'albero precedente. Il suo bisnonno si chiamava Andrea Verduci. C'era una foto seppiata di un giovane molto affascinante con occhi scuri, capelli mossi divisi al centro e un baffo elegante a fiocchi finemente arrotolati alle estremità. Indossava una giacca, una cravatta e una camicia bianca. Occhi espressivi da cucciolo, orecchie grandi, mento pronunciato – tratti che riconobbi in me stessa.
Cliccai sulla sua foto, poi su «Ricerca questa persona». Selezionai la prima voce. Era nato a Montebello Jonico, Reggio Calabria, Italia, il 1° settembre 1878, ed era morto il 17 settembre 1961 ad Anna di Melito di Porto Salvo. Questi luoghi mi erano completamente estranei.
Si era sposato due volte. La sua prima moglie, Filomena Iamonte, era nata nel 1886 e morì il 12 aprile 1916 a Saline Ioniche. Aveva solo 30 anni – una vita spezzata troppo presto, mentre i suoi figli erano ancora piccoli.
Un pensiero fugace mi attraversò la mente, facendo vibrare il corpo con un brivido di riconoscimento.
Potevano davvero essere il mio bisnonno e la mia bisnonna?
Un piccolo battito nel petto si trasformò in un martellamento contro le costole. La curiosità e l'anticipazione crescevano. *Dopo decenni di ricerca, ero davvero così vicina?*
Sarei riuscita a trovare il mio sfuggente Giuseppe – il mio padre biologico – partendo da una corrispondenza così minima?
Analizzavo ogni voce con metodo, componendo i pezzi con una nuova chiarezza. Ogni nome rappresentava un'altra connessione, un altro ramo di un albero che stavo ricostruendo con cura: Margherita, Carmela, Giuseppe, Bruna, Vincenzo, Giovanni, Filomena. La me sedicenne e terrorizzata su quell'autobus non avrebbe mai potuto immaginare questo momento – questo scavo controllato nella verità, questa ricostruzione consapevole di ciò che era stato brutalmente reciso alla nascita.

Era lo stesso Giuseppe della corrispondenza precedente che avevo esaminato. Questo Giuseppe non poteva essere il mio Giuseppe. Un dettaglio, in particolare, era sconvolgente: «Segnalato per aver ucciso una persona.»
Era emigrato in Francia, e dedussi che fosse il padre o lo zio di VV.

12:14 – Carlton e la connessione italiana
La casa era silenziosa, fatta eccezione per il suono delle mie dita sullo schermo e il mio respiro leggero.
Cliccai ancora e scoprii che Andrea aveva un altro figlio, Bartolomeo, nato nel 1908 – lo stesso anno in cui il grande terremoto di Messina aveva devastato gran parte di Reggio, facendo crollare edifici e causando migliaia di morti, mentre quella nuova vita prendeva forma. Nascita in mezzo alla catastrofe – un inizio intrecciato a una fine.
Passai su Ancestry.com, la luce dello schermo illuminava il mio volto nella stanza oscurata, e cercai nei documenti storici con crescente urgenza. Scrissi «Andrea Verduci» e trovai un albero genealogico pubblico che conteneva quasi 600 persone – un'intera costellazione di vite connesse da fili invisibili di DNA e destino. Cercai il nonno dell'autrice dell'albero, Rosemary: Bartolomeo. Era nato il 5 giugno 1908 a Montebello Jonico ed era morto, a 97 anni, a Melbourne, il 13 dicembre 2005. Aveva vissuto a Melbourne – forse mi era passato accanto per strada senza sapere chi fossi, mentre i nostri legami di sangue restavano invisibili ma presenti – e aveva sposato una Giuseppina Raco, nata a Motticella, Reggio Calabria, nel 1912 e morta a 92 anni, il 18 settembre 2004, sempre a Melbourne.
Un altro leggero battito nel cuore, come una piuma che sfiora la guancia. Improvvisamente, fui catturata da questo processo da detective – questo scavo archeologico della mia stessa storia – scavare tra strati digitali per dissotterrare ossa di verità sepolte sotto decenni di silenzio.

Cliccai sul nome di Bartolo e fui indirizzata a una pagina di «Fatti», dove trovai una lista passeggeri di migrazione. Cliccai. Bartolo era emigrato in Australia il 21 febbraio 1952 ed era arrivato a marzo 1952 – sulla stessa nave su cui avevano viaggiato i miei genitori.
Mi raddrizzai, trattenendo il respiro. La coincidenza sembrava troppo perfetta per essere casuale – Bartolo Verduci e i miei genitori avevano condiviso lo stesso viaggio migratorio, attraversando gli oceani sulla stessa nave, le loro vite che si sfioravano senza saperlo. *Si saranno incontrati sul ponte? Si saranno parlati?*
Cliccai sul registro elettorale che indicava Bartolo residente in Donald Street, Brunswick, nel 1980 – Brunswick, un sobborgo di Melbourne confinante con Carlton. Un altro battito nel cuore. Bartolo risultava avere quattro figlie e cinque figli. Due erano nominati nell'albero genealogico: Bruna, 1949–2009, e Giovanni, 1947–1969. Notai che era morto a soli 22 anni. Mi chiesi cosa l'avesse ucciso. *Una malattia? Un incidente?* Così giovane, pensai.
Cliccai sulla lente d'ingrandimento per cercare e leggere ancora. Trovai altri registri elettorali: Carlton North, Melbourne, 1967 e 1968. Una delle pochissime informazioni che avevo sul mio sfuggente Giuseppe combaciava. Uno dei miei sette indizi si era allineato. Aveva vissuto a Carlton all'epoca della mia nascita. Il cuore mi balzò in gola.

12:22 – «Giuseppe»
Andai su Google e digitai «Bartolo Verduci necrologio». Cliccai sul primo link: VERDUCI, Bartolo | Necrologi | Melbourne. mytributes, Herald Sun, 14/12/2005.
Lessi l'annuncio funebre:
«VERDUCI Bartolo Si è spento serenamente il 13 dicembre 2005, all'età di 97 anni. Amato marito di Giuseppina (dec.)... affettuoso padre e suocero di Andrea... Giuseppe e Alice (dec.)...»

All'improvviso, la stanza sembrò inclinarsi attorno a me. Il petto si strinse come in una morsa. Il sangue mi salì alla testa, provocando vertigini per le implicazioni di ciò che avevo appena letto.

Eccolo – Giuseppe – tra i nomi in un necrologio, legato a Bartolo, legato a Carlton.

Giuseppe Verduci. Ripetei il nome più volte a bassa voce. *Ver-du-ci* – la dolce «ci» italiana pronunciata «chi» – straniera sulla mia lingua, eppure stranamente familiare.

Il cuore iniziò a battermi con forza nel petto. Quel familiare *ba-boom, ba-boom* – ma questa volta non come reazione alla paura, bensì all'eccitazione. Gli occhi mi si spalancarono. Incredula, scettica, osai chiedermi:

Potrebbe davvero essere questo il mio sfuggente padre biologico, il mio Giuseppe?!

Il cuore accelerava mentre entravo in uno stato di iper-vigilanza – focalizzata, concentrata, come se il mio sistema nervoso l'avesse riconosciuto prima ancora della mia mente – i frammenti si stavano allineando, formando i contorni di mio padre. La mente correva veloce, tentando di stare al passo con la scia di informazioni.

Tre frammenti del mio puzzle a sette pezzi ora brillavano con chiarezza – il nome, il luogo, la data – ciascuno un filo che mi attirava più vicino: Giuseppe, nato in Italia, vissuto a Carlton all'epoca del mio concepimento.

Lessi il resto dei nove figli di Bartolo e dei loro partner. Supposi fossero elencati in ordine di nascita, come d'uso. Giovanni era il penultimo. Lessi i nomi dei 21 nipoti e 15 pronipoti. «Mancherà molto a tutti.»

Le parole del gruppo DNA Detectives mi tornarono in mente: «Fai uno screenshot di tutto!»

A quel punto, non ero assolutamente certa che questa fosse davvero la famiglia del mio Giuseppe – ma nel caso lo fosse, tornai indietro e iniziai a fare screenshot di tutto.

Il mio primo screenshot – 12:14

Il tempo sembrava distorcersi – accelerando e comprimendosi insieme. Invece di decenni lenti e dolorosi, ora stavo scavando informazioni nel giro di ore – minuti. La mente faticava a tenere il passo con tutte queste rivelazioni.

In meno di un'ora di ricerche online, la mia vita stava per cambiare irrevocabilmente.

Ciò che era iniziato come una conversazione casuale sul DNA mi aveva condotto a prove che potevano collegarmi al mio padre biologico – forse addirittura suggerire che fosse ancora vivo, una possibilità che avevo quasi del tutto abbandonato.

Ora avevo nomi, connessioni, una direzione – ma dovevo ancora confermare ciò che avevo trovato e, se possibile, mettermi in contatto con un uomo che forse nemmeno sapeva della mia esistenza.

La parte metodica di me, da ricercatrice, chiedeva più prove – ulteriori collegamenti per verificare che non si trattasse dell'ennesima falsa pista.

Le mani mi tremavano leggermente – un tremito non di terrore, ma di attesa, come quando ci si trova sulla soglia di una porta che si è cercato di aprire per tutta la vita.

12:56 – Dopo mezzanotte

Cercai «Giuseppe Verduci» su Ancestry.com e lo trovai in una lista passeggeri dall'Italia all'Australia. Aveva 16 anni quando viaggiò da solo da Messina, Sicilia.

Data di arrivo: gennaio 1954, Fremantle, Australia Occidentale. L'anno di nascita indicato era circa il 1938.

Il quarto tassello si incastrò nel puzzle.

I contorni di Giuseppe diventavano sempre più nitidi con ogni nuovo dettaglio.

1938.

Proprio come aveva detto Ursula – 26 anni quando sono stata concepita.

I pensieri continuavano a vorticare nella mia mente con ogni

nuova scoperta.
Era lui il padre biologico sfuggente che avevo desiderato trovare da quando avevo 26 anni?
L'adrenalina esplose. Le mani mi tremavano mentre cliccavo tra i documenti.
Ero completamente sveglia – ogni senso all'erta, ogni dettaglio cristallino.
Scesi al piano di sotto, uscii in garage, mi sedetti a fumare, incredula, continuando a scorrere, a fare screenshot.
Ormai erano le primissime ore di mercoledì.
La testa mi girava.
L'incredulità si avvolgeva su se stessa.
Continuavo a cliccare, a scorrere – frenetica.

12:57 – Un'azienda di famiglia
Trovai un Giuseppe Verduci in un registro elettorale – 1972, ACT e poi 1967, Carlton North.
Cliccai sull'immagine: Verduci, Lygon Street, Carlton North – Bartolo, negoziante, Bruna, studentessa, Giuseppe, direttore, Giuseppina, casalinga.
Ogni frammento faceva parte di una costellazione – stelle che lentamente formavano un volto riconoscibile.
Un quinto frammento – un'azienda di famiglia.
Un altro bordo vitale ritrovato, un altro contorno definito. Il mosaico di Giuseppe prendeva forma – pezzo dopo pezzo, il profilo dell'uomo che non avevo mai incontrato cominciava ad emergere con sorprendente chiarezza.
Cercai l'indirizzo su Google e trovai un'immagine. Una casa edoardiana in mattoni rossi con una finestra a golfo. C'ero passata davanti, inconsapevole, più volte di quanto potessi contare.

1:05
Trovai un altro registro elettorale. Giuseppe aveva vissuto a Canberra nel 1977 e di nuovo nel 1980.

In meno di un'ora di ricerche, avevo una mappa approssimativa di dove il mio possibile padre biologico e la sua famiglia avevano vissuto negli anni '60, '70 e '80.

1:09 – Una Rivelazione Inaspettata

Aprii una nuova scheda del browser e digitai su Google: «Giuseppe Verduci.»

Il primo risultato...

Biblioteca Nazionale d'Australia

«Verducci (sic) sarà assassinato un giorno, dice un ex detective.»

Un articolo del *Canberra Times* firmato Diego Campbell.

«La Honoured Society calabrese ucciderà un giorno l'informatore di polizia Giuseppe "Joe" Verducci (sic)», dichiarò ieri un ex detective della Polizia Federale Australiana durante l'inchiesta Winchester.»

Scorrii l'articolo... «la società»... «omicidio Winchester»... «National Crime Authority»... «uccisione»... «Donald McKay»... «Bungendore, piantagioni di cannabis»... «Queanbeyan.»

Mi bloccai – la sigaretta bruciava, dimenticata. Le parole non prendevano senso.

Winchester

Omicidio

Donald McKay

Cannabis?

Giuseppe – un informatore di polizia?

Connessioni mafiose?

Aveva ucciso qualcuno?

Immagini in bianco e nero della storia di McKay mi balenarono nella mente – Griffith, 1977, omicidio in stile mafioso.

Giuseppe era stato assassinato anche lui?

Era questo il mio Giuseppe?

Mi dissi che non poteva essere mio padre.

Continuai a scorrere altri articoli.

Giuseppe Verduci – informatore della polizia. Coltivatore di cannabis a Bungendore.

Sorvegliato dal Vicecommissario della Polizia Federale Australiana, Colin Winchester.
Non stavo più leggendo su Giuseppe – ero precipitata nella malavita australiana.
Mafia. Bungendore. McKay. Griffith. Winchester. Operazione Seville.
Si formarono due universi paralleli:
– Il padre calabrese anziano che curava l'orto
– L'uomo giovane: un informatore armato, forse assassino.
Non riuscivo a conciliarli.
Era tutto troppo surreale.
L'uomo che avevo immaginato era una fantasia.
Un'idea. Un'immagine costruita da frammenti.
Mi ero immaginata un tipico migrante italiano – sposato dopo la mia nascita, magari una relazione extraconiugale, altri figli, nipoti. Una vita tranquilla nella periferia di Melbourne. Un uomo d'affari. Orti, passata, salsicce. Un padre italiano come quelli del mio vecchio quartiere.
Mai – mai – avevo immaginato la Mafia.
La possibilità sembrava uno scherzo crudele. Dopo decenni di ricerche, potevo aver trovato mio padre – solo per scoprire questo.
Forse non era lui, mi dicevo. Forse era solo un altro Giuseppe.
Il cuore batteva sempre più forte, continuavo a fumare e a leggere, seduta sulla mia piccola sedia da campeggio rossa nel garage, accanto alla mia Angel, sdraiata nel suo letto all'aperto, che mi guardava interrogativa, chiedendosi perché fosse fuori al freddo con la sua umana invece di essere al caldo, a dormire nel letto al piano di sopra.
Perché la sua umana era così agitata?
Cercai su Google: «Giuseppe Verduci Mafia.»
Saltarono fuori altri articoli di giornale sulla Mafia, sull'Operazione Seville, su Bungendore, e su Winchester – ucciso nel vialetto del vicino a Deakin, Canberra, stile esecuzione, la notte del 10 gennaio 1989. Una storia che ricordavo vagamente.

Il nome di Giuseppe era legato a Winchester e a uno dei casi di omicidio irrisolto più famosi in Australia.
Non esisteva altro che quel momento –
quella ricerca, quella rivelazione che si dispiegava.
Il mondo ordinario – il lavoro, la casa, le routine – sembravano dissolversi sullo sfondo, temporaneamente irrilevanti di fronte a ciò che stavo scoprendo.
Seduta in una nuvola di fumo di sigaretta, con la luce lunare che filtrava dalla finestra appannata, lessi articoli di cronaca risalenti agli anni '80.
Da qualche parte, lessi che questo Giuseppe Verduci era nato nel 1937.
Era un altro Giuseppe?

Continuavo a leggere e cercare.
Lessi la parola: « 'Ndrangheta.» Non sapevo cosa significasse, così la cercai su Google.
«Una delle organizzazioni criminali più antiche d'Italia, formatasi nel XVIII secolo in Calabria.»
Mafia calabrese?
Crescendo, la Mafia non era mai stata qualcosa di collegato alla mia famiglia adottiva o alla mia vita italo-australiana. Le poche cose che sapevo sulla Mafia le avevo apprese leggendo o guardando Marlon Brando nella serie *Il Padrino*. Non avevo nemmeno visto *I Soprano*. Non ero una fan della violenza o dei film violenti.
Le uniche connessioni lontane che avevo con la Mafia o con i gangster erano tramite la serie *Underbelly*, che raccontava la spirale di omicidi tra gangster a Melbourne – 36 gangster che si erano uccisi a vicenda tra il 1998 e il 2010. Ricordavo quegli omicidi avvenuti in luoghi che frequentavo o conoscevo bene.
Un gangster era stato ucciso vicino al mio ex indirizzo in Queen Street, Coburg, nel 2003.
Jason Moran, insieme a Pasquale 'Little Pat' Barbaro, era stato giustiziato nel parcheggio del Cross Keys Reserve, a North

Essendon, mentre i suoi figli giocavano a Auskick – lo stesso campo che attraversavo ogni sera durante le mie passeggiate a Coburg.
Suo padre, Lewis Moran, fu assassinato al Brunswick Club in Sydney Road nel 2004.
I Moran bevevano al Laurel Hotel, ad Ascot Vale, lo stesso pub frequentato dai membri della squadra di hockey dell'RMIT, e il cugino della mia ex parrucchiera era Mario Condello, membro della Carlton Crew, ucciso nel 2006.
Questo era tutto ciò che sapevo sui gangster.

1:53 – Aziende di famiglia
Tornai a cercare il nome Verduci.
Trovai un giovane Giuseppe Verduci con gli occhiali su LinkedIn. Avevamo tratti leggermente simili.
Era forse un cugino, un nipote?
Continuai a cercare: Verduci lawyers. Verduci Real Estate. Verduci Market Gardens. Verduci Enterprises. Poi iniziai a cercare i singoli nomi elencati nel necrologio di Bartolo.

3:22 – Gli occhi che mi fissavano
Mentre continuavo la ricerca, avevo poco tempo per riflettere. Cercavo di assimilare tutto, anche se la mia mente faceva fatica a tenere il passo con il mio cuore. Dopo tante ricerche e scorrimenti, tornai su Ancestry.com e guardai un albero genealogico Verduci. Il proprietario era indicato come Rosemary. Scorrii tra le foto e trovai una vecchia foto in bianco e nero di quattro giovani donne. Due erano sorelle di Giuseppe, Angela e Joanne.
Occhi che mi fissavano.
Poi trovai un'altra foto in bianco e nero di un'altra sorella, Bruna. Se quel Giuseppe fosse davvero mio padre, allora quelle donne sarebbero state mie zie.
Guardando più da vicino l'ultima foto di Bruna, come Sherlock che analizza una prova vitale con una lente d'ingrandimento, vidi

– in un lampo di riconoscimento – tratti del mio io più giovane.
Sorriso simile.
Zigomi simili.
Mento simile.
Non osavo ancora presumere che fosse davvero la mia famiglia paterna a fissarmi da quelle foto.
Stordita da quella scoperta improvvisa e inaspettata, fui travolta – il momento rieccheggiava come l'immagine speculare del colpo che mi aveva colpita per la prima volta nel 1980.
Non ero ancora al 100% certa che quel Giuseppe Verduci fosse mio padre biologico, sebbene corrispondesse bene alla persona che stavo cercando – italiano del sud, nato intorno al 1938, aveva un'azienda, viveva a Carlton.
Non sapevo ancora che tipo di azienda fosse o dove fosse ubicata.

3:41
Cercai Bruna Verduci. Trovai un necrologio sul *Herald Sun*, datato 1/2/2010. Diceva:
«*VERDUCI-ROMANO. -- Bruna, Motticella (RC) 18.11.1942 Canberra 27.12.2009. Sempre ricordata con affetto dal marito … figli … fratelli e sorelle Andrea, Joe …*»
Joe aveva un'altra moglie elencata. Trovai un altro articolo …info/lawyers/biogs… Bruna Romano, avvocato, legale, procuratore.
Bruna era emigrata in Australia con la sua famiglia. Era arrivata in Australia a 13 anni, nel 1956. Completò il suo HSC nel 1961, solo cinque anni dopo essere arrivata. Fu ammessa come avvocato presso la Corte Suprema del Victoria nel 1968 – quattro anni dopo la mia nascita.
Fu la prima donna ad aprire uno studio legale nell'ACT.
Lessi il resto della biografia. Bruna morì dopo la diagnosi di un tumore cerebrale aggressivo. Aveva solo 67 anni.
Era stata una donna di grande successo. Una pioniera. Studiosa. Dedicata alla sua professione. Portata via troppo presto.

4:42 – Vendetta familiare
Tornai su MyHeritage – Bartolo.
«Tragedia familiare. Dopo il 1909. In seguito all'aggressione subita da sua sorella, Bartolo fu convinto dall'altra sorella Bruna a trasferirsi a Motticella, così da non cercare vendetta. Fu a Motticella che conobbe la futura moglie, Giuseppina Raco.»

4:49
Cercai *Verduci Lawyers*. Fondata nel 1969. Uno dei soci era un certo Alfred Verduci.
Era lo stesso Alfred menzionato nel necrologio di Bartolo?

5:02 – Una tragedia familiare
Trovai il certificato di morte di Giovanni «John» Verduci.
La sua nascita risultava intorno al 1947, età 22 anni, morto nel 1969 a Carlton, Victoria, Australia.
Padre: Bartolo Verduci. Madre: Giuseppina Raco.
Mi chiesi ancora una volta: di cosa era morto? Era così giovane. Più cercavo risposte, più trovavo domande su Giuseppe e sulla sua grande famiglia istruita e imprenditoriale.
Come e perché Giuseppe si era coinvolto con la Mafia?

Verduci Bros – Mobilificio, Brunswick
Spulciai pagine social e trovai un post su Facebook con Alfred Verduci. Si parlava dell'attività *Verduci Bros*, un negozio di mobili in Sydney Road, Brunswick. Era stato intervistato da 3AW. I *Verduci Bros* pubblicizzavano su quella stazione radio negli anni '60.
Potrebbe essere stata questa l'attività in cui Giuseppe era coinvolto all'epoca del mio concepimento.
Leggendo i risultati del mio DNA, capii che non stavo più fluttuando sopra la mia vita né annegando in essa.
Ero semplicemente presente – pienamente incarnata e coinvolta in questa ricerca. L'osservatrice e la protagonista erano finalmente la stessa persona: me.

Ogni nome, ogni documento, ogni immagine era un frammento di una verità più grande.
Avevo passato decenni a raccogliere questi frammenti in isolamento.
Ora, non erano più solo dati – erano tessuto connettivo, formavano i contorni di un uomo, un passato, un'eredità.
Mentre li ricomponevo, non stavo solo costruendo il profilo di Giuseppe – stavo ricostruendo l'altra metà mancante di me.
Sfinita ma non ancora stanca, spensi l'iPad.
Immersa nel buio, caddi sul letto.
Nomi, date, occhi, occhi che scorrono – tutto si dissolveva in un caleidoscopio di sogni inquieti.
Il bagliore blu dello schermo rimase sotto le palpebre ben dopo averle chiuse.
I dati erano diventati un linguaggio di lutto.
Nel buio, qualcosa attendeva. Non speranza. Non chiusura. Qualcos'altro.
Verso le 10 del mattino, scesi per il mio rituale mattutino del caffè.
Nonostante avessi dormito pochissimo, ero completamente sveglia – ancora in uno stato quasi maniacale.
Quel tipo di allerta che nasce dallo shock e dall'incredulità – spesso causati da un trauma.
Accesi il bollitore elettrico, poi rimasi in piedi vicino al lavello, in un angolo del bancone blu della cucina, aspettando che l'acqua bollisse.
Una nuvola di vapore iniziava a uscire dal beccuccio.
Mi trovai ad aggrapparmi al bancone su entrambi i lati. Le gambe mi stavano cedendo.
Il suono gorgogliante, ribollente, dell'acqua che lentamente raggiungeva l'ebollizione.
Poi improvvisamente, un'ondata di emozione repressa esplose fuori da me.
Iniziai a singhiozzare disperatamente.
Grandi, profondi singhiozzi gutturali.

Cercando aria disperatamente tra uno e l'altro.
Con le braccia incrociate, stringevo il petto.
Proteggevo il mio cuore.
Era troppo.
La portata della scoperta notturna stava rivelando sé stessa.
Anni di frustrazione repressa, sgorgavano dai miei occhi – lacrime di desiderio, tristezza e, finalmente, di immenso sollievo.
Le emozioni che avevo cercato di soffocare e ignorare per 20 anni.
I pensieri e sentimenti negati – mi ero convinta che non importasse, se non avessi mai conosciuto l'identità di mio padre – la più grande bugia che mi fossi mai raccontata.
Bevvi un sorso di caffè.
Riflettei sulla scoperta della notte.
Ero abbastanza certa di aver finalmente trovato il mio sfuggente Giuseppe.
C'era una tenue possibilità che fosse ancora vivo, poiché non avevo trovato il suo necrologio.
Non era menzionato per nome in nessuno degli alberi genealogici Verduci che avevo trovato.
Mi ricordai che solitamente, solo i defunti sono nominati negli alberi genealogici pubblici online.
Bevvi il caffè, fumai ancora sigarette, e come una posseduta, continuai a cercare su internet e social – raccogliendo quante più informazioni potevo su quella grande famiglia che condivideva il mio sangue.
I campi vuoti del mio DNA familiare si stavano ora rapidamente riempiendo con nomi, persone, date, luoghi, professioni, volti.
Stavo finalmente trovando il mio posto nella mia storia genealogica, biologica e culturale.
Il mio albero frammentato non era più alla deriva.
Aveva trovato le sue radici nella foresta familiare.
La tecnologia del DNA offriva più dei pezzi mancanti del mosaico – forniva nuovi fili da intrecciare attivamente nel tessuto della mia vita.

Ogni corrispondenza, ogni nuova connessione rappresentava una scoperta e una possibilità: relazioni che avrei potuto scegliere di coltivare, storie da integrare nel mio vissuto.

In quel periodo, feci anche una ricerca approfondita su Ancestry.com e altre fonti online per scoprire di più sulla mia nonna materna, Marianna – la donna da cui probabilmente prendevo il nome, il filo invisibile che mi collegava a una storia che non avevo mai conosciuto.

Il cognome di mia nonna era *Castiglia*. Era nata a *Eboli*, vicino a Napoli, in Campania – una regione il cui nome risuona con l'antica Roma – ed era cresciuta in un orfanotrofio.

I documenti sulla sua discendenza erano inesistenti; le sue origini erano per lei tanto misteriose quanto lo erano state per me le mie.

Mi resi conto, con un sussulto, che il modello dei bambini orfani si ripeteva nelle generazioni della mia famiglia come un'eredità genetica più persistente del colore degli occhi o della struttura ossea.

Questa non era solo la mia storia, ma un tema ricorrente familiare – bambini separati dai genitori, cresciuti senza sapere da dove venivano, l'identità trasformata in un punto interrogativo tramandato nel tempo.

Ciò che avevo vissuto faceva parte di una narrazione molto più ampia che attraversava i secoli, suggerendomi che forse la mia ricerca non era solo personale, ma la continuazione di una missione ancestrale lunga secoli.

Con ogni nuova scoperta, una nuova speranza. Un cambiamento sismico era iniziato.

La grande oscurità che mi aveva consumata per così tanto tempo stava cedendo, rompendosi, allentando la sua presa.

Non avevo ancora considerato la possibilità che Giuseppe fosse ancora vivo.

Nella mia mente, era morto da tempo.

Non ero pronta a essere così speranzosa.

Riguardando indietro, posso vedere come la mia comprensione dell'identità si stesse evolvendo – da qualcosa di fisso e perduto a qualcosa di fluido e creato.

Il linguaggio dei miei primi diari rivelava una ricerca disperata di una verità unica. Ora, i miei pensieri erano diventati più sfumati. Stavo imparando a navigare nel paradosso: ero sia Di Benedetto che Verduci, sia orfana che figlia, sia perduta che ritrovata.

La rivoluzione del DNA non avrebbe semplicemente aggiunto nuove informazioni – avrebbe trasformato il mio modo di comprendere le informazioni stesse.

I miei bisnonni – Filomena Iamonte e Andrea Verduci.

Zia Bruna Verduci Romano.

Giuseppe.

16

Dott.ssa Rosemary: La storica (marzo 2023)

Enigmi d'archivio che custodiscono fantasmi

Più tardi quel giorno, dopo la mia notte di scoperte, feci una pausa dal mio lavoro da detective su internet. Pranzai con una ex collega di lavoro, oggi una cara amica. Sedute nella sua cucina inondata di sole, faticavo a trattenermi.
«Credo di aver trovato mio padre biologico,» le dissi, con la voce incrinata. Guardai i suoi occhi spalancarsi mentre le raccontavo l'incredibile nottata di ricerche che avevo appena vissuto.
Mi chiese: «Mirella, dopo tutti questi anni... come ti senti?»
La domanda era semplice, ma profonda.
Come mi sentivo?
Sconvolta. Speranzosa. Terrorizzata.
La possibilità che Giuseppe fosse ancora vivo sembrava quasi mitica.
Per anni mi ero preparata a trovare solo una tomba, un certificato di morte, una raccolta di ricordi di chi lo aveva conosciuto. Ora, mentre la luce del sole filtrava dalla finestra posteriore illuminando particelle di polvere sospese nell'aria – proprio come i frammenti della mia identità raccolti in decenni – mi trovavo di fronte a una possibilità che avevo appena osato immaginare.
Seduta in quella che credevo fosse solo un'altra giornata ordinaria, con le mani strette attorno alla ciotola di zuppa per

impedirgli di tremare, affrontavo l'idea straordinaria che mio padre potesse essere ancora vivo, e che avrei potuto incontrarlo di persona, invece di leggere il suo nome su una lapide.
Non appena tornai a casa, ripresi la mia missione – risoluta, elettrica di possibilità. Mandai un messaggio alla mia amica Bee, che aveva chiamato Ursula nel 1990 dicendole: «Potrei aver trovato mio padre biologico.» Decidemmo di incontrarci quella domenica. Ero sicura al 99% di aver trovato Giuseppe, ma dovevo essere sicura al 100% prima di contattare chiunque. Per confermare di essere sulla strada giusta, mi servivano più informazioni.
Mercoledì 22 marzo – solo un giorno dopo il mio clamoroso colpo di scena notturno – decisi di contattare il mio zio materno più giovane, Bru. Anche se non ci eravamo mai incontrati, eravamo amici su Facebook. Ci eravamo scritti qualche messaggio negli anni precedenti. Gli inviai un messaggio riguardo la mia recente scoperta. Fu felice di parlare al telefono. Non sapeva nulla di me quando Ursula era incinta. Aveva solo 14 anni all'epoca e pensava semplicemente che lei stesse ingrassando – poi era sparita per un po' ed era tornata più magra. L'innocenza della gioventù.
Gli dissi che forse avevo trovato mio padre biologico, ma che avevo bisogno di conferme, di qualche informazione a sostegno. «Dove lavorava Ursula quando aveva circa 18 anni?» gli chiesi. «Alla Pelaco. Una fabbrica di camicie a Richmond. Usciva spesso da sola.»
Zio Bru disse che avrebbe parlato con le sue sorelle. Mi raccontò anche che un fratello più giovane, Claudio, era morto in tenera età e che altri due bambini erano nati morti. Così, Ursula era una dei 15 figli. Poi mi parlò dei suoi genitori – i miei nonni – di sé stesso, di tutti i suoi fratelli e sorelle, e dei loro figli e nipoti. Il ramo materno del mio albero genealogico era ora pieno di nomi e storie di famiglia. Sette zii, cinque zie, e diversi pullman di cugini. Mi diede anche alcune informazioni mediche.

Due giorni dopo, venerdì 24 marzo, zio Bru mi richiamò. Aveva parlato con una sorella maggiore, Valda. Lei gli aveva detto che Giuseppe aveva un negozio di mobili in Sydney Road, a Brunswick. Menzionò il cognome Verduci.
Questo confermava ciò che avevo scoperto.
La conferma mi colpì come una scarica elettrica – non si trattava più soltanto di registri digitali, ma di ricordi viventi.
Il negozio in Sydney Road non era solo un punto su una mappa, ma un luogo fisico in cui mio padre aveva vissuto e lavorato, respirato. Un altro pezzo del mosaico della mia identità si era appena incastrato – i suoi contorni ormai non più così frastagliati.
Ero grata a zio Bru per avermi recuperato quell'informazione, ma anche furiosa nel sapere che i membri della famiglia avevano sempre saputo chi fosse Giuseppe – dove vivesse, dove lavorasse, e quale fosse il suo cognome. Eppure, avevano ritenuto giusto tenermi tutto nascosto.
Le emozioni mi travolsero come un fiume in piena, portando con sé dolore e rabbia – emozioni che mi avrebbero richiesto mesi per essere elaborate.
Scrissi poi nel mio diario, il 18 aprile 2023:
Zio Bru mi ha aiutata con alcune informazioni. Le sue sorelle sapevano che si trattava di un negozio di mobili e che il cognome era Verduci. Hanno tenuto tutto nascosto per 33 anni!
Il tradimento bruciava profondamente, ma non potevo permettere che la rabbia mi facesse deragliare proprio ora. Non quando ero così vicina.
Tutto era ancora molto surreale.
Non sapevo se Giuseppe fosse ancora vivo o come contattarlo. Avevo bisogno di ulteriori informazioni, e questo significava fare un respiro profondo e compiere un salto nel vuoto – contattare perfetti sconosciuti che potevano essere miei parenti di sangue. E affrontare ancora una volta la prospettiva del rifiuto, della negazione o dell'omertà.
Ma la determinazione mi spingeva avanti con costanza.

Non avrei permesso alla paura del rifiuto di interferire con la mia ricerca di mio padre.

Immaginavo che Giuseppe avesse avuto dei figli, ma non sapevo chi fossero.

Pensavo che i nomi nell'obituario fossero elencati in ordine cronologico, così inizialmente pensai avesse due figlie e un figlio. Mi misi sulle loro tracce – di nuovo inseguendo profili social e spulciando Ancestry.com.

Domenica 26 marzo, incontrai le mie amiche per pranzo. Raccontai loro cosa avevo scoperto e come ero arrivata a quell'informazione.

Mostrai le foto della famiglia Verduci, e loro concordarono: non era solo la mia immaginazione speranzosa – c'era una somiglianza evidente.

Il lavoro da detective era finito; ora iniziava la delicata danza del contatto.

Nei giorni seguenti, scrissi con attenzione i messaggi da inviare tramite Messenger a potenziali parenti.

Dovevo essere cauta – avevo imparato dall'esperienza con Ursula che rivelare troppo troppo presto poteva far chiudere le persone. Stavo per gettare una bomba emotiva nella vita di qualcuno, e dovevo farlo con tatto.

Creai un piano di contatto sistematico, iniziando con la persona più propensa ad avere informazioni, ma meno probabile da sconvolgere: chi aveva compilato l'albero genealogico trovato online – probabilmente con l'oggettività di una ricercatrice.

I messaggi che inviai progredirono da vaghi a più specifici, per sondare le reazioni:

- **Mercoledì 22 marzo** – *«Ciao, sei imparentata con Giuseppe Verduci e suo padre Bartolo Verduci?»*
- **Giovedì 23 marzo** – *«Ciao, sei per caso parente di Giuseppe Verduci, figlio di Bartolo?»*
- **Sabato 25 marzo** – *«Ciao, sto facendo un albero*

genealogico, e sono connessa alla famiglia Verduci. Tuo padre è Giuseppe per caso? Suo padre Bartolo aveva un negozio in Sydney Road negli anni '60. Penso potremmo essere parenti.»

- **Domenica 26 marzo** – *«Ciao Rosemary, sto facendo una ricerca familiare. Tuo padre è Giuseppe Verduci che viveva in Lygon Street, Carlton? Suo padre Bartolo aveva un negozio di mobili. Potremmo essere parenti stretti.»*

-

Lunedì 27 marzo, ore 7:11 – finalmente arrivò una risposta.
Vidi la notifica sul telefono e il cuore mi balzò in gola.
Aprii Messenger con le dita tremanti.

Rosemary: *«Ciao Mirella, Giuseppe è mio zio. È il fratello maggiore di mio padre.»*

Stavo scavando per ottenere più informazioni sui fratelli e dovevo procedere con cautela – per non spaventare Rosemary.

Lunedì 27 marzo, ore 8:08
Io: *«Ah, ok. Le mie ricerche indicano che potrebbe avere tre figli con Alice. Devo essere sicura di essere sulla strada giusta. Tutto quello che ho trovato finora mi porta a questo Giuseppe. Sei tu la storica con un dottorato che ha compilato il grande albero genealogico?»*

Aspettai pazientemente, con ansia.
Non so come riuscissi a lavorare in quei giorni – la mia mente era altrove.
Ogni momento libero lo passavo a cercare, leggere e curiosare su social.
Tipico del mio approccio «tutto o niente» alla vita, agli interessi, alle persone.
La sera arrivò la risposta.
Mentre fissavo le parole sullo schermo, confermavano ciò che sospettavo – era la famiglia giusta, il Giuseppe giusto.

Le mani mi tremavano mentre leggevo:
Rosemary: *«Sì, sono una storica. Giuseppe (Joseph) ha cinque figli.»*
Cinque figli, non tre!
Questo Giuseppe aveva più figli di quanto pensassi – più connessioni familiari, più relazioni complesse da gestire, più persone che potevano essere toccate dalla mia apparizione.
Wow. Ho cinque nuovi fratelli e sorelle.
La rivelazione mi colpì con la forza della matematica –
5 + 3 = 8. Otto fratelli.
Dopo decenni da figlia unica, improvvisamente mi ritrovavo con un battaglione di fratelli e sorelle, insieme a tutti gli altri membri della famiglia. Il solitario albero di fico della mia vita era esploso in un frutteto, ogni fratello una varietà diversa dello stesso frutto. Guardavo il mio riflesso nello schermo scuro del computer, chiedendomi se loro si sarebbero riconosciuti nei miei lineamenti, come io stavo iniziando a riconoscere i loro nei miei.
Poiché Rosemary non era una sorella, era più sicuro rivelarle il motivo della mia ricerca. I fratelli possono reagire in modi imprevedibili. Alcuni sono accoglienti, altri no.
Io: *«Ciao Rosemary, Giuseppe è ancora vivo? Sono stata adottata subito dopo la nascita. Ho molte prove che indicano Giuseppe come mio padre.»*
Continuai, con il cuore che batteva all'impazzata mentre digitavo le parole che avrebbero cambiato tutto:
«Mia madre biologica mi ha detto che il nome di mio padre biologico era Giuseppe.»
Rosemary: *«Wow! Sì, è ancora vivo.»*

È – ancora – vivo!

Per un momento, il mondo smise di girare. La mia vista si annebbiò.
Quelle parole mi colpirono come un pugno allo stomaco.

Trattenni il respiro.

Dovetti rileggerle tre volte per essere sicura di non starle immaginando.

Dopo decenni di ricerca, dopo anni di convinzione che forse ero arrivata troppo tardi, mio padre era vivo!

Quella possibilità che a malapena avevo osato sperare era improvvisamente, incredibilmente reale.

Sopraffatta, la mia mente si stava di nuovo spaccando.

In quel momento di rivelazione, la frattura che avevo vissuto su quell'autobus nel 1980 si rispecchiava in modo bizzarro – ma stavolta, invece di frantumarsi in frammenti dolorosi, la mia identità si divideva tra l'incredulità e l'estasi, tra l'osservatrice e l'esperita. Il vaso non si stava più rompendo – stava iniziando a trasformarsi in qualcosa di nuovo.

La mente emotiva osservava semplicemente la scena della settimana svolgersi – come se stesse guardando una serie Netflix, sgranocchiando popcorn. Non la stavo vivendo. Non la stavo sentendo. Era tutto troppo surreale.

L'enormità di questa realtà sarebbe emersa pienamente solo oltre un anno dopo, mentre stavo scrivendo queste parole.

La mente razionale invece pensava: OMFG! Ho finalmente trovato mio padre biologico E lui è ancora vivo!!!

Nonostante il distacco, il mio cuore batteva all'impazzata.

Ka-boom, Ka-boom, Ka-boom.

Il sangue correva così veloce nelle vene che cominciavo a sentirmi stordita.

Era impossibile restare calma. Un'adrenalina diversa scorreva dentro di me. Invece di terrore e paura, questa volta rappresentava eccitazione e anticipazione. Ora riuscivo a distinguere la differenza tra questi stati di tensione.

I pensieri mi attraversavano la mente come i tori a Pamplona – una parte di me correva impaziente, travolgendo pensieri inutili.

Devo proprio prepararmi per andare al lavoro. Dovrei farmi una doccia.

Mi riconoscerà come sua figlia?
Vorrà incontrarmi?
Gli importerà?
Una parte di me era impaziente – e l'altra, terrorizzata.
Ancora una volta, dovevo prepararmi alla possibilità del rifiuto o della negazione.
La paura del rifiuto riaffiorava.
E se non volesse vedermi?
Mandai un altro messaggio a mia cugina, Rosemary.
Io: «*È tutto ciò che ho saputo di lui fino alla scorsa settimana, quando la mia ricerca tramite DNA mi ha collegata all'albero genealogico dei Verduci.*»
La mia mente si divideva in due.
Rosemary: «*Ammetto che è un bel colpo. Non sono sicura di come tu possa continuare la tua ricerca, sinceramente. Posso pensarci su stanotte?*»
Io: «*Certo.*»
Le mandai alcune informazioni sulla mia famiglia adottiva.
Rosemary: «*Se fossi nei tuoi panni, anche io vorrei saperne di più. Devo pensare al modo migliore per metterti in contatto con il membro giusto della famiglia, per continuare la tua ricerca. Se hai ragione, sarà un processo difficile.*»
Cosa voleva dire, un processo difficile?
Io: «*Va bene. Ti sono davvero grata per l'aiuto. Grazie.*»
Le inviai alcune foto di me a varie età: 26 anni, 16 anni, 2 mesi, e una foto del mio papà e della mia mamma adottivi. Dopo decenni in cui avevo saputo pochissimo di mio padre biologico, in pochi giorni sapevo moltissimo sul suo passato notoriamente complicato, sulla grande famiglia Verduci – e soprattutto, che era ancora vivo a 85 anni! Sembrava un miracolo, e che fosse il momento giusto per incontrarlo, e forse anche il resto della famiglia. Col tempo avevo imparato che le persone possono cambiare e ammorbidire i loro atteggiamenti con l'età.

Martedì 28 marzo: arrivarono le 10:59 e, con esse, altre notizie che mi avrebbero spinta verso un incontro reale. La risposta della Dott.ssa Rosemary sembrava cautamente positiva.

Rosemary: «*Ciao Mirella, ho passato le informazioni a mio padre.*»

«*Non ti sto allontanando. Voglio solo procedere con calma.*»

Alle 12:55, risposi:
«Ciao Rosemary, sì, capisco perfettamente. Non mi dispiacerebbe parlare con tuo padre, se anche a lui non dispiace, così posso sentire qualcosa sui primi tempi della famiglia.»

Quella sera, il mio telefono squillò. Il numero era sconosciuto. Con la mano tremante, risposi, ma la chiamata era già andata in segreteria. Quando ascoltai il messaggio, una voce maschile con un leggero accento italiano riempì la stanza:

«Ciao Mirella, sono Alfred Verduci, il padre di Rosemary. Spero che tu stia bene. Sarebbe un piacere parlare con te di mio fratello e trasmettergli qualsiasi messaggio tu voglia. È bello sentirti.»

La segreteria risuonava nella mia casa silenziosa come un reperto emerso dal suolo antico – quella voce, con le sue dolci inflessioni italiane, era la voce di uno sconosciuto – il fratello di mio padre, mio zio. Per decenni avevo vissuto tra identità, due mondi lontani divisi dal silenzio. Ora, quei confini si stavano ammorbidendo, i loro margini diventavano porosi dove un tempo erano stati sigillati.

Era la prima volta che sentivo la voce di un membro della mia famiglia paterna. Un'ondata di sollievo mi invase. Non riuscivo a smettere di sorridere. Dopo decenni di ricerca, di ostacoli e strade senza uscita, improvvisamente le porte si stavano aprendo.

In una sola settimana, il mio mondo si era completamente trasformato. Ero passata dal non conoscere neanche il cognome di mio padre, all'essere in contatto con una cugina e uno zio, al confermare che mio padre era vivo, e a scoprire di avere cinque fratelli in più di quanti avessi mai immaginato. La velocità di questi sviluppi mi lasciava stordita. Era tutto travolgente. Guardando indietro, oltre un anno dopo mentre scrivo queste parole, so che ero in stato di shock. Emotivamente intorpidita. Incredula. La stessa esperienza emotiva del lutto, ma mescolata a euforia e gratitudine. Da orfana a 30 anni, alla scoperta di una grande famiglia di sangue. Tutte queste informazioni vorticosamente nella mia testa. Ero stordita. Tutto si muoveva troppo in fretta perché potessi elaborarlo. Resistevo e andavo avanti.

Trovai altre informazioni. Foto.

Gli archivi digitali diventarono il mio sito archeologico. Ogni ricerca algoritmica una delicata scavazione, che rivelava frammenti di un'identità precedentemente sigillata dietro ai segreti. Le fotografie emergevano come reperti, ogni pixel una potenziale connessione a una storia deliberatamente frammentata.

Compleanni, matrimoni, Natali. Guardavo volti che mi guardavano indietro, e io vedevo pezzi di me in loro. Trovai foto dei miei fratelli, delle loro compagne, dei loro figli. Era come riempire i frammenti vuoti del mio passato. Riempirli con tutto ciò che potevo. Stabilire connessioni oscure attraverso le foto con la mia famiglia biologica. Eppure, mentre raccoglievo questi frammenti digitali, non avevo ancora incontrato queste persone di persona. La transizione dalla scoperta virtuale al contatto reale si sarebbe rivelata molto più difficile che cliccare tra le immagini online.

Mercoledì 29 marzo: appena otto giorni dopo la mia scoperta notturna della famiglia Verduci – sarebbe diventata una delle date più importanti della mia vita. Dopo una notte agitata e quasi insonne, con la mente in corsa tra mille possibilità, chiamai lo zio Alfred. Mentre parlavamo, sentii subito una connessione con quest'uomo dalla voce gentile, che si offriva di colmare il vuoto tra me e il padre che non avevo mai conosciuto.

Avevo inizialmente deciso che sarei andata di persona all'ufficio elettorale in città per cercare l'indirizzo di Giuseppe, nel caso tutto fosse finito in un vicolo cieco. Non potevo essere sicura che lo zio Alfred avrebbe trasmesso le informazioni a Giuseppe – né che Giuseppe avrebbe voluto incontrarmi. Erano le precauzioni suggerite dal gruppo DNA Detectives, e che l'esperienza mi aveva insegnato.

Lo zio Alfred disse di non sapere della mia esistenza. Disse che all'epoca era giovane – 19 anni e studente. Ora viveva a Carlton, non lontano dalla vecchia casa di famiglia. Confermò che la famiglia aveva effettivamente vissuto lì.

Al telefono, Alfred sembrava una persona adorabile, calorosa e gentile. Rispose a tutte le mie domande sull'attività della famiglia Verduci in Sydney Road, Brunswick. Giuseppe e suo fratello maggiore Andrea erano soci in un'attività molto redditizia di mobili ed elettrodomestici tra la fine degli anni '50 e gli anni '60. Erano molto conosciuti nella comunità italiana. Avevano circa 10 negozi in tutta Melbourne e una fabbrica di mobili a Werribee. Il primo negozio di mobili che aprirono a Brunswick era al 163 di Sydney Road, accanto al Cornish Arms Hotel – dove io provavo con il mio gruppo di ukulele. Una strana coincidenza.

La cosa più importante: lo zio Alfred confermò ciò che Rosemary mi aveva già detto – Giuseppe era vivo e in buona salute. Ora viveva a Brunswick, e mi diede persino il suo indirizzo. Era la casa dove avevano vissuto i miei nonni. Vi si erano trasferiti nel 1984, il mio primo anno al RMIT. In tutti quegli anni in cui avevo vissuto a Coburg, i miei nonni paterni erano a soli 2,3 chilometri di distanza, a cinque minuti di macchina.

La prossimità geografica era sconcertante – per tutti quegli anni, ero orbitata intorno alla loro esistenza come un satellite, senza mai entrare in contatto ma comunque trattenuta nel loro campo gravitazionale. L'universo aveva organizzato che vivessimo come vicini, separati solo da pochi minuti, eppure completamente ignari gli uni dell'altra. La beffa cosmica non mi sfuggiva – eravamo stati abbastanza vicini da incrociarci per strada, ma rimasti mondi separati.

Zii e zie avevano varie attività a Sydney Road, tra Coburg e Brunswick. Facevo acquisti in quella zona. Ci andavo da adolescente. Devo essere passata davanti al negozio di mia zia centinaia di volte, senza mai sapere che era mia zia.

Avevo mai incrociato i miei nonni in Sydney Road? Avevo sfiorato qualcuno di loro al supermercato? Mi ero mai seduta accanto a loro su un tram o un autobus? Avevo parlato con uno di loro senza saperlo?

Lo zio Alfred mi disse qualcosa che fece battere forte il cuore:

«*Vado a trovare Giuseppe questo sabato per parlargli di te.*»

La realtà di ciò che stava accadendo mi colpì con forza. Tra tre giorni, mio padre avrebbe saputo della mia esistenza. Dopo quasi 60 anni di separazione, di reciproca inconsapevolezza, avrebbe scoperto di avere una figlia che lo stava cercando.

Sarebbe rimasto scioccato? Arrabbiato? Curioso? Avrebbe rifiutato di vedermi?

Le possibilità erano travolgenti.

Lo zio Alfred mi chiese che lavoro facevo, e gli dissi che ero psicologa. Poi disse qualcosa che mi colse completamente di sorpresa:

«*Sarebbe bello incontrarci per un caffè qualche volta.*»

«*Beh, ho il mercoledì e il venerdì liberi,*» risposi, aspettandomi che proponesse qualcosa tra qualche settimana.

«*Che ne dici della prossima settimana?*» chiese. Non mi aspettavo che fosse così presto, ma risposi prontamente:

«*Va bene.*»

Ci accordammo per incontrarci mercoledì successivo alle 13:00, all'Abruzzo Club, in Lygon Street, Carlton. Con mia grande sorpresa, tutto stava succedendo così in fretta. La mia mente non aveva nemmeno il tempo di assorbire tutto ciò che stava succedendo. Poco più di una settimana prima non sapevo nemmeno chi fosse mio padre biologico, e ora, la settimana seguente, avrei preso un caffè con suo fratello, mio zio.

Dopo aver parlato con zio Alfred, chiamai la mia migliore amica, Bee, e le raccontai cosa era successo, con la voce tremante per l'emozione e l'incredulità.

«Non riesco a credere quanto velocemente si stia muovendo tutto,» dissi.

«Alfred dirà a Giuseppe di me questo fine settimana, e mercoledì prossimo, pranzerò con lo zio Alfred.»

Sembrava di essere sul set di un film bizzarro, con tutti i suoi colpi di scena. Ora che avevo l'impegno di Alfred, non avevo più bisogno di andare in città a cercare i registri elettorali. Guidai verso Brunswick e passai lentamente davanti alla casa di Giuseppe.

Era una di quelle tipiche vecchie case italiane, con un grande orto nel cortile anteriore. Anche se il suo giardino era più disordinato, elaborato ed eccentrico. Le piante crescevano in modo selvaggio dal cortile fino al marciapiede. Ornamenti e lucine erano appesi alla vegetazione, che formava una fitta copertura sopra il marciapiede.

Mentre guidavo davanti alla casa, con le mani che stringevano il volante così forte che le nocche diventavano bianche, provai quella strana doppia percezione che mi era diventata familiare dopo la rivelazione dell'adozione. Ero contemporaneamente l'adolescente terrorizzata il cui mondo era crollato su quell'autobus, e la donna professionista e composta che indagava sulle sue radici. L'infante abbandonata in cerca di suo padre e l'adulta indipendente che aveva costruito una vita senza di lui. La casa davanti a me era allo stesso tempo una semplice abitazione suburbana e un sito archeologico sacro – ogni mattone logoro portava forse tracce invisibili dell'uomo il cui DNA scorreva in me.

Il giardino anteriore era pieno di oggetti strani e vecchi, un po' ricordava il deposito di rottami di Steptoe and Son. Di fronte alla casa, in mezzo alla strada, c'era uno spartitraffico largo circa un metro coltivato con piante. Dovevano essere curate da Giuseppe.

Era quasi tutto coperto da piante grasse, incluso un piccolo fico d'India.
Ero così impaziente di incontrarlo.
Non riuscivo a credere che per la maggior parte della mia vita, lui e la sua famiglia avessero vissuto così vicino.

Mercoledì 29 marzo, alle 19:08, inviai un messaggio a uno dei miei fratelli appena scoperti:
«Ciao, sto facendo una ricerca genealogica. Sei imparentato con Giuseppe Verduci, padre Bartolo? Vivevano a Carlton negli anni '60. Avevano un negozio di mobili.»
Non ricevetti mai una risposta.
La mia ricerca online continuava.
Mi distrassi leggendo sulla Honoured Society, la 'Ndrangheta, la Mafia calabrese in Australia. Era ben radicata a Griffith negli anni '70. Sergi, Barbaro, Romeo, Trimboli – tutti nomi importanti dello stesso paese calabrese.
Lessi sul *Canberra Times* che mio padre, Giuseppe, coltivava marijuana nei pressi di Canberra. All'epoca ero in terza superiore e totalmente ignara del fatto che fossi adottata. A maggio del 1985, era in custodia cautelare per reati legati alla droga. Nel frattempo, io ero al secondo anno di università, ancora a casa con i miei, giocando a hockey nei fine settimana. Forse avevo fumato la stessa marijuana che lui coltivava.
Più tardi, lessi altri dettagli su Winchester e il presunto coinvolgimento di Giuseppe in un libro intitolato *The Winchester Scandal* di Campbell, Tui e Pinwell. Una lettura interessante.
Ogni rivelazione online sul passato di Giuseppe creava in me un bizzarro senso di dissonanza cognitiva – ero attratta e allo stesso tempo respinta da quest'uomo il cui sangue portavo.
I legami criminali, il ruolo di informatore della polizia, la coltivazione di marijuana – non erano astrazioni, ma fatti storici concreti su mio padre. Il Giuseppe che stavo per incontrare non era solo un anziano italiano, ma qualcuno la cui vita si era incrociata con la storia criminale australiana in modi che solo

ora cominciavo a comprendere. La doratura avrebbe dovuto unire i frammenti della mia identità. Elementi che sembravano fondamentalmente incompatibili.

Col passare dei giorni, continuai la mia ricerca online, ma ora era incentrata sulla preparazione dell'incontro con zio Alfred – e forse con Giuseppe stesso. Volevo essere pronta per qualsiasi domanda, per capire le dinamiche familiari in cui mi sarei trovata. Arrivò il fine settimana – quello in cui lo zio Alfred aveva detto che avrebbe parlato a Giuseppe di me.

Trovavo quasi impossibile concentrarmi su qualsiasi altra cosa – mi chiedevo cosa si stesse dicendo, come stesse reagendo Giuseppe, se la mia esistenza fosse accolta o respinta. Entro la sera di domenica, i miei nervi erano logorati dall'ansia.

Guardando negli Occhi Nocciola

Continuavo a curiosare sui social, cercando una foto di Giuseppe. Finalmente ne trovai una il 30 marzo, che confermai con la dottoressa Rosemary. La foto poteva essere stata scattata qualche anno prima, quando Giuseppe aveva circa 82 anni. Stavo guardando un uomo molto anziano, con occhi che sembravano tristi – o forse semplicemente segnati dall'età. Mi chiedevo com'era stata la sua vita. Condivisi la foto con amici e cugini. Dissero che vedevano una somiglianza. Io non vedevo molto. Forse è quello che sembrerò anch'io a 82 anni.

Venerdì 31 marzo, ore 8:52
Inviati allo zio Alfred un lungo messaggio, cercando di esprimere le emozioni complesse che provavo mentre l'incontro si avvicinava:

> *Questa mattina mi sento felice, triste, sollevata, spaventata, grata e piena d'amore. Ma sopra tutto, sollevamento e gratitudine per il fatto che lui sia vivo e stia bene. Grazie per avermi aiutata in questa ricerca.*
>
> *Mia madre biologica si è rifiutata di dirmi molto su*

*di lui, e mi ha abusata quando ho chiesto
informazioni ai suoi fratelli e figli. Avevo perso ogni
speranza di trovare Giuseppe – nato intorno al
1938, vissuto a Brunswick/Carlton, il cui padre
possedeva un'attività e dove aveva lavorato nel
1963. Questo è tutto ciò che ho mai saputo di lui. Col
passare degli anni, il mio cuore diventava più
pesante e triste, credendo che non lo avrei mai
trovato e che potesse essere già morto.
Sono ancora sotto shock per il fatto che sia riuscita a
trovarlo. Vivo. E in salute.
Ha occhi tristi. Spero stia bene. So che potrebbe non
voler avere nulla a che fare con me. Mi sto
preparando a questa possibilità.
Ma spero di sì. Ci vediamo la prossima settimana.*

Sabato 1° aprile – il giorno in cui sapevo che lo zio Alfred avrebbe parlato con Giuseppe di me. Quando il mio telefono vibrò con la risposta di Alfred, le mie mani tremavano così tanto che riuscivo a malapena a leggere il messaggio:
«*Spero tu stia bene. Oggi ho visitato mio fratello. È stato molto contento di ricevere la notizia.
Mi ha detto che negli ultimi dodici mesi anche lui ha cercato di trovarti.
È felice di venire a pranzo mercoledì, se lo desideri.*»
Le parole sullo schermo si offuscavano mentre le leggevo. Dovetti sedermi, sopraffatta.
Giuseppe era disposto a incontrarmi.
Affermava persino di avermi cercata!
Quella dichiarazione generò una strana vertigine temporale – mentre io avevo passato decenni a cercarlo, a quanto pare anche lui aveva cercato me. Le nostre ricerche separate erano andate avanti in parallelo, come binari affiancati, fino a questo momento in cui finalmente si congiungevano. La simmetria era così perfetta da sembrare scritta da uno sceneggiatore, troppo

incredibile per essere un semplice caso, troppo straordinaria per essere inventata.
Cosa lo aveva spinto a cercarmi dopo tutti questi anni?
Quale richiamo della coscienza o della curiosità lo aveva portato a cercare la figlia che non aveva mai conosciuto?
Santo cielo! Due settimane fa non sapevo nemmeno chi fosse mio padre biologico, e ora la prossima settimana andrò a pranzo con lui!
Risposi: «Oh ok. Questa è una notizia migliore di quanto mi aspettassi.»
Nei giorni successivi, oscillavo tra un'incredulità onirica e improvvisi scatti di panico.
Provavo discorsi da fare a Giuseppe. Provavo vestiti. Praticavo esercizi di respirazione profonda. Chiamavo amici per elaborare quello che stava accadendo.
E se non avessimo nulla in comune?
E se non gli piacessi?
E se fossi delusa?
Come avevo fatto nel 1990 quando cercavo mia madre biologica, misi da parte i «se».
La notte prima dell'incontro, dormii a malapena. Mi rigiravo nel letto, immaginando dozzine di scenari diversi – abbracci calorosi o rifiuti freddi, silenzi imbarazzanti o conversazioni fluide.
La mattina dopo, la stanchezza aveva attutito l'ansia in un brusio sordo.
Stava per succedere – che fossi pronta o no.
Avevo una settimana di tempo per cercare di concentrarmi sul lavoro e riflettere sull'enormità di ciò che era successo.
Era ancora troppo presto. La realtà non era ancora affondata.

Man mano che il mercoledì si avvicinava, mi preparavo a quello che sarebbe stato senza dubbio l'incontro più significativo della mia vita – trovarmi faccia a faccia con l'uomo il cui patrimonio genetico porto dentro di me, ma la cui vita era rimasta del tutto separata dalla mia per quasi 60 anni.

Dopo decenni di desiderio e speranza, ero ora a pochi giorni dall'incontrare l'uomo che aveva contribuito con metà del mio DNA, e poi era scomparso dalla mia esistenza.
Avrei finalmente trovato le risposte alle domande che avevano alimentato la mia ricerca?
Stavo per scoprirlo.
Con l'avvicinarsi del giorno, sentivo i sette frammenti enigmatici della mia identità cominciare a riallinearsi – aspetto fisico, nome, eredità biologica, storia medica, origini culturali, storia familiare e io psicologico.
I frammenti che si erano sparsi su quel bus di Melbourne si stavano ora muovendo verso un'integrazione – non ancora completi, ma non più caoticamente dispersi.
Il vaso si stava preparando alla sua riparazione dorata.

17

Giuseppe: L'incontro
(aprile 2023)

Risposte che arrivano in un'ambiguità inquieta.

L'emozione, il sollievo e la gioia mi attraversarono – mutevoli e intensi come il clima di Melbourne. I miei amici più stretti condividevano la mia esultanza per aver trovato Giuseppe; i loro messaggi e le loro telefonate trasmettevano una felicità sincera per la mia scoperta, anche se alcuni esprimevano apprensione, dato il suo passato criminale – i ritagli di giornale, le testimonianze in tribunale, i collegamenti documentati con la Mafia. Condividevo la loro prudenza – avevo persino detto ad alcuni amici dove stavo andando, annotato i dettagli dell'incontro e lasciati bene in vista sulla mia scrivania, nel caso fossi misteriosamente scomparsa in qualche narrativa sotterranea che stavo solo iniziando a comprendere.
Il mercoledì mattina sembrava non passare mai. I minuti si dilatavano in ore mentre controllavo e ricontrollavo l'orologio. Dopo due settimane di ricerche intensive e di esame delle fotografie, mi sembrava di conoscere già l'elusivo Giuseppe e lo zio Alfred – in quel modo inquietante in cui ci si sente familiari con le celebrità che non si sono mai incontrate, intimi con le immagini ma non con la realtà.
Avevo memorizzato i contorni del viso di Giuseppe, notando come i tratti un tempo giovanili si fossero ammorbiditi con il tempo, cercando in quegli angoli familiari delle sue espressioni

qualche traccia di me.

Feci la doccia e mi vestii, scegliendo i vestiti con una cura insolita, nervosa ma composta – meno ansiosa rispetto all'incontro con Ursula, decenni prima, quando ero ancora alla ricerca di un terreno stabile. Nel frattempo ero diventata un'adulta più sicura, temprata dalla perdita e da una ricerca costante.

Fuori, una giornata autunnale luminosa, calda e soleggiata. Aspettavo, mentre Melbourne mostrava il suo volto più gentile, l'aria immobile, intrisa di quel profumo stantio e terroso che precede l'inverno. In macchina, ascoltavo *Che sarà* di Nicola di Bari – le parole in italiano mi legavano a un'eredità che stavo ancora scoprendo. Un senso di calma mi avvolse con quelle parole: *Che sarà, sarà*. Una resa al momento presente, un'accettazione – di ciò che non potevo controllare, di qualunque storia mi stesse aspettando.

Alle 12 in punto, mi apparve davanti il Club Abruzzo, rivestito in grigio-blu, dove zio Alfred aveva organizzato l'incontro.

Parcheggiai l'auto, attraversai la strada trafficata e attesi. Erano ormai le 12:15 e non c'era nessuno.

Mi stavano forse dando buca?

Controllai dentro, con la receptionist. Quel giorno non facevano servizio pranzo. Così chiamai zio Alfred e glielo dissi.

«Oh, avrei dovuto controllare.»

«Andiamo al Kent Hotel, a Carlton.»

«Scusa, sto facendo tardi. Arriverò per l'una», disse.

«Va bene. Ho aspettato decenni. Posso aspettare un po' di più», risposi.

Guidai lungo Lygon Street fino al Kent Hotel, a circa dieci minuti di distanza. Parcheggiai l'auto un po' lontano per poter camminare e calmare le farfalle nello stomaco. Ad ogni passo, il terreno sotto di me sembrava più solido, come se le crepe si stessero lentamente richiudendo. Un cielo autunnale blu e terso mi avvolgeva. Sentivo il fruscio delle grandi foglie secche sotto i piedi. Faticavo a contenere il miscuglio di eccitazione e

apprensione. Mi costrinsi a respirare con lentezza, a fondo.
A quasi 86 anni, mio padre era miracolosamente ancora vivo – e stavo finalmente per incontrarlo.
Faticavo a credere che quel momento fosse reale. Mi sedetti fuori dal Kent, a un piccolo tavolino di legno. L'aria era ferma e calda. Per distrarmi dall'irrequietezza, parlai al telefono con un'amica mentre aspettavo. Dopo un po', vidi arrivare zio Alfred: un uomo anziano, leggermente rotondetto, con capelli grigi e ondulati. Camminava con un'aria di eleganza e sicurezza tranquilla. Indossava una camicia bianca e occhiali con montatura nera.
«Devo chiudere!»
«Ok, in bocca al lupo!»
Entrai nel Kent, che si trovava all'angolo della strada, e mi avvicinai a zio Alfred.
Sorrisi. «Ciao, sono Mirella.»
Era caloroso, cordiale, e parlava con gentilezza. «Ciao Mirella, sono Alfred. Piacere di conoscerti.» Aveva un leggero accento italiano.
Ci baciammo sulle guance. All'italiana. Un bacio per guancia. Uscimmo e parlammo del più e del meno mentre aspettavamo l'arrivo di Giuseppe.
Vidi una piccola berlina grigia malandata fermarsi dall'altra parte della strada. Il mio cuore iniziò a battere all'impazzata; il momento che avevo immaginato per decenni stava finalmente arrivando. Un uomo anziano, con pantaloni e giacca neri, scese lentamente dal sedile del guidatore. Aveva capelli bianchi, corti e radi. Dal lato passeggero scese la sua compagna più giovane. Camminavano insieme verso di me. L'uomo anziano avanzava con passi lenti e delicati.
Mentre si avvicinavano, osservavo ogni dettaglio di quell'uomo che mi aveva donato metà del mio DNA ma che era rimasto uno sconosciuto per sessant'anni. Il suo passo era lento e misurato – uno shuffle attento che parlava di età e fragilità, così diverso dal giovane vigoroso che doveva essere stato al momento del mio concepimento. La sua compagna gli stava accanto in modo

protettivo, si chinò e gli sussurrò in italiano: «*Joe, a ti assomiglia.*» (Joe, ti somiglia).
Le parole fluttuarono nello spazio tra noi, delicate ma sismiche. Indossava una camicia nera leggermente stropicciata e pantaloni neri – un abbigliamento che avrei poi scoperto avere un significato che andava oltre la moda. Le camicie nere, avrei appreso, erano un richiamo al movimento fascista di Mussolini, una delle molte inclinazioni politiche inaspettate che avrei scoperto nei mesi successivi.
Quando un raggio di sole colpì l'argento dei suoi capelli corti, cercai nei suoi tratti qualcosa che somigliasse ai miei.
Avrei invecchiato come lui?
I suoi gesti somigliavano ai miei?
Quella ruga tra le sopracciglia l'avevo ereditata o era solo coincidenza?
Quando si fermò davanti a me, vidi i miei stessi occhi che mi guardavano indietro – lo stesso sguardo interrogativo. Il suo volto era una mappa di rughe profonde, ogni piega una storia a cui non avevo assistito. Sorrise e mi porse la mano.
La presi, aspettandomi fragilità, ma trovai una forza inaspettata. La sua pelle era sottile come carta, con vene blu visibili sotto la superficie, ma la stretta era sorprendentemente salda – come se qualcosa di essenziale fosse rimasto intatto nonostante i decenni di separazione. Il suo odore – terra, stantio, un accenno medicinale – non evocava nulla di familiare nella mia memoria, eppure sembrava, in qualche modo, di essere finalmente a casa.
«Hallo Mirella», disse, la voce roca per l'età, il forte accento italiano che trasformava il mio nome in qualcosa di straniero e insieme profondamente familiare – una melodia mai sentita prima, ma che le mie ossa sembravano riconoscere. I suoi occhi – i miei occhi – si piegarono agli angoli mentre scrutava il mio viso con curiosità disarmata, forse vedendo il proprio riflesso con la stessa nitidezza con cui io cercavo il mio in lui.
'*Benvenuta nella famiglia Verduci.*' (Welcome to the Verduci family).

La gola mi si strinse mentre sessant'anni di assenza, domande e ricerche collassavano in questo singolo, irripetibile momento. Il peso di tutto ciò premeva sul petto – tutti quei compleanni, Natali, traguardi passati senza di lui, tutte le domande che avevo accumulato e che ora sembravano al contempo cruciali e irrilevanti.

«Ciao», riuscii a dire, sorpresa dalla fermezza della mia voce, che smentiva il terremoto dentro di me. «È bello incontrarti finalmente.»

Quelle semplici parole – assolutamente inadeguate al momento – riuscivano in qualche modo a colmare un abisso impossibile tra due sconosciuti che non avrebbero mai dovuto esserlo.

In quell'istante, l'identità di mio padre e le mie origini culturali si allinearono. La sua voce cantava di una terra che non avevo mai visitato, ma che in qualche modo conoscevo, connettendomi a generazioni di calabresi il cui DNA scorreva nelle mie vene. Quest'uomo anziano in nero non era più solo Giuseppe (Joseph), la figura astratta che avevo cercato per decenni – era l'incarnazione vivente di una linea di sangue, di un'eredità, di una tradizione culturale che mi aveva modellata a distanza.

Entrammo nel ristorante e ci sedemmo a un tavolo quadrato da quattro verso il fondo. Ordinammo i nostri piatti. Il tintinnio delle posate e dei bicchieri, le conversazioni degli altri ci circondavano. Zio Alfred ordinò una pizza con gamberi e zucchine da dividere come antipasto. Nell'aria fluttuavano goccioline di aglio cotto quando arrivò. Per secondo, ordinai lo stesso piatto di Joe – filetto di manzo alla griglia con caponata e jus al vino rosso, accompagnato da patatine. Lui lo prese ben cotto. I succhi rosati del mio stillavano nel piatto mentre tagliavo la carne.

La scena era onirica – una che non avevo mai osato immaginare. Mi sembrava naturale pensarlo come Joe ora – non più l'astratto Giuseppe che avevo cercato per tutti quegli anni. Joe – l'uomo di fronte a me – era reale, non un fantasma. Il nome si sistemò comodamente tra noi, riconoscendo il presente piuttosto che il passato.

Zio Alfred ordinò del vino bianco; io e Joe ne bevemmo. Con ogni sorso, mi sentivo più rilassata, più a mio agio.

Joe mi chiese cosa facessi. Gli dissi che ero psicologa.

Disse: «Mi puoi aggiustare la testa.»

Gli chiesi se si ricordava di Ursula.

«Oh sì, mi ricordo benissimo di Ursula. Sei stata una bambina molto costosa. Mi sei costata miiiigliaia di dollari», disse, con una lunga enfasi su «miiiigliaia».

Non capivo cosa intendesse. *L'aveva forse pagata per sparire in silenzio?*

Non chiesi chiarimenti, anche se dentro di me le domande ribollivano. Il filosofo, lo storico, l'astronomo, il fisico in Joe emersero mentre parlava di questioni esistenziali – Quintiliano, il Big Bang, i fotoni – dove mi aspettavo conversazioni emotive. Scoprii poi che era il suo modo – elaborava i momenti cruciali della vita attraverso una lente razionale o transazionale, più che sentimentale.

Disse che all'epoca era fidanzato con un'altra e non poteva sposare Ursula. Non mi importava. Ora finalmente ero seduta con il mio Giuseppe. Più parlavamo facilmente l'uno con l'altra, più sentivo che lo conoscevo da sempre – era solo un altro pranzo di famiglia. C'era un'immediatezza, una familiarità che non avevo provato né con Ursula né con i suoi figli o fratelli e sorelle.

Joe continuò raccontandomi che aveva dormito con 'miiiigliaia di donne', ancora con quell'enfasi caratteristica che avrei imparato a riconoscere come tipicamente sua. Ursula, spiegò con quasi noncuranza, era stata solo una tra tante.

Qualcosa nel suo modo disinvolto di raccontare le conquiste passate mi parve al tempo stesso spavaldo e difensivo – come se quantificare i rapporti passati servisse a sminuire l'importanza di ognuno di essi, incluso quello che aveva portato alla mia nascita.

«Ce ne sono altre come te», rivelò.

Altre come me? Intendeva figli illegittimi? Avevo ancora più

fratelli e sorelle? In incontri successivi chiesi chiarimenti. Confermò la mia interpretazione, ma si rifiutò di rivelare le loro identità. Non voleva sconvolgere le loro vite. Uno forse con madre greca, un'altra forse poliziotta. Menzionò anche un paio di figli che vivevano a Perugia, in Italia.
Mio padre era stato l'equivalente maschile di una «puttana» – ma curiosamente, né in italiano né in inglese esiste un termine dispregiativo equivalente riservato agli uomini. Solo alle donne.
Passai la maggior parte di quell'ora a parlare con Joe, ma cercai di includere educatamente anche zio Alfred.
Surreale è l'unica parola che possa descrivere quei primi giorni di connessione.
Volevo scattare una foto, ma Joe disse che era «un uomo sotto soppressione.»
La frase aleggiò nell'aria, misteriosa e carica di implicazioni che ancora non potevo afferrare. Solo in seguito capii che si riferiva a ordini giudiziari di segretezza legati alla sua testimonianza in casi criminali di alto profilo – un'altra briciola sul sentiero verso la comprensione dell'uomo complesso che avevo di fronte.
Scattai invece una foto della sua cravatta nera, ornata da una fiamma nei colori verde, bianco e rosso, e una con zio Alfred e me. La sua compagna scattò una foto di tutti e tre al tavolo. In seguito sarei riuscita a ottenere una copia di quella foto.
Alla fine del pasto, Joe ordinò un Drambuie con ghiaccio.
Era un bevitore o era ansioso anche lui?, mi chiesi.
Mio zio di 79 anni disse che doveva tornare al lavoro, al suo studio legale a Footscray, fondato nel 1969, poco dopo aver ottenuto l'abilitazione. Dissi a Joe che sarei partita per Sydney quel giorno. Ci sarei rimasta due settimane.
La famiglia di Joe è una famiglia di imprenditori, commercianti, studiosi, avvocati e bottegai. Mi disse orgogliosamente, più volte, che oltre 40 membri della famiglia avevano frequentato l'università. E io, con altrettanto orgoglio, gli dissi che ero la prima con un dottorato di ricerca.

Durante gli incontri successivi, mi presentava ai suoi anziani *paesani* come sua figlia, *La Dottoressa* (la dottoressa).
«Possiamo rivederci quando torno?» chiesi.
«Certo,» rispose. «Prendi il mio numero.»
Ci scambiammo i numeri di telefono.
Salutai con affetto zio Alfred e la compagna di Joe con un bacio e un abbraccio.
Zio Alfred, con gentilezza, pagò il pranzo. Joe mi strinse di nuovo la mano, timidamente.
Dopo esserci salutati, rimasi seduta in macchina per diversi minuti, le mani strette sul volante, incapace di guidare mentre ondate di emozione esultante mi travolgevano. Sessant'anni di domande, di ricerche, di incertezze – culminati in questo pranzo ordinario. La mia ricerca era finalmente finita. Avevo incontrato mio padre.
La semplice frase che avevo tanto desiderato pronunciare per così tanto tempo poteva finalmente essere detta al presente, non al condizionale.
Mentre mi allontanavo dal Kent Hotel, il traffico di Melbourne continuava a scorrere con la sua consueta normalità. Un tram in lontananza suonava il campanello. I passanti camminavano ignari del fatto che il mio mondo si era appena spostato sul suo asse.
Rimasi seduta in silenzio, immobile tra le auto parcheggiate, sentendo lentamente tornare la gravità.
Guidai verso casa in uno stato di trance, la mente che rivedeva ogni istante, ogni gesto, ogni parola scambiata. Una parte di me voleva chiamare tutti quelli che conoscevo, gridare dai tetti:
«L'ho trovato! È reale! Mi conosce!»
Un'altra parte, invece, aveva bisogno di solitudine per elaborare quanto appena accaduto, per permettere alla realtà di penetrare: Giuseppe Verduci – non più solo un nome o un concetto, ma un uomo in carne e ossa – ora faceva parte della mia vita.
A casa, mi diressi verso il mio giardino e mi accasciai sulla sedia da fumo, accendendo una sigaretta con dita tremanti. Quel

rituale familiare mi calmò mentre osservavo il mio rigoglioso giardino verde contro il cielo azzurro brillante.

Chiamai alcuni amici, raccontando i dettagli dell'incontro, lottando per articolare lo straniamento di vedere i miei stessi tratti riflessi sul volto di uno sconosciuto, di provare un legame immediato che superava l'assenza di una storia condivisa.

Per quasi sessant'anni avevo orbitato attorno a un'assenza. Ora quell'assenza aveva forma, voce e sostanza.

Mi toccai il volto, tracciando tratti che ora avevano un contesto – un naso con una storia, occhi con una discendenza.

Il fantasma che mi aveva tormentato era carne, e il mistero non era più *se* lo avrei trovato, ma chi saremmo potuti diventare l'uno per l'altra.

Le giunture dorate stavano cominciando a formarsi, fili intrecciati tra frammenti che per sei decenni erano esistiti separatamente.

Ancora fragili, ancora in fase di assestamento, ma innegabilmente connettendo ciò che era stato strappato alla nascita e su quell'autobus.

18

Mio padre peccatore: L'archivio delle ombre

Eredità peccaminose che macchiano il midollo ancestrale

Dopo l'incontro, guidai per otto ore fino al Nuovo Galles del Sud (NSW) per visitare un'amica. Lì, per un momento, dirottai le mie indagini online e rivolsi l'attenzione a mia nonna materna, Marianna Castiglia. Avevo condiviso il DNA con persone dal cognome Castiglia, residenti negli Stati Uniti – tutti discendenti di Gennaro (John o Gerry) Castiglia, nato intorno al 1854. Emigrò a New York nel 1888 con la moglie – coincidenza inquietante – Marianna (Maria) Caputo.
A un certo punto, Gennaro cambiò il cognome in Costello. Ma in seguito, la famiglia decise di ripristinare Castiglia. Questo rimane per me un mistero profondo. Non sono riuscita a trovare alcuna informazione sui genitori di Gennaro da nessuna parte su Internet. La sua famiglia resta un enigma. Ero scesa nell'archivio delle ombre – dove i nomi svaniscono, i documenti si fanno confusi, e l'identità sussurra tra le lacune. Poco dopo, ricevetti un'email da una cugina lontana, residente negli Stati Uniti.
«Cara Mirella,
Saluti da una tua cugina di terzo grado negli USA.
Secondo la 'Cousin Calculator Chart', dovremmo condividere un bisnonno o trisnonno … potrebbe essere uno dei genitori del mio bisnonno Gennaro Castiglia, che arrivò a New York nel 1888 con sua moglie Marianna Caputo, originaria di Eboli.»
Suo nonno era Pietro (Peter) Castiglia, figlio di Gennaro. Ci scambiammo alcune email, ma lei condivise ben poche

informazioni concrete su come potremmo essere effettivamente imparentate. Fu frustrante. Passai ore a setacciare internet, pagine social, Ancestry.com e MyHeritage, riuscendo a ricostruire i collegamenti tra tutti i match di DNA che condividevo con questa cugina americana. Poi inserii i nomi in uno strumento online chiamato DNA Painter.
Poi scrisse qualcosa di inquietante:
«Non voglio mettere in pericolo la situazione personale di nessuno. La nostra famiglia è MOLTO discreta ... perché gli italiani hanno una memoria lunga.»
Questi avvertimenti criptici risuonarono in me come un'eco arcaica – la sensazione che i silenzi della mia storia materna non fossero solo frutto di imbarazzi personali, ma barriere protettive contro verità pericolose. La segretezza che aveva plasmato la mia esistenza sembrava non più una scelta individuale, ma un imperativo culturale che attraversava generazioni e continenti. La mia eredità invisibile portava con sé ombre che non avevo previsto.
Le scrissi di nuovo, condividendo le mie ultime ipotesi:

> *Oggi ho scoperto uno strumento in DNA Painter chiamato 'What Are The Odds' (WATO). Inserendo l'albero genealogico che ho creato per il tuo bisnonno Gennaro, i suoi discendenti, i miei match di DNA e le quantità di cM, le ipotesi generate da WATO suggeriscono che il padre o la madre di mia nonna Marianna Castiglia sarebbe un discendente di un fratello o sorella di Gennaro.*
> *Tu hai scritto in una mail che Gennaro aveva due sorelle e nessun fratello noto in Italia. Queste sorelle hanno avuto figli e nipoti? Se sì, allora uno dei loro figli o nipoti è molto probabilmente il genitore di mia nonna. Immagino forse una donna che andò in Italia e diede il bambino in adozione a un orfanotrofio di Napoli. A meno che, naturalmente, Gennaro non avesse un altro fratello in Italia. Come*

> *sappiamo, le famiglie hanno segreti. Se sospetti che il mio antenato possa essere un Caputo, allora forse uno dei figli o nipoti del fratello di Marianna Caputo potrebbe essere il padre.»*

Non ricevetti più alcuna risposta.
Il materiale genetico collegava tutti questi frammenti. Uno schema ricorrente di separazione e occultamento. Non si trattava solo della mia tragedia personale, ma di un'eredità familiare potente quanto qualsiasi tratto fisico. Comprendere questo non guarì le ferite della mia adozione, ma le inserì in un contesto che le rese meno isolanti. La mia separazione non era stata una sfortuna casuale, ma parte di uno schema generazionale che ora vedevo chiaramente per la prima volta.
Il silenzio era familiare – un'altra porta chiusa nella mia ricerca di una comprensione completa delle mie origini. Ma a quel punto avevo imparato ad andare avanti, usando qualunque frammento riuscissi a raccogliere per costruire la mia personale comprensione di chi fossi e da dove venissi.
Una sera, mentre cenavo con una mia amica, in televisione iniziò un episodio di *Under Investigation*. Il titolo attirò la mia attenzione: «Mafia Hit?» Il mio interesse casuale si trasformò in shock quando realizzai l'argomento: l'assassinio di Colin Winchester, il «Jack in the Pack». L'anno 1980 – lo stesso anno in cui scoprii di essere adottata – fu quando Winchester condusse un'operazione sotto copertura sul traffico di droga con un informatore della polizia chiamato Joe Verduci.
Mi si gelò il sangue quando lo schermo mostrò un uomo affascinante in un elegante completo scuro, con capelli grigi radi, che camminava fuori dal tribunale di Queanbeyan. Il narratore intonò: «L'intermediario mafioso di Winchester, Giuseppe Verduci». Un'altra inquadratura mostrava Giuseppe in un completo color crema con una cravatta blu, poi ancora in aula.
«È lui», sussurrai, il bicchiere di vino fermo a metà strada verso le labbra. «È mio padre.»

La mia amica mi fissò incredula mentre spiegavo la connessione. Lì, in televisione nazionale, c'era l'uomo con cui avevo appena pranzato, identificato come figura chiave in uno dei crimini irrisolti più noti d'Australia. L'uomo anziano e pacato che aveva ordinato una scotch fillet e ricordato Ursula, veniva descritto come un membro della 'Ndrangheta – la mafia calabrese – e un informatore della polizia la cui testimonianza era centrale in un'indagine per omicidio.

I frammenti di ciò che avevo letto durante la mia ricerca si cristallizzarono all'improvviso con chiarezza nauseante. Le piantagioni di marijuana a Bungendore. La protezione della polizia. I legami mafiosi. Gli «affari» che lo avevano portato a Canberra. La «soppressione» di cui aveva parlato. Tutto ora prendeva forma in un documentario, con filmati d'archivio e cronisti giudiziari che discutevano il ruolo di mio padre nella storia criminale australiana.

«Mio Dio», sussurrò la mia amica. «Stai bene?»

Annuii lentamente, incapace di articolare la tempesta di emozioni. Questa rivelazione andava oltre il dramma familiare personale – collocava la mia ricerca all'interno della storia criminale nascosta dell'Australia. Non si trattava semplicemente di scoprire che mio padre aveva un passato discutibile; di fronte all'enormità dei suoi crimini, rimasi paralizzata – sospesa tra l'orrore e un inspiegabile, quasi vergognoso sollievo. Questo confronto personale – scoprire che la mia ricerca d'identità mi aveva portata direttamente a una figura chiave legata al crimine organizzato, alla coltivazione di marijuana e a un omicidio politico di alto profilo – eventi che avevano influenzato la politica di sicurezza nazionale australiana.

Il Giuseppe che avevo appena incontrato – gentile, fragile, riflessivo nei suoi ottant'anni – sembrava inconciliabile con la figura descritta sullo schermo: un operatore centrale delle attività della 'Ndrangheta in Australia negli anni '70 e '80. Lottavo silenziosamente con il paradosso di Giuseppe – mio padre biologico, contemporaneamente il desiderio più grande e la scoperta più inquietante della mia vita. La sua dualità rieccheggiava la celebre visione dell'anima divisa – metà bramosa di redenzione, metà sedotta dall'ombra. *Potevo accettarlo completamente senza giustificare il male che aveva causato? Potevo rivendicare la sua eredità senza ereditarne i peccati?* Mentre guardavo il documentario svolgersi, ogni rivelazione sulla struttura familiare della 'Ndrangheta creava un parallelo inquietante con la mia stessa ricerca di famiglia. Era lo specchio oscuro dei legami biologici che avevo tanto cercato: lealtà di clan che avevano distorto il concetto stesso di famiglia rendendolo pericoloso. Che il mio DNA mi legasse a questa storia non era solo scioccante, ma filosoficamente disorientante – i legami di sangue, che avevo idealizzato per decenni, rivelavano improvvisamente il loro potenziale lato oscuro.

La scoperta del passato criminale di Giuseppe aggiunse un ulteriore strato ai modelli familiari che stavo svelando. La storia di mio padre rivelava come le rigide aspettative sull'onore familiare avessero plasmato le vite per generazioni – spingendo a volte gli uomini all'autodistruzione, altre volte verso percorsi pericolosi ai margini della società. Non potevo ancora sapere quanto profondamente questi schemi avessero influenzato i miei fratelli e sorelle, le cui storie mi attendevano nei mesi a venire. Dopo aver cercato così a lungo le mie radici biologiche, ora mi trovavo di fronte alla complessa realtà che quelle radici si estendevano in territori che non avevo mai contemplato. I sette frammenti enigmatici che avevo cercato di integrare includevano ora dimensioni che non avevo previsto – lo stesso sangue che mi aveva dato la curiosità intellettuale e gli occhi color nocciola aveva attraversato anche un mondo fatto di crimine e violenza. Non si trattava semplicemente di scoprire un padre con delle imperfezioni; era confrontarsi con la profondità con cui l'identità è modellata da storie che non scegliamo e che non possiamo controllare. Il vaso del sé che stavo ricomponendo conteneva ora pezzi che sfidavano la mia comprensione di cosa significasse davvero «famiglia.»

L'assassinio di Winchester rappresentava una svolta critica in questa storia – il momento in cui le attività della 'Ndrangheta diventarono impossibili da ignorare per le autorità, portando all'Operazione Siviglia e ad altre importanti indagini. Il ruolo di Giuseppe come informatore lo aveva collocato al crocevia tra organizzazione criminale e forze dell'ordine – una posizione pericolosa che spiegava molto sui suoi improvvisi trasferimenti, i suoi periodi di assenza e la paura che sembrava permeare i ricordi d'infanzia dei miei fratelli.

Scoprire il passato criminale di mio padre mi avrebbe devastata anni prima, quando ancora credevo che origini perfette potessero spiegare un sé imperfetto – quando operavo sotto l'ingenua convinzione che il legame biologico avrebbe fornito appartenenza e chiarezza, in modo inequivocabile. Ma la donna che ora guardava quel documentario in TV era fondamentalmente diversa: temprata dalla perdita, segnata dalla solitudine, e finalmente abbastanza forte da accettare la complessità senza frantumarsi.

Per decenni avevo immaginato mio padre in varie configurazioni, ma mai, nemmeno una volta, lo avevo immaginato come membro della 'Ndrangheta. Eppure, stranamente, non mi sentii affatto distrutta da quella rivelazione. Forse perché avevo già integrato così tanti frammenti, questo nuovo pezzo – per quanto inaspettato – poteva essere riconosciuto e accolto senza minacciare l'integrità del tutto che avevo faticosamente assemblato.

La stessa resilienza che mi aveva sostenuta negli scoppi di rabbia alcolica del mio padre adottivo, nella morte di mia madre, e negli anni di ricerca, mi aveva preparata ad assorbire anche quest'ultima ironia: che il padre tanto cercato portasse con sé una propria oscurità complicata. D'altronde, era un passato a cui non avevo preso parte. Non vedevo un potenziale criminale; vedevo un uomo anziano e premuroso, che più avanti avrebbe lasciato trapelare momenti di rimorso e rimpianto.

Qualche giorno dopo, Joe mi mandò un messaggio.

«Cara figlia mia. Il tempo, unico dispensatore, finalmente ti ha portata da me. Ti auguro una buona Pasqua. Guardando il tuo viso mio.»

Dopo che gli inviai alcune foto di me a varie età, rispose con un altro messaggio poetico:

«Mi sembrava di averti conosciuta tutta la mia vita, anche se davanti ai miei occhi lo sei stata solo per pochi istanti. Nella famiglia Verduci ce ne sono altri come te. Sia lieve la tua vita ovunque tu cammini.»

Anche io sentivo di averlo sempre conosciuto, come se fosse sempre vissuto dentro di me. Il suo sangue, il mio sangue, scorreva nelle mie vene.

Continuammo a scambiarci messaggi e gli inviai delle foto del mio tempo in NSW.

«Cara figlia mia, spero che la vita sia per te gioiosa e luminosa come la luce del sole. Ti auguro un buon fine settimana dal tuo vecchio papà.»

I suoi messaggi rivelavano un lato inaspettato di Joe – poetico, riflessivo, capace di una tenerezza che non avevo previsto. Era lo stesso uomo le cui imprese criminali avevo appena visto documentate in televisione, eppure ora mi mandava parole d'affetto intrise di riflessioni filosofiche. Le contraddizioni erano vertiginose. Mi ritrovai a chiedermi quale versione fosse la più autentica –

Era lui l'intermediario mafioso?
Il padre anziano e affettuoso?
O il poeta filosofo?

Forse era tutte e tre le cose.

Durante il mio viaggio attraverso il Nuovo Galles del Sud, iniziai ad analizzare i paesaggi con una nuova consapevolezza. *Questa cittadina era collegata al traffico di droga a cui aveva partecipato mio padre? Aveva percorso quelle stesse strade durante le sue «operazioni»?* Il suo passato criminale ora colorava la mia percezione della geografia australiana, rivelando

storie nascoste in luoghi che prima mi erano sembrati semplicemente pittoreschi o ordinari.
Joe, come me, era anche scrittore e poeta.
Qualche giorno dopo, la domenica di Pasqua, ricevetti una chiamata da lui. Uscii fuori, in quella giornata calda, umida e soleggiata. Mi sedetti su una panchina all'ombra di un albero. Mi disse che era felice di avermi incontrata e che ci saremmo rivisti quando fossi tornata a Melbourne. Sorrisi da un orecchio all'altro e dovetti ricordare a me stessa che stava davvero accadendo. Durante il viaggio di ritorno, decisi di fare una deviazione storica – una sorta di pellegrinaggio nei luoghi legati al mio padre appena scoperto. Passai per Queanbeyan e Bungendore, piccoli paesi citati nei resoconti giornalistici sulle operazioni di coltivazione di marijuana di Giuseppe. Camminando per le tranquille strade di Bungendore, cercavo di immaginare lui, decenni prima, un uomo più giovane e vigoroso, coinvolto in attività che sarebbero poi diventate parte della storia criminale australiana. Secondo i racconti locali e gli articoli trovati online, quel piccolo paese pittoresco era ancora oggi considerato un centro per il traffico di droga.
Da lì mi diressi verso Griffith, una cittadina piatta e fertile, conosciuta come roccaforte delle famiglie della 'Ndrangheta. Fu proprio lì che nel 1977 l'attivista anti-droga Donald Mackay venne assassinato – un caso che ancora perseguita la memoria collettiva australiana. Il suo corpo non fu mai ritrovato. Camminando sotto il sole cocente di Griffith, sentii una strana connessione con una storia sanguinosa che fino a pochi giorni prima non sapevo mi appartenesse.
Mentre ero a Griffith, ricevetti un'altra chiamata da Joe. Era in viaggio verso il matrimonio di un nipote e mi mandò alcune foto della celebrazione. Il contrasto fu sconcertante – quei momenti familiari ordinari che avvenivano sullo sfondo della storia criminale attraverso cui stavo letteralmente viaggiando. *Quante celebrazioni familiari erano avvenute mentre lui era coinvolto in attività pericolose? Come faceva a compartimentalizzare*

questi aspetti così diversi della sua vita? Forse con la stessa facilità rappresentata nei film della saga *Il Padrino*: «Gli affari sono affari». Freddo come l'acciaio, meticolosamente eseguito. Più tardi mi sarei chiesta se Joe fosse stato segnato da traumi vissuti o inflitti.

Pochi giorni dopo mi inviò un messaggio, dicendomi che presto sarebbe partito per l'India per un viaggio di lavoro, e con un riconoscimento implicito della nostra parentela:

«…Per via della tua intelligenza capisco che sei veramente mia figlia, ragioni quasi come me. Il tuo Vecchio.»

Quel complimento sulla mia intelligenza mi lasciò emozioni contrastanti. Da un lato, fu gratificante vedere riconosciuto quel legame – percepire schemi cognitivi familiari che attraversavano il divario genetico. Dall'altro, sapendo ciò che ora sapevo del suo passato, quel paragone portava con sé implicazioni scomode. *Quanto gli somigliavo davvero, a quest'uomo la cui vita si era spinta in territori che mai avevo immaginato? Quali parti di lui vivevano in me, oltre ai tratti fisici che condividevamo?*

Mentre guidavo verso Melbourne, dopo il mio pellegrinaggio tra Queanbeyan e Griffith, compresi che trovare Giuseppe non aveva concluso il mio viaggio d'identità – lo aveva trasformato. La domanda non era più «Chi sono io?», ma piuttosto: «Cosa farò con tutto ciò che ora so?». I frammenti non erano scomparsi; si erano moltiplicati, diventando più sfumati, più complessi. Ma ora erano miei – miei da disporre, miei da integrare in un sé che comprendesse sia l'eredità sia la scelta, sia la natura sia la cultura che avevo costruito da sola.

La strada si distendeva davanti a me, portandomi di nuovo a Melbourne, dove Joe mi aspettava – non più solo un nome, un concetto, o una figura criminale vista in un documentario, ma un legame vivo con le mie origini. Nel bene e nel male, era mio padre. E io ero sua figlia. Dopo sessant'anni di separazione, quel semplice fatto mi sembrava tanto un miracolo quanto un peso, una sfida quanto un dono.

Zia Bruna – avvocata e patrocinatrice.

19

Zio Andrea peccatore
(2023)

Poi, accogliendo una vergogna familiare

Domenica 9 aprile 2023, lo schermo del mio telefono si illuminò con una notifica che si sarebbe rivelata molto più significativa di quanto il suo aspetto semplice lasciasse intendere. Lo zio Andrea mi aveva mandato un messaggio tramite Messenger per la prima volta – una connessione digitale che portava con sé il peso di un riconoscimento formale:
«Benvenuta Mirella nella famiglia / clan.»
Cinque parole che trasformarono il mio status da curiosità biologica a parente riconosciuta. Questo messaggio semplice portava con sé un peso straordinario – il primo benvenuto ufficiale da parte del membro più anziano della famiglia Verduci, un riconoscimento inequivocabile del mio posto legittimo tra loro. L'abbraccio immediato dello zio Andrea era in netto contrasto con l'esitazione mostrata da altri, in particolare dai miei fratellastri e sorellastre. Dove loro avevano posto condizioni e lasciato trasparire sospetto, lui offriva riconoscimento incondizionato – un dono il cui valore non ero ancora in grado di calcolare appieno.
Quelle poche parole irradiavano un calore che trascendeva il mezzo digitale, suggerendo che da qualche parte a Melbourne, un uomo anziano che non avevo mai incontrato stava pensando a me, mi stava riconoscendo, stava preparando un posto per me

nella narrazione familiare. C'era qualcosa di struggente in quell'abbraccio virtuale da parte di un uomo che aveva condiviso l'infanzia con mio padre – che lo aveva conosciuto prima delle difficoltà e delle scelte che avrebbero portato alla mia concezione e al mio abbandono. Lo zio Andrea rappresentava molto più di un semplice parente; era un ponte vivente con il passato – con l'Italia che avevano lasciato, con i fratelli che erano stati prima di diventare mariti e padri, con le esperienze condivise che avevano plasmato l'uomo che mi aveva trasmesso metà del mio DNA.

Il giorno seguente, lo zio Andrea commentò un mio post su Facebook riguardante la mia ricerca del padre biologico, poco dopo l'incontro con Joe e lo zio Alfred. Aggiunse un commento: «Cerca ancora no. Sei la benvenuta. Il tuo bisnonno era di Montebello. Tuo nonno era Bartolomeo...»

Iniziammo poi a corrispondere via Messenger nei mesi successivi. Gli dissi che speravo di incontrarlo presto.

Mi rispose: «Sì, ci vedremo.»

I nostri scambi, seppur brevi, crearono un legame prezioso con la mia eredità paterna. Lo zio Andrea – fratello maggiore ed ex socio in affari di Joe – custodiva ricordi e conoscenze che nessun altro poteva condividere. Attraverso di lui, avrei potuto accedere a parti del passato di mio padre che lui stesso evitava di raccontare.

Curiosa, chiesi dell'attività che aveva condiviso con Giuseppe.

«Hai lavorato anche tu nel negozio di mobili negli anni '60?»

Mi raccontò che possedevano nove negozi e una fabbrica di mobili a Werribee, un sobborgo occidentale di Melbourne.

«Come si chiamava l'azienda? Che fine ha fatto?» domandai incuriosita.

«Avevamo varie società / l'Italo-Australian Credit, una finanziaria, e la Verduci Bros, ma perdemmo molto con la stretta creditizia del '61 / '64.»

«La fabbrica di mobili fu venduta.»

Il 16 maggio, lo zio Andrea mi inviò un messaggio che sarebbe diventato uno dei legami più preziosi con la mia famiglia ritrovata. Le sue parole, poetiche e dignitose, offrivano una visione alternativa della mia concezione, in netto contrasto con il racconto brusco e transazionale di Joe:

«La figlia dell'amore è il prodotto di una gentil donna innamorata di un principe di grazia e virtù per destino di una sorte ingrata.»

Questa descrizione lirica mi regalò qualcosa che Joe non era mai riuscito a darmi – una visione romantica delle mie origini, che donava dignità e tenerezza alle circostanze della mia nascita. Dove Joe aveva parlato di costi e convenienza, lo zio Andrea vedeva amore e tragedia. La sua visione poetica suggeriva una prospettiva diversa sul rapporto tra i miei genitori biologici, una che riconosceva l'emozione anziché solo il pragmatismo.

Un mese dopo, cercai di organizzare un incontro con lo zio Andrea. Avevamo tentativamente prenotato un pranzo, ma lui annullò. «Ci vedremo un'altra volta», disse. Un altro mese passò, e lessi su Facebook che non stava bene. L'ultimo messaggio che gli scrissi fu il 22 luglio 2023:

«Ho letto che non stai bene. Come stai? xo un forte abbraccio Zio.»

Quella fu l'ultima corrispondenza con il mio caro zio Andrea. In una crudele beffa del destino, lo zio che mi aveva accolto più calorosamente nella famiglia stava svanendo proprio mentre io trovavo il mio posto al suo interno. L'Universo, sembrava, insisteva in un ciclo di rivelazione e perdita – un dare e togliere ritmico che aveva definito la mia ricerca fin dall'inizio, come se volesse insegnarmi che la completezza sarebbe sempre rimasta appena fuori dalla mia portata.

Il mio compleanno arrivò poco dopo. Pranzai con un'amica da Il Carretto a Carlton, il ristorante dove avrei dovuto incontrare lo zio Andrea qualche settimana prima. Mi aveva detto che faceva troppo freddo. La verità era che stava troppo male. Stava morendo. Dopo pranzo, andai al cimitero di Carlton. Ero alla ricerca della tomba del mio defunto zio John.

Pochi giorni dopo, ricevetti un messaggio dallo zio Alfred:

«Mi dispiace dirti che mio fratello Andrea è morto ieri sera.»
Era il giorno dopo il mio compleanno. Non feci in tempo a conoscere il mio zio maggiore Andrea – un'altra porta chiusa per sempre.
Il tempismo fu devastante. Avevo appena ritrovato la mia famiglia e subito perso un altro membro. Lo zio Andrea, il primo ad accogliermi senza riserve nel clan Verduci, non mi avrebbe mai incontrato di persona. La sua morte rappresentò un altro legame spezzato con il mio passato, un altro pezzo della mia storia perso prima che potessi esplorarlo pienamente.
Dopo la sua scomparsa, chiesi informazioni sul funerale e se potevo andare.
La risposta non fu «certo, sei di famiglia», ma semplicemente: «Non vedo perché no.»
Anche nel lutto, il mio posto nella famiglia sembrava ancora condizionato – qualcosa da negoziare, non da dare per scontato.
Vidi Joe per l'ultima volta il giorno dopo il suo compleanno, a luglio, al mercato di Preston.
Mi mandò un SMS il giorno prima del funerale:
«Mia cara sconosciuta adolescente figlia, spero che tutto sia di ottima salute nella tua vita, ... Un caldo abbraccio dal peccatone tuo padre. Joe.»
La firma rivelava un aspetto profondo della percezione che Joe aveva di sé – riferendosi a se stesso come «peccatone», riconosceva la sua responsabilità nella mia concezione e nel mio abbandono, in un modo che raramente articolava direttamente. Questa piccola ammissione, fatta nel contesto del lutto per la morte del fratello, suggeriva che la scomparsa dello zio Andrea avesse forse smosso in lui pensieri su eredità, mortalità e sulle conseguenze delle sue azioni, destinate a sopravvivergli.
Non sapeva che sarei andata al funerale. Una piccola parte di me aveva persino paura di andarci.

Venerdì mattina, il giorno del funerale, uscii presto da casa e guidai fino alla chiesa dove si sarebbe tenuta la cerimonia.

Indossavo pantaloni neri e un cappotto grigio scuro. Portavo la collana e il ciondolo di mia madre. Ogni volta che entro in una chiesa, è come rendere omaggio ai miei genitori defunti. Parcheggiai l'auto in fondo a Queens Parade, a Clifton Hill, e attraversai la strada per raggiungere la chiesa. Era una giornata fredda, grigia e molto ventosa. Il tempo rispecchiava il paesaggio emotivo che stavo attraversando – turbolento e minaccioso, ma in qualche modo adeguato a questo momento di passaggio.

Tra la congregazione vidi i miei fratelli e sorelle di sangue, cognati, zie, zii, nipoti, cugini e mio padre Joe. C'erano volti che conoscevo e persone che avevo incontrato – famiglia di sangue, ma ancora estranei.

Il funerale dello zio Andrea rappresentava una tappa fondamentale: la prima volta in cui mi sarei trovata nella stessa stanza con la maggior parte della mia famiglia biologica. Non più ai margini, cercando di entrare, ora ero una parente riconosciuta che partecipava a un rituale collettivo di lutto. Eppure, mentre prendevo posto tra questi estranei che condividevano il mio DNA, la complessità della mia posizione era innegabile. Appartenevo e allo stesso tempo non appartenevo.

Era una chiesa grande e ornata, sebbene non così elaborata come molte che avevo visitato a Roma, anni prima. Le pareti erano in mattoni color arancio-rossastro. L'altare era raffinato. La musica scelta dallo zio Andrea per la funzione fluttuava nell'aria e riverberava nel vasto soffitto a volta.

Sapevo che sarebbe stato un momento emotivo. I funerali mi riportano sempre alla morte dei miei genitori. Non immaginavo quanto questo mi avrebbe colpita. Piansi per tutta la cerimonia – non in silenzio, non con compostezza, ma con il dolore crudo di una figlia che piange un uomo che non ha mai conosciuto. Fortunatamente, i funerali sono quei rari luoghi dove piangere apertamente è accettato.

Versai lacrime di un lutto caleidoscopico – tristezza per lo zio caloroso e accogliente che non avevo conosciuto, gioia per aver finalmente trovato il mio clan, rimpianto per non averlo trovato prima, senso di colpa per essermi sentita a tratti un'impostora al funerale di uno sconosciuto, e speranza che un giorno avrei trovato un vero legame con questa vasta famiglia con cui condividevo il sangue.

Seduti nella chiesa c'erano membri della famiglia che non avevo ancora incontrato – i loro volti mi erano familiari solo per averli osservati sui social nei mesi precedenti. E ora ero lì, con loro, al mio primo funerale familiare.

Ascoltai le orazioni funebri lette dai due zii più giovani ancora in vita. Le loro parole rivelarono pezzi cruciali della mia storia paterna che mi aiutarono a comprendere sia lo zio Andrea che Joe. Scoprii che gli imperi commerciali che avevo solo intravisto erano più estesi di quanto avessi immaginato.

Joe e suo fratello Andrea, il maggiore di nove figli, aprirono la loro prima attività di mobili e articoli elettrici nel 1959 in Charles Street, Seddon, e una fabbrica di mobili a Werribee. Joe aveva 22 anni all'epoca. Successivamente aprirono negozi a Footscray, North Melbourne, vicino al mercato di Victoria, Brunswick, Oakleigh e Wangaratta. Più tardi scoprii che il magnate dei mobili Franco Cozzo lavorò per Joe, così come Mirabella e Scali – tutti e tre poi fondatori di aziende di successo. I due fratelli aprirono anche un'azienda di credito. Ci fu una crisi finanziaria negli anni '60 e l'attività fu venduta, come mi aveva detto lo zio Andrea.

Scoprii anche che lo zio Andrea era uno degli intellettuali della famiglia – un uomo colto il cui amore per la letteratura e la filosofia rispecchiava la mia stessa inclinazione intellettuale. Fu il primo studioso della famiglia. Conseguì l'equivalente di una laurea in Lettere in Italia negli anni '50, e poi emigrò in Australia nel 1956 con mia nonna Giuseppina e i suoi sette figli più giovani. Aveva una grande passione per la letteratura, la filosofia, la storia e la musica. In seguito divenne insegnante di storia, lavorò per la TAA nel reparto finanziario, e aprì un negozio di tessili per la casa a Sydney Road, Brunswick. Negli anni '60 fu anche presidente del club calcistico Juventus.

Il ricordo funebre rivelò anche un lato inatteso di quest'uomo serio e studioso – un'ombra del ragazzo birichino che era stato: per un certo periodo studiò per diventare sacerdote, fin dai dieci anni. Tuttavia, quel cammino fu interrotto quando lui e un amico decisero di dipingere la faccia di un prete addormentato con il lucido da scarpe. Sua madre fu convocata in seminario, dove le dissero che forse Andrea non era adatto alla vita ecclesiastica.
Alla fine del rito, la bara fu portata fuori dai membri della famiglia. Riconobbi i miei fratellastri tra loro. La grande famiglia seguì il feretro. Grizella, la mia sorellastra, mi vide tra la folla e mi sorrise. Nessun altro mi notò o mi riconobbe. Avrei voluto seguire la bara anch'io, ma non ero parte del clan. Uscii dalla chiesa da sola.
Arrivai alla mia auto con il cuore pesante, rattristata per non aver mai incontrato lo zio Andrea. Guidai fino al cimitero di Preston, ascoltando Sinead O'Connor. Anche lei era morta da poco. Ero sola, a un funerale che sembrava non mio.
Perché ero lì?
Forse per dare sepoltura al mio dolore. Un luogo dove potesse riposare.
Questa domanda riassumeva la mia posizione peculiare – in lutto per un uomo che non avevo mai incontrato, piangendo una relazione appena nata e già perduta. La morte dello zio Andrea rappresentava la perdita di una relazione potenziale, e di conoscenze su mio padre che solo lui, in quanto fratello maggiore ed ex socio d'affari, avrebbe potuto offrirmi.
Nel parcheggio del cimitero, la famiglia si riunì.
Io mi alzai e camminai da sola.
Ancora sola, nonostante fossi circondata da parenti di sangue – un'isola di solitudine in un mare di connessione genetica.

Mi avvicinai al punto dove la bara sarebbe stata sepolta. Mi trovai accanto a una donna e iniziammo a scambiare qualche parola. Scoprii che era un'amica della figlia dello zio Andrea, che aveva lavorato con lei a Lifeline. Vidi fratelli, nipoti e cugini tra la folla mentre tutti tornavamo verso la cappella. Entrai nella sala con apprensione, sentendomi fuori posto, e mi sedetti su una delle sedie disposte lungo la parete.

Tra le oltre cento persone presenti, riconobbi molti volti, ma ne conoscevo solo pochi. Volti simili al mio. La maggior parte non sapeva chi fossi. Incontrai per la prima volta Lina, la moglie di mio fratellastro Diego – una persona profondamente compassionevole. Mi abbracciò con calore e disse: «È un piacere conoscerti.»

Il suo saluto segnò un momento cruciale nel mio rapporto con la famiglia. Questa prima espressione di genuina accoglienza da parte di Lina suggeriva che alcuni membri della famiglia potessero essere disposti ad accettarmi, creando la possibilità di costruire relazioni con altri parenti.

Mi presentò ad altri. Rimasero scioccati nello scoprire chi fossi. Conobbi per la prima volta lo zio Claude, anche lui sorpreso ma accogliente. Salutai e porgesi le condoglianze allo zio Alfred. Poi cercai Joe, che era seduto con un cugino più anziano. Mi presentò come sua figlia. Vidi i miei fratelli e sorelle in lontananza, mentre chiacchieravano con gli altri. Presi un bicchiere di vino e parlai con un piccolo gruppo di donne che si definirono «parenti acquisiti.»

Risi e mi presentai dicendo: «Io faccio parte dei fuorilegge.» Qualcuna mi mise affettuosamente un braccio attorno e disse: «No, non è vero. Sei la benvenuta qui.»

Questa semplice correzione – «No, non è vero» – rappresentava un ulteriore passo importante. Qualcuno della famiglia stava rifiutando esplicitamente il mio status di estranea, insistendo sulla mia legittimità come membro della famiglia. Questi piccoli momenti di accettazione stavano crescendo, persona dopo persona, diventando qualcosa di più concreto.

Ciò che mi colpì fu che tutti parlavano in inglese, non in calabrese, nemmeno i miei zii e zie anziani. Se si avventuravano nella lingua madre, usavano l'italiano, non il dialetto calabrese. Era una famiglia molto colta e istruita.

Ritornai a sedermi con Joe e le sue sorelle Angela e Stella. Entrambe erano gentili, amichevoli e calorose. Joe se ne andò presto con il figlio più giovane, Jacob, sua moglie e il loro figlio, che non mi era stato presentato. Poi incontrai zia Joanne. Era molto addolorata per la morte del fratello, ma portava anche un dolore profondo tutto suo. Non aveva avuto figli e suo marito, Frank Trimboli, era morto qualche anno prima.
Il cugino anziano seduto con noi mi chiese: «Come hai trovato Joe?»
Raccontai di nuovo la mia storia del DNA e mia zia si commosse mentre narravo la mia lunga e complicata ricerca durata decenni per trovare Giuseppe. Diego e Lina se ne andarono presto. Avevo visto delle foto di Diego. Di persona era molto più affascinante. Il più bello dei miei fratellastri e, a quanto pare, aveva il fascino di un tempo di Joe. Diego è alto e in gran forma per i suoi 57 anni. Passò accanto a me e mi salutò con una stretta di mano. Era il nostro primo incontro. Anche se, credo, non sapesse chi fossi. Quel pomeriggio, mi fu detto più di una volta: «Hai un viso familiare.»
Sorridendo risposi: «È perché sono una Verduci, la figlia di Joe.» Seguirono stupore e sorpresa.
Ogni volta che affermavo la mia identità come «figlia di Joe,» non stavo solo informando gli altri – stavo reclamando una parte di me che mi era stata a lungo negata. Dopo decenni di incertezze, ora potevo dichiarare la mia connessione paterna con una convinzione che suonava come una vittoria. Lo stupore sui volti delle persone confermava ciò che già sapevo nelle ossa – la mia somiglianza fisica con il clan Verduci era inconfondibile, la realtà biologica superava decenni di costruzioni sociali e negazioni.
La folla si diradò e rimasero i miei zii, una zia, sorelle, i loro coniugi e alcuni cugini. Ci fu detto di lasciare la sala. Mi spostai all'esterno. Mi fermai in disparte. Da sola.
Stasia, la mia altra sorellastra, stava caricando l'auto. È molto operosa. Mi ricordava una brava capoclasse cattolica: educata,

composta, conservatrice e riservata. Diversa da Grizella, che può essere calorosa, amichevole, allegra e spensierata. Vidi zia Joanne sussurrare all'orecchio dello zio Alfred mentre lanciava uno sguardo verso di me. Poi lo zio Alfred si avvicinò e mi invitò a casa sua, dove si stavano dirigendo tutti. Fu un gesto di grande accoglienza da parte di mia zia e di mio zio.

Questo invito rappresentò la più grande accettazione ricevuta dalla famiglia fino a quel momento. Non più semplicemente tollerata a un funerale pubblico, ora venivo inclusa nel raduno familiare privato successivo, attraversando la soglia dalla cortesia obbligata all'inclusione voluta. Qualunque cosa avesse sussurrato zia Joanne allo zio Alfred, lo aveva evidentemente convinto che io dovessi essere con la famiglia in quel momento di lutto.

A quel punto, la mia mente era confusa e affaticata per tutte le conversazioni, le presentazioni, e l'incontro con così tanti membri del mio ampio clan Verduci. Ero felice e sollevata per essere stata accolta con così tanto calore e affetto. Guidai attraverso il traffico dell'ora di punta di Melbourne, seguendo l'auto di Grizella.

Arrivammo finalmente a casa dello zio Alfred a Carlton. Appena entrai, parlai con la figlia dello zio Andrea. Era gentile e amichevole. Attraversai un cancelletto laterale, poi il giardino, salii alcuni gradini e raggiunsi una zona vetrata che conduceva all'interno di una casa grande e sontuosa, ma non eccessiva. Entrai nel soggiorno. La casa era luminosa e ariosa. Le pareti erano bianche. Mi fermai brevemente davanti al camino a gas per riscaldarmi e poi mi sedetti su una poltrona accanto alla zia più giovane, zia Stella. Facemmo una lunga chiacchierata. Stasia stava trasmettendo sulla grande TV a schermo piatto, incorniciata di nero e poggiata su una lunga credenza, le vecchie foto di famiglia mostrate al funerale. Sulle pareti bianche vidi foto di bambini – immaginai fossero figli e nipoti della dottoressa Rosemary e di altri cugini.

Quando le foto di famiglia vennero mostrate sulla TV,

continuavo a chiedere chi fosse chi nelle immagini. Guardammo il video tre volte affinché potessero metterlo in pausa e spiegarmi chi erano tutti. In una grande foto di un matrimonio di famiglia, vidi il defunto zio John. Chiesi informazioni su di lui a mia zia. Mi disse che aveva studiato Lettere all'università e che era un poeta. Mia zia si alzò e al suo posto si sedette la vedova dello zio Andrea; parlammo a lungo.

Nel frattempo, la moglie dello zio Alfred servì una zuppa calda di pollo e verdure in tazze – un profumo ricco danzava nell'aria. Altri si erano seduti nella sala da pranzo adiacente attorno a un grande tavolo da pranzo. Ci unimmo a loro e ci sedemmo vicine, con le spalle al pannello di vetro alle nostre spalle, guardando verso la stanza. Continuai a parlare con la vedova dello zio Andrea. Era aperta, disponibile, e rispondeva con piacere a tutte le mie domande su di lui.

Seduta a tavola con il clan Verduci, osservavo la sottile coreografia culturale che, senza saperlo, aveva plasmato sia la mia famiglia adottiva che quella biologica – il modo in cui il cibo veniva offerto come amore prima ancora delle parole, i gesti delle mani che punteggiavano le conversazioni, i protocolli non detti di rispetto e deferenza. Questi modi italiani mi avevano circondata sin dalla nascita, sia per natura che per educazione, creando una continuità inattesa nella mia identità altrimenti frammentata.

Alla mia destra era seduto un vecchio signore, Carlo. A quanto pare, era il produttore dei migliori cannoli di Melbourne. Era il marito di una delle sorelle della vedova, ed era siciliano. Parlammo. Gli raccontai del mio legame con la famiglia, della mia storia di ricerca, dei miei genitori adottivi e del mio lavoro. Carlo mi disse che Joe potrebbe avere un cancro allo stomaco. Più tardi interrogai lo zio Alfred a riguardo. Era dispiaciuto che Joe non fosse lì. Si domandava perché Joe si tenesse lontano dalla famiglia. Non pensava che avesse un cancro allo stomaco, ma forse qualche altro problema gastrico. Gli dissi di farmelo sapere se mai si fosse ammalato.

Mi rispose: «Abbiamo dato a Joseph una casa dove vivere.»
Non conoscevo ancora abbastanza bene nessuno di loro per sentirmi in grado di commentare. Ero curiosa di sapere perché Joe sembrasse essersi allontanato dalla sua famiglia.
Quel commento, sul fatto che avessero «dato una casa» a Joe, rivelava tensioni persistenti tra lui e i suoi fratelli – tensioni che potevano spiegare il suo distacco. Cominciavo a intuire che l'isolamento di Joe non era dovuto solo a sue scelte personali, ma a dinamiche familiari complesse sviluppatesi nel corso dei decenni.
Stasia rimaneva in disparte. Grizella era seduta nell'angolo opposto con gli altri cugini. Le persone cambiarono posto e iniziai a parlare con la figlia della defunta zia Bruna, che vive a Canberra. Era snella, con i capelli corti, un'artista e ceramista. Era seduta alla mia destra e la figlia dello zio Andrea alla mia sinistra. Parlammo di noi stesse e del nostro lavoro. Parlammo della pionieristica zia Bruna, madre, avvocata e barrister.
A un certo punto dissi: «Questa è la parte premurosa del tavolo di famiglia.»
La ceramista aveva studiato servizio sociale, la figlia dello zio Andrea era una counsellor, e io sono psicologa. Molti degli altri cugini sono avvocati. La maggior parte ha una laurea universitaria.
Questa osservazione sottolineava una rivelazione importante: esistevano gruppi distinti all'interno dell'ampio clan Verduci, e io mi ero naturalmente avvicinata a coloro che condividevano la mia inclinazione verso le professioni d'aiuto. Non era solo una coincidenza, ma la prova di temperamenti e valori ereditati, espressi attraverso le generazioni, talvolta saltandone una. Le inclinazioni intellettuali ed empatiche che avevo sempre creduto nate dal nulla improvvisamente trovavano un contesto in questo ramo della famiglia.
Zia Joanne arrivò più tardi in serata con zio Claude e sua moglie. Non ebbi l'opportunità di parlare direttamente con lei, ma prestava attenzione alle conversazioni che stavo avendo con gli

altri, soprattutto quando parlavo di Joe. Le mostrai la foto che avevo di un giovane e affascinante Joe in un elegante abito con papillon e quella di nonno Bartolo.

Mi sentivo molto a mio agio lì, tra il mio clan di sangue. Era surreale pensare che quella fosse la mia vera famiglia. Diversamente dalla mia famiglia adottiva, queste persone non erano rumorose né eccessivamente vivaci. Non c'erano scoppi emotivi o rabbiosi. Le conversazioni erano intelligenti, interessanti e in generale più serie. Mi riconoscevo negli altri. Sentivo di essere finalmente arrivata a casa.

Tra questi parenti riflessivi e più seri, sentivo un richiamo sotterraneo – una musica silenziosa di riflessione, una cadenza che ancora non riuscivo a nominare. Solo molto più tardi l'avrei riconosciuta: l'anima dei poeti e dei filosofi, che scorreva come un fiume sotterraneo nel sangue dei Verduci. Anche allora, senza saperlo, stavo già camminando nella corrente che mio padre aveva un tempo agitato.

In quel momento di integrazione – circondata da parenti impegnati in conversazioni ponderate su politica, letteratura e storia – provai il più profondo senso di appartenenza che avessi mai conosciuto. Non si manifestò con fuochi d'artificio emotivi, ma come un riconoscimento silenzioso: il temperamento distintivo dei Verduci – intellettuale, piuttosto riservato, incline alla discussione seria più che all'esibizione emotiva – rifletteva qualità che avevo sempre posseduto, ma che avevo avuto difficoltà a collegare alla natura più dimostrativa e pragmatica della mia famiglia adottiva.

Questo riconoscimento rappresentava il pezzo finale nell'unificazione del mio percorso di riparazione. Lì, tra questi parenti ancora sconosciuti, mi riconoscevo come mai prima. Nei tratti fisici, nei modi di pensare, nei ritmi conversazionali, nel modo in cui si formulavano i pensieri prima di esprimerli. Il vaso del sé, frantumato su quell'autobus di Melbourne decenni prima, ora era ricomposto, trasformato – le sue venature dorate connettevano i frammenti in un disegno che onorava tanto la frattura quanto la continuità.

Il simbolismo era inequivocabile: seduta al tavolo da pranzo di zio Alfred, ero letteralmente e figurativamente al tavolo di famiglia da cui ero stata esclusa per sei decenni. La disposizione dei corpi in quello spazio domestico – la configurazione fisica dell'appartenenza – rispecchiava l'organizzazione interna dei frammenti d'identità che avevo cercato di ricomporre dal 1980. Mentre si passavano i piatti e si versava il vino, mentre le conversazioni spaziavano dalla politica alla filosofia alla storia familiare, la lacca dorata metaforica veniva applicata alle ultime crepe della mia identità fratturata.

Non si trattava di una fantasia ingenua di appartenenza perfetta o di restaurazione completa – alcuni membri della famiglia rimanevano distanti, altri attivamente resistenti alla mia presenza. Il vaso restava visibilmente rotto, la sua storia di frammentazione evidente nelle venature dorate che ora ne collegavano alcune parti. Ma questa era proprio la bellezza del kintsugi – non la pretesa di una perfezione intatta, bensì il riconoscimento sincero della rottura trasformata in una bellezza distintiva.

L'integrazione che vissi in quel momento non fu nonostante le fratture e le assenze nella mia storia, ma proprio perché esse erano state riconosciute, onorate e infine incorporate in una nuova forma di completezza.

La figlia di zio Andrea mi disse che suo padre era un uomo complesso e complicato, una persona con un'identità ben definita. Dopo il mio post su Facebook, un'amica mi confidò di aver conosciuto zio Andrea. Disse che era un uomo con opinioni forti, che non aveva paura di esprimersi.

Molto simile a Joe. Forse un tratto della famiglia Verduci. Quando me ne andai, stavo salutando tutti. Parlai con un altro cugino, Bart. Ce ne sono così tanti di Bart e di Giuseppine che è difficile sapere chi è chi. Si parlava del fatto di essere chiamati Bart. Il nonno Bartolo aveva fatto pressioni su Joe affinché

chiamasse uno dei suoi figli Bart, come se non ce ne fossero già abbastanza in famiglia.
Era vanità? Mi chiesi.
Grizella era andata via prima, allegra e sorridente dopo qualche bicchiere di vino con gli altri cugini. Salutò tutti, anche me, e ci scambiammo un caloroso abbraccio. Mi sentivo così a mio agio con questa famiglia gentile, affettuosa e dai modi delicati – a differenza della famiglia di mamma, che a volte è troppo rumorosa, critica, giudicante o chiusa mentalmente; più conservatrice e ancora legata ai valori e alla mentalità di Vizzini degli anni '50. Li amo tutti, ma non sono il mio sangue. Non sono la mia stirpe. Non condividiamo la stessa anima, lo stesso spirito o la stessa storia genetica.
Infine, andai via, raggiunsi la mia macchina e tornai a casa, esausta ancora una volta.
Il seguito del funerale di zio Andrea rivelò un'evoluzione significativa nel mio rapporto con la famiglia. Nonostante la mia iniziale posizione solitaria in chiesa, alla fine della giornata, nella casa di zio Alfred, diversi membri della famiglia mi avevano accolta in vari modi – un cambiamento drammatico rispetto alla distanza cauta incontrata nei primi contatti.
Il giorno dopo, sabato, ricevetti un messaggio da zio Claude. Voleva vedermi per un caffè e una chiacchierata. Anche mia cognata Lina si fece sentire. Ricevetti anche un messaggio da un'altra cugina che mi dava il benvenuto in famiglia. Nel complesso, mi sentii accolta calorosamente nel clan.
Ricevetti molti messaggi da amici e parenti. Avevo aggiornato regolarmente tutti sulla mia ricerca delle origini adottive. Tutti erano curiosi di seguire la mia storia e mi avevano sostenuto e incoraggiato molto. Molti mi suggerivano di scrivere un libro sulla mia ricerca.
Proprio quando pensavo di aver scoperto tutti i miei possibili fratelli, un'altra rivelazione avrebbe ampliato la mia comprensione della famiglia Verduci – e confermato un modello

inquietante nel modo in cui i fratelli trattavano le donne e i loro figli 'illegittimi':

2024
All'inizio del 2024, in una giornata calda, soleggiata e umida nel Queensland, ero seduta in un parcheggio vicino al Outpost Café, a Canungra.
Ping! SMS.
Un numero sconosciuto. Lessi il messaggio:
«Ciao Mirella, spero che questa email non ti sconvolga. Penso che potresti essere mia cugina. Potremmo avere una storia simile. Mi piacerebbe parlare con te. Vivo a Coburg, se vuoi prendere un caffè insieme.»
Rimasi un po' sorpresa, ma non completamente, data la mia ormai chiara consapevolezza della spensieratezza e promiscuità dei fratelli Verduci.
Risposi chiedendo come fossimo imparentate. Finimmo per parlare al telefono per circa un'ora. Zio Andrea era suo padre. Aveva amato sua madre – che per coincidenza portava il mio stesso nome. Lei ricordava suo padre andare a casa loro quando era bambina.
Siamo nate lo stesso anno – il 1964 – a pochi mesi di distanza, lo stesso anno in cui zio Andrea si sposò. Sua madre la tenne nonostante lo stigma. Cresciuta da una madre single e da una nonna affettuosa, la mia cugina affrontò i giudizi severi riservati ai figli 'illegittimi'. La sua infanzia fu difficile.
Forse avrei avuto lo stesso destino se Ursula mi avesse tenuta con sé.
Quando mia cugina aveva 16 anni, suo padre voleva incontrarla. Lei rifiutò per non ferire la madre. Una dinamica adolescenziale che conoscevo bene. Anni dopo lo rintracciò. Si incontrarono brevemente, ma il sospetto aleggiava sulla riunione – zio Andrea, diffidente, pensava che lei volesse soldi. Non si rividero mai più. A volte lei lo vedeva passeggiare solo lungo Sydney Road, triste,

con lo sguardo vuoto. A volte, la prima ferita è la più profonda, e alcune ferite non guariscono mai.

Questa scoperta fu la rivelazione più significativa da quando avevo trovato Giuseppe – una prova di un modello familiare che trascendeva i comportamenti individuali. La storia della figlia di zio Andrea, nata lo stesso anno che me da una donna che lavorava per i fratelli Verduci, confermava che il trattamento di Ursula da parte di Joe non era un'eccezione morale, ma parte di uno schema condiviso con suo fratello.

Entrambi gli uomini avevano avuto figli con giovani donne vulnerabili, entrambi avevano scelto il matrimonio invece di riconoscere quei figli, ed entrambi avevano lasciato le madri ad affrontare da sole il giudizio della società.

Successivamente, mio padre Joe confermò questa storia e ricordava sua madre. Ne ricordava il nome. Aveva lavorato per i Verduci all'inizio degli anni '60. Ricordava anche di aver costretto Andrea, sotto la minaccia di una pistola, a tornare dalla moglie e dal figlio piccolo.

La sua ammissione casuale – aver costretto suo fratello con una pistola – rivelava un'amara ironia: aveva insistito sul dovere familiare per suo fratello, ma l'aveva ignorato nel proprio caso. Quando gli feci notare l'incoerenza, la sua risposta tradiva un sincero rimorso:

Gli chiesi: «Pensi che tuo fratello l'amasse?»

«Sì, era una donna molto intelligente. Più adatta ad Andrea. Forse mi ha sempre odiato per averlo riportato indietro. Forse non avrei dovuto farlo, ma stavo cercando di proteggere sua moglie e suo figlio», rispose con tono di grande rammarico. Suo figlio legittimo, pensai tra me e me.

Un fratello Verduci è morto col cuore spezzato.

Joe mi disse anche che il divorzio sarebbe stato impensabile per i Verduci senior. Suo padre non lo avrebbe mai permesso. Il nonno Bartolo sembrava un tiranno, che governava con uno schiaffo calabrese severo, peggiore della stessa tirannia di Joe.

Così temuto che uno dei suoi figli non gli disse per anni che frequentava una ragazza non italiana. Un uomo che si ammorbidì solo dopo il suicidio di un figlio, trasformandosi in un nonno amorevole e gentile, che faceva le frittelle ai nipoti. Queste storie sul governo tirannico del nonno Bartolo spiegavano finalmente le forze potenti che avevano plasmato le decisioni di Giuseppe sulla mia nascita. Il timore della disapprovazione paterna, le aspettative rigide su matrimonio e famiglia, le terribili conseguenze che avevano colpito John dopo aver sfidato quelle aspettative – tutto ciò aveva probabilmente influenzato la scelta di Giuseppe di offrire denaro a Ursula invece del matrimonio, di negare la mia esistenza piuttosto che assumersene la responsabilità.

Io e la mia nuova cugina siamo rimaste in contatto da quel primo messaggio inaspettato. Negli anni '90 avevamo vissuto inconsapevolmente a poche strade di distanza, a Coburg. A volte, quando la guardo, rimango colpita da quanto somigli a zio Andrea.

Le nostre storie parallele crearono un legame immediato – entrambe nate da relazioni extraconiugali dei Verduci, entrambe nel 1964, mentre i nostri padri stavano per sposare altre donne, entrambe cresciute senza il riconoscimento paterno.

La differenza chiave era che sua madre l'aveva tenuta con sé, mentre la mia mi aveva data in adozione – una divergenza che aveva segnato le nostre vite in modi profondamente diversi, pur avendo origini simili. Ma mentre le origini erano simili, le nostre relazioni attuali con la famiglia Verduci si stavano sviluppando in modo molto diverso.

Trovarla fu un altro pezzo del mio puzzle – la prova che gli uomini Verduci avevano lasciato ben più che mobili e televisori come eredità. Ma mentre la figlia di zio Andrea accoglieva il legame, stavo imparando che non tutti i miei nuovi fratelli e sorelle condividevano la sua apertura.

La scoperta di questa cugina fornì la conferma finale e innegabile che il mio abbandono non era dovuto a circostanze uniche, ma a schemi familiari consolidati. Comprendere questo non cancellò il dolore di ciò che avevo vissuto, ma lo collocò in un contesto meno personale, più culturale e generazionale – un arazzo di privilegio patriarcale e vergogna familiare tessuto per decenni. Gli uomini Verduci avevano trattato le donne in modi simili, fatto scelte simili e lasciato conseguenze simili per i figli da affrontare decenni dopo. Ciò che era sembrata la mia storia singolare era in realtà solo un filo in un più vasto tessuto familiare di segreti, vergogna e paternità negata che si estendeva per generazioni.

20

La compassione degli estranei
(Giugno 2023)

Estranei che curano ferite che i parenti non osano toccare

Al termine di una lunga giornata di giugno del 2023, ero esausta – non solo nel corpo, ma nella speranza. Mentre cercavo ancora di assorbire le rivelazioni su zio John e di elaborare il mio nuovo rapporto con Joe, ricevetti un messaggio inaspettato che avrebbe svelato un'altra dimensione della complessità della mia famiglia biologica.
Arrivò in silenzio, ma le sue conseguenze si sarebbero propagate ben oltre quanto potessi immaginare.
La serata era iniziata senza nulla di speciale – cena al mio tavolo di cucina, con il consueto conforto della solitudine, che nel tempo era diventata né nemica né amica, ma semplicemente la forma della mia vita. Fuori, la pioggia invernale batteva sui vetri, il freddo di Melbourne filtrava sotto le porte nonostante gli sforzi del riscaldamento centrale. Stavo scorrendo fotografie dei miei recenti incontri con Joe, studiando le nostre somiglianze con l'attenzione metodica che avevo sviluppato in decenni di ricerche, cercando tracce di me stessa nei volti di sconosciuti.
Poi –
La notifica apparve all'improvviso: un messaggio su Facebook che mi fece saltare il cuore in gola.
Era la moglie di mio fratello.

Lina: *Ciao... sono la moglie di Diego. Il figlio di Giuseppe.*

Le parole brillavano contro lo sfondo scuro di Messenger, semplici nella costruzione ma sismiche nell'implicazione. Cinque parole ordinarie che minacciavano di riorganizzare ancora una volta la mia comprensione della famiglia. Il tempo si sospese per un momento mentre le elaboravo. *Cosa poteva volere sua moglie?* Il familiare cocktail di speranza e timore emerse – quello che avevo ormai imparato ad associare alla parola famiglia. Le dita mi indugiavano sullo schermo, incerte se accogliere o difendermi da questo contatto inatteso con un ramo della famiglia che aveva finora mostrato poco interesse a innestarmi sul proprio albero genealogico.

Io: *Mi sorprende sentirti.*

Scrissi infine, scegliendo parole volutamente neutre, né invitanti né respingenti rispetto a ciò che sarebbe potuto seguire. La sua risposta immediata tagliò netto la mia diplomazia prudente:

Lina: «*Perché ti sorprende sentir parlare con me?*»

La domanda in sé conteneva moltitudini – rivelava l'enorme divario tra le nostre prospettive, la fondamentale asimmetria delle nostre posizioni. Per me, ogni connessione con la famiglia biologica era un dono che poteva essermi tolto in qualsiasi momento, ogni messaggio un potenziale campo minato o un tesoro. Per lei, forse, si trattava semplicemente di tendere la mano a una parente appena scoperta – straordinario, sì, ma non gravato dal peso accumulato di decenni di rifiuti e desideri inappagati.

Io: *Sto cercando di entrare in contatto con i membri della mia famiglia da circa marzo, quando finalmente ho scoperto chi fosse mio padre biologico, Giuseppe, dopo una vita intera senza sapere chi fosse. Per fortuna esistono i test del DNA. So che le persone possono reagire in modi molto diversi alla notizia di avere un fratello, una sorella o un figlio di cui non erano a conoscenza.*

Le parole apparvero sullo schermo, misurate con cura nonostante il tremore nelle dita. Costruii la risposta diplomaticamente, condividendo i fatti ma trattenendo l'emozione che li sottendeva.
Alcune vulnerabilità erano troppo vive per essere esposte. Eccolo lì – il vero motivo non detto dietro la mia sorpresa. Dopo mesi di tentativi cauti e risposte ambivalenti dai miei fratelli e sorelle ritrovati, avevo imparato ad aspettarmi tanto il rifiuto quanto l'accoglienza. La domanda successiva di Lina arrivò rapidamente, diretta, comprensibile:

>**Lina**: *Come fai a sapere al 100% che Giuseppe è tuo padre?*

Un brivido gelido mi percorse la schiena. Sapevo che questo momento sarebbe arrivato – il momento in cui avrei dovuto difendere il mio stesso sangue.
La sfida familiare – l'onere della prova che cade immancabilmente sull'estranea che reclama appartenenza.
La domanda che ogni adottato teme ma si aspetta, come se la nostra esistenza richiedesse più giustificazioni di quelle nate da relazioni riconosciute.
Ero pronta a quel momento, armata delle prove raccolte nei mesi precedenti e attraverso decenni di ricerca:

>**Io**: *Posso mandarti delle foto di me da giovane. Sua nipote mi somiglia molto.*

>**Lina**: *Hai sicuramente una somiglianza di famiglia.*

Il suo rapido accordo mi colpì. Tante volte nella mia vita avevo dovuto lottare per essere creduta, per giustificare le mie domande, per difendere la mia ricerca.
Eppure lì, in quel messaggio, c'era un riconoscimento immediato, offerto senza la resistenza che ormai davo per scontata.
Qualcosa si sciolse nel mio petto – un nodo indurito di prontezza difensiva cominciava lentamente ad allentarsi.

>**Io:** *Quando l'ho incontrato, ha menzionato mia*

madre biologica per nome. Sapeva quanti anni aveva quando sono nata. Lei mi disse nel 1990 che si chiamava Giuseppe, che viveva a Carlton. Era coinvolto negli affari del padre. Aveva gli occhi e i capelli castani. Poi, quando pensai di averlo trovato, chiesi conferma a uno zio materno, e lui chiese alle sue sorelle. Loro conoscevano il suo nome completo e sapevano che aveva una sorella che faceva l'avvocato. È sicuramente mio padre. Abbiamo un modo simile di pensare. Anche se non del tutto, ovviamente. La mia educazione e i miei genitori hanno influenzato chi sono. So che ha avuto, diciamo così, una storia colorita, notoria. Non mi aspettavo queste cose.

Le parole uscirono a cascata, forse più del necessario, ma avevo bisogno che lei capisse la certezza dietro la mia affermazione – che non si trattava di speranza o di un desiderio disperato di appartenenza, ma di fatti documentati, raccolti con pazienza e confermati da fonti multiple.

La sua risposta fu misurata ma curiosa:

Lina: *Colorita, sì. Quando l'hai incontrato? Ti ha riconosciuta come sua figlia? Non ne è mai stato fatto cenno a noi. Ti dirò cosa ho sentito nel corso degli anni. So che ogni famiglia ha i suoi segreti (la mia ne ha parecchi).*

Quel suo accenno ai segreti – espresso con naturalezza, quasi con accettazione – creò un ponte inatteso tra noi.

Ecco qualcuno che comprendeva la topografia complessa delle storie familiari, che sapeva che spesso ciò che non si dice è più significativo di ciò che si racconta.

Quella confessione tra parentesi sui suoi segreti familiari fu un'offerta silenziosa di solidarietà: eravamo entrambe cartografe di mappe genealogiche ancora da disegnare.

La rivelazione che la mia esistenza non fosse mai stata menzionata a loro mi colpì come una fitta, anche se non fu una

sorpresa. Sessant'anni di silenzio non si rompono facilmente. Un altro tassello mancante nel mosaico delle mie origini frammentate – ero stata cancellata sia dal racconto di Ursula, sia dalla storia familiare di mio padre.
Provai un'ondata di gratitudine per la sua apertura riguardo ai segreti familiari – un contrasto rinfrescante rispetto alle negazioni e alle deviazioni che avevo incontrato altrove.

> **Io:** *Una volta che ti immergi nella storia familiare o nel DNA, puoi scoprire di tutto. Sì, ha sicuramente riconosciuto che sono sua figlia.*
>
> *Esitai prima di aggiungere la domanda che per me contava di più, quella che avrebbe potuto stabilire la mia credibilità agli occhi dei miei fratelli:*
>
> **Io:** *Un test del DNA fatto da Joe rassicurerebbe Diego e gli altri?*
>
> *Lina: Non sapevamo che Giuseppe ti avesse riconosciuta come figlia.*
>
> **Lina:** *Tua madre biologica... è ancora viva?*

La domanda su Ursula aprì un'altra camera nel labirinto delle mie origini fratturate. Anche se Joe mi aveva riconosciuta, seppur in ritardo, Ursula rimaneva custode di una porta saldamente chiusa contro il mio ingresso. Il contrasto tra le loro risposte – il suo inaspettato benvenuto e il rifiuto persistente di Ursula – creava un'altra asimmetria nella comprensione della mia stessa storia.

> **Io:** *Sì, è viva, ma suo marito è uno stronzo e vuole che lei non abbia nulla a che fare con me. E allora non ha voluto dirmi più nulla su Joe.*
>
> *Ogni volta che raccontavo il rifiuto di Ursula, la ferita si riapriva come se fosse la prima volta. Il ricordo della sua voce al telefono, fredda e carica di rabbia possessiva –* «Stai lontana dalla MIA famiglia!» *– con quell'enfasi che mi escludeva completamente da ciò che, per sangue, era in parte anche mio. Il pensiero dell'influenza di suo marito –*

un uomo senza alcun legame biologico con me, che esercitava il potere di recidere quello che esisteva – bruciava ancora con un'ingiustizia che il tempo non aveva lenito. Avevo trovato accoglienza da Joe, ma continuavo a essere esclusa dalla mia famiglia materna – una contraddizione che metteva in luce quanto potessero essere arbitrarie queste connessioni.

Con mia sorpresa, la risposta di Lina emanava calore:

Lina: *Mi dispiace per te. Sono emozionata. Ho sempre detto a Diego che là fuori aveva dei fratelli.*

Il suo entusiasmo – sincero e inaspettato – mi colse di sorpresa. Dopo mesi passati a navigare tra accoglienze timide e rifiuti espliciti, il suo entusiasmo sembrava pioggia nel mezzo di una siccità. Era come se una finestra si fosse spalancata in una stanza chiusa, lasciando entrare aria fresca e possibilità.

Questa sconosciuta – una donna legata a me solo tramite il suo matrimonio con mio fratello – stava offrendo più accoglienza genuina di molti che condividevano il mio sangue. E c'era qualcosa di profondamente significativo in questo: il riconoscimento che, a volte, le connessioni più autentiche non provengono da chi è obbligato dal legame genetico, ma da chi sceglie la compassione senza obbligo.

Io: *Sono cresciuta come figlia unica, è stato un po' travolgente.*

In quelle poche parole si condensava la realtà della mia esperienza – il brusco passaggio da un'esistenza solitaria a ritrovarsi con fratelli, nipoti, cugini; il disorientamento emotivo di essere contemporaneamente una nuova arrivata e una parente di sangue; la vertigine di dover navigare relazioni che erano al tempo stesso nuove e vecchie di decenni.

«Travolgente» a malapena rendeva l'idea della disorientante confusione caleidoscopica di ritrovarsi improvvisamente inserita nella narrazione familiare a metà del racconto, con l'aspettativa di comprendere riferimenti, dinamiche e storie che gli altri avevano assorbito gradualmente nel corso di una vita.

Da lì, la nostra conversazione proseguì in modo più naturale. Ci scambiammo informazioni di base – come aveva conosciuto Diego a scuola a Canberra, le attività commerciali di Joe, le storie vivaci da entrambe le parti della famiglia. Quando menzionai il suo parente Maurizio, Lina chiarì prontamente:

Lina: *No. Non parliamo con Maurizio.*

La risposta rapida e definitiva rivelava un'altra faglia nella geologia familiare – un altro allontanamento, un'altra relazione complicata. Ogni membro della famiglia esisteva all'interno della propria intricata rete di alleanze e di rotture.

Mi arrischiai a porre una domanda più personale:

Io: *È senz'altro una famiglia molto interessante. Sono curiosa: sono nata prima o dopo che Joe si fosse sposato? Joe parla con grande orgoglio e stima di tutti i suoi figli. Hai qualche foto di Joe da giovane? La mia madre biologica mi disse che gli somigliavo.*

Lina: *Sembravi tua sorella.*

Il paragone con la mia sorellastra mi provocò un'emozione strana – una prova concreta di genetica condivisa, di appartenenza visibile. Dopo decenni passati a cercare riflessi di me stessa nei volti degli sconosciuti, ecco la conferma che i miei tratti esistevano anche in altri, che il mio aspetto fisico aveva legami oltre la mia esperienza individuale. Una convalida al tempo stesso banale e profonda – un'osservazione semplice che confermava ciò che il DNA aveva già provato, eppure in qualche modo più tangibile, più reale.

Il mio messaggio divenne più vulnerabile mentre proseguivo:

Io: *Vedere la mia famiglia biologica è per me un'esperienza molto emozionante. Pensavo che sarei morta senza sapere.*

Lina: *Hai il diritto di sapere.*

Sei semplici parole – *'hai il diritto di sapere'* – eppure hanno avuto l'effetto di una rivelazione. Così tante persone, nel corso della mia vita, avevano trattato la mia ricerca come un'incombenza, un'invasione, un disturbo ai segreti familiari custoditi con cura per decenni. Il suo riconoscimento del mio diritto fondamentale alla mia storia personale è sembrato rivoluzionario.

In quel momento, ho riconosciuto la straordinaria chiarezza etica della sua posizione – non complicata da lealtà di sangue o storie personali, lei riusciva a vedere ciò che altri avevano offuscato: che conoscere le proprie origini è un bisogno umano fondamentale, non un privilegio da concedere o negare a seconda della convenienza altrui. Il suo riconoscimento di questo diritto, espresso con tanta semplicità e decisione, ha validato non solo la mia ricerca presente, ma anche i decenni di domande che l'avevano preceduta.

> **Io:** *Per tutta la vita non ho saputo nulla, e ora ho tutti questi parenti di sangue. È tutto molto travolgente e surreale, perché è successo molto in fretta.*
>
> **Lina:** *Non riesco nemmeno a immaginare, dobbiamo metterci nei tuoi panni.*

«Dobbiamo metterci nei tuoi panni.»

Una frase – così semplice nella costruzione eppure così profonda nelle sue implicazioni – racchiudeva più comprensione di quanta ne avessi ricevuta da alcune persone che mi conoscevano da decenni. Dopo anni in cui la mia esperienza era stata sminuita o ignorata, ecco qualcuno che cercava davvero di capire cosa significhi vivere senza conoscere le proprie origini.

Questo salto empatico – la disponibilità a immaginare un'esperienza tanto diversa dalla propria – rappresentava la forma più pura di compassione e intuizione emotiva. Non pietà, che è condiscendente, né semplice simpatia, che resta distante, ma empatia genuina che tenta di colmare il divario tra vissuti diversi. In quel momento, lei divenne più di una semplice moglie di mio fratello – divenne un'alleata nella mia ricerca di appartenenza, una testimone della sua legittimità.

Io: *Joe è ormai un uomo anziano e fragile.*
Lina: *Quando ho saputo che tua madre biologica non ti ha cresciuta, sono rimasta colpita.*
Io: *Me l'hanno detto per caso quando avevo 16 anni. Il mio mondo si è capovolto. Da allora, ho cercato la mia vera identità. Amo i miei genitori adottivi (entrambi sono deceduti), ma mi sono sempre sentita come se non appartenessi del tutto.*

Mentre digitavo queste parole, sentii la solita stretta alla gola che accompagnava sempre questa parte della mia storia. *Come trasmettere in poche frasi l'impatto sismico di quel momento sull'autobus? Come spiegare che con l'osservazione casuale di uno sconosciuto, le fondamenta stesse della mia identità si erano frantumate, lasciandomi a ricomporre i pezzi per decenni? L'inadeguatezza del linguaggio nel raccontare una tale frattura fa parte da sempre del fardello dell'adottato – come far comprendere un'esperienza così fondamentale eppure così difficile da tradurre?*

Perfino la sua domanda rivelava un interesse autentico – non la cortese curiosità distaccata che avevo incontrato tante volte, ma un vero desiderio di comprendere i contorni della mia esperienza. Non si trattava di semplice cortesia sociale, ma di una connessione umana autentica, offerta liberamente attraverso la distanza che separava le nostre vite.

Nel momento in cui inviai quell'ultimo messaggio, mi resi conto di quanto mi fossi aperta con questa sconosciuta virtuale che era, al contempo, famiglia. Il cuore della mia esperienza – la rivelazione accidentale a sedici anni, la frattura istantanea della mia realtà, i decenni di ricerca, il senso persistente di non appartenere del tutto – era stato messo a nudo in poche righe di testo.

Nei mesi successivi ci furono contatti saltuari, che mantennero viva la nostra connessione.

Poi, all'alba di un nuovo giorno nel gennaio 2024, arrivò un messaggio che avrebbe ampliato la mia comprensione dei modelli familiari dei Verduci in modi tanto validanti quanto inquietanti:

9 gennaio 2024, ore 6:29

>**Io:** *Ciao Lina, come stai? Sono appena stata contattata da una delle figlie illegittime di zio Andrea, nata nel 1964 come me. Mi fa pensare: quanti di noi ci saranno in giro? Giovedì torno a casa passando per Sydney. Un abbraccio. xo*
>
>**Lina:** *Che prove hanno? Forse dovresti parlare con tuo padre, probabilmente lui ne sa di più. Cosa vogliono fare?*

La sua risposta cauta rifletteva l'istinto protettivo di chi aveva vissuto in prima persona le dinamiche complesse di questa famiglia – chi sapeva che le affermazioni di parentela richiedevano conferme, che le apparenze potevano ingannare. Eppure, sotto quella cautela si intravedeva un interesse autentico, una disponibilità ad affrontare questo nuovo sviluppo invece di respingerlo a priori.

>**Io:** *Forse i fratelli non lo sanno, e potrebbero volerlo sapere.*
>
>*Come prova: lei sapeva molte cose sull'azienda. La madre lavorava per loro. Andrea cercò sua figlia quando lei aveva 16 anni. Si sono incontrati quando lei ne aveva 30. Lui pensava che fosse interessata ai soldi.*
>
>*Ma noi non vogliamo soldi. Tutto ciò che desideriamo è sapere chi sono veramente i nostri genitori biologici e conoscere la nostra storia familiare.*
>
>*Il denaro non potrà mai compensare ciò che ci è stato tolto.*
>
>*Tutte le occasioni importanti che ci siamo persi: compleanni, matrimoni, traguardi.*
>
>*Mi è stato detto che i due fratelli Verduci hanno dovuto pagare tante, tante donne.*
>
>*So che è difficile da comprendere.*

Le parole mi sgorgarono addosso con un'urgenza che sorprese persino me stessa. Stavo rispondendo alle sue domande e affrontando le supposizioni non dette che avevano incorniciato tutta la mia esperienza nella ricerca di una connessione.
L'implicazione che una motivazione economica potesse guidare queste ricerche.
Il suggerimento che il legame biologico fosse qualcosa da dimostrare, piuttosto che una realtà fondamentale.
La presunzione che chi cerca le proprie origini stia chiedendo qualcosa di più del semplice diritto umano a conoscere la propria storia.
In un momento di vulnerabilità, lasciai cadere la diplomazia attenta che avevo mantenuto nei nostri scambi precedenti.
Non si trattava solo del figlio di zio Andrea, né soltanto di me – ma di un modello di negazione e rifiuto che aveva plasmato così tante vite simili alla mia – un modello che avevo bisogno che lei comprendesse, se davvero intendeva «mettersi nei miei panni».

Lina: *Mi rattrista molto sapere che è stata rifiutata. Sono state prese decisioni sbagliate, e tu ne hai sofferto.*

Anche quest'altra persona ha sofferto.

La sua risposta trascendeva la semplice compassione, raggiungendo quella rara qualità della vera comprensione. «*Sono state prese decisioni sbagliate, e tu ne hai sofferto.*» Un riconoscimento privo di giustificazioni, senza attenuanti né deviazioni – solo la chiara consapevolezza della causa e dell'effetto, del danno subito e delle sue conseguenze. Dopo decenni di segreti, negazioni e minimizzazioni, ecco finalmente qualcuno disposto a dire la verità – che le scelte degli altri avevano causato una sofferenza reale, e che quella sofferenza meritava di essere riconosciuta.
La semplicità e la sincerità del suo riconoscimento si contrapponevano nettamente alle elusioni e alle giustificazioni che avevo incontrato nel corso della mia ricerca. Non cercava di spiegare via il dolore o di sminuirne l'impatto, ma ne accettava

l'esistenza e la legittimità. E così facendo, mi offriva qualcosa di ancora più prezioso dell'informazione o persino della connessione familiare – mi offriva la convalida della mia esperienza vissuta. Mi aveva teso un filo dorato. La sua gentilezza aveva iniziato a riempire una delle tante crepe del mio senso di appartenenza frantumato – non per cancellare il danno, ma per trasformarlo in qualcosa che, forse, un giorno avrebbe potuto essere integro in una forma nuova.

La compassione di Lina si stagliava in netto contrasto con ciò che avrei presto vissuto incontrando un altro membro della mia famiglia biologica – un promemoria del fatto che i legami di sangue non si traducono automaticamente in comprensione o accettazione.

Questo contrasto rifletteva una verità che stavo iniziando ad assimilare: che la connessione autentica non è necessariamente determinata dal DNA condiviso, ma dall'umanità condivisa – dalla disponibilità a riconoscere l'esperienza dell'altro senza difese o negazioni. Lina, legata a me solo attraverso il matrimonio, mi aveva offerto una comprensione più genuina di quella ricevuta da molti che condividono il mio sangue.

La sua compassione mi ricordava quei rari momenti di vera connessione vissuti da bambina – in particolare con i miei cugini durante quegli anni beati dopo la morte di mio Padre. Come Lina, mia cugina Francesca mi aveva mostrato cosa poteva essere una famiglia quando non era avvelenata dalla rabbia o dai segreti: cerchi di calore in cui venivo accolta al centro, invece di restare ai margini sfilacciati. Queste brevi esperienze di dinamiche familiari sane mi avevano fornito un modello con cui confrontare i miei tentativi successivi di connessione.

Questi ricordi – gli abbracci calorosi della mia cugina maggiore, l'essere accolta nella sua casa senza riserve, l'appartenere senza domande anche solo per brevi periodi – mi avevano sostenuta durante decenni di ricerche. Mi avevano dato la prova che la famiglia poteva essere una fonte di nutrimento anziché di ferite, di accettazione incondizionata piuttosto che di tolleranza condizionata. Quel primo modello di appartenenza mi aveva dato qualcosa da cercare, uno standard con cui misurare le connessioni che incontravo.

Ora Lina mi stava offrendo qualcosa di simile – non l'integrazione completa che a volte avevo sognato, ma un riconoscimento genuino della mia realtà e del mio diritto ad essa. In un percorso segnato dal rifiuto e dalla negazione, quei momenti di autentico riconoscimento brillavano come fari, illuminando possibilità che a volte avevo temuto non esistessero. Nei giorni seguenti, mi ritrovai spesso a rileggere i suoi messaggi, per il conforto che mi davano. La sua empatia offriva un'idea di ciò che la famiglia poteva essere al suo meglio – un luogo di comprensione, di vedere e di essere visti, di riconoscere sia il legame che il dolore senza che uno annullasse l'altro.

Un'altra cognata – qualcuno che conoscevo da molto tempo – mi contattò. Le dissi che avevo finalmente scoperto l'identità di mio padre.

La sua risposta mostrava profonda intuizione ed empatia:

«Oh mamma. Sono così felice per te, che finalmente sei riuscita a fare questo. Un anello mancante per così tanto tempo. Più ci penso, più mi sento emozionata. Spero che tu stia bene. Devi essere emozionata e nervosa.»

Le raccontai che lo zio Bru mi aveva aiutata nella ricerca. Le parlai del mio sollievo, della mia gratitudine, della mia eccitazione e della mia ansia all'idea di incontrarlo – che era ancora vivo e desiderava incontrarmi.

La cognata riconobbe i miei sentimenti:

«Oh! Ci sono così tanti aspetti di questa storia che sono strazianti. Ma che meraviglia che anche lui ti stesse cercando. Mi sto commuovendo!»

Rimase scioccata nel sapere che ero stata minacciata di diffamazione, solo per aver menzionato delle verità, anche se erano segreti custoditi per tutta una vita.

«Non mi sorprende questa reazione, però. Non hanno mai

davvero apprezzato quanto tutto questo possa essere stato straziante per te.»

La sua risposta – emotivamente cruda, senza filtri nella sua empatia – creò un altro piccolo ponte sopra l'abisso di incomprensione che spesso mi aveva separata da chi non aveva vissuto l'adozione in prima persona. Il semplice riconoscimento che la mia situazione fosse 'straziante' validava ciò che avevo provato ma che così raramente avevo sentito esprimere: che la separazione dalle proprie origini rappresenta una vera perdita, degna di lutto.

Ciò che colpiva di più era il suo riconoscimento che anche Joe mi stesse «cercando» – una prospettiva che non avevo mai davvero considerato. Nella mia narrazione, ero sempre stata l'unica cercatrice, quella che portava il peso della separazione. L'idea che anche lui potesse avermi cercata, a modo suo e nei suoi tempi, aggiungeva una dimensione alla nostra storia che solo ora cominciavo a comprendere. Non era solo la mia ricerca – ma forse una ricerca reciproca – una connessione spezzata che entrambi avevamo cercato, in modi diversi, di ricostruire.

Questo secondo episodio di empatia – proveniente da qualcuno legato a me non da legami di sangue ma da matrimonio – rafforzava ulteriormente l'idea che la comprensione potesse trascendere la genetica. Quei rari momenti di autentica compassione erano come pietre su cui poggiare nel fiume caotico del mio percorso identitario, offrendo appigli stabili quando tutto il resto sembrava spostarsi sotto i piedi.

Agosto 2023

Mentre mi preparavo per il mio imminente viaggio a Sydney, dove avrei potuto incontrare Diego e Lina di persona, cercavo di prepararmi a tutte le possibilità. La fragile speranza accesa dalla gentilezza di Lina si scontrava con la cautela nata da precedenti delusioni. I parenti di sangue, stavo imparando, non erano automaticamente alleati – ma a volte, come benedizioni inaspettate, potevano diventare amici.

Mentre piegavo i vestiti da mettere in valigia, capii che stavo portando con me più dell'essenziale. Stavo portando speranza – cucita insieme dalla gentilezza degli estranei e dai fili dorati dei parenti appena scoperti. E per una volta, non sembrava fragile. Sembrava meritata, cucita dal dolore e da una speranza luminosa.

21

Lanciare la prima pietra
(luglio 2023)

Sangue familiare che gocciola da pietre senza perdono.

Sangue familiare che cola da pietre senza perdono
Il mio primo incontro con la mia sorella paterna più giovane avvenne nel luglio 2023, il giorno dopo l'86° compleanno di Joe – una coincidenza che sembrava sia appropriata che ironica, come se fosse stato il calendario stesso a orchestrare la nostra connessione ritardata. Mi aveva chiamata di buon umore, la sua voce ancora carica del calore dei festeggiamenti, e mi aveva detto che avrebbe incontrato suo nipote al Preston Market. *Mi avrebbe fatto piacere unirci per pranzo?* Accettai volentieri, ignara che stavo per assistere a un confronto familiare che avrebbe cristallizzato sia la possibilità che il dolore di queste connessioni appena scoperte.
Il Preston Market era vivo di energia multiculturale – venditori che gridavano i prezzi in lingue diverse, aromi complessi di cucine da tutto il mondo nell'aria, e clienti che si muovevano tra i banchi con familiarità. Arrivai in anticipo, presi un tavolo nell'affollata area ristoro, e aspettai, il mio corpo contemporaneamente rilassato e in allerta, in quello stato di tensione anticipatoria che ormai associavo agli incontri con i Verduci. Joe arrivò per primo, la sua figura inconfondibile anche nella folla – la postura leggermente curva, il passo cauto e strascicato, la moda eccentrica che lo distingueva come un uomo

a cui da tempo non importava più delle apparenze. Indossava un cappello tradizionale indiano arancione sopra i capelli bianchi e, sotto il lungo cappotto invernale grigio scuro, una sciarpa di seta arancione forniva un lampo di colore – un pavone eccentrico tra i piccioni grigi del mercato.
«Buongiorno, mia cara bimba.»
Ci abbracciammo con calore, un contatto fisico ancora abbastanza nuovo da provocare un piccolo shock di riconoscimento – quello era mio padre, il mio sangue, il mio DNA reso concreto in un altro corpo. Quando ci separammo, notai che i suoi occhi seguivano un movimento dietro di me, un lieve cambiamento nella sua espressione segnalava riconoscimento. Mi voltai per seguire il suo sguardo e li vidi avvicinarsi – una donna e un'adolescente che camminavano verso di noi con decisione.
Lo seppi subito, con la certezza profonda che nasce dallo studio di fotografie e somiglianze di famiglia: stavo per incontrare la mia sorella minore, Grizella. Il riconoscimento dovette apparire sul mio volto, perché la sua espressione si irrigidì immediatamente; i suoi passi si fecero più decisi, la postura tesa mentre si avvicinava.
Joe fece le presentazioni con tono disinvolto, che non rendeva giustizia alla solennità del momento. Il suo viso rimase rigido, gli occhi freddi e valutativi mentre mi scrutavano, misurando la mia legittimità, calcolando il livello di minaccia. Quando finalmente parlò, le sue parole dure colpirono con la precisione di pugnali ben mirati:
«Tu rappresenti un'altra cosa che nostro padre ha fatto. Un altro trauma da aggiungere alla lista dei traumi.»
Le sue parole trafissero, disfacendo decenni di speranza cauta. Il mio corpo assorbì il colpo, sopportando silenziosamente la forza del dolore ereditato. Il calore dell'abbraccio di Joe si dissipò immediatamente, lasciandomi solo il gelo dell'isolamento che conoscevo intimamente fin dalla nascita.
La sua voce non conteneva né malizia né compassione – solo il

distacco stanco di chi ha da tempo classificato le azioni del padre in una tassonomia del danno, ed io ora ero il nuovo esemplare.
«Non prenderla sul personale se non sono interessata a te.»
Un altro colpo – proprio come quello di Ursula decenni prima. Rimasi congelata nel gelo artico del rifiuto della figlia legittima di Joe.
Non rivelai che il mio petto si era stretto, come se qualcosa stesse stringendo intorno al cuore.
Questo momento che avevo tanto atteso e temuto si stava svolgendo nel modo peggiore – non con curiosità o accettazione cauta, ma con ostilità immediata.
Mi sentii simultaneamente visibile e cancellata – riconosciuta solo come estensione dei peccati di Joe, piuttosto che come persona che aveva sofferto i propri traumi, la propria vita di assenza e non-conoscenza. L'ironia amara mi schiacciò: ai suoi occhi io ero il trauma, quando invece ero stata l'abbandonata, quella che era cresciuta senza sapere la propria storia, il proprio sangue.
Provai a respingere la brutalità delle sue parole, ma esse si insinuarono profondamente. Queste erano le prime parole che uno dei miei fratellastri mi rivolgeva, e portavano con sé il peso di sei decenni di storia familiare che non avevo mai conosciuto.
Pensai in silenzio: *Non sono responsabile dei peccati passati di Joe. Non sono responsabile dei traumi che ha causato alla sua famiglia. Non ho chiesto di nascere. In effetti, ci sono stati molti giorni in cui avrei voluto non esserci.*
Dietro la sua rabbia, intravidi qualcosa di familiare – il dolore di una figlia che aveva vissuto la natura volatile di Joe, la sua imprevedibilità, la sua capacità di ferire. E una madre amorevole persa, come me, in giovane età. Era cresciuta con un padre la cui presenza l'aveva ferita, mentre io ero cresciuta ferita dalla sua assenza. I nostri traumi erano immagini speculari, entrambe riflessi della stessa fonte. Comprenderlo non rendeva il suo rifiuto meno doloroso, ma lo incorniciava in modi che non riuscivo ancora a esprimere pienamente.

Descrisse nostro padre come pazzo. Io direi follemente eccentrico, non pazzo. Io ho conosciuto la pazzia. Forse un tempo lo era. Gli uomini a volte si ammorbidiscono con l'età, i loro spigoli smussati dal tempo. Il Giuseppe duro e violento con cui lei era cresciuta non è il vecchio gentile che conosco io. La nostra relazione non porta i soliti fardelli emotivi genitore–figlio.
«Ti ha parlato della sua macchina del tempo? Hai conosciuto la sua compagna? Dovrebbe sistemarsi i denti.»
Schivai le sue frecciatine taglienti. Avevo imparato ad accettare che non tutti i membri della famiglia mi avrebbero accolto a braccia aperte.
Al contrario, suo figlio adolescente era caloroso e cordiale. Disse che lui e sua sorella erano entusiasti di sapere che esistevo. La differenza generazionale mi colpì – quel giovane, libero dal peso di decenni di dolore accumulato, riusciva a vedermi semplicemente come una parente ritrovata, e non come prova vivente delle ferite familiari.
Chiesi a Grizella se potevamo fare una foto insieme, e lei accettò. È una foto che appare felice, ma che tradisce i dettagli di quella giornata. I sorrisi forzati nascondono la tensione sottostante, visibile solo a chi conosce ciò che è accaduto prima dello scatto. Dopo che se ne furono andati, io e Joe scambiammo qualche parola. Era il nostro quarto incontro. Ci abbracciammo con grande calore. Come me, era felice che ci fossimo conosciuti. Ma, come me, si rammaricava che fosse avvenuto così tardi nella vita.

Faticai a elaborare quell'incontro su più livelli. Da un lato, una gioia intensa mi attraversava – l'averlo trovato vivo, il fatto che ci fossimo incontrati, che avessimo confermato il nostro legame. Dall'altro, un dolore travolgente per tutto ciò che avevo perso – conoscerlo, i fratelli, le zie, gli zii, i cugini, i nonni. E sapere che avevano vissuto a soli cinque minuti da dove abitavo un tempo mi rattristava ancora di più. Quel nuovo dolore, più tagliente e immediato, sopraffece il vecchio dolore cronico.
Avrei passato i prossimi anni a navigare in questo lutto ritrovato

– un oceano di lacrime che non sapevo ancora di avere in serbo. Mentre guidavo verso casa, le parole taglienti di mia sorellastra mi rimbombavano nella mente. Mi chiedevo quali incubi turbassero il suo sonno, quali ferite nostro padre le avesse inflitto per farle vedere in me solo «un altro trauma».
Le era mai stato detto di me prima?
Aveva forse risentito della mia apparizione improvvisa nella vita di suo padre, dopo aver lottato con lui per decenni?
Cercai di immaginare com'era crescere con Giuseppe come padre – non l'anziano addolcito che conoscevo io, ma la figura volubile e talvolta violenta descritta dai miei fratelli. Forse il suo rifiuto non riguardava affatto me, ma il dolore che associava all'uomo che ci univa.

Il giorno dopo il nostro primo incontro, Grizella mi scrisse un messaggio chiedendomi quando fosse il mio compleanno. Glielo dissi.
Rispose: «Nove mesi prima che i miei genitori si sposassero.»
È ingenuo pensare che un dongiovanni da dieci anni potesse improvvisamente diventare monogamo con il matrimonio. Joe, come alcuni uomini della sua generazione, aveva un senso di impunità e mostrava una totale mancanza di cura. Tutta la colpa e la responsabilità venivano scaricate sulle donne con cui procreavano. Non un briciolo di considerazione era riservato ai figli illegittimi che stavano generando – nessun pensiero su come sarebbero state le loro vite, senza padri e senza famiglia di sangue.
Le chiesi quando erano nati i suoi fratelli maggiori e quando avevano vissuto in Francia.
Mi diede le date.
Poi scrisse: «Sono sicura che hai tante domande. Ma dobbiamo affrontare il trauma di nostro padre. E lui ha lasciato molto dolore dietro di sé. Mi dispiace.»
Percepii nelle sue parole un leggero ammorbidimento, una crepa nel muro dell'ostilità. Quel riconoscimento implicava che

riconosceva la legittimità della mia ricerca, anche se non era pronta a parteciparvi.

Fu un altro piccolo ma significativo cambiamento nella nostra relazione. Le sue scuse, seppur brevi, riconoscevano per la prima volta la mia posizione. Dove prima vedeva solo il proprio dolore, forse ora cominciava a riconoscere anche il mio. Il legame tra noi stava evolvendo, passando da una pura ostilità a qualcosa di più sfumato – un riconoscimento reciproco del fatto che entrambe portavamo ferite inflitte dallo stesso uomo, sebbene in modi molto diversi. Anche se eravamo tutt'altro che vicine, la distanza emotiva tra noi si era ridotta.

Le inviai una breve risposta in cui riconoscevo il suo dolore. La sua risposta premette contro vecchie cicatrici – tenere, ma non più aperte. Mi preparai in silenzio.

È una dura realtà che gli adottati affrontano ripetutamente: non tutti ti accoglieranno a braccia aperte. Bisogna essere preparati mentalmente ed emotivamente a ogni possibile esito. In quel periodo, mi sentivo emotivamente forte. C'erano stati momenti in cui non lo ero, e avevo dovuto fare una pausa da questo estenuante ottovolante emotivo. C'erano stati momenti in cui mi ero allontanata dopo aver contattato membri della famiglia biologica. In quei momenti, avevo dovuto elaborare i molteplici e continui lutti.

Qualche giorno dopo, il mio telefono emise un segnale. Era di nuovo Grizella. Non mi aspettavo di sentire la mia sorellastra arrabbiata così presto dopo il suo ultimo messaggio.

«Ciao Mirella, ho appena parlato con mia sorella, ed è d'accordo per incontrarsi a prendere un caffè questo fine settimana, se ti va... Sei disponibile?»

Il messaggio mi lasciò senza parole. *Cosa aveva provocato questo improvviso cambiamento? Era stata influenzata dalla sorella? O era semplicemente parte del complesso gioco di avvicinamenti e allontanamenti tipico delle dinamiche familiari in cui ero ora coinvolta?* Qualunque fosse la ragione, quella apertura inaspettata suscitò un fremito di cauto ottimismo –

forse non tutti i ponti erano stati bruciati, forse una connessione era ancora possibile.

Questo cambiamento segnava la prima svolta importante nel nostro legame nascente – dal rifiuto totale a un timido tentativo di contatto. Il messaggio, per quanto semplice, rappresentava un ponte che si estendeva sopra l'abisso dei segreti e dei rancori familiari. Non potevo sapere se quel ponte avrebbe retto o sarebbe crollato sotto il nostro peso, ma il fatto che esistesse era già qualcosa. Qualcosa si era ammorbidito nei giorni successivi al nostro ostile primo incontro – o nel suo cuore nei miei confronti, o nella sua resistenza a conoscermi. In entrambi i casi, una porta un tempo sbattuta si stava ora socchiudendo con cautela.

Ci incontrammo quel sabato, 8 luglio, alle 10:00 al Cobrick Coffee, circondati dai muri in bluestone di quella che un tempo era la prigione di Pentridge, a Coburg. I muri che un tempo avevano rinchiuso criminali ora contenevano dolori del passato. Le mie mani giocherellavano con il bordo della giacca mentre camminavo verso il caffè, il cuore tremante come chiavi in tasca.

Perché aveva cambiato idea?

Perché l'altra sorella voleva incontrarmi ora, quando le era stato detto di me già a marzo?

Di cosa avremmo parlato?

Quali domande avrei fatto?

Mi ripetevo queste domande nella mente durante una notte agitata e insonne.

Mentre mi avvicinavo al caffè, non potevo sapere che quell'incontro avrebbe aperto un'altra porta verso il mio complesso patrimonio – una porta che mi avrebbe portata a mettere in discussione chi fosse davvero mio padre, e tutta la genealogia che lo aveva generato.

Fui la prima ad arrivare e mi sedetti guardando il bancone, mentre combattevo con delle piante finte di felce plastificata che decoravano il lato del bar. Stavo lottando con una di quelle piante quando arrivò Grizella. Era molto più calorosa e amichevole, molto diversa dal nostro primo incontro.

Poi arrivò Stasia. Aveva occhi blu tendenti alla tristezza. Proprio come nostro padre. Non ha i tratti dei Verduci. Assomiglia di più a sua madre. Io somiglio di più – per aspetto e carattere – alla più giovane e battagliera Grizella. Com'era strano sedere di fronte a due donne che erano al tempo stesso estranee e parenti strettissime.

Avevamo molte domande da farci. Mi raccontarono pezzi e frammenti di Giuseppe. Era un uomo duro, un padre severo, incline a scoppi d'ira.

Anch'io ero soggetta a scoppi d'ira. Avevo sempre pensato fosse a causa della violenza domestica a cui avevo assistito. Forse era un intreccio tra natura e cultura, un tango complicato tra ereditarietà e ambiente.

Mentre condividevano i loro ricordi d'infanzia con Giuseppe, cercavo nei loro volti tracce di me stessa. Allo stesso tempo, i loro racconti delineavano l'immagine di un padre che io non avevo conosciuto – e che forse non avrei voluto conoscere. La contraddizione mi colpì: avevo passato decenni a desiderare un padre che non avevo mai conosciuto, mentre loro avevano passato decenni a cercare di guarire dalla presenza di un padre che conoscevano fin troppo bene.

Loro padre prendeva in mano qualsiasi cosa – una scarpa, una cintura, un tubo della lavatrice – e lo lanciava per la stanza o lo usava per colpire i figli. Ma mai la moglie. Credevo a ciò che mi dicevano, anche se cozzava con l'immagine del vecchio gentile e poetico che avevo appena iniziato a conoscere. Le loro storie non sembravano bugie, ma appartenevano a un uomo che io non avevo mai incontrato. Eppure, in fondo alle ossa, capivo.

Gli uomini della generazione di Giuseppe non sapevano esprimere tenerezza. Imponevano il loro amore con silenzio e controllo, con gesti che si spacciavano per affetto ma che spesso erano percepiti come paura. Era il vecchio modo italiano – forgiato nella fatica, temprato dalla guerra, e cristallizzato nel patriarcato. Il loro amore, se arrivava, arrivava intriso di disciplina e consegnato con il dorso della mano.

Ciò che mi colpì di più fu come parlavano della loro madre, Alice. Le loro voci si facevano più dolci quando pronunciavano il suo nome, come se il ricordo di lei fosse un rifugio. Era stata il centro silenzioso della tempesta – il filo che teneva unita la famiglia mentre tutto il resto si sfaldava. Nei loro racconti, non emergeva come una martire, ma come una sorta di alchimista silenziosa, capace di trasformare il caos in sopravvivenza.

Ascoltavo, con il cuore che si stringeva per i bambini che erano stati, cercando di conciliare il padre che loro avevano conosciuto con l'uomo che io avevo così disperatamente cercato. L'uomo che li aveva feriti era lo stesso che mi aveva dato la vita. E in quell'equazione impossibile, sentii tutto il peso dell'eredità – il suo dolore, il suo silenzio, e quel richiamo strano e persistente. Dissi loro che conoscevo i capitoli più oscuri della storia di Giuseppe, che avevo scoperto online nelle settimane successive alla nostra riunione. Gli articoli dipingevano un uomo tanto spericolato quanto astuto – dettagli che cozzavano con la figura fragile e poetica che avevo imparato a conoscere. Una delle mie sorelle ricordava di essere adolescente, con delle amiche in camera, quando gettando un'occhiata fuori dalla finestra vide della marijuana stesa ad asciugare sul terrazzo. I tre fratelli avevano lavorato con Giuseppe nella sua piantagione, coinvolti fin da ragazzi in un mondo in cui i confini tra impresa e pericolo erano sfumati.

Mi mostrarono un video di una nipote. Chiesi se potevo vedere qualche foto di famiglia, e loro acconsentirono gentilmente. Alcuni dei nostri cugini sono single, non sposati e senza figli, come me. Accennarono che alcuni potrebbero essere gay. Ma nessuno si è ancora dichiarato alla famiglia. Altri segreti proibiti. Pensai: *che tristezza che ancora oggi debbano nascondersi.* La famiglia, intrappolata nell'ambra – a conservare pregiudizi superati come insetti preistorici.

A volte, mentre i miei fratellastri parlavano, vedevo i loro occhi arrossarsi. Si riempivano di lacrime, specialmente quando raccontavo che il loro padre parlava con orgoglio e pieno di elogi

per tutti i suoi figli. Mi chiesero quando avevo scoperto di essere stata adottata e della mia madre biologica. Sapevano che i registri delle adozioni erano stati sigillati nel 1980 e riaperti nel 1984. Dovevano aver fatto delle ricerche prima del nostro incontro. Non era un'informazione di dominio pubblico.
Dissi loro che Ursula era sposata con uno stronzo e che non mi aveva mai detto molto su Giuseppe – né lo avrebbe mai fatto – e che non l'avrei mai perdonata per avermi nascosto l'identità di mio padre.
Una di loro disse con dolcezza: «Col tempo, potresti perdonarla e parlarle di nuovo.»
Risposi con fermezza: «Mai.»
In quel momento di sfida, si creò uno strano legame con le mie sorellastre. Nonostante le nostre esperienze familiari fossero molto diverse, condividevamo una vena testarda, una capacità di serbare rancore ma anche di provare una lealtà feroce. Mi chiesi se questo tratto venisse da Giuseppe – se la sua influenza su di noi trascendesse la presenza o l'assenza, se il DNA trasportasse non solo i tratti fisici, ma anche temperamenti e inclinazioni.

Menzionai che avevo vissuto a Coburg. Mi dissero che anche loro avevano vissuto a Coburg, in una strada senza uscita vicino alla stazione di Moreland, negli anni '70. Erano tornati a Melbourne nel 1983, quando Giuseppe fu arrestato. Il mio anno sabbatico. Alla fine degli anni '60, «qualcuno morì», dissero, e la famiglia dovette improvvisamente lasciare l'Australia. Giuseppe mandò la moglie e i tre figli in Italia senza soldi né alcun tipo di supporto. Lei dovette arrangiarsi da sola. Questa storia non coincideva con quella che aveva raccontato Joe.
Parlammo della tragica storia di zio John.
Negli anni '80, tornati a Melbourne, Alice e Giuseppe avevano un'attività di biancheria per la casa, la Koala Manchester, vicino a Sydney Road. Alice faceva la contabile. Dissero che Giuseppe non aveva molto senso degli affari. Aveva sempre idee folli e progetti improbabili – e ce li ha ancora. Pare che abbia inventato

una macchina che genera energia infinita.

Quando Alice morì, i figli più piccoli vivevano ancora a casa. Giuseppe portò l'amante in casa dopo due settimane, e due settimane dopo la sposò. I fratelli furono costretti a lasciare la casa di famiglia perché doveva essere venduta.

Mentre condividevano queste storie, cominciai a comprendere l'origine della loro ostilità iniziale. Il loro rifiuto non era solo legato al fatto che io fossi la prova vivente dell'infedeltà di Giuseppe – era il risultato di una vita intera passata a subire il suo egoismo, la sua impulsività, il suo disinteresse per i sentimenti altrui. Ai loro occhi, io rappresentavo solo l'ennesima dimostrazione che Giuseppe aveva anteposto i propri desideri ai bisogni della famiglia – un'altra manifestazione del dolore inflitto a chi dipendeva da lui.

Descrissero nostra nonna Giuseppina come una strega – letteralmente, una che praticava la stregoneria. Giuseppe e i suoi fratelli erano cresciuti diffidando dei medici, temendo la morte, aggrappandosi invece alla superstizione.

Le sorelle dissero che il clan Verduci dava grande valore al lavoro duro, sopra ogni cosa. Io non ho ereditato quella compulsione – *la vita è troppo breve*, dopotutto, per accumulare ricchezze che non puoi portare con te nella tomba.

Carpe diem!

A quanto pare, Giuseppe chiamò sua figlia *puttana*. Pensai tra me: *Non avrebbe forse pensato lo stesso di me, negli anni '80?* Per fortuna, sono stata risparmiata da quella vergogna e da quel rifiuto.

Mi dissero che ogni anno, prima di Natale, organizzano una grande rimpatriata Verduci. È una famiglia molto numerosa. Mi chiesi se mai avrei ricevuto un invito.

Parlai della mia famiglia, qui e a New York.

Me lo chiesero almeno tre volte:

«Cosa vuoi da noi?»

Una ripetizione del sospetto di Ursula, quell'antica accusa secondo cui cercare la verità significava necessariamente volere *qualcos'altro.*

La ripetizione della domanda rivelava la loro ansia di fondo – la paura che io avessi un secondo fine, che potessi chiedere qualcosa che avrebbe ulteriormente sconvolto le loro vite già complicate. Per chi aveva vissuto sulla propria pelle l'egocentrismo di Giuseppe, la mia comparsa poteva sembrare l'inizio di un altro terremoto familiare.

Trovo sconcertante che qualcuno possa fare una domanda del genere. Non riesco a immaginare di allontanare chiunque sapessi essere mio parente di sangue. Forse perché io non ho famiglia. Forse perché *loro* sono bigotti e si sentono superiori. E io ho sempre portato con me quel desiderio, quel bisogno. Forse perché vengono da una famiglia così numerosa che non sentono il bisogno di accogliere un altro membro.

Questa volta non c'era un desiderio profondo di connessione, solo l'opportunità e l'informazione. Dissi: «Volevo solo incontrare i miei parenti, conoscere loro e me stessa, la mia storia, le mie radici biologiche. E poi, quel che sarà, sarà. Non voglio niente.»

C'era qualcosa nel mio semplice desiderio di connessione – privo di richieste o aspettative – che sembrò placare la loro diffidenza. La domanda era stata una prova, e la mia risposta l'aveva superata.

In quel momento di sincerità, il nostro legame si approfondì percettibilmente. Il muro di sospetto tra noi cominciò a sgretolarsi, mentre loro riconoscevano che le mie intenzioni erano genuine. Con ogni scambio onesto, la natura del nostro rapporto stava cambiando – da estranei uniti solo dal DNA ad affini cauti che cominciavano a vedersi come persone, con bisogni e sentimenti legittimi.

Il loro linguaggio corporeo cambiò in modo sottile durante la conversazione: le spalle, prima rigide e sollevate, si rilassarono; le braccia, inizialmente incrociate con fermezza, ora si posavano in modo più naturale. Questi piccoli segnali fisici riflettevano la distanza emotiva che avevamo colmato in poche ore insieme.

Al momento dei saluti, Grizella disse: «Vieni, ti do un abbraccio prima che vai.»

È la più calorosa e amichevole dei fratelli – nel suo modo poco amichevole. Quell'abbraccio, offerto così inaspettatamente dopo l'ostilità del nostro primo incontro, fu un piccolo miracolo. Non era certo un'accoglienza piena nella famiglia, ma era un riconoscimento – un'apertura timida, dove prima c'erano solo muri.

In quell'abbraccio percepii un cambiamento. Ciò che solo pochi giorni prima era stato un rifiuto netto si era trasformato in qualcosa di più caldo, più complesso. Non era amicizia, né sorellanza nel senso convenzionale, ma un riconoscimento reciproco – l'ammissione che, nonostante le complicazioni, eravamo irrevocabilmente legate dal sangue. La distanza tra noi non era svanita, ma si era ridotta quel tanto che bastava per permettere quel contatto umano.

Dopo aver visitato le mie cugine più grandi e raccontato loro la giornata, me ne andai sentendomi svuotata e scorticata. Sulla strada di casa comprai sigarette e una bottiglia di vino – piccoli comfort per una notte di stanchezza troppo profonda per dormire.

L'incontro non era stato né il caloroso benvenuto che avevo immaginato, né il rifiuto che avevo temuto. Era stato qualcosa di più disordinato, più umano – la diffidenza che cedeva alla curiosità, l'ostilità che si ammorbidiva in qualcosa di simile al riconoscimento. Come i frammenti d'identità che avevo cercato di ricomporre per decenni, anche questa relazione nascente con le mie sorellastre sarebbe stata imperfetta, ma reale. E forse proprio il riconoscimento della frattura poteva generare qualcosa di silenziosamente bello.

Il nostro legame si era evoluto in pochi giorni – da «non prendertela se non mi interessa conoscerti» a un abbraccio di saluto dato spontaneamente. Anche se non avremmo mai condiviso ricordi d'infanzia, avevamo iniziato a costruire qualcos'altro: un rapporto adulto fondato su curiosità reciproca e rispetto cauto. Questo arco mi dava speranza – che il dolore potesse lasciare spazio a qualcosa di più duraturo. Non alla versione idealizzata che avevo sognato un tempo, ma a qualcosa di autentico, con tutte le complessità che accompagnano i veri legami umani.

Non avevo ancora avuto modo di assimilare tutto. Le mie emozioni erano ancora vive, grezze, dallo shock di aver scoperto che Giuseppe era vivo.

22

Il poeta del kintsugi: Giovanni 'John' Verduci (11.5.1947–18.4.1969)

Un cuore spezzato, che rifiutò di tradire.

Durante uno dei nostri primi incontri – quei delicati inizi ormai sfumati come acquerelli lasciati sotto la pioggia – continuai il mio attento scavo e ricucitura della storia della famiglia Verduci con Joe.
Seduti uno di fronte all'altra nel suo ristorante d'albergo preferito, la luce invernale del pomeriggio proiettava lunghe ombre tremolanti sul nostro tavolo. Il rumore di fondo – bicchieri che tintinnavano, posate che cozzavano, conversazioni ovattate – formava un silenzio carico tra di noi.
Mi sporsi leggermente, abbassando la voce come se parlassi a fantasmi proibiti.
«Parlami di tuo fratello Giovanni», dissi, osservando attentamente il suo volto. La mia domanda smosse il sedimento di anni sepolti.
Guardò per un istante in una distanza ormai lontana.
I suoi occhi si arrossarono subito – un rapido, involontario lampo di dolore, come se le mie parole avessero sfiorato una ferita ancora non cicatrizzata.
Alcune verità arrivano come sconosciuti alla porta – non invitate, innegabili, impossibili da respingere.

Quello che condivise con me quel giorno non era solo una storia, ma una ferita – una lacerazione ancora tenera, grondante sotto la fragile crosta del tempo.
Un'altra tragedia intrecciata nel sangue dei Verduci.
Un'aria dolente, suonata ancora e ancora, ogni generazione cambiando la tonalità, mai la melodia.
Ancora una volta: amore proibito.
Ancora una volta: collera patriarcale.
Ancora una volta: conseguenze catastrofiche.
Si svolse con la brutale precisione di un vecchio racconto – la Giulietta e Romeo di Luigi Da Porto – una storia poi addolcita e rubata da un inglese, come avrebbe detto mio padre Joe con un misto di amarezza e orgoglio.
Nella storia di John, vidi uno specchio.
Uno specchio che rifletteva le circostanze della mia stessa creazione, sfocate ma inconfondibili.
Mio padre parlò, con voce bassa, quasi reverente:
«John era combattuto. Non voleva deludere mio padre, ma non poteva abbandonare la sua ragazza ebrea, incinta.»
Desiderio e dovere – due volti dello stesso dolore, che lottavano nel petto di un giovane appena uscito dall'adolescenza.
«Mio padre gli proibì di sposarla. Potevamo sposare solo italiane. Non si poteva contraddire il pugno di ferro di nostro padre», disse solennemente, la tristezza nei suoi occhi che si approfondiva in qualcosa di più grezzo, più antico.
Potevo sentirlo – l'antico battito di vergogna e onore che aveva governato le loro vite.
Sarebbe stato visto come una vergogna impensabile – una grande *mala figura* – per un figlio Verduci sposare una donna già incinta, anche se del proprio figlio.
Solo le brave vergini cattoliche erano considerate adatte al matrimonio.
I vecchi codici italiani erano stati trasportati attraverso l'oceano, serrati nelle ossa, fossilizzati dalla distanza, dalla testardaggine e dalla paura di perdere l'identità in una terra straniera.

Ci sarebbero voluti decenni perché quelle tradizioni dure cominciassero a sciogliersi.
Bartolo – il fantasma che presiedeva a quelle scelte – sarebbe inorridito nel vedere la famiglia Verduci moderna e sciolta di oggi.
Le parole successive di mio padre caddero come pietre in un pozzo:
«John si è sparato.
Nella sua stanza.
Ha usato il mio fucile da caccia.»
Sentii l'aria farsi più densa attorno a noi.
La luce del sole dalle finestre sembrava esitare, trasformando il ristorante in una caverna oscura della memoria.
Osservai attentamente mio padre – vidi la rara frattura sul suo volto di solito impassibile.
Un lampo del giovane che era stato un tempo, intrappolato nel momento in cui il fucile aveva infranto il mondo che conoscevano.
Il dolore, mi resi conto, raramente parla in frasi complete.
Lampeggia – improvviso, frastagliato – come un fulmine che rivela brevemente l'immenso paesaggio oscuro che attraversa.
Chiesi dolcemente, quasi sussurrando: «Era sensibile?»
Mio padre annuì, la voce che gli si spezzava per un istante.
«Sì. John era il più intelligente. Studiava legge. Era un poeta.»
Un poeta.
La parola si posò tra noi come una candela, tremolando mentre la notte baciava il giorno.
La descrizione di John – studioso, premuroso, tenero – contrastava con la persona indurita e pragmatica che mio padre aveva forgiato per sopravvivere.
Mi chiesi se, in qualche luogo segreto, fosse stato anche lui come John – prima che il dovere e la vita scolpissero via gli angoli più morbidi.
Forse lo aveva invidiato.
Forse lo aveva pianto molto prima che John premesse il grilletto.

La tenerezza con cui parlava di John suggeriva una complessità che solo allora cominciavo a intravedere – un uomo che apprezzava la sensibilità e l'intelletto, pur avendo vissuto una vita che gli aveva imposto di sopprimerli.
Chiesi piano, come se stessi violando un terreno sacro:
«Che ne è stato del bambino?»
La voce di mio padre si abbassò ancora.
«Non lo so. Credo che la ragazza... sia morta. Forse... un anno dopo.»
Da qualche parte, capii, c'era – forse – un altro orfano Verduci.
Un altro ramo d'ombra dell'albero genealogico, cresciuto selvaggio e sconosciuto.
Nessun nome.
Nessun volto.
Solo una possibilità cucita nell'arazzo invisibile del nostro passato nascosto.
Più tardi, venni a sapere che due dei fratelli di John erano in casa quel giorno.
Sentirono gli spari.
Lo trovarono.
Dopo, la famiglia lasciò la casa di Carlton.
Quelle mura avevano assorbito troppo dolore.
La loro madre – quella donna dalla volontà ferrea – non ne parlò mai.
Il lutto, nel loro mondo, era qualcosa da seppellire in profondità, da non disseppellire mai.
L'immagine mi tormentava – quei fratelli, congelati sulla soglia dell'inenarrabile.
Il trauma stratificato silenziosamente nelle loro ossa, sedimentato da decenni di silenzio.
Un colpo era stato sparato, e John era morto.
E poi – altri segreti.
Altre narrazioni fragili.
Scoprii che la famiglia raccontava un'altra versione – quella di un intruso, uno sconosciuto entrato in casa, portando la morte.

All'inizio, quella fabbricazione mi fece infuriare.
Ma quando la rabbia si placò, qualcosa di più tenero emerse al suo posto.
Forse, la bugia non era pensata per ingannare.
Forse, era pensata per proteggere.
Forse, era più facile per una madre immaginare suo figlio vittima di violenza, piuttosto che preda della disperazione.
Più facile per i fratelli respirare, se potevano collocare l'insopportabile dolore fuori dalle mura familiari.
A volte, l'amore non parla con verità.
A volte tesse finzioni più dolci – non per tradire la memoria, ma per consentire la sopravvivenza.
Pensai allora alla mia stessa storia – a come ai miei genitori adottivi fu detto di dire che i miei genitori biologici erano morti in un incidente stradale.
Una bugia – sì.
Ma anche una pietà.
Lo stesso impulso:
zittire il dolore tra le ombre,
creare racconti sopportabili da cuori fragili.
Quando più tardi chiesi a Joe se mio nonno Bartolo avesse mai mostrato rimorso, rispose con un'alzata di spalle pesante di vecchia amarezza:
«Beh... dopo che John è morto, un altro fratello fu autorizzato a sposare la sua ragazza non italiana.»
La morte di un figlio era stato il prezzo della libertà di un altro.
Mi raggelò.
Il cambiamento era arrivato, sì – ma solo dopo una perdita irreparabile.
E mi chiesi – se fossi stata concepita dieci anni dopo, quando quei muri rigidi avevano cominciato a sgretolarsi – mi avrebbero lasciata restare?
Mio padre avrebbe scelto diversamente?
La realizzazione mi colpì con una chiarezza devastante:
John era morto perché le vecchie regole erano inflessibili.

Io ero stata abbandonata perché, per un po', esse avevano ancora potere.
La stessa vergogna che aveva spinto John alla disperazione mi aveva cancellata dalla vita di mio padre.
Non fu un rifiuto personale – fu obbedienza culturale.
Più tardi, in piedi al Cimitero di Carlton, trovai la voce di John – incisa nella pietra, parlava ancora attraverso il tempo:
È la vita
È una lunga disperata corsa
Dove il tedio eterno
È il mezzo scambio
È la vasta immensità dell'aldilà
Che insegui.
Le parole mi colpirono con la bellezza dolente di una campana incrinata, risuonando in profondità nel petto.
John aveva intravisto l'eterna stanchezza, la corsa impossibile verso l'ignoto vasto – e aveva scelto di entrarvi, di arrendersi piuttosto che resistere.
La sua disperazione risuonava in me.
Non era solo il suo dolore che riconoscevo – era il suo interrogarsi.
La stessa ricerca incessante di significato che mi aveva guidata per decenni – cercando appartenenza, identità, completezza – ora sembrava meno una ferita personale e più un'eredità Verduci.
La poesia di John era una traccia che non sapevo di stare ascoltando.
Era, capii, un poeta kintsugi – il suo cuore spezzato illuminato da venature dorate di verità e vulnerabilità.
Quando parlai con altri parenti di John, sentii altri frammenti – altre mezze verità accuratamente curate.
Sì, dissero, aveva avuto un figlio.
Sì, era morto.
Ma il come, il perché – quei dettagli erano ancora sfocati, ancora nascosti sotto strati di narrazioni protettive.

Un parente, parlando con esitazione, disse:
«Una volta è venuto da me... attraverso un medium.
Ha detto che è morto di crepacuore.»
Un cuore spezzato.
Non per aver scelto la morte.
Non per disperazione.
Un cuore spezzato – più morbido, più romantico, e in qualche modo più insopportabile.
Non fu solo la riscrittura dei fatti a colpirmi – fu la tenerezza struggente che vi stava dietro.
Quanto avevano desiderato, tutti, credere che John fosse morto per amore, non per vergogna.
Per dolore, non per fallimento.
E forse, in un certo senso, era vero.
Forse John si era semplicemente spezzato – sotto l'urto impossibile tra amore e legge, desiderio e dovere.
E così, nei miti che costruirono, conservarono qualcosa della sua innocenza – anche se cancellarono parti della storia.
Pensavo spesso al bambino non nato – alla ragazza che John aveva amato, e perso.
Nella.
E al figlio che avevano creato insieme – un cugino che forse non avrei mai conosciuto, errante da qualche parte sotto un altro nome, un'altra storia.
Una vita parallela, a specchio della mia.
Entrambi nati da un amore proibito.
Entrambi cancellati dalla paura.
Entrambi portatori del peso silenzioso delle generazioni.
La famiglia Verduci, come i Di Benedetto, aveva imparato a sopravvivere cancellando il proprio dolore.
Riscrivi la storia.
Proteggi il cuore.
Vai avanti.
Non guardarti mai indietro.
Eppure – eccomi qui.

Una frattura vivente.
Una linea di faglia dove i vecchi miti si sono incrinati.
Un promemoria vivente, interrogativo, che la verità, una volta sepolta, trova comunque il modo di germogliare.
Col tempo, cominciai a vedere mio padre anziano più chiaramente – non come un carnefice, neppure come un uomo fallito – ma come un sopravvissuto.
Aveva vissuto secondo regole diverse.
Regole che esigevano silenzio, lealtà, sacrificio.
Aveva visto suo fratello spezzarsi sotto quelle regole.
Aveva scelto invece di sopravvivere – piegarsi, scendere a compromessi, compartimentalizzare.
Aveva costruito muri dentro di sé, e dietro quei muri aveva nascosto tutte le cose proibite – l'amore, il rimpianto, la tenerezza.
Quando mi abbandonò, non fu per crudeltà.
Fu l'unico linguaggio che conosceva.
Un uomo non brucia la casa in cui è nato – impara a muoversi al suo interno senza abbattere i muri.
Là dove John aveva scelto di morire, Giuseppe aveva scelto di resistere.
Là dove John si era aggrappato al cuore del poeta, mio padre aveva nascosto il proprio – riposto in una scatola con su scritto *Troppo pericoloso da toccare.*
Non ero semplicemente la figlia perduta di mio padre.
Ero anche il riflesso vivente di John –
colei che aveva scelto la poesia al posto del pragmatismo.
John, che aveva detto la verità anche quando la verità era letale.
John, che si era spezzato sotto il peso dell'amore negato.
E io – io avevo resistito a quel peso.
Avevo trasformato il silenzio in canto.
Più tardi, tornando sulla tomba di John, sotto un cielo troppo vasto per contenere la tristezza,
sussurrai:
«Ti ho trovato.»

Ho trovato il tuo dolore. La tua poesia.
Il tuo cuore insopportabile, che ancora si rifiuta di tradire.
Nel trovare Giuseppe, ho trovato la mia discendenza.
Ma nel trovare John, ho trovato la mia eredità.
Il diritto di interrogare.
Il diritto di ricordare.
Il diritto di spaccare il silenzio e lasciare entrare la luce.
Il diritto di vivere – non ordinatamente, non silenziosamente,
non obbedientemente – ma pienamente, fieramente,
vulnerabilmente.
Io sono la poesia vivente di John.
Sono la venatura dorata di Giuseppe.
Sono il canto che la vergogna non può zittire.
E porterò tutto – il dolore, il silenzio, i segreti, l'amore
frantumato –
con il cuore aperto, e senza paura.

23

Papà: Il filosofo e il padre

Pensieri che si specchiano in occhi enigmatici.

Nei mesi successivi, Joe e io cenammo insieme alcune volte in un pub con buffet.
La prima volta che ci servimmo, notai che il piatto di Joe somigliava al mio – anche il suo era coperto di fiocchi di peperoncino. Sorrisi tra me e me.
Tra noi si creò subito un'intesa – pensiamo in modo simile. Non amiamo troppo le chiacchiere superficiali: preferiamo discutere le grandi domande della vita. Questo consolidò il mio crescente senso di identità.
Com'è iniziato l'Universo?
L'amore esiste?
Dio esiste?
C'è vita dopo la morte?
Qual è il senso della vita?
Quelle conversazioni filosofiche rivelarono un'altra dimensione di mio padre – l'autodidatta, l'intellettuale autoformato la cui curiosità spaziava tra le domande cosmiche, nonostante una formazione scolastica limitata.
Forse era questa la versione di lui con cui mi sentivo più profondamente connessa – la mente che si muoveva secondo schemi che riconoscevo in me stessa, e una fame di comprensione che superava le circostanze della sua vita.

Lasciò la scuola intorno ai sedici anni e si formò come tecnico elettrico, elettricista e riparatore di frigoriferi e lavatrici.
Poco dopo il suo arrivo in Australia, imparò da solo l'inglese in sei mesi, studiando fino a tarda notte – come facevo, e faccio tuttora, quando qualcosa mi appassiona.
Il suo vocabolario inglese è grande quanto il mio, se non di più.
Più tardi, mi mostrò il dizionario Collins di inglese spesso dieci centimetri che aveva usato per studiare.
Spuntavano foglietti con appunti dalle pagine, molte parole erano sottolineate, e gli angoli erano piegati.
Aveva letto moltissimo – storia, filosofia, geografia, astronomia, fisica, politica, poesia e letteratura.
Non c'era argomento su cui non sapesse qualcosa.
La sua mente era una spugna, come la mia, anche se io non ho la sua straordinaria memoria per i dettagli.
Mi era chiaro che mi aveva trasmesso l'intelletto, l'immaginazione e la curiosità.
Fu durante quelle conversazioni che cominciai a riconciliare il criminale con l'intellettuale – a capire come lo stesso uomo potesse essere coinvolto nelle piantagioni di marijuana e avere contatti con la Mafia, e allo stesso tempo contemplare il cosmo e memorizzare poesie.
La sua criminalità, capii lentamente, non nasceva dall'ignoranza, ma da un insieme complesso di scelte, influenze culturali e opportunità economiche all'interno dell'esperienza migrante.
Il Joe che citava filosofi mentre descriveva operazioni legate alla droga era lo stesso uomo che aveva imparato l'inglese da quel dizionario consunto – ingegnoso, determinato, e non vincolato dai limiti convenzionali – tratti che riconoscevo anche in me stessa.
Faceva spesso commenti come: «Gli uomini sono il sesso forte. Le donne sono deboli. Le donne sono inferiori. Gli uomini sono più intelligenti.»
Man mano che imparavo a conoscere Joe, cominciai a sfidare con gentilezza le sue idee superate – e, col tempo, sempre meno

gentilmente.

Le sue affermazioni sessiste mi respingevano e mi incuriosivano allo stesso tempo – erano reliquie di una mentalità del vecchio mondo che riconoscevo dalla mia infanzia, ma che avevo da tempo rifiutato.

Eppure, mentre lo sfidavo, provavo una strana gratitudine per essere cresciuta lontano da lui.

Ero emersa dal crogiolo della sofferenza con un sé fratturato ma più affilato.

Se fossi cresciuta come figlia di Giuseppe, queste idee tossiche avrebbero potuto plasmarmi in modo diverso – forse avrebbero soffocato l'indipendenza e i valori femministi che sono al centro della mia identità.

La separazione che aveva causato tanto dolore mi aveva anche, paradossalmente, permesso di diventare qualcuno in grado di sedersi di fronte a lui da pari – sfidandolo, invece di assorbire passivamente la sua visione del mondo.

Nel corso dell'anno seguente, in molte conversazioni a tutto campo che saltavano da un argomento all'altro, appresi questa parte della storia personale.

Giuseppe e suo fratello maggiore Andrea possedevano diverse attività. Guadagnavano molto, erano single, ben vestiti, dei 'playboy' – il termine che la società usa affettuosamente per descrivere uomini che vanno a letto con chi vogliono, senza assumersi responsabilità né preoccuparsi dei figli illegittimi che potrebbero generare.

Giuseppe si faceva confezionare un abito e un paio di scarpe nuovi ogni mese. Girava in una Pontiac elegante.

Conobbe Ursula intorno al 1963. A quanto pare, lei voleva trasmettere un messaggio alla radio per il compleanno di suo padre. I Fratelli Verduci, come allora si facevano chiamare, pubblicizzavano spesso su 3AW, una stazione radio locale di Melbourne.

Giuseppe l'aiutò con il messaggio e poi iniziarono a frequentarsi, finché lei non scoprì di essere incinta di me.

Fu solo un pretesto per incontrare un imprenditore italiano benestante?
I Fratelli Verduci, costretti ad anglicizzare il nome, erano molto affermati. E amavano ostentare la loro ricchezza – in particolare Giuseppe.
Nel ricostruire le circostanze della mia concezione, provavo uno strano distacco emotivo – come se stessi indagando sulle origini di qualcun altro, non sulle mie.
Joe raccontava il corteggiamento con Ursula con lo stesso tono distaccato che usava per le transazioni d'affari: lei lo aveva avvicinato per un messaggio alla radio, si erano frequentati brevemente, ne era derivata una gravidanza.
Nessun accenno all'amore, al legame, a un fondamento emotivo che potesse avermi generata. Solo due giovani: uno ricco e irresponsabile, l'altra forse in cerca di sicurezza – il cui breve incontro produsse una 'complicazione' costosa.
Durante una delle nostre cene, con audacia, chiesi a Joe dettagli specifici sulla mia concezione.
Mi raccontò che portava Ursula nei night club di St Kilda, oggi quartiere alla moda di Melbourne. Da sola, senza accompagnatori. Poi la riaccompagnava a casa verso mezzanotte.
A quanto pare lei gli diceva: «Aspettami qui.»
Entrava in casa... e poi usciva di nascosto.
Guidavano fino a un parco lì vicino.
Potrei essere stata concepita in un parco, sotto le stelle, da qualche parte vicino alla casa di Ursula, nei pressi del fiume Yarra, a Kew.
Ma non ero una figlia dell'amore – solo il frutto di un momento di desiderio frenetico da parte sua.
Joe non crede nell'amore.
Dice di non essersi mai innamorato.
Sostiene che l'amore è solo desiderio.
Forse l'amore romantico è proprio questo – desiderio alimentato dagli ormoni.

Eppure, so che nutre un affetto incrollabile per la sua terra natale e per la sua famiglia.

La rivelazione che probabilmente fui concepita in un'auto parcheggiata, in un parco suburbano, sotto una volta di stelle scintillanti, mi sembrò stranamente appropriata – un inizio clandestino per una vita che sarebbe rimasta nascosta per decenni.

C'era qualcosa di poetico in tutto questo: sotto la copertura dell'oscurità, lontano da occhi indiscreti, un momento di connessione che avrebbe avuto conseguenze che nessuno dei due avrebbe potuto prevedere.

Il modo in cui Joe liquidava l'amore come 'solo desiderio' mi sembrò un meccanismo di difesa – un modo per prendere le distanze da ogni responsabilità emotiva.

Eppure, le sue azioni dalla nostra riunione in poi – i messaggi pieni di poesia, i pasti che insisteva per offrirmi, le ore trascorse a conversare – lasciavano intuire una capacità di connessione che lui esitava a nominare.

In alcune altre conversazioni, riuscii a ricostruire ulteriori dettagli sul periodo della mia concezione.

Ursula mi aveva raccontato che si era accorta di essere incinta quando era già al quarto mese.

Lo disse a Joe.

Joe non voleva avere più niente a che fare con lei.

Zio Bru mi aveva detto che Joe le aveva urlato di sparire e di non cercarlo mai più.

Col tempo, Bru condivise altre rivelazioni – inclusi motivi per cui Ursula non poteva includermi nella sua vita che andavano oltre la sua volontà personale.

Questi vincoli aiutarono a spiegare la fragilità e la difesa che avevo percepito in quel caffè a Camberwell, anni prima.

Joe mi raccontò che la madre di Ursula, mia nonna, voleva che lui sposasse sua figlia.

Era una donna napoletana dal temperamento forte, radicata nelle sue tradizioni quanto Giuseppe lo era nelle sue – calabresi,

maschiliste, sessiste e bigotte.
Giuseppe rifiutò di sposare Ursula, perché era già promesso alla sua futura moglie.
All'epoca, era un'opinione largamente condivisa: ci sono donne che si sposano, e donne con cui ci si diverte.
Invece del matrimonio, Joe sosteneva di aver offerto a Ursula una casa a Geelong, non troppo lontano da Melbourne, e di essersi proposto di pagare per il suo mantenimento e per il mio.
La nonna rifiutò l'offerta.
Qualche tempo dopo, Ursula lo portò in tribunale.
A quanto pare, si era rivolta alla polizia sostenendo che lui volesse costringerla ad abortire.
Mi interrogai sulle sue motivazioni.
Nel 1963, l'aborto era illegale.
La pena prevista era di dodici anni di carcere.
Inizialmente, Ursula si dichiarò non colpevole.
Poi cambiò versione e si dichiarò colpevole.
Il giudice la mandò in custodia cautelare.
Joe disse di aver pagato la cauzione per farla uscire di prigione.
In qualche modo, vinse la causa e riuscì a evitare una condanna e il carcere.
All'epoca, aveva assunto un avvocato e un barrister molto costosi.
Disse che quel processo gli era costato quanto alcune case.
Fu un incontro sessuale molto costoso.
Io ero il suo bambino più caro.
«Uno dei tanti», disse.
Mentre raccontava quella battaglia legale, compresi quanto la mia vita avrebbe potuto prendere una piega molto diversa.
Se Giuseppe fosse stato condannato, forse avrebbe scontato una pena proprio durante i miei primi anni di vita – un'altra linea temporale in cui il nostro ricongiungimento sarebbe stato ancora più improbabile.

Mi lasciò stordita pensare a quanto le decisioni personali e i sistemi giuridici avessero contribuito a determinare il mio destino – la pura contingenza di tutto ciò.

Più sconvolgente ancora fu il suo accenno, buttato lì con noncuranza, ad altri figli 'illegittimi' – mezzi fratelli e sorelle di cui non avevo mai sentito parlare, che mi avevano preceduto nella costellazione di figli non riconosciuti di Giuseppe.

Eravamo una tribù dispersa, danni collaterali della sua giovinezza irresponsabile.

Si conoscevano tra loro?

Qualcuno di loro lo aveva cercato, come avevo fatto io?

L'idea di questi fratelli sconosciuti – forse in cerca, come lo ero stata io, forse ignari, come lo ero stata io per tanto tempo – aggiungeva un nuovo strato di complessità a un intreccio familiare già abbastanza confuso.

Nove mesi dopo la mia nascita, Giuseppe si sposò.

Durante un incontro molto più tardi, circa un anno dopo il nostro primo, Joe disse:

«Forse avrei sposato tua madre, se avesse accettato di restare con te a Geelong, con il mio mantenimento.»

Rimasi interdetta da quel commento, ma poi pensai che forse stava esprimendo un rimpianto per gli anni che ci erano sfuggiti.

A una delle nostre prime cene, Joe aveva detto:

«Ho un solo rimpianto nella vita.»

Lo guardai e dissi, mezzo scherzando:

«Solo uno?»

Lui rispose, con gli occhi lucidi:

«Sì – che non ci siamo conosciuti prima.»

Quella confessione mi colse alla sprovvista – un raro momento di trasparenza emotiva da parte di un uomo che solitamente mascherava la vulnerabilità dietro il suo coraggio spavaldo e un codice di silenzio ereditato.

I suoi occhi velati rivelavano ciò che le sue parole spesso celavano: che, da qualche parte sotto la storia criminale, le scappatelle e l'atteggiamento disinvolto verso la paternità,

esisteva una capacità di sentire davvero.
Non era l'uomo della 'Ndrangheta del documentario, né il playboy delle sue storie – era semplicemente un uomo anziano che affrontava le conseguenze delle scelte fatte decenni prima.
Gli presi delicatamente la mano, deglutii con forza, sorrisi, calda, e dissi:
«Almeno ti ho trovato – ed è un miracolo che tu sia ancora vivo!»
In quel momento, divenne il mio Papà Joe.
Seduta di fronte al mio Papà Joe, provai una strana consapevolezza doppia:
davanti a me c'era un tassello fondamentale mancante del mosaico della mia identità, l'uomo di cui portavo i geni.
Eppure stava anche diventando un nuovo filo nell'arazzo che avevo tessuto in tutti quegli anni –
non sostituiva ciò che era venuto prima, ma lo arricchiva, creando nuovi motivi là dove si intrecciava con il tessuto esistente della mia vita.
Gli piace chiamarmi «Mia cara bimba».
Insiste per pagare sempre lui quando usciamo, e io continuo a dirgli che non è necessario.
Non mi lascia pagare nulla.
Dice: «Non ho potuto darti da mangiare quando eri piccola, almeno posso farlo adesso.»
Quella frase semplice conteneva moltitudini – un riconoscimento, un rimpianto, e un'offerta timida dell'unico tipo di cura che sembrava sapere come offrire,
in una cultura in cui il cibo rappresenta l'amore.
Il cibo è diventato il suo linguaggio di espiazione,
ogni pasto una piccola rata di un debito emotivo che non avrebbe mai potuto ripagare del tutto.
Accettavo quelle offerte per ciò che erano – nutrimento, simboli di una connessione e di un amore costruiti con cautela
sul vuoto di sei decenni perduti.

Gli chiesi del suo coinvolgimento con Winchester.
Con nonchalance, rispose: «Era il mio capo.»
Quattro parole semplici che nascondevano strati di complessità.
In quel momento, riconosceva ciò che il documentario aveva rivelato –
il suo legame con l'indagine che era diventata uno dei casi irrisolti più noti della storia criminale australiana.
Eppure, la facilità con cui menzionava quella relazione era sconcertante,
quasi come se essere supervisionato da un alto funzionario di polizia poi assassinato fosse solo un dettaglio professionale,
e non un capitolo cruciale della cronaca nera del paese.
Secondo i documenti pubblici e il documentario, molte persone avevano un movente per uccidere Winchester.
David Eastman – l'uomo accusato, processato e condannato per l'omicidio – trascorse decenni in prigione prima di essere assolto e ricevere milioni in risarcimento.
I dettagli del caso e le testimonianze erano stati secretati – spiegando il commento precedente di Papà Joe sul sentirsi «un uomo soppresso».
Non poteva parlare legalmente del caso,
e scoprii che molte di quelle informazioni erano accessibili solo attraverso ricerche intense –
oppure tramite media come il documentario che avevo scoperto per caso.
«Non avevano fatto anche una serie televisiva? *Police Crop*?» chiesi.
«Probabilmente ora non la trovi più», rispose Papà Joe.
Anche quella, a quanto pare, è stata soppressa.
Cercai a lungo online, ma non trovai alcuna traccia di quella serie televisiva, il che mi portò a chiedermi se anche quella fosse stata soppressa.
La facilità con cui la storia poteva essere cancellata o alterata – sia personale che pubblica – era inquietante.

Quante altre storie rimanevano nascoste?
Quante connessioni erano prive di documentazione?
Il caso Winchester rivelava un'altra dimensione del passato complesso di Papà Joe: era stato arrestato nei primi anni Ottanta per coltivazione di marijuana, ma aveva evitato la condanna grazie al suo ruolo di informatore della polizia.
Aveva operato su entrambi i fronti – criminalità e forze dell'ordine – in un equilibrio pericoloso che avrebbe potuto costargli la vita.
In una notte buia a Canberra, verso le 21:30, Winchester era rientrato nel vialetto del vicino con la sua berlina bianca.
Mentre stava per uscire dall'auto, venne assassinato – due colpi alla testa, l'aggressore svanito senza lasciare traccia.
Questi legami con il mondo criminale australiano mi affascinavano e mi inquietavano allo stesso tempo.
L'uomo che ora mi mandava messaggi pieni di poesia e insisteva per pagare ogni nostro pasto,
un tempo si muoveva in ambienti dove la violenza era moneta corrente e la lealtà veniva messa costantemente in discussione.
Come era sopravvissuto?
Cosa aveva visto?
Le domande si moltiplicavano ad ogni rivelazione,
mentre le risposte sembravano dissolversi al contatto.
Rimanevo sconcertata.
Chiesi a Papà Joe di sua sorella Bruna – la sorella morta, avvocata e procuratrice.
Mi disse che Bruna desiderava finire il liceo e andare all'università per studiare giurisprudenza,
ma il loro padre Bartolo non voleva.
Le donne, secondo lui, dovevano sposarsi e fare figli italiani.
A quanto pare, fu proprio Joe a convincere i genitori – soprattutto la madre, che descriveva come la più intelligente dei due – a permettere a Bruna di completare il liceo e proseguire con gli studi di legge alla RMIT.

Questa storia rivelava una contraddizione sorprendente nel carattere di Papà Joe –
lo stesso uomo dalle opinioni profondamente sessiste aveva, un tempo, sostenuto il percorso di istruzione di sua sorella, andando contro le convinzioni radicate della famiglia.
Quando gli feci notare questa incoerenza, scrollò le spalle.
«Bruna era diversa. Era molto intelligente», disse.
A Motticella, da bambina, la chiamavano *l'Avvocata*.
Eppure, il fatto restava: lui aveva riconosciuto l'intelligenza della sorella e sostenuto le sue ambizioni in un'epoca in cui un tale appoggio era raro.
Questo scorcio di una prospettiva più illuminata suggeriva che, sotto il machismo e il maschilismo, si celasse una comprensione morale più complessa – capace di trascendere, seppur imperfettamente, i limiti culturali della sua educazione.
Giuseppe e la sua famiglia si trasferirono a Canberra intorno al 1969, a causa delle sue attività di 'business'. Non entrò nei dettagli.
In quel periodo, era anche membro del Partito Laburista Australiano e divenne coinvolto con l'Italo-Australia Club – un'organizzazione molto influente, frequentata da politici, avvocati, magistrati e ufficiali di polizia dell'epoca.
I membri potevano usare il club come trampolino per entrare in politica.
Anche Al Grasby ne aveva fatto parte.
Giuseppe aspirava a entrare in politica.
L'intersezione tra crimine organizzato e politica era un'altra dimensione della vita di Giuseppe che il documentario aveva solo accennato,
ma che le nostre conversazioni cominciavano a illuminare più chiaramente.
Le sue connessioni politiche e le sue ambizioni suggerivano un uomo in costante ricerca di legittimità e influenza –
qualcuno per cui la criminalità non era un fine, ma un mezzo per

raggiungere status e potere all'interno di un sistema che spesso marginalizzava gli immigrati.

«Avrei potuto diventare qualcuno in politica», mi disse una volta, con un velo di rimpianto nella voce.

«E cos'è successo?» chiesi.

«Non ero abbastanza australiano. Gli anni '70 erano tempi più razzisti.»

Che tipo di padre sarebbe stato un Giuseppe parlamentare?
Mi avrebbe riconosciuta allora, o sarei stata un segreto ancora più scrupolosamente custodito?

Trovavo le sue connessioni con il crimine australiano inquietanti e affascinanti al tempo stesso.

Ciò che era iniziato come semplice curiosità verso mio padre, mi aveva condotta in un mondo ombroso che fino a quel momento avevo incontrato solo nei documentari sul crimine e nei titoli dei giornali.

Ero la figlia di un immigrato italiano – un uomo il cui nome appariva in libri sul crimine organizzato,

la cui testimonianza aveva influenzato importanti indagini penali,

la cui vita si era intrecciata con uno dei più noti omicidi irrisolti dell'Australia.

Quanto lontano risaliva il legame con la criminalità?
Fino alla terra d'origine?

Questa consapevolezza trasformò il modo in cui vedevo Papà Joe – e me stessa.

Il DNA che portavo dentro di me – quell'eredità genetica che avevo cercato di comprendere per decenni – veniva accompagnato da un lascito molto più complesso di quanto avessi mai immaginato.

Eppure, stranamente, questa rivelazione non mi destabilizzò come aveva fatto la scoperta dell'adozione.

Al contrario, aggiunse un'ulteriore dimensione alla mia comprensione di me stessa – un altro pezzo del puzzle che

spiegava chi ero, modellata dagli strani intrecci del destino che mi avevano sia collegata sia separata da quest'uomo complicato.
Nel corso dei mesi e degli anni successivi al nostro primo incontro al Kent, mi ritrovai a conoscere Papà Joe per com'era ora.
Cercavo di ricostruire l'uomo che era stato durante la sua vita: il giovane immigrato ambizioso; l'imprenditore; l'elettricista; il playboy; il marito; il figlio; il fratello; il filosofo; il poeta; l'informatore; l'esiliato; lo studioso; il giardiniere; il padre di molti figli, riconosciuti e non.
Conteneva moltitudini, e nel comprendere la sua complessità, cominciai ad apprezzare più a fondo anche la mia.
Durante una delle nostre conversazioni sul passato, Papà Joe disse qualcosa che mi rimase impressa:
«Siamo tutti santi e peccatori, mia cara bimba. Chi dice il contrario, sta vendendo qualcosa», disse, con la mano segnata dal tempo che si muoveva verso lo spazio vuoto tra di noi – i sessant'anni di assenza improvvisamente compressi in pochi centimetri sopra il tavolo di un ristorante.
In quel momento, intravidi una verità con cui i filosofi si confrontano da secoli: che la purezza morale è una finzione che creiamo per consolarci – che l'umanità non esiste nella perfezione, ma nell'intreccio complesso di virtù e trasgressione.
La sua saggezza disinvolta riecheggiava l'affermazione di Machiavelli secondo cui la natura umana è fondamentalmente incoerente – un arazzo di contraddizioni, più che una narrazione morale coerente.
Questa comprensione non giustificava il suo abbandono, ma lo contestualizzava all'interno della realtà disordinata dell'esistenza umana.
Forse la pienezza non consiste nel raggiungere la perfezione morale, ma nell'integrare le nostre contraddizioni in una concezione di sé più onesta.
La semplicità di questa filosofia, proveniente da un uomo la cui vita aveva attraversato territori estremi – sia legali che morali –

mi colpì profondamente.
Offriva una chiave per comprendere lui, e me stessa – un modo per riconciliare le contraddizioni che tutti portiamo dentro, la capacità di ferire e di guarire che esiste in ogni relazione umana.
Forse è per questo che, nonostante le rivelazioni sconvolgenti sul suo passato criminale, continuai a costruire un rapporto con lui.

L'uomo che stavo imparando a conoscere non era né la figura della 'Ndrangheta del documentario, né il santo di gesso che forse avevo immaginato nei decenni di ricerca.
Era semplicemente umano – imperfetto, complesso, capace di crudeltà e di gentilezza, plasmato da scelte sia giuste che sbagliate, proprio come me.
Come un uomo condannato, portava dentro di sé sia il seme della distruzione che la possibilità della grazia.
Nelle sue contraddizioni trovavo un conforto strano – un promemoria che l'interezza non nasce dalla perfezione, ma dall'integrazione di tutte le nostre parti, anche quelle che preferiremmo rinnegare.
Con il tempo, il nostro legame si approfondì – nelle parole, nella presenza.
Il mio Papà Joe divenne il mio secondo Padre.
Era stato Giuseppe, il mio enigmatico padre biologico, ma con il tempo era diventato il mio Papà.
Ha difficoltà a camminare e fatica a sentire, anche con gli apparecchi acustici.
Dice che è a causa dell'aver imparato a sparare con le armi da giovanissimo, con suo zio Giuseppe – quello accusato di omicidio.
A quanto pare, dopo la Seconda guerra mondiale, i soldati avevano lasciato armi e munizioni nei dintorni.
Lo zio Giuseppe trovò una pistola e insegnò a mio padre come usarla. Aveva circa sette anni.

Durante i nostri regolari pranzi domenicali o le uscite al mercato, chiedevo sempre a Papà della nostra storia familiare.
Una domenica, mentre facevamo la spesa al Preston Market, gli chiesi degli *i 'ngùrii* della nostra famiglia.
Nella tradizione calabrese, questi soprannomi raccontano spesso più di un nome proprio.
Il piccolo Giuseppe era *Giuseppe u Mulinov* – come il generale russo Malinovskij – perché girava per il paese con una pistola nei pantaloni, capo della sua banda.
Suo padre era *Bartolo u Melito*, dal paese di origine.
Il nonno Giuseppe era *Peppe u Mastru* – il maestro.
Lo zio Giuseppe era *Giuseppe u Muzzo* – perché portava una pistola mozzata.
Ogni soprannome racchiudeva una storia – un filo in più che mi legava alle mie radici.
Attraverso il racconto, e la tessitura della memoria familiare, stavo imparando la mia cultura – e me stessa.
Mia madre mi aveva raccontato storie simili – la sua cultura era diventata la mia cultura adottiva.
Ora stavo scoprendo la mia cultura ereditaria – quella scritta nel mio sangue.
Avevo ereditato i suoi occhi, la sua intensità, il suo intelletto – e ora potevo portare anche la conoscenza delle sue ombre.
E l'avrei portata – senza paura.

Il giovane Giuseppe e nonno Bartolo Verduci.

24

Diego – *Il redde rationem*
(agosto 2023)

Turbata da specchi troppo pesanti da sopportare.

Mentre milioni di persone seguivano con il fiato sospeso il cammino delle Matildas verso la Coppa del Mondo, corpi che si muovevano su campi curati all'inseguimento coreografato di una vittoria effimera, io ero seduta su un aereo diretto a Sydney, con lo stomaco annodato da un'anticipazione di tutt'altro genere. La semifinale tra Australia e Inghilterra, motivo ufficiale del mio viaggio, aveva ormai perso importanza rispetto all'incontro che avevo organizzato con mia cognata e il mio fratellastro maggiore dei Verduci, Diego. Il dramma passeggero del calcio impallidiva davanti alle possibili conseguenze durature di quell'incontro.
Il porto scintillava sotto il sole del pomeriggio mentre guidavo l'auto a noleggio attraverso i sobborghi orientali e benestanti, la luce di fine inverno gettava ombre lunghe sulle ville sontuose con moli privati – un mondo lontano dalla mia realtà melbourniana. Il GPS mi guidava attraverso strade dove le case mostravano al mondo facciate perfette, proprio come spesso fanno le famiglie. La casa di Diego, quando arrivai, era una residenza elegante con vista sull'acqua – una prosperità che rifletteva e, al tempo stesso, complicava l'eredità lasciata da Joe.
L'incontro aveva richiesto una diplomazia attenta. Diego aveva inizialmente rifiutato i miei approcci indiretti. Solo l'intervento di sua moglie Lina, la sua quieta insistenza sul fatto che i legami

familiari andassero almeno riconosciuti, mi aveva assicurato l'invito.

In questo ramo dell'albero genealogico dei Verduci, la verità era evidente: era il parente acquisito, non quello di sangue, a riconoscere l'imperativo morale del legame, a comprendere che il DNA condiviso crea responsabilità che superano la preferenza personale.

Davanti alla loro imponente porta d'ingresso, con il dito sospeso sul campanello, mi ricordai che i legami di sangue creano obblighi, non accoglienze automatiche – una lezione che avevo imparato più volte nel corso della mia ricerca. La porta si aprì prima che potessi suonare, e lì stava Lina – sorriso caloroso, occhi scrutatori – l'intermediaria tra me e il fratello che fino a pochi mesi prima non sapeva nemmeno che esistessi.

Il suo abbraccio immediato conteneva una generosità che trascendeva l'imbarazzo della nostra situazione, un'umanità che riconosceva la stranezza fondamentale di incontrare un fratello in età adulta, dopo una vita intera di separazione.

Non avevo intenzione di forzare nessuno a incontrarmi – se lo volevano, bene; se no, pazienza. Come cantava Doris Day, *Che sarà, sarà* – quel che sarà, sarà. Forse mi avrebbe delusa, ma la vita non manca certo di simili momenti. La vita può anche essere meravigliosamente sorprendente, e certe esperienze non si fanno mai se non si esce dalla propria zona di comfort per mettere alla prova le acque.

Durante la nostra visita, conobbi anche la mia pronipotina di cinque anni, interessata soltanto al suo programma televisivo per bambini e a mangiare olive verdi. Ci raccogliemmo attorno a un grande tavolo nella casa spaziosa di Diego, condividendo formaggi, cracker e un ottimo vino rosso.

Mentre la conversazione scorreva, mi ritrovai con infinite domande sul padre il cui DNA porto con me, ma la cui vita era rimasta un mistero per quasi sessant'anni.

Diego sembrava perplesso dal mio interesse per Joe, osservando la mia curiosità con diffidenza e incomprensione. La sua fronte

corrugata e lo sguardo sfuggente tradivano la rivelazione più significativa del nostro incontro: mentre io cercavo un legame con un padre che non avevo mai conosciuto, Diego lottava con il trauma di averlo conosciuto fin troppo bene. Il nostro sangue condiviso aveva prodotto rapporti profondamente diversi con lo stesso uomo. Non parlava con Giuseppe da quasi trent'anni. I suoi figli non sapevano nemmeno di avere un nonno ancora in vita.
«Che te ne importa di lui?» chiese Diego, stringendo il bicchiere di vino fino a far sbiancare le nocche contro il cristallo. La voce manteneva una studiata nonchalance che il corpo smentiva – le spalle tese, come se si preparasse a un colpo invisibile.
Ogni domanda su Giuseppe sembrava riattivare antichi percorsi neurali di allerta, il corpo che ricordava ciò che la mente cosciente cercava di dimenticare. La sua domanda rivelava un divario profondo nelle nostre esperienze – dove io vedevo un tassello mancante del mio puzzle identitario, lui vedeva ricordi dolorosi meglio lasciati sepolti.
Sono una persona curiosa per natura. Voglio sapere come e perché – è sempre stato parte di me. E Joe, nel bene e nel male, è il mio padre biologico.
Con il progredire della conversazione, Diego rivelò dettagli inquietanti su Giuseppe che trasformarono la mia comprensione di cosa significasse essere cresciuti come figli riconosciuti da lui. Ben lontano dal vecchio filosofo gentile che avevo conosciuto di recente, il Giuseppe dell'infanzia di Diego era stato duro, violento e terrificante. Ben peggio del mio altro padre, Vastiano, che per quanto ricordi, mi ha colpito una sola volta. Posso ancora sentire il bruciore di quel ceffone, dato in pubblico.
«Ci pestava. Ci lanciava oggetti. Ci faceva inginocchiare sul riso per punizione», disse Diego, con una voce piatta, intrisa di un dolore antico. I racconti emersero a fatica, uno dopo l'altro, ciascuno più inquietante del precedente – un padre che aveva legato il figlio sotto casa per giorni, che costringeva i figli a commettere atti di violenza contro animali e altri bambini. Avevo

intravisto qualche segnale del vecchio temperamento di Joe. Ora si manifesta raramente. Almeno, non in mia presenza.

Il momento più agghiacciante arrivò quando Diego cadde nel silenzio, lo sguardo distante, scuotendo la testa come per scacciare i ricordi. «Ci sono altre cose», disse piano. «Cose che non potrei mai raccontarti.» Il peso di quegli orrori non detti premeva contro il mio petto, un'ombra sulla nostra connessione fragile.

In quelle rivelazioni si trovava l'intuizione più profonda del nostro incontro. Il mio desiderio di conoscere Giuseppe coesisteva con la lotta dei miei fratelli per guarire dall'averlo conosciuto. Il vuoto che io piangevo, forse li aveva protetti da tempeste che loro avevano dovuto attraversare. Questo paradosso – che la mia perdita potesse essere stata, in un certo senso, una protezione – mi costrinse a riconsiderare la narrativa dell'abbandono che avevo portato con me per decenni.

Le storie di Diego coincidevano con quanto avevo raccolto da Grizella, Stasia e altri membri della famiglia, ma offrivano esempi più oscuri e specifici. Quando mi raccontò di Giuseppe che aveva lanciato una sedia contro Stasia perché lei aveva espresso il desiderio di farsi suora, gridando: «Non è per questo che ti ho educata!», intravidi l'uomo esplosivo e controllante che i miei fratelli avevano sopportato – così diverso dall'anziano riflessivo che oggi cucina la pasta nella sua cucina ingombra e mi manda messaggi poetici. Il Giuseppe che avrebbe potuto crescermi.

Il Giuseppe da cui ero stata risparmiata. Il Joe che stavo solo ora scoprendo.

Tutti esistenti simultaneamente in quella sala da pranzo di Sydney, il tempo che si accartocciava come una fisarmonica, suonando la strana musica della nostra connessione tardiva. Chiesi a Diego se Giuseppe avesse mai picchiato sua moglie. «No», rispose, ma aggiunse che Giuseppe aveva un problema con il gioco d'azzardo e altri comportamenti distruttivi. I ragazzi erano stati portati alle corse fin da piccoli, e in seguito avevano lavorato con Giuseppe a Bungendore, coltivando marijuana – legandoli alle sue attività criminali e mettendoli in grave pericolo.

Con un sorriso sarcastico, Diego condivise un aneddoto significativo della sua giovinezza. Quando aveva circa quattordici anni, guidava illegalmente la macchina del padre con Giuseppe accanto, e furono fermati da un poliziotto. Giuseppe finse immediatamente di non capire l'inglese, chiedendo al figlio in italiano: «Cosa vuole questo cretino?» Quando l'agente spiegò che il ragazzo minorenne non poteva guidare, Giuseppe prese il volante fino a quando non furono fuori vista, poi restituì il posto al figlio: un apprendistato alla dissimulazione tramandato di padre in figlio – un fugace sguardo su un'eredità che sarebbe durata tutta la vita.

Alla fine della visita, mi trovai nella posizione disorientante di provare gratitudine per il mio abbandono. Il Giuseppe che mi aveva rifiutata, forse involontariamente, mi aveva risparmiata. Mi era stato negato un padre, ma ero stata protetta da un uomo capace di infliggere danno. Questa consapevolezza complessa – che l'abbandono potesse essere stato, in un certo senso, una benedizione – rappresentava il cambiamento più profondo nel modo in cui comprendevo la mia storia d'origine.

La testimonianza di Diego aveva radicalmente ristrutturato la narrazione che mi ero costruita intorno a nostro padre, richiedendo una complessa integrazione psicologica. La figura paterna idealizzata che, da bambina, avevo occasionalmente immaginato – il genitore fantasma che forse mi avrebbe capita meglio del mio padre adottivo – si dissolse davanti alla realtà concreta che Diego aveva descritto.

L'uomo che avevo cercato per decenni, durante quegli stessi anni infliggeva ferite ai suoi figli riconosciuti – ferite che si erano cucite nei loro corpi e nelle loro psiche, cicatrici che il tempo non aveva potuto cancellare. Il loro risentimento non era astratto né filosofico – viveva nei muscoli, nei ricordi, nell'architettura stessa della sopravvivenza, con la stessa intensità con cui la sua assenza aveva plasmato la mia.

Questa dissonanza cognitiva inizialmente generò una turbolenza psicologica.

Come potevo, allo stesso tempo, piangere un'assenza e sentirmene grata?

Richiese una completa ristrutturazione cognitiva: ciò che avevo sempre classificato come una ferita inequivocabile doveva essere riconcettualizzato come qualcosa che poteva contenere anche elementi di protezione involontaria.

L'integrazione di queste realtà apparentemente incompatibili richiese una flessibilità psicologica che andava oltre quanto richiesto dalla maggior parte dei percorsi identitari – la capacità di sostenere più verità contraddittorie allo stesso tempo, senza cercare di risolverne l'opposizione fondamentale.

Mentre guidavo verso l'hotel, con il porto di Sydney che scintillava in lontananza, sentii i frammenti della mia identità spostarsi ancora una volta – non più frantumarsi come su quell'autobus decenni prima, ma riorganizzarsi in un disegno più complesso.

Il caleidoscopio della mia identità si girava, formando nuove costellazioni di comprensione.

Il padre che avevo trovato non era né il mostro dell'infanzia di Diego, né il filosofo gentile dei nostri pranzi recenti, ma in qualche modo entrambi – un uomo capace di crudeltà e tenerezza, di abbandono e connessione, di ferire e guarire.

In questa complessità stratificata risiedeva forse la verità più importante della mia ricerca: nessuna singola narrazione poteva contenere la realtà del legame biologico.

Lo stesso sangue che mi aveva donato gli occhi, l'intelletto, la determinazione, portava anche in sé la capacità di creare e distruggere.

Accettando questa contraddizione – che Joe potesse essere al contempo ferita e balsamo – mi avvicinai di un passo all'integrazione che cercavo dal giorno su quell'autobus nel 1980.

25

Un posto a tavola per Natale
(novembre 2023/2024)

Costruendo un ponte tra furto e resa dei conti

Alla fine del 2023 arrivò una pietra miliare – una che non avevo mai osato nominare, eppure riconobbi all'istante.
Non era solo una cena: era una cartografia dell'identità, una coreografia studiata di mitologia familiare, dove ogni gesto, ogni sguardo portava il peso di decenni di narrazioni taciute.
Quella non era solo una tavola, ma un tribunale della memoria. E io – artefatto non reclamato – ero messa bene in vista.
Il ristorante vibrava di un'energia particolare – quell'ecosistema intricato delle riunioni di famiglia in cui obbligo e affetto danzano il loro eterno, complicato valzer.
Fui sistemata strategicamente accanto a zia Joanne, una collocazione che sembrava meno una coincidenza e più una scelta diplomatica ben ponderata.
A più di ottant'anni, zia Joanne conservava ancora una presenza imponente. Le sue mani – attraversate da vene blu, pelle macchiata dal sole, i tratti fissi del viso e il lieve tremore dell'età – raccontavano storie più complesse di quanto le parole potessero catturare.
Parlava del marito defunto, la cui assenza risuonava ancora negli spazi silenziosi tra le sue frasi.

La sua storia si srotolava come un delicato pezzo di archeologia familiare – ogni ricordo un frammento che rivelava strati più profondi di dolore e resilienza.

Suo marito era stato un agente immobiliare di successo, poi docente universitario, incarnando la narrazione dell'ascesa generazionale attraverso lo studio e il lavoro.

Ma sotto questa storia apparentemente trionfante si celava una ferita profonda e mai guarita – la loro impossibilità di avere figli. Come mia Madre. Come me. Eravamo tutte senza figli.

Il silenzio intorno alla loro infertilità era un paesaggio a sé – un terreno di lutto mantenuto con cura, i suoi confini segnati da aspettative culturali e dolore personale.

Mi fu poi detto che zia Joanne non aveva voluto adottare – un dettaglio che mi colpì con una risonanza particolare, data la mia stessa storia di adozione.

Era una scelta personale? O un'altra manifestazione dello stigma culturale che aveva plasmato così tante vite come la mia?

La domanda rimase sospesa nell'aria, senza risposta, ma palpabile.

Zia Angela sedeva poco lontano, la sua tristezza una presenza tangibile. Mi dissero che era depressa – una condizione forse derivante da una malattia passata, aggravata dalla recente morte del marito. L'allontanamento della figlia dalla famiglia aggiungeva un ulteriore strato di complessità taciuta, un'altra crepa nella facciata accuratamente mantenuta della famiglia.

Tante domande ancora senza risposta.

L'arrivo di una sorellastra portò una tensione inaspettata – un promemoria che non tutti i membri di questa stirpe si sentivano a proprio agio con la mia presenza.

«Ho sentito che stai scrivendo un libro», annunciò con entusiasmo, le sue parole venate di disprezzo.

«Devi avere il permesso di tutti.»

Mi chiesi se fosse solo la portavoce.

Sentii il mio corpo irrigidirsi – costretto a una cordialità

composta, vista la situazione.
L'ironia non mi sfuggì – dopo decenni in cui mi era stato negato il diritto alla mia stessa storia, ora mi si diceva che dovevo chiedere il permesso per raccontarla.
La mia risposta interiore fu una tranquilla sfida: non sarei stata ridotta al silenzio di nuovo, non dai meccanismi stessi di segretezza che avevano definito la mia esistenza.
Sorrisi e risposi: «Davvero?»
Zio Claude si avvicinò, la sua presenza un sollievo benvenuto dopo lo scontro precedente.
Ora sedevo tra il fratello minore e la sorella maggiore di mio padre – forse non per caso, ma come un tacito riconoscimento del fatto che anche io avevo un posto a quella tavola.
In quel momento, sentii un calore che trascendeva le dinamiche familiari complicate – un legame al tempo stesso fragile e profondo.
Seduta tra i miei parenti biologici, ero dolorosamente consapevole delle cinquanta sedie che rappresentavano i Natali mancati, i legami mai costruiti, gli attimi rubati di storia condivisa.
Ogni sedia era un compleanno dimenticato, una Pasqua in cui la mia assenza non era nemmeno stata notata, un traguardo in cui i miei successi risuonavano in stanze silenziose dove nessun Verduci li aveva uditi.
Non si trattava solo di assenze – erano interi universi di connessioni potenziali, sistematicamente negate, cancellate, rubate – a me, e ad altri bastardi come me.
Le risate, i brindisi, le torte di compleanno non tagliate nella mia assenza.
Per un momento, vidi un intero tavolo fantasma apparecchiato solo per me: segnaposti senza nomi, piatti mai passati, bicchieri mai alzati in mio onore.
Eppure, nonostante questa consapevolezza agrodolce, quel pranzo rappresentava qualcosa di straordinario – un'appartenenza, seppur incerta.

Non ero più un'estranea in cerca disperata di legami, ma una membro riconosciuta, anche se non del tutto accolta, del clan.
Il pranzo di Natale dei Verduci era più di un pasto.
Era una negoziazione d'identità, una danza delicata tra inclusione ed esclusione, una testimonianza vivente delle complesse modalità con cui le famiglie costruiscono e decostruiscono l'appartenenza.
Mentre la luce del pomeriggio filtrava dalle finestre del ristorante, proiettando lunghe ombre su volti a me familiari e sconosciuti allo stesso tempo, compresi che il mio percorso non era mai stato quello di trovare una famiglia perfetta e priva di complicazioni.
Era quello di comprendere la bellezza – e la rottura – della connessione umana: imparare ad appartenere non cancellando le differenze, ma accogliendole con grazia e compassione.
In quel momento, immersa nella cacofonia familiare, restavo nel mezzo – né ospite, né sangue, solo seduta.
Stavo diventando qualcos'altro – un ponte tra ciò che era stato perso e ciò che forse poteva ancora essere trovato.
Ma ciò che è andato perduto non può essere recuperato.
Non può essere annullato.
Nei mesi successivi, tornò il lutto.
Non il lutto rumoroso della morte, ma qualcosa di più silenzioso – una perdita invisibile, come un aborto spontaneo.
Il mio era un aborto non della natura, ma della legge.
Delle norme sociali brutali che mi avevano negato un diritto di nascita – il mio posto a quella tavola.

L'anno successivo, il 2024, mi chiesi se sarei stata invitata di nuovo al pranzo di Natale.
Nel frattempo, avevo incontrato un cugino per un caffè a Melbourne, un altro in Italia, e avevo ricevuto qualche augurio di compleanno.
Fu quindi con grande sorpresa che mi ritrovai a casa di zia Joanne per un altro raduno familiare.

L'invito era arrivato tramite il mio *Papà* – un invito casuale a cena, che nascondeva il peso emotivo che aveva per me.
Le sue parole non contenevano alcun indizio del turbinio che avevano innescato – apprensione, speranza, gratitudine e timore.
Zia Joanne aveva cucinato tutto il cibo.
I banconi della cucina gemevano sotto il peso della tradizione – salsicce di maiale fatte a mano, ragù sobbollito a lungo, e antipasti disposti con un'arte che parlava di generazioni di pratica.
Nell'aria si diffondeva l'aroma ormai familiare di peperoni rossi arrostiti e melanzane – lo stesso piatto che Joe aveva cucinato per me tante volte durante l'anno.
Alcune delle pietanze che stavo assaporando erano probabilmente state tramandate da sua madre calabrese, e da sua madre prima di lei.
Stavo vivendo una cucina generazionale.
Ogni boccone mi collegava a genealogie culinarie che non avevo mai conosciuto, ma che in qualche modo riconoscevo – il mio palato rispondeva a sapori che parlavano al mio DNA, più che alla mia educazione.
Mi sentivo ancora un'estranea, un'intrusa, ma la maggior parte delle persone mi fece sentire molto benvenuta.
C'erano un paio di fratellastri, che scelsi di evitare con discrezione, la loro tacita riprovazione aleggiava palpabilmente tra noi.
Mentre ero profondamente immersa in una lunga conversazione con sua figlia – mia nipote – una sorellastra si avvicinò e mi porse un bicchiere di champagne.
Sentii un nodo nello stomaco.
Risuonavano ancora le sue parole sardonicamente taglienti: *'Non prenderla sul personale se non mi interessa conoscerti.'*
Esitante, urtò il mio bicchiere, i suoi occhi agganciati ai miei.
Sorrise con una cautela che non sapevo interpretare e disse: «Buon Natale.»

Confusa, risposi: «Buon Natale.»
Era una contraddizione disarmante. A volte ostile – a volte cordiale.
La mia mano esitò per un attimo.
Un fremito primordiale – un'antica esitazione limbica – mi attraversò.
Era una tregua o una trappola?
Il mio sorriso arrivò mezzo secondo prima che il mio sistema nervoso lo seguisse.
I bicchieri si toccarono, ma qualcosa nel mio intestino rimase contratto, non del tutto convinto.
Era rimasta nei paraggi – lanciando sguardi nervosi nella nostra direzione mentre sua figlia rivelava altri segreti di famiglia.
Quel piccolo gesto – l'offerta di un bicchiere di champagne da parte di una sorella che in passato mi aveva respinta – portava con sé un peso che un osservatore casuale non avrebbe mai potuto comprendere.
Il vetro, freddo contro il palmo della mia mano, rappresentava un ponte provvisorio sopra un abisso di diffidenza e risentimento.
Non era riconciliazione, né accettazione, ma forse il primo, fragile riconoscimento che i legami di sangue potrebbero, un giorno, superare quelli del rancore.
Qualcuno mi passò un piatto di melanzane arrosto, e pensai a tutti i Natali trascorsi con le mie famiglie adottive – generosi, calorosi, spesso gioiosi.
Non sono mai stata sola, ma sempre consapevole di ciò che mancava.
L'amore c'era; il sangue no.
Ora, seduta tra i miei consanguinei, provavo una sensazione strana e disorientante – di essere al tempo stesso partecipe e osservatrice – invitata, eppure in qualche modo ai margini.
Un gesto semplice – un piatto passato, uno sguardo incrociato – portava con sé il peso di sessant'anni.
Mi unii ad altre conversazioni e alla fine mi sentii più rilassata.

Il vino ammorbidì i contorni della mia cautela, e la cadenza familiare dell'italo-inglese australiano – quella musica dei figli degli immigrati – mi avvolse come una ninna nanna dimenticata.
Venni a sapere che presto sarei diventata prozia di nuovo.
Quel bambino sarebbe nato «fuori dal matrimonio» – un'espressione arcaica e giudicante.
Eppure, nessuno suggeriva che il piccolo sarebbe stato nascosto in un'istituzione fredda e severa per donne ripudiate e peccatrici, o che il neonato sarebbe stato affidato a estranei, cresciuto lontano per sempre.
No, questo bambino sarebbe stato accolto con calore e curato dalla sua *famiglia-villaggio*.
La rivelazione mi colpì con una dolce malinconia – quel bambino non ancora nato, concepito in circostanze che un tempo avrebbero portato vergogna e silenzio, sarebbe stato accolto nel nucleo familiare senza alcuna esitazione.
Il contrasto con il mio inizio non avrebbe potuto essere più netto.
Quali trasformazioni fondamentali nei valori familiari, nelle norme culturali, nelle aspettative sociali erano avvenute nei sessant'anni che separavano la mia nascita da quella di questo bambino?
Quante vite di donne erano state irrimediabilmente alterate, quante famiglie frantumate per sempre da atteggiamenti che ora sembravano antiquati quanto una carrozza a cavalli in un'autostrada moderna?
Guardandomi intorno – volti giovani e anziani, alcuni conosciuti da decenni, altri scoperti solo di recente – riflettei su come le storie nascoste della famiglia Verduci si fossero trasformate nel corso delle generazioni.
Un tempo, i figli nati fuori dal matrimonio venivano cancellati, negati o nascosti – dati in adozione come me, tenuti da madri coraggiose come quella di mia cugina, o forse perduti del tutto.
Eppure, eccoci nel 2024 – discendenti di unioni sancite e di legami proibiti – seduti fianco a fianco.
Ciò che un tempo aveva diviso con vergogna, il tempo e il

coraggio avevano cominciato a ricucire.
Le linee di sangue che si erano spezzate stavano, a modo loro, iniziando a intrecciarsi di nuovo.
Il mio vaso non era stato solo riparato – era diventato un calice, colmo di un'appartenenza conquistata a caro prezzo. Si stava riempiendo – lentamente, con tenerezza – di amore e connessione.
Forse è proprio questo l'aspetto della guarigione dopo decenni di fratture – non un perfetto ripristino di ciò che sarebbe potuto essere, ma la creazione silenziosa di qualcosa di nuovo a partire dai resti di ciò che rimane.
Il mio posto in questa famiglia avrebbe sempre portato i segni della nostra storia separata, eppure proprio quei segni stavano cominciando a delineare i contorni di un nuovo racconto – uno che riconosceva le rotture, ma si rifiutava di esserne vincolato.
Osservando mia nipote e mio nipote muoversi nel soggiorno di zia Joanne, i loro gesti naturali e inconsapevoli, compresi che la mia integrazione in questa famiglia sarebbe stata sempre diversa dalla loro.
Loro vi erano nati dentro; io avevo dovuto lottare per arrivarci, scavandola tra decenni di segreti e negazioni.
Il loro posto a tavola era dato per scontato; il mio aveva richiesto archeologia, ostinazione e coraggio.
Eppure, c'era valore in questa differenza – una prospettiva che loro non avrebbero mai potuto possedere, un'apprezzamento della connessione che non avrebbero mai potuto comprendere fino in fondo.
Le cuciture erano visibili, ma forse era proprio quello il punto. Cominciavo a capire che le fratture non erano qualcosa da nascondere – erano le linee stesse lungo le quali questo strano e luminoso mosaico familiare poteva, finalmente, reggere.
Il mio posto in questo arazzo familiare era unico – cucito attraverso la frattura e la riparazione, le cuciture dorate non più celate, ma essenziali alla sua bellezza duratura.

Un mese dopo, stavo celebrando il mio primo – e forse unico – Natale con il mio Papà.
Noi tre, raccolti nella sua minuscola cucina, mentre preparava un pranzo sontuoso.
Il profumo della pancetta arrosto, adagiata sulle ostriche, si sprigionava dal forno.
Grandi gamberoni danzavano in una pozza d'olio d'oliva.
Aggiungeva un pizzico di questo e di quello – lentamente, ma con maestria – godendo della sua creazione culinaria.
Sul piccolo tavolo della cucina troneggiava un'insalata accuratamente disposta: pomodori dell'orto tagliati a pezzi, cipolla rossa affettata, capperi, carciofi, nasturzi del giardino, conditi con olio d'oliva e aceto di vino rosso.
L'aroma di peperoni rossi e melanzane arrostite, un'aggiunta obbligatoria a quasi tutti i pasti, riempiva l'aria.
Sollevai il bicchiere per bere un sorso; il profumo fruttato del vino rosso italiano mi solleticò le narici.
Quel momento era il dono di Natale più bello che avessi mai ricevuto.
Ancor più, quando si manifestò l'ennesimo dramma.
Il mio Papà e la sua compagna ebbero un alterco.
Lei era di pessimo umore fin dal mattino.
Nel suo accumulo di frustrazione – quella rabbia che sapevo sempre sotto la superficie, ma finora contenuta in mia presenza – il mio Papà esplose in parole infuocate.
Voltandosi bruscamente verso di lei, perse l'equilibrio e cadde pesantemente a terra, colpendo una mensola improvvisata lungo la strada.
Carte, libri e ninnoli volarono e si dispersero ovunque.
La sua compagna corse in suo aiuto.
Lui ruggì: «Vattene via!»
Lei scattò in piedi e corse fuori dalla stanza, lungo il corridoio buio – per non farsi più vedere.
Per un momento rimasi immobile, in silenzio, scioccata.
Non come una bambina impotente, ma come un'adulta sorpresa,

ancora intenta a conoscere il suo Papà.
Lo shock passò in fretta, e lo aiutai a rialzarsi.
Poi, presi un sorso abbondante di vino.
Un pranzo per tre si trasformò in un momento intimo con mio Padre, nel nostro primo Natale insieme.
Come sempre, chiesi, e lui condivise frammenti della sua vita passata – da Giuseppe, quella figura enigmatica che mi era stata tenuta nascosta per tanto tempo.
Fece i nomi di Mark, Chopper Read, Winchester, Arthur Calwell, Jim Cairns, Malcolm Fraser, Ian Sinclair, Don McKay – nomi pronunciati con noncuranza, intrecciati con racconti della sua vita da Giuseppe u Mulinov.
Era stato chierichetto, e più tardi si era iscritto al Partito Comunista dopo uno scontro con un prete.
Mangiavo e bevevo come una bambina che ascolta meravigliata delle fiabe.
Il nostro pranzo intimo e turbolento finì con un abbraccio caloroso.
Poi guidai verso il mio secondo pranzo natalizio con la mia prima famiglia.
Sedetti a un tavolo dove ero sempre stata accolta.
La mia famiglia spirituale – il loro amore formava le prime cuciture dorate che mi avevano tenuta insieme.
Nel corso dei decenni, il loro affetto silenzioso e costante aveva cucito fili invisibili nella mia vita, impedendomi di andare completamente in pezzi.
Senza saperlo, mi avevano ancorata all'appartenenza – un intreccio delicato di memoria, lealtà e amore incondizionato.
Questi fili, spesso tirati fino al limite dalla distanza e dal tempo, avevano resistito.
E ora, circondata da quei fili silenziosi e tenaci di connessione, tornavano a raccogliersi intorno a me – non per cancellare ciò che era stato lacerato, ma per rinforzare ciò che era rimasto.

In quel giorno, finalmente, riuscii a intrecciare alcuni frammenti perduti.
Il vaso si stava ricomponendo, brillando, e diventando unito.

Il pranzo di Natale di papà (2024).

26

Carpe Diem (2024)

Ferite incise nelle camere dove dimora la saggezza

Quando, dopo i nostri primi incontri e il pranzo natalizio con la famiglia, non ricevetti più notizie da Joe per un po', una pausa che un tempo avrebbe innescato in me l'ansia da abbandono, rimasi salda. Persistetti con tenacia gentile, inviando lievi solleciti: «Quando ci rivediamo?»
Ci scambiammo messaggi durante le vacanze di Natale mentre io sopportavo l'opprimente calura estiva del Queensland. Gli inviai foto del mio viaggio, mantenendo il filo della connessione con il padre che avevo appena ritrovato.
Ogni foto, un frammento nel mosaico della riscoperta. Ogni sua risposta, un fragile ponte che cercava di colmare il baratro del tempo che ci aveva separati.

Quando tornai nel clima più mite di Melbourne, mi invitò a pranzo a casa sua – un'escalation significativa di intimità rispetto ai nostri incontri in ristoranti neutrali. Quando arrivai, era fuori, intento a curare l'orto. Il profumo dei pomodori maturi sulle viti che si arrampicavano verso il cielo, l'odore terroso e il sentore dell'autunno ancora sospeso nell'aria. Questo era il padre che avevo immaginato – non l'uomo complesso con una lunga e variegata storia che avevo letto online. Non potevo fare a meno di confrontare il giovane uomo violento della leggenda con il mite coltivatore d'orti che mi stava davanti.

«Ti insegnerò a cucinare la pasta», annunciò con la certezza di un uomo che sapeva che alcune radici vanno più a fondo dello spazio del tempo perduto. Alcune eredità, soprattutto quelle trasmesse davanti ai fornelli, sfidano il tempo. Nel nostro mondo, il cibo era amore. Era sempre stato così.
Sorrisi all'ironia – il padre che aveva mancato ogni tappa importante ora mi insegnava a bollire la pasta. Papà Joe mi vedeva ancora, in qualche modo, come la bambina che non aveva mai conosciuto. Credeva ancora di poter ricoprire dei ruoli paterni – anche adesso.
La sua casa rivelava aspetti del suo carattere che i nostri incontri al ristorante avevano nascosto – il caos organizzato della cucina, le collezioni eclettiche che riflettevano interessi diversi, la disposizione dei mobili che assecondava le sue abitudini di lettura e le sue preferenze. Libri aperti erano sparsi su ogni superficie – filosofia, scienza, storia, diritto, politica, astronomia – ognuno una silenziosa dichiarazione del mondo ricco e variegato racchiuso nell'animo del vecchio studioso.

Prese a cucinare un pranzo elaborato nella sua cucina sovraffollata, muovendosi tra i banconi e gli elettrodomestici con i gesti collaudati di chi aveva trasformato la necessità in arte. L'olio d'oliva sfrigolava in padella facendo danzare la cipolla tritata. Un pizzico d'origano. Un tocco di sale e pepe. Barattoli di pomodori. Il contenuto della padella ballava la tarantella. Nel piccolo forno-grill arrostiva peperoni rossi, melanzane e patate. L'aroma combinato – un abbinamento perfetto.
«Mi diverto a cucinare», disse con la sua consueta sottovalutazione, ma la complessità delle sue preparazioni smentiva questa presentazione casuale. Non era solo nutrimento, ma espressione – una comunicazione fatta di ingredienti e tecniche, piuttosto che di parole.
Mi spiegò che era stata sua nonna materna, Francesca, a insegnargli a cucinare – un altro filo nella rete di connessioni familiari che stavo lentamente tracciando, un altro punto di

eredità che, senza saperlo, aveva plasmato anche le mie preferenze culinarie.

Il pasto si svolse in più portate: gamberetti fritti come antipasto, accompagnati da una salsa inventata da lui – un accenno di mango saliva dal piatto; cipolla rossa fritta con pomodori tritati che sfumavano in carne cotta lentamente fino a diventare tenera; fettuccine larghe ricoperte da un sugo la cui ricetta attraversava generazioni e continenti; pane italiano fresco ad accompagnare ogni elemento.

Bevemmo un bicchiere di vino rosso italiano, la sua complessità tannica in sintonia con la conversazione stratificata che si dispiegava lungo ore, con lui a parlare per la maggior parte del tempo e io ad ascoltare con l'avidità di chi vuole recuperare decenni di silenzio. A volte scivolava in un italiano aulico, recitando poesie o passaggi da *Il Principe* di Machiavelli – uno dei suoi libri preferiti. Spesso dovevo fermarlo per chiedere la traduzione.

La mia conoscenza dell'italiano si limita alle conversazioni quotidiane che avevo con mia madre. Poi deviava su discussioni riguardanti la formazione dell'Universo, sottolineando che i calabresi avevano inventato molte cose. Metteva alla prova la mia conoscenza su questi temi – c'era sempre e solo una risposta giusta, cosa che irritava profondamente la mia sensibilità. È completamente testardo e orgoglioso.

Era una giornata di fine estate a Melbourne, di quelle in cui l'aria è spessa e immobile, e persino respirare diventa uno sforzo consapevole. Il caldo intensificava gli aromi che provenivano dalla cucina – aglio, basilico, pomodoro, olio d'oliva – profumi che mi trasportavano attraverso gli emisferi verso una terra che non avevo mai conosciuto, ma che in qualche modo riconoscevo nel midollo.

Quando alla fine me ne andai, un'amica mi venne a prendere e andammo al cimitero di Carlton a cercare la tomba di zio John. Improvvisamente fui colpita da un dolore addominale forte e contorto, che si diffuse come un incendio nello stomaco. Avevo

disperato bisogno di un bagno, ma il cimitero non offriva alcun servizio, nessun sollievo da quell'urgenza biologica improvvisa. Il dolore aumentava; ero disperata. Mi incamminai in fretta verso la vecchia sezione del cimitero. Trovai un angolo appartato. Sollievo.
Ce ne andammo, alla ricerca della vecchia casa di famiglia in Lygon Street, a Carlton. Passammo davanti alla Princes Hill High School, dove avevano studiato gli zii più giovani.
Un nuovo spasmo mi esplose nelle viscere – improvviso e violento. Un sudore freddo mi imperlava la fronte nonostante il caldo. Il mio corpo si stava ribellando, tradendomi proprio in quel momento di pellegrinaggio ancestrale. Era l'ora di punta – non sarei mai riuscita ad arrivare a casa. Avevo disperatamente bisogno di un bagno, di nuovo. Eravamo vicino a Princes Park, sapevo che lì c'erano dei bagni pubblici. Un attacco di gastroenterite feroce, intestinale, mi aveva sopraffatta.
Papà Joe aveva cercato di avvelenarmi?
Il pensiero mi attraversò la mente – improvviso e inquietante – una risposta primitiva che collegava antichi tabù su cibo e famiglia al mio malessere fisico. La psicologa in me riconobbe subito l'irrazionalità di quel pensiero, anche mentre il mio corpo continuava a ribellarsi.
Non gliel'ho mai detto.
Qualche settimana dopo, poco dopo quella giornata memorabile, pranzammo di nuovo insieme nel suo hotel preferito.
Fu lì che mi disse di aver pensato che potessi ucciderlo.
Non gli dissi che anch'io, per un breve istante, avevo avuto la stessa paura primitiva – che forse lui avesse cercato di uccidere me. Una simmetria tragicomica: lui temeva che potessi spargli per avermi abbandonata da neonata, mentre io avevo brevemente temuto che mi avesse avvelenata al nostro primo pranzo insieme.
Risi. Non sono il tipo violento o vendicativo – anche se, a volte, ho avuto pensieri oscuri. Ma non su di lui.
«La vendetta è una perdita di tempo», convenimmo entrambi.

Seduta di fronte a Papà Joe, riuscivo a contenere simultaneamente tre realtà: la neonata abbandonata che ero stata, l'adulta in cerca di verità che ero diventata, e quel momento presente di connessione. Il passato, il passato recente e il presente non si confondevano più in un dolore indistinto, ma formavano una linea temporale coerente che potevo attraversare a volontà.

Il pranzo della domenica da Papà Joe divenne un nuovo rituale tra noi. Lui insisteva per cucinare, preparando elaborati pasti italiani a più portate che sembravano voler compensare sessant'anni di assenza.

«Non ho potuto sfamarti da piccola, almeno posso farlo ora», disse, posandomi davanti un altro piatto di pasta fatta in casa. Una frase semplice, ma che conteneva volumi interi – riconoscimento, rimorso, e un'offerta, seppur timida.

Mentre mangiavamo, mi raccontava storie della Calabria, i suoi occhi si illuminavano descrivendo la cucina della nonna, o i sentieri del paese che percorreva da bambino.

Non erano semplici aneddoti, ma trasmissioni di eredità, offerte simboliche lanciate attraverso l'abisso della nostra separazione. In quegli istanti intravedevo ciò che avrebbe potuto essere, se le circostanze fossero state diverse.

Seduta nella sua vecchia cucina malandata, osservando le sue mani forti ma lente preparare la pasta con gli stessi gesti che mia Madre adottiva usava decenni prima, vedevo come l'identità si formi come la roccia sedimentaria – strato dopo strato di esperienze, biologia, scelte e casualità, compattate in qualcosa di solido che porta ancora impressi i segni della sua origine.

La ricetta non era identica – la sua conteneva pezzi di maiale con l'osso e peperoncini, mentre quella di lei usava carne macinata e basilico dolce – ma il significato era lo stesso. Il cibo rappresentava l'amore. Questo linguaggio culinario trascendeva decenni di separazione, creando un ponte tra la Madre che mi aveva cresciuta e il Padre che avevo trovato troppo tardi – ma molto meglio che mai.

Al nostro successivo pranzo nell'hotel preferito di Papà Joe, mi disse che avrei dovuto passare a prenderlo, insieme alla sua compagna, e portarli all'hotel. Immaginai che ormai fosse certo che non l'avrei ucciso.
Quando lo riaccompagnai a casa, mi suggerì che la settimana seguente saremmo andati a fare un giro in campagna, a Ballarat – accettai con entusiasmo. Adoro i viaggi in auto.
Mi invitò a entrare. Andammo nel giardino sul retro della casa vuota accanto. C'erano due grandi alberi di fico, i loro tronchi contorti e i rami nodosi si allungavano verso il cielo come mani artritiche in cerca di sole. Accarezzai la corteccia rugosa, seguendo i contorni rotondi e irregolari. La loro ombra creava un piccolo rifugio di frescura nel caldo estivo.
Il profumo e il gusto dei fichi, gocciolanti di dolcezza appiccicosa, mi riportarono al mio vecchio Albero Lontano. Sorrisi tra me e me, immersa nei ricordi. Il mio Papà Joe raccolse i fichi e me ne diede un sacchetto.
La domenica seguente, guidai fino a Ballarat. Andammo a Sovereign Hill – e poi facemmo un picnic sulle rive del Lago Wendouree. Festeggiammo con pane italiano fresco, mortadella, salame, prosciutto, formaggio, pomodori e salsiccia italiana – un banchetto che avrebbe potuto essere servito direttamente su una collina calabrese. Era una splendida giornata autunnale e soleggiata. Le strade di Ballarat erano una sinfonia di colori – gialli, rossi, arancioni e marroni – retroilluminati da un cielo blu terso che sembrava celebrare la nostra connessione ritrovata. Papà Joe dava da mangiare delicatamente ai cigni neri, attratti dall'odore del cibo. Quel gesto – l'uomo che una volta mi aveva abbandonata ora nutriva creature con tanta tenerezza – suscitò in me qualcosa di profondo. Un calore tenero mi avvolse.
La settimana seguente, un giorno festivo ci chiamava verso Mildura, una cittadina di confine dove due stati si incontrano – una metafora perfetta della mia stessa esistenza, sospesa tra identità. Il viaggio si dispiegava davanti a noi, chilometri di paesaggio australiano scorrevano fuori dai finestrini, creando lo

spazio per una conversazione che potesse emergere con il suo ritmo naturale, senza i vincoli degli orari di un ristorante o delle aspettative sociali.

A Mildura andammo in una fattoria di arance. Mentre eravamo seduti nel parcheggio, Papà Joe mi parlò dei suoi nemici del passato. Alla signora calabrese dentro il piccolo negozio raccontai come avevo infine ritrovato il mio anziano Padre. La mia storia la incuriosì.

Sulla strada da Mildura a Swan Hill, chiesi a Papà Joe: «Perché hai scelto la tua prima moglie?»

«Era molto, molto religiosa e io volevo una donna obbediente», rispose. Raccontò con tristezza la sua morte tragica, in seguito a un ictus. «Era rimasta cieca e non aveva più la volontà di vivere…», mi disse. Come in molte delle sue storie, non ero del tutto sicura dove finisse il fatto e iniziasse l'abbellimento, ma la scelta dei dettagli – ciò che enfatizzava e ciò che sorvolava – rivelava tanto su di lui quanto qualsiasi verità verificabile. Ne parlò con affetto, e notai i suoi occhi arrossarsi e un tremolio nella voce mentre raccontava.

Papà Joe mi disse che avrebbe voluto avere almeno sei figli. Nel 1969, con tre figli e una moglie incinta del quarto, dovette improvvisamente partire per l'estero. Doveva lasciare l'Australia. Mi dissero che 'qualcuno era morto'.

Quando gli chiesi spiegazioni, mi disse che era in viaggio per motivi di 'lavoro'. Stava inseguendo qualcuno e non poteva dirmi altro. Era in missione segreta. «Il silenzio è il mio padrone», è il suo mantra. Ed è diventato, in parte, anche il mio. Alcuni aspetti delle sue storie non posso condividerli.

Le sue allusioni criptiche a 'lavori' e 'silenzio' portavano con sé sfumature minacciose, considerando ciò che ora sapevo delle sue connessioni con la criminalità. *La tempistica della sua partenza improvvisa dall'Australia coincideva con un periodo di crescente attenzione delle forze dell'ordine nei confronti della criminalità organizzata – stava forse fuggendo da un'eventuale incriminazione? Aveva assistito a qualcosa che non avrebbe dovuto vedere?*

Posso solo supporre a cosa si riferisse davvero con il suo «lavoro segreto da uomini.»

Andò a Parigi, dove imparò un po' di francese. Poco prima che suo fratello più giovane, John, morisse, gli aveva detto in modo profetico: «Devi imparare il francese perché un giorno ti servirà». Più tardi, Papà Joe mi disse che, mentre era in Francia, frequentò una 'scuola di spie' e che aveva lavorato per la Russia, gli Stati Uniti, il Regno Unito e l'ASIO. A volte le sue storie erano così elaborate e fantasiose, eppure alcune si trovavano scritte nero su bianco su Internet, alla portata di chiunque.

Le affermazioni più stravaganti riguardo a scuole di spionaggio e servizi segreti internazionali mettevano a dura prova la credulità, eppure non potevo scartarle del tutto. I collegamenti documentati tra criminalità organizzata e agenzie di intelligence durante la Guerra Fredda rendevano persino queste storie improbabili... potenzialmente plausibili.

Stava forse esagerando per impressionarmi? Confondeva fantasia e realtà nella vecchiaia? Aveva un'immaginazione vivida che ormai mescolava fatti e finzione? Oppure le sue connessioni criminali avevano davvero incrociato i mondi oscuri dello spionaggio internazionale?

L'incertezza era solo un altro frammento nel mosaico già complesso della sua identità.

La settimana seguente facemmo un'altra gita di un giorno, un altro picnic – questa volta a Hanging Rock, quella misteriosa formazione geologica resa immortale dalla letteratura australiana come luogo di sparizione e trasformazione. La forma antica si ergeva sopra di noi, una presenza che testimoniava il potere paziente del tempo nel rimodellare anche i materiali più resistenti. Il simbolismo non mi sfuggì mentre stendevamo il nostro picnic vicino a quelle pietre antiche. Questo luogo di sparizione e ritorno sembrava appropriato per la nostra storia – anch'io ero scomparsa dalla mia narrazione biologica, solo per riapparire decenni dopo, trasformata dal viaggio.

Quei mesi divennero una stagione di scoperta, un raro e fertile periodo in cui connessione e memoria fiorivano insieme alle foglie d'autunno.

Seguì presto il primo pranzo a casa mia – lasciai che fosse Papà Joe a cucinare: peperoni arrosto, melanzane, salsicce e patate, nello stesso modo in cui sua Nonna glieli aveva preparati. Andammo a vedere *Tosca* – lo spettacolo deludente, le voci si sforzavano dove avrebbero dovuto librarsi, la messa in scena statica dove avrebbe dovuto fluire. Si lamentarono per tutto il tempo, Papà Joe e la sua compagna, i loro commenti pungenti un controcanto costante all'opera. Mi ritrovai a divertirmi più per la loro analisi tagliente che per la rappresentazione stessa – un'altra eredità inattesa da quest'uomo il cui DNA porto: uno sguardo critico, un'incapacità di accettare la mediocrità, una certa impermeabilità alla pressione sociale che si manifesta come schiettezza dove altri offrirebbero un silenzio educato.

La successiva uscita fu alla Festa dell'Italia al Calabria Club di Bulla. Ascoltammo opera e musica popolare italiana, le melodie risvegliarono qualcosa in me che trascendeva la memoria cosciente – forse un riconoscimento cellulare di suoni che avevano plasmato la mia eredità biologica per generazioni prima della mia nascita. Quando iniziarono le note della *Tarantella* e la gente si alzò per danzare al ritmo della canzone culturale sui morsi di serpente e la danza frenetica, colsi lo sguardo di Papà Joe su di me – osservava la mia reazione, forse chiedendosi se anche la musica fosse un'eredità che mi aveva inconsapevolmente trasmesso.

La musica creava un ponte temporale, che mi collegava a lui. Una linea ereditaria che stavo appena cominciando a comprendere.

Avrei custodito con gioia queste rare uscite con il mio anziano Padre, ognuna aggiungeva una nuova tessera al mosaico della nostra relazione. Con ogni incontro, sentivo un legame più forte con lui e un senso crescente di appartenenza al clan Verduci, anche se non sarei mai stata pienamente accolta da tutta la famiglia. Quei momenti condivisi superavano di gran lunga ciò che avrei potuto immaginare in quei decenni di ricerca – trovare un padre, costruire un rapporto reale con lui, creare ricordi per colmare almeno in parte lo spazio vuoto della nostra storia condivisa.

Papà Joe ebbe un improvviso cambiamento di cuore – «Al diavolo! Tanto non ce lo portiamo nella tomba!» Parlammo di andare in Italia più tardi quell'anno, a settembre, per vedere un'opera vera all'Arena di Verona.

Mi pizzicai – un gesto infantile per assicurarmi che non fosse solo un altro sogno di connessione, come quelli che mi avevano nutrita e tormentata per decenni. Una relazione autentica si stava dispiegando giorno dopo giorno, mese dopo mese, anno dopo prezioso anno. Ogni incontro aggiungeva un altro filo all'arazzo del nostro legame tardivo.

Seguì una serie di pranzi con i miei amici e la mia famiglia adottiva. Erano desiderosi di incontrare quest'uomo anziano eccentrico – quel pezzo mancante del mio puzzle biologico.

In una fredda, uggiosa e piovosa notte d'inverno a Melbourne, nel mese di luglio, Papà Joe e la sua compagna parteciparono al mio sessantesimo compleanno. Era una piccola riunione con i miei familiari più intimi e i miei amici più cari – un cerchio raccolto che ora si era ampliato per includere il Padre che avevo ritrovato appena in tempo. La sua presenza rappresentava qualcosa di profondo – era la prima volta che un membro della mia famiglia biologica partecipava a un evento significativo della mia vita. Il suo volto rispecchiava il mio – un'eredità silenziosa che le candele non riuscivano a nascondere. Dopo sessant'anni di assenza, sedeva tra coloro che ho scelto e che mi hanno scelta, testimoniando questa pietra miliare che segnava non solo la mia età, ma anche l'incredibile viaggio che ci aveva condotti fino a quel momento.

Ero fiera di poter integrare tutti gli aspetti della mia vita sociale – vecchi amici, la famiglia che avevo sempre conosciuto, e quella nuova, ritrovata da poco. La mia identità era diventata come un mosaico: i pezzi distinti della mia storia disposti in un'immagine coerente, ciascun elemento influenzato e influenzante gli altri. La composizione mostrava il percorso di quei frammenti – non nascondeva le fratture nei punti d'incontro, ma onorava il sentiero unico che li aveva condotti a unirsi.

Man mano che il mio rapporto con Papà Joe si approfondiva, cominciai a rendermi conto che la mia storia non si stava concludendo con il suo ritrovamento – si stava trasformando in qualcosa di nuovo. La ricerca che aveva definito così gran parte della mia vita stava evolvendo in un viaggio diverso – uno di integrazione, comprensione e infine pace interiore, accettazione, e abbandono del dolore passato, delle perdite e dei traumi – semplicemente imparando ad apprezzare il momento presente. Quella che era cominciata come una ricerca delle origini stava diventando qualcosa di molto più profondo: una meditazione sulla natura del perdono, sull'elasticità delle connessioni umane, e sulla possibilità che anche le ferite più profonde, con il tempo e il coraggio, possano trasformarsi in fonti di saggezza invece che solo di dolore.

Quegli anni iniziali e beati dopo la morte del mio primo Padre, Sebastiano – prima che mia Madre si risposasse – mi avevano offerto un modello di ciò che la pace poteva essere. Per quanto breve, quel periodo mi aveva mostrato che l'identità può guarire e ristrutturarsi dopo un trauma – che da ciò che si rompe possono emergere nuovi schemi. Mi aveva insegnato che l'integrazione non è solo possibile, ma inevitabile – quando i pezzi rotti vengono custoditi con cura e si concede al tempo il miracolo del suo operare silenzioso.

27

Redenzione

(settembre 2024)

Fratture saldate con cuciture dorate.

Il viaggio iniziato tra frammenti infranti si avvicinava al suo compimento – non una fine, ma una trasformazione – i pezzi rotti non scartati, bensì integrati; non sostituiti, ma ricontestualizzati in un insieme più ampio. Intera, eppure segnata, una vessel rinata proprio attraverso la sua rottura. Dopo decenni di ricerca, dopo aver trovato Giuseppe e costruito un legame fragile ma significativo con lui e con parte del clan Verduci, restava un ultimo pellegrinaggio – verso il suolo ancestrale da cui ogni sradicamento e ogni ricongiungimento avevano avuto origine.

Avrei dovuto viaggiare in Italia con il mio Papà Joe, la sua compagna e un'amica – un viaggio di generazioni che ritornano insieme, prospettive multiple a osservare gli stessi paesaggi attraverso lenti storiche diverse. Invece, mi ritrovai a viaggiare da sola, la natura solitaria del viaggio al tempo stesso una delusione e un'opportunità.

Dopo aver ritirato l'auto a noleggio all'aeroporto Leonardo da Vinci di Roma – intitolato a un altro italiano noto tanto per la precisione artistica quanto per quella scientifica, una dualità che riconoscevo in me stessa – guidai attraverso l'aspro e montuoso paesaggio italiano in direzione della cittadina costiera di

Maratea.

Lì, durante una passeggiata solitaria per la cittadina, compresi quanto profondamente fosse cambiato il mio rapporto con un'identità un tempo frantumata. I pezzi non erano spariti – la bambina adottata, l'infante abbandonata, l'adulta in cerca, la donna professionista, la figlia, sorella e nipote appena ritrovata – ma erano stati riconosciuti, esaminati, e disposti con cura in qualcosa di nuovo che ne onorava, invece di negarli, la singolarità.

La frattura era stata necessaria per la ricostruzione.

Dopo due notti, mi diressi lentamente verso sud, guidando lungo la Costiera Amalfitana – un tragitto che rispecchiava il mio percorso: lento, frustrante e bellissimo. Feci una deviazione intenzionale verso Eboli, in Campania – la città natale di Ursula – ma non mi trattenni. Continuai più a sud, fino a Reggio.

Mi sistemai in un hotel sulla riva tranquilla dello Stretto di Messina, guardando verso la Sicilia – la terra che aveva plasmato la geografia emotiva della mia infanzia attraverso le origini dei miei genitori adottivi. Un luogo con cui sentivo un legame inspiegabile, profondamente spirituale, pur non avendo alcun legame biologico.

In lontananza, l'Etna stava – maestoso, vigile, e calmo.

Dal mio balcone potevo vedere tre luoghi formare un triangolo geografico: Reggio Calabria, Eboli e la Sicilia – una trinità non sacra che mi aveva resa ciò che sono, attraverso un'alchimia complicata di presenza e assenza, connessione e recisione, eredità e scelta.

Questo triangolo rifletteva quello psicologico che avevo attraversato per gran parte della mia vita: la mia eredità biologica, la mia educazione adottiva, e il sé che avevo costruito nello spazio intermedio.

In piedi a questa confluenza di lignaggi e storie, provai un senso di compimento inaspettato – non perché tutte le domande avessero avuto risposta o tutte le ferite fossero guarite, ma perché finalmente riuscivo a contenere tutte queste verità contraddittorie insieme, senza dissociarmi.

Sebbene fossi stanca e ansiosa, viaggiando da sola in Calabria, compii il mio pellegrinaggio solitario con intenzione – tracciando un cammino nell'Italia meridionale fino a Motticella, un villaggio oggi ridotto a paese fantasma. Costeggiato dal fiume Bruzzano – il luogo di nascita dei miei Bisnonni paterni.

Mentre guidavo lentamente attraverso campagne assolate e aspre, paragonavo la donna che ero ora alla ragazza che ero stata. Su quell'autobus nel 1980, mi era sembrato che la terra si spaccasse sotto ogni passo. Ora, le mie mani afferravano il volante con tranquilla certezza, guidandomi lungo strade sconosciute con un senso di radicamento che un tempo credevo impossibile.

La ragazza su quell'autobus aveva visto il suo mondo crollare quando uno sconosciuto aveva infranto tutto ciò che pensava di sapere su sé stessa.

La donna in quest'auto sentiva invece la terra sostenerla – guidandola verso un villaggio da cui il DNA aveva avuto origine, ma non destino.

Lungo la strada passai i cartelli per Anna di Melito di Porto Salvo e Montebello Jonico – i paesi in cui avevano vissuto mio Bisnonno Andrea e mio Nonno Bartolo.

Questi nomi – un tempo astratti – ora appartenevano a luoghi reali, riscaldati dal sole, modellati dalle colline, e radicati nella terra.

Con ogni chilometro, l'eredità biologica smetteva di essere concetto, per diventare esperienza.

Mi avvicinai a un cartello su cui si leggeva *Motticella* – le lettere scolorite dal sole e dalle intemperie, un segnale che separava il mondo che avevo sempre conosciuto da quello che aveva plasmato il mio sangue.

La campagna si apriva in ondulazioni di uliveti e vigneti, punteggiata da fichi d'India contorti, le cui forme attorcigliate si protendevano verso il cielo come mani artritiche. Un tempo

estranee a questo suolo, ora fiorenti – queste piante riflettevano la mia stessa esistenza adottiva.
Un altro cartello segnalava l'ingresso vero e proprio del villaggio, popolazione 155 secondo le cifre sbiadite sotto il nome.
Fermai la macchina e scesi sulla terra dura e polverosa. Il ticchettio del motore era l'unico suono a disturbare la profonda quiete rurale. L'aria secca e calda portava profumi sia sconosciuti che stranamente familiari – erbe selvatiche, pietra cotta dal sole, e il salmastro lontano del Mediterraneo.
Un cielo calabrese di un blu più profondo si distendeva sopra di me – più saturo e intenso rispetto all'azzurro più tenue che aveva assistito alla mia frantumazione, quel giorno di primavera del 1980 sull'autobus della linea 534. Il sole settentrionale del Mediterraneo splendeva, riscaldando la mia pelle in un modo che sentivo ancestrale – come se le mie cellule ricordassero questa qualità di luce che un tempo aveva illuminato parenti che non seppero mai della mia esistenza.
La terra solida sotto i miei piedi era secca e marrone, ciottoli color sabbia si incastonavano nei miei sandali – ancorandomi a questo luogo.
Mentre stavo lì, su quel suolo polveroso, sentii l'ultimo dei miei sette enigmatici frammenti scattare saldamente al proprio posto. Il patrimonio culturale che avevo percepito ma mai saputo nominare aveva ora una geografia, un'architettura, una luce, un'aria.
Respiravo la stessa aria calabrese che avevano respirato i miei antenati, socchiudevo gli occhi contro lo stesso sole mediterraneo, udivo le stesse campane che avevano scandito le loro giornate.
Il quinto frammento – le origini culturali – non era più un'astrazione, ma una realtà palpabile sotto i miei piedi.
I sette enigmi che avevano definito la mia ricerca ora si componevano in qualcosa che somigliava a un insieme. Non perfetto, non privo di cicatrici, ma visibilmente intero:

1. Il mio aspetto fisico – occhi, corporatura, gesti – aveva ora un contesto nei volti di mio Papà, dei miei fratellastri, delle zie, degli zii e nelle fotografie degli antenati.
2. Il mio patrimonio biologico si era espanso dal vuoto a un ricco arazzo che mi collegava a questo antico villaggio e alla sua gente.
3. La mia storia medica, sebbene ancora incompleta, non era più del tutto vuota.
4. La mia eredità culturale aveva messo radici – in questa terra, in queste case di pietra, nell'aria che respiravo.
5. La storia della mia famiglia – un tempo assente – aveva ora nomi, volti e relazioni che finalmente potevo ricostruire.
6. Il mio sé psicologico aveva raccolto questi frammenti e li aveva modellati in qualcosa di coerente: un intero che onorava sia la frattura sia la guarigione.

Sette – un numero sacro e mistico. Simbolo di completezza, introspezione, risveglio spirituale e ricerca della saggezza interiore.

Scattai delle foto con il telefono e le inviai al mio Papà Joe, rimasto a casa, a Melbourne. Mentre premevo invio, mi meravigliai della tecnologia capace di colmare emisferi in pochi secondi – una connessione che trascendeva l'assenza.

Lì, in piedi sulla terra che lo aveva generato, catturavo immagini che lui avrebbe guardato in un paese che lo aveva trasformato. Le foto viaggiavano istantaneamente attraverso una distanza che un tempo si percorreva in mesi di navigazione – connettendo il vecchio mondo al nuovo, il passato al presente, il Padre che avevo trovato solo di recente al villaggio ancestrale che aveva lasciato sette decenni prima.

Questo ponte digitale aveva compresso 60 anni di separazione in pochi secondi – creando un'altra forma di integrazione: un'esperienza condivisa del luogo, nonostante la distanza.

Lo immaginai camminare per quelle strade da ragazzino – con la pistola in mano, *Giuseppe u Mulinov*, capo della sua banda –

oppure trasportare merci accanto a suo padre mentre si spostavano di paese in paese a piedi.
Osservai il paesaggio ondulato, lasciando che lo sguardo seguisse le colline fino al mare scintillante e gioiellato all'orizzonte.
Inspirai l'aria calda del pomeriggio – lentamente, con intenzione. Una quiete si depositò dentro di me.
Il cuore colmo, il corpo a suo agio, la mente limpida – presente e consapevole, un intero delicato e pacificato.
In piedi sulla terra calabrese di Motticella, compresi quanto profondamente fosse cambiata la mia idea di famiglia.
La ragazza sull'autobus – la cui realtà era andata in frantumi in un istante – vedeva solo in termini binari: famiglia vera contro famiglia falsa, verità contro menzogna, appartenenza contro alienazione. Bianco o nero. O l'una o l'altra. Mia o non mia.
Quella percezione frammentata aveva modellato decenni della mia vita – le mie relazioni, le mie scelte, la mia stessa identità. Era stata una prigione costruita con gli opposti, ogni muro una dicotomia invalicabile.
Ma lì, sotto lo stesso cielo che un tempo aveva assistito alla vita dei miei antenati, riconobbi lo spettro che esiste tra quegli assoluti.
La famiglia, compresi, non era un concetto binario – era un palinsesto. Strati sovrapposti di verità, occultamento, eredità e invenzione.
L'identità non era intera o spezzata, ma in continua evoluzione. L'appartenenza non era totale o assente, ma parziale, contestuale e auto-definita.
Ora vedevo la famiglia come una costellazione di legami – biologici e scelti, presenti e assenti, ferenti e curativi.
La capacità stessa di contenere queste contraddizioni segnava il passaggio dalla frammentazione all'integrazione.
Potevo tracciarne l'evoluzione anche nella mia scrittura: dalla sintassi spezzata dei diari successivi alla rivelazione sull'autobus, alla chiarezza riflessiva che porto con me oggi.
I frammenti non erano scomparsi; erano stati riconosciuti,

onorati, e riassemblati in un mosaico – una bellezza nata non *malgrado* la frattura, ma *grazie* ad essa.

La ragazza sull'autobus, che un tempo aveva sentito le proprie fondamenta cedere sotto i piedi, ora stava salda su una verità più complessa: che l'identità non è né singola né fissa, ma multipla, fluida, viva.

Ero Mirella Di Benedetto.

Ero Anna Zunica.

Ora sono Mirella Anna Verduci.

Sono la figlia di mia Madre Michelina e di mio Padre Sebastiano, e la *cara bimba* di Giuseppe.

Ero tutte queste cose, e molto di più – determinata, resiliente, psicologa, amica, cercatrice, trovatrice.

Ero il frutto della natura e dell'educazione, della presenza e dell'assenza, delle verità rivelate e dei segreti custoditi.

I sette frammenti che un tempo sembravano inconciliabili ora formavano un mosaico – una bellezza forse ancora più avvincente per essere stata spezzata.

Le venature dorate tra i miei frammenti non simboleggiavano più una possibilità futura; erano diventate realtà.

Non sminuivano l'insieme – lo esaltavano. Raccontavano non solo la rottura, ma anche la riparazione: un riassemblaggio intenzionale, più bello proprio perché portava le sue cicatrici con fierezza.

Non più un enigma frammentato, le mie parti erano ora intrecciate da fili d'oro – di speranza, amore e gioia.

E in quella molteplicità, avevo finalmente trovato l'integrità – un'integrità più grande della somma delle sue parti.

La figlia prodiga era finalmente tornata a casa.

Il paradosso psicologico rivelato attraverso le testimonianze dei miei fratelli continuava a risuonarmi dentro mentre stavo a Motticella:

io avevo passato decenni a desiderare il padre che non avevo mai conosciuto, costruendo elaborate fantasie su come sarebbe stata la vita se mi avesse riconosciuta – mentre loro avevano passato gli stessi decenni cercando di guarire dal fatto di averlo conosciuto troppo bene.

In piedi su queste pietre antiche, respirando quest'aria mediterranea, vidi il viaggio di Giuseppe con nuova chiarezza. La durezza descritta dai miei fratelli – la sua volatilità, la sua crudeltà – assunse qui dimensioni diverse. Questo villaggio, con la sua bellezza aspra e il suo terreno implacabile, aveva forgiato uomini che sopravvivevano grazie alla durezza, che portavano il peso delle aspettative familiari attraverso gli oceani.

Se fossi cresciuta come figlia riconosciuta di Giuseppe, avrei vissuto quella stessa durezza – la disciplina imposta ai miei fratelli, i confini rigidi ereditati da suo padre, l'amore fragile forgiato dalla sopravvivenza, non dalla tenerezza.

Le strette viuzze di Motticella – dove tutti conoscevano gli affari di tutti, e la sopravvivenza dipendeva da una lealtà familiare incrollabile e dall'adesione scrupolosa alla tradizione – mi aiutarono a capire come Giuseppe fosse diventato sia il carismatico uomo d'affari sia il padre tirannico descritto dai miei fratelli.

Lo stesso sole mediterraneo che ora mi scaldava il volto aveva temprato la sua determinazione; lo stesso pettegolezzo di paese che forse aveva perseguitato una madre non sposata e sua figlia lo aveva spinto a negare la mia esistenza.

Poco dopo, tornai a casa e andai a trovare il mio Papà Joe.

La sua gioia immediata alla mia visita inaspettata, dopo un mese di assenza, fu commovente.

In piedi nel vialetto, circondata da una miriade di cianfrusaglie – alcune arrugginite, altre rotte – appese alle recinzioni o sparse a terra, un vecchio oggetto attirò il mio sguardo. Brillava nella luce del tramonto come una ferita resa visibile.

Disse di averlo trovato a un mercatino dell'usato.

L'oggetto era di forma ovale e stondato, piatto alla base, così da poter stare in piedi. La parte superiore si restringeva e terminava con un taglio inclinato. Un foro a forma di goccia ne attraversava il centro. La superficie era coperta da una fine rete di crepe delicate.

Era una metafora letterale del mio viaggio.

Lo sollevai dalla recinzione e ne seguii le fratture con le dita.

Decisi che lo avrei portato a casa e ne avrei onorato i danni con vernice metallizzata d'oro, bronzo e argento.

Il mio pennello seguiva le linee con tratti deliberati – ogni giuntura dorata un atto di riconoscimento, ogni crepa un inno silenzioso alla resilienza.

Man mano che l'oro cominciava a brillare dolcemente, riconobbi il mio riflesso in ogni fessura – non spezzata, ma rifatta.

Ora troneggia sulla mia scrivania – un costante promemoria dell'odissea della mia vita.

Lo guardai e pensai:

Forse è questo che intendeva Nietzsche con amor fati – non solo accettare le crepe, ma amarle. Vederne la necessità nella forma che ho assunto.

Non perché ricordassi tutto.

Ma perché finalmente avevo parlato.

Io e mio papà (2024).

Interludio III

Un messaggio dal mio Papà Joe

È sempre bello leggere i tuoi messaggi. Si sta vivendo un periodo di tempo transitoriale, a volte anche incompreso, per le sue memorie o per il periodo del tempo in cui esse sono avvenute. Malgrado tutti gli eventi che il tempo ha presentato, oggi, in quel fascio che avvolge il tempo passato, ci siamo avvolti anche io e te. Memorie gioiose e periodi deplorevoli. Il sentimento di averti incontrata sotterra tutte le avversità. Hai superato il male dei mali. *Hai sofferto umiliazioni impossibili da descrivere tutte.*
È glorioso che oggi è possibile che io e te possiamo essere in comunicazione. Ti voglio bene come tutto il resto dei tuoi fratelli e sorelle.

Interludio dell'autrice

La mia storia è arrivata in frammenti – alcuni taglienti, altri nascosti, altri ancora sepolti.
Per decenni ho lottato contro il silenzio, tenendo insieme i pezzi fragili.
Scrivere questo memoir ha spalancato armadi pieni di scheletri.
La memoria è giunta come cenere – leggera, fragile, modellata dall'intenzione.
Setacciare. Ricordare. Pezzo dopo pezzo. Sillaba dopo sillaba.
Ogni pennellata rivelava il passato.
La narrazione non era ordinata. Nessun lieto fine trionfante.
Brandelli – tenuti insieme da metafore, DNA e dal bisogno di sapere.
Man mano che la storia si dispiegava, capivo che stavo creando un insieme da ciò che era stato tolto. Rubato.
Reclamando voci nascoste, un tempo coperte dalla vergogna.
Un fare i conti.
Questo memoir è il mio kintsugi – un vaso che ora può dire la sua verità.
La lacca, sebbene dorata – è anche rabbia, e lutto.
Se porti anche tu delle cicatrici – possa tu trovare il coraggio di tenerle con dolcezza.
Se scegli, come ho fatto io, di accarezzarle fino a farne narrazione, possa essere la tua – un fare i conti con la verità. Un lasciar andare.
Questa è stata la mia strada.
Lo specchio che ho infranto – per essere finalmente in pace con me stessa.

In viaggio verso Motticella (settembre 2024).

Guardando il mare da Motticella (2024).

Guardando da Reggio verso l'Etna (2024).

Motticella (2024).

Epilogo
Memoria di sangue

Ogni fine diventa un nuovo inizio.

La luce dorata della Calabria mi scaldava la pelle con una familiarità ancestrale, come se le mie cellule ricordassero questo sole molto prima della mia mente. Non cancellava le mie fratture; le rivelava – dorate e splendenti – come elementi essenziali di un tutto ricostruito. Il vaso che si frantumò su quell'autobus a Melbourne è stato ricostruito in qualcosa di più complesso: una coscienza capace di contenere la contraddizione senza disintegrarsi.

Le venature dorate: una riflessione sul kintsugi
Kintsugi: rotture riparate con l'oro, celebrate – divenendo la parte più preziosa della storia del vaso.
La mia vita era stata proprio un vaso così. Ogni frammento – la mia adozione, l'autobus che frantumò la mia identità, gli anni di ricerca, i rifiuti, le scoperte – rappresentava una crepa. Ma non erano debolezze da nascondere. Erano le venature dorate che collegano le mie esperienze sparse, intrecciando significato in ciò che avrebbe potuto restare irrimediabilmente spezzato.
La lacca dorata della comprensione ha colmato le fessure della mia esperienza. Il silenzio di mia madre biologica, l'amore complicato dei miei genitori adottivi, la storia complessa del mio Papà – non erano difetti da cui vergognarsi, ma elementi essenziali che mi donano una forma e una forza uniche.
La trasformazione non è venuta dal cancellare le fratture, ma dal metterle in luce. Ogni venatura dorata rappresentava un

momento di resilienza, una scelta di integrare invece che nascondere, di comprendere invece che giudicare.
Non ero intera *nonostante* le mie fratture.
Ero intera *grazie* ad esse.
La verità, scoprii, non era mai singolare – non un nome su un certificato né un singolo dato biologico, ma un mosaico di silenzi, supposizioni, contraddizioni e riconoscimenti. Alcune verità erano state trattenute, altre distorte, altre ancora emersero solo quando ero abbastanza forte da accoglierle. Alla fine, la ricerca di mio Padre fu anche una ricerca di quale verità potesse sopravvivere all'abbandono – e di quale tipo di verità potessi convivere.
Sotto lo stesso cielo che aveva testimoniato le vite dei miei antenati, compresi che l'oro che univa i miei frammenti non era fatto di approvazioni esterne o conoscenza perfetta, ma di significato – forgiato in decenni di ricerca, da un'assenza trasformata in presenza, da una perdita divenuta scoperta.
In piedi sulla terra calabrese, realizzai quanto fosse cambiato il mio concetto di *casa*.
La pace che avevo conosciuto – anche solo per un breve periodo – con mia Madre dopo la morte di mio Padre Sebastiano, era stata la mia prima lezione di appartenenza: non un luogo, ma una sensazione di sicurezza, di essere vista.
Quel periodo aveva piantato i semi della resilienza che, col tempo, sarebbero fioriti nella capacità di creare un senso di casa anche tra i frammenti della mia identità.
Quegli anni di beatitudine, per quanto effimeri, erano stati cruciali quanto i traumi che li avevano preceduti e seguiti.
Il sole calabrese era diverso dalla luce australiana che avevo conosciuto per tutta la vita – più morbido, più dorato, proiettava ombre che sussurravano storie tra le pietre antiche invece di dichiararle con chiarezza tagliente.
Qui la luce filtrava tra le foglie degli ulivi in disegni maculati, illuminando particelle di polvere che sembravano danzare tra i secoli, non semplicemente segnare il tempo.

Stare sulla strada polverosa che aveva visto nascere Giuseppe – Joe – Verduci creava una strana sovrapposizione di visioni: c'era il vecchio che avevo conosciuto da appena un anno, la sua fragilità e eccentricità improvvisamente contestualizzate da questo paesaggio che lo aveva forgiato; e c'era anche il giovane che aveva contribuito alla mia esistenza sessant'anni prima, la cui presenza sembrava indugiare nella qualità della luce, nell'inclinazione particolare delle colline contro il cielo.
Questa sovrapposizione di tempi echeggiava la stratificazione complessa di ciò che ero diventata – la bambina adottata con una narrazione, la figlia biologica con un'altra, l'adulta che aveva dovuto integrare entrambe in qualcosa di coerente.
La ragazza che un tempo era rimasta congelata nel corridoio di un autobus, mentre il mondo le crollava addosso per via della rivelazione casuale di uno sconosciuto, ora stava sulla terra calabrese con la centratura calma di chi ha imparato a costruire fondamenta su un terreno che si muove.
Osservai le pietre antiche di Motticella, questo piccolo borgo calabrese dove mio Padre era nato, e dove suo padre prima di lui aveva camminato lungo quelle stesse strade strette.
Il paese si affacciava sul Mediterraneo, che per generazioni aveva mandato le sue figlie e i suoi figli oltre oceano, il loro DNA approdato su coste lontane, dando origine a storie – come la mia – che nessuno, tra coloro rimasti, avrebbe potuto immaginare. Quelle mura di pietra erano testimoni di secoli di partenze e ritorni, ogni addio tracciava linee invisibili attraverso gli oceani, ogni ritorno completava una promessa antica e mai pronunciata. Sfiorai con le dita quei muri ruvidi che avevano visto nascere, morire, partire e ritornare generazioni – sentendo sotto i polpastrelli la consistenza viva della storia.
Questo piccolo borgo calabrese – oggi abitato da appena 155 anime – si ergeva sopra il Mediterraneo come un nido di rapace, al tempo stesso protetto ed esposto. Per generazioni, aveva visto partire le sue figlie e i suoi figli, attraversando oceani in schemi migratori dettati dalla necessità economica e dai rivolgimenti

politici. La mia era solo una di queste storie – un filo in un arazzo complesso di legami di sangue separati e identità disperse che definiscono l'esperienza calabrese del ventesimo secolo.
Accostai lungo la strada polverosa e scesi dalla macchina, per sentire la terra sotto i piedi, per respirare l'aria che un tempo avevano respirato i miei antenati.
Il suolo si sgretolava tra le dita – una comunione più intima di una preghiera, quel tocco che mi collegava attraverso le generazioni a chi aveva coltivato la stessa terra.
Immaginai mio Padre qui da bambino, prima che le durezze della vita scolpissero l'uomo che sarebbe diventato – correre per queste strade, forse già mostrando quella sicurezza carismatica e propensione al rischio che lo avrebbero portato, un giorno, sia al successo che alla rovina.
Nella mia mente, posavo la mano sulla sua – quella mano ormai segnata dal tempo, pelle sottile come carta, vene blu visibili sotto la superficie – ma con una stretta ancora sorprendentemente forte.
In quel tocco immaginato, sentii il miracolo strano della nostra connessione – un legame biologico reciso per decenni, ora ricucito nel crepuscolo della sua vita.
Riuscivo quasi a sentire la sua voce, come se fosse accanto a me: «Benvenuta a casa, mia cara bimba».
Ma quale casa era davvero mia?
I sobborghi di Melbourne dove Michelina e Sebastiano mi avevano cresciuta?
Gli appartamenti di New York dove i parenti materni mi avevano accolta a braccia aperte?
Le case che avevo posseduto da adulta?
Oppure questo villaggio ancestrale che vedevo per la prima volta oggi – dove il mio sangue affondava le sue radici più profonde?
Forse la comprensione più profonda maturata nel corso della mia lunga ricerca era proprio questa: che la casa non è un concetto singolare ma plurale – non un luogo preciso, ma una

costellazione di appartenenze che muta e si evolve nel tempo.
La casa esisteva nelle sovrapposizioni delle geografie, nella confluenza delle linee di sangue, nell'incrocio tra identità scelte ed ereditate – un diagramma di Venn il cui centro era ovunque io fossi pienamente presente con tutta la mia complessità.
Forse la casa non era un luogo unico, ma una capacità che portavamo dentro di noi, che si espandeva e si contraeva mentre attraversavamo le fasi della nostra vita.
Ripensando alla mia lunga ricerca, capisco ora che ciò che cercavo non era solo informazione, né solo connessione – era integrazione – la capacità di intrecciare le molte parti di me stessa: la bambina adottata da immigrati italiani, l'infante abbandonata, la donna professionista, la cercatrice, la ritrovata.
Ma la vita non offre coerenza perfetta. Giuseppe, il padre che ho cercato così a lungo, si è rivelato sia più che meno di quanto avessi immaginato – un uomo complesso con un passato colorito, capace di violenza e tenerezza.
Mia madre biologica, Ursula, il cui corpo mi ha portato ma le cui braccia non mi hanno mai tenuta, è rimasta perlopiù un mistero – le sue scelte, al tempo stesso comprensibili e dolorose. Esisteva nella mia narrazione come assenza e come presenza – lo spazio negativo che ha aiutato a definire i contorni del mio cammino, la mano invisibile che mi ha spinta verso il mio divenire.
I miei genitori adottivi, che mi hanno dato una casa e un nome ma hanno tenuto nascosta la verità sulle mie origini, non erano né eroi né carnefici – ma semplicemente esseri umani imperfetti che facevano del loro meglio, secondo i valori e i limiti del loro tempo.
Ero il prodotto di tutti loro – delle loro scelte, dei loro geni, delle loro eredità culturali – eppure anche qualcosa di completamente mio.
Più di una semplice continuazione biologica, ero ciò che avevo costruito attraverso le mie scelte, i miei valori, la mia ricerca ostinata.

La bambina abbandonata era diventata la cercatrice determinata.
L'adolescente spezzata era diventata l'integratrice di frammenti.
La figlia smarrita era diventata una donna a sé.
Ci sono giorni in cui il dolore è acuto – un vuoto nel petto dove avrebbero dovuto vivere i ricordi.
Ma ora vedo che l'assenza non è sempre abbandono; a volte è lo spazio dove cresce la resilienza.
Nel vuoto lasciato da mio Padre, ho imparato a diventare intera senza di lui.
Forse la sua assenza mi ha protetta da ferite che non comprenderò mai appieno, anche se ha inciso un'assenza che porterò sempre con me.
Questo è il paradosso con cui devo imparare a convivere – che l'amore trattenuto può avermi salvata, e nel salvarmi, mi ha comunque ferita.
Questa è stata la trasformazione più grande del mio viaggio: il passaggio dal vedere l'identità come qualcosa da scoprire a comprenderla come qualcosa da creare attivamente – modellata, non trovata, con i materiali che la vita ha fornito.
La voce della me più giovane che ha iniziato questo memoir – incerta, in cerca, frammentata – non è la stessa voce che lo conclude.
Quel tono iniziale rifletteva chi ero: una donna che inseguiva frammenti, incerta se e come potessero ricomporsi.
Quella che si ascolta ora è una voce forgiata dall'integrazione, dal lutto trasformato in comprensione.
Se i primi capitoli tremano, questi ultimi risuonano di una calma conquistata con fatica.
Nonostante tutte le forze che avevano cospirato per tenerci lontani, sono riuscita a ritrovare la via verso le mie origini. La *Clean Break Theory* dell'adozione – il mito del dopoguerra secondo cui i neonati erano lavagne bianche, immacolate dal grembo, dal sangue o dall'attrazione ancestrale – nel mio caso ha fallito in modo spettacolare. Immaginava l'identità come un

semplice timbro legale su una pagina. Ma la memoria, si scopre, ha radici che crescono nel silenzio.

Avrei dovuto dimenticare la mia storia d'origine, come se l'amore potesse da solo riscrivere il sangue. Ma, come l'acqua che filtra attraverso il cemento, la verità ha trovato il suo varco – attraverso i sogni, la memoria corporea, la struttura ossea, e l'eco del mio nome pronunciato in un'altra lingua.

La narrazione ordinata della sostituzione si è disfatta. Ciò che è rimasto è qualcosa di più disordinato, ma anche più sacro: la realtà vissuta secondo cui il bisogno di appartenenza di un bambino non può essere rimosso chirurgicamente. Si annida sotto la pelle, in attesa di essere riconosciuto. Alcuni legami si rifiutano di spezzarsi per sempre; alcuni frammenti insistono nel ritrovare la via verso la totalità.

Crescendo, non sapevo che le mie famiglie biologica e adottiva provenissero entrambe dal sud Italia, che condividessero una nazionalità, schemi culturali simili, valori comuni e tradizioni religiose affini.

Alcuni lo chiamerebbero coincidenza. Altri destino. I calabresi usano un'altra parola: *destinu*. Destino. Non un copione già scritto, esattamente – ma un disegno tessuto da scelte e circostanze che, a posteriori, sembra in qualche modo inevitabile.

Il paradosso mi è rimasto addosso: mentre io avevo passato decenni a desiderare un padre che non avevo mai conosciuto, i miei fratelli avevano passato quegli stessi anni a guarire dalle ferite del conoscerlo troppo bene. Il mio vuoto rifletteva il loro peso. Ciò che io avevo pianto come assenza, loro lo avevano sopportato come eccesso.

Mentre il sole del pomeriggio calava verso il Mediterraneo, avvolgendo il villaggio in una luce dorata, ho raggiunto un paesino sul mare. Mi sono seduta – legata a questo luogo dal sangue, ma separata da quasi tutto il resto: lingua, cultura, esperienza, scelte. Eppure, in quel momento, quella connessione è bastata – incompleta, imperfetta, e tuttavia, in qualche modo, sufficiente.

Ero finalmente a casa, finalmente intera – non perché avessi raccolto tutti i pezzi sparsi di me stessa, ma perché avevo imparato a vivere dentro la ricomposizione imperfetta.

Tutti e sette i miei enigmi – il mio aspetto fisico, il nome di Giuseppe, la mia eredità biologica, la mia storia medica, le mie origini culturali, il mio racconto familiare e il mio sé psicologico – avevano trovato il loro posto nel mosaico di chi sono.

I frammenti non sono scomparsi; hanno trovato la loro collocazione dentro un sé che abbraccia contraddizione, perdita e scoperta.

I miei occhi si posarono sul mare lontano. *È meravigliosa.* E meravigliosa lo era davvero – il paesaggio, l'istante, la connessione, la pace duramente conquistata. Il Mediterraneo si stendeva davanti a me – le stesse acque che avevano portato via i miei antenati, ora accoglievano a casa la loro discendente, il cerchio che si chiudeva attraverso le generazioni – bello nella sua imperfezione, nella sua tardività, nella sua fragilità.

Non era una fine. Solo la chiusura della ricerca più lunga che io abbia mai conosciuto – per l'identità, per l'appartenenza, per una casa.

Ciò che restava era qualcosa di silenzioso e profondo – un senso di completezza modellato attraverso la frattura, come un mosaico la cui bellezza emerge proprio dalla rottura.

Resina dorata brillava negli spazi tra i miei pezzi un tempo sparsi – le crepe visibili, rivelate e onorate.

Da quel momento, la mia vita proseguì – plasmata con intenzione, guidata da scelte che, finalmente, erano mie.

Melbourne, 5 aprile 2025
Durante uno dei nostri tanti viaggi verso il pranzo, stavamo parlando dei temi del mio memoir, e il mio Papà disse piano: «Siamo tutti rotti».

Alcuni più di altri. Ma non è la rottura a definirci – bensì il modo in cui scegliamo di ripararci e crescere dalle crepe.
Mentre ci stavamo salutando, mi prese inaspettatamente la mano e disse qualcosa che mi colpì con la sua profondità: «Vedere te è uno dei pellegrinaggi della mia vita».
In quelle poche parole, riconosceva che ritrovarmi era stato significativo anche per lui – un viaggio sacro tutto suo, non soltanto mio. Dopo decenni di assenza, ora definiva la nostra connessione come uno dei sentieri fondamentali della sua esistenza – un arrivo alla paternità giunto con grande ritardo.
Il mio viaggio ha sfrecciato e girato come una montagna russa – vertiginose altezze, cadute da togliere il fiato, curve improvvise che non avevo previsto. Ogni svolta, un insegnante.
Ogni caduta mi ha spezzata e ricostruita – finché non sono emersa diversa.
Forse non sono arrivata dove immaginavo.
Ma ho imparato a trovare equilibrio nella caduta libera,
a raccogliere significato tra le macerie,
a tenere i frammenti con delicatezza e a chiamarli comunque *miei*.
La mia storia non è senza cuciture.
Le sue cicatrici sono ricamate d'oro – non *nonostante* le rotture, ma *grazie* ad esse.
Questi frammenti non erano la meta – erano il paesaggio.
Questo viaggio non era alla ricerca della completezza.
È stato l'attraversamento stesso a rendermi intera.

Nota dell'autrice sulla struttura

Le venature dorate sotto le parole
Questo memoir è la storia di un'identità fratturata, ricomposta con pazienza nell'arco di decenni. Ma è anche un'opera costruita con simbolismi intenzionali, incastonati nel testo come fili d'oro. Come nell'arte del *kintsugi*, che ripara la ceramica rotta con lacca dorata per rendere le fratture parte integrante della bellezza del vaso, questo libro è stato concepito affinché persino i suoi numeri – i titoli dei capitoli, i conteggi delle parole, il totale delle pagine – diventassero *venature dorate* di significato.
Alcuni di questi schemi sono emersi in modo intuitivo; altri si sono rivelati solo nelle fasi finali della scrittura, come se fosse la storia stessa a insistere su un ordine nascosto sotto il caos.
Alcuni livelli simbolici:
- 27 capitoli – L'età che aveva mio padre biologico, Giuseppe, quando sono nata nel 1964.
- Capitolo 9 inizia a pagina 126
- Capitolo 10 inizia a pagina 148
- Capitolo 16 – Il momento in cui ho scoperto che Giuseppe era ancora vivo.
- Capitolo 22 – Il Poeta Kintsugi – Giovanni 'John' Verduci – la sua età alla morte. Il capitolo contiene esattamente 1969 parole – l'anno in cui morì. Inizia a pagina 347.
- Capitolo 25 – Un posto alla tavola di Natale – Un omaggio alla mia data di nascita, il 25, e alla festa tradizionalmente legata alla famiglia, al rituale e all'appartenenza.
- Capitolo 26 – *Carpe Diem* – L'età che aveva Giuseppe quando fui concepita, e l'età che avevo io quando incontrai Ursula per la prima volta.
- Il memoir è stato completato il 26/5/2025
- 106.497 parole
- 430 pagine
- 2025 – l'anno in cui ho compiuto 61 anni.

Queste scelte strutturali sono atti intenzionali di omaggio e di resa dei conti – echi numerici di persone, luoghi e momenti che mi hanno plasmata.

Sono una ribellione silenziosa contro il mito adottivo del *clean break* – la «rottura netta» – che cercò di recidere ogni legame con le mie origini, la mia memoria, il mio significato.

Questo libro, al contrario, insiste sul fatto che persino l'assenza lascia una traccia. Che anche il silenzio ha una struttura.

Così come la mia identità ha dovuto essere ricostruita, frammento dopo frammento, anche questa narrazione ha richiesto la stessa cura.

Numeri, titoli, pagine – tutto parte di quel mosaico.

Le venature dorate non si trovano solo nelle frasi.

Sono nell'architettura stessa di questo racconto.

Dr Mirella Di Benedetto
Melbourne, 26 maggio 2025

Ringraziamenti

Un sentito grazie a Nicole, Emily e Papà Joe (Giuseppe), che hanno letto le prime bozze e mi hanno incoraggiata costantemente.

A mio Papà (Giuseppe), che mi ha riconosciuta come figlia, ha sostenuto la scrittura di questo libro e mi ha dato il permesso di menzionare il suo nome.

A mia cugina maggiore Francesca e alla mia zia materna più anziana ancora in vita, Zia Diana, che hanno verificato informazioni storiche.

Alla Dottoressa Rosemary, che ha risposto al mio messaggio e mi ha aiutata a mettermi in contatto con mio Padre.

A zio Alfred, che ha contattato suo fratello Joseph per mio conto e ha accettato di incontrarmi.

A tutti gli altri familiari e amici che mi hanno sostenuta in questo cammino.

Alle mie cognate, per la loro compassione e sensibilità.

Un ringraziamento particolare ai membri del gruppo Facebook *DNA Detectives*, che mi hanno dato il sapere e il sostegno necessari per rintracciare la mia famiglia biologica paterna e che mi hanno incoraggiata nella scrittura di questa storia personale.

A tutti gli amici, fratelli, cugini, zie e zii che sono stati una presenza costante nella mia vita e che mi hanno accolta nelle loro famiglie, senza condizioni.

Questo lavoro include estratti delle *Scuse Nazionali per le Adozioni Forzate*, pronunciate dal Governo Australiano il 21 marzo 2013 e tratte dal sito del Dipartimento del Procuratore Generale.

Questo materiale è utilizzato sotto licenza Creative Commons Attribution 4.0 International. Per consultare una copia della licenza, visitare il sito: https://creativecommons.org/licenses/by/4.0. Sono state apportate modifiche minime per motivi di lunghezza e formattazione. Grazie.

L'autrice

La Dottoressa Mirella Di Benedetto vive a Melbourne, in Australia, da gran parte della sua vita. Lavora come psicologa della salute dal 2001 e ha svolto attività di ricerca, docenza e insegnamento accademico in diverse università del Victoria dal 2001 al 2020.
Ha pubblicato numerosi articoli in riviste scientifiche internazionali con revisione paritaria e due capitoli nel volume *Health Psychology in Australia*.
Ha conseguito il dottorato in Psicologia presso la La Trobe University nel 2006. Prima di riprendere gli studi universitari in psicologia, ha lavorato come tecnico di laboratorio medico in vari laboratori di patologia a Melbourne dal 1985 al 1996.
È una fotografa appassionata, viaggiatrice, giardiniera, musicista, artista, amante degli animali e della natura, e una scrittrice.
Quando non crea o compone musica, lavora come psicologa clinica della salute, aiutando persone con traumi legati al cuore a integrare il proprio passato e presente in un'identità in evoluzione, con un forte orientamento alla crescita post-traumatica.

Motticella (settembre 2024).

Giovanni

Il poeta del kintsugi.

www.ingramcontent.com/pod-product-compliance
Lightning Source LLC
Chambersburg PA
CBHW060348080526

44583CB00012B/218